ABSOLUTE
수능대비
영어독해
기출분석

전국연합 학력평가 2020학년도

앱솔루트 수능대비 영어독해 기출분석
전국연합 학력평가 2020학년도

지은이 정윤호
펴낸이 임상진
펴낸곳 (주)넥서스

출판신고 1992년 4월 3일 제311-2002-2호 ①
10880 경기도 파주시 지목로 5
Tel (02)330-5500 Fax (02)330-5555

ISBN 979-11-6683-256-7 54740
        979-11-6683-225-3 （SET）

가격은 뒤표지에 있습니다.
잘못 만들어진 책은 구입처에서 바꾸어 드립니다.

www.nexusbook.com

전국연합
학력평가
2020
학년도

APSOLUTE
앱솔루트

영어 1등급을 위한 절대적인 수능의 길

정윤호 지음

수능대비
영어독해
기출분석

Preface

이 책을 펴내며

수능에서 영어가 절대평가(2018년 수능 첫 적용, 시행일은 2017년)로 바뀐 후, 영어의 중요성이 상대적으로 낮아지긴 했지만, 그렇다고 수능 영어를 무시하면 원하는 대학에 진학하는 데 있어 치명적일 수 있다. '풍선효과'로 인해 난이도가 상승한 수학과 국어에 치우친 상태로 수능 준비를 하는 '정시 Fighter'와, 학교 내신에 매진하여 수능 영어를 멀리하는 '수시 Fighter' 모두에게 '올바른 영어 학습의 길'을 안내할 수 있는 방법이 무엇일까? 그동안 현장에서 직접 영어를 가르친 선생님으로서 영어를 공부하는 수험생들의 공통된 문제점을 보면 보통 다음과 같다.

1. 영어 사전에서 단어를 찾다가 시간을 다 보낸다.

2. 아는 단어임에도 문맥에서 다른 뜻으로 사용될 경우 뜻을 몰라 당황한다.

3. 해석과 독해를 따로 공부하여, 한글 해석을 봐도 무슨 내용인지 몰라 자신의 국어 실력을 의심한다.

4. 정답의 근거는 어찌어찌 아는데 왜 오답인지는 몰라 인강을 찾느라 시간을 보내다 결국 유튜브를 보며 잠이 든다.

5. 학교 시험에 문법 문제가 많이 나오는데 이에 대한 교재가 마땅치 않아 문제를 다 찍고 '정시 Fighter'로 울며 갈아탄다.

그렇다면 시간에 쫓겨 인스턴트 음식으로 끼니를 때우는 수험생들의 소중한 시간에 대해서 누가 책임질 것인가? EBS 수능연계교재가 시행되면서 처음에는 EBS 의존도가 높았지만, 지금처럼 EBS 직접 연계율이 낮아지는 추세에서 EBS만큼 중요한 자료는 무엇일까? 시험을 준비할 때 가장 중요한 학습자료가 바로 기출문제라는 것에는 모든 이가 동의하리라 생각한다. 바로 기출문제가 수능과 내신을 준비하는 수험생들에게 인스턴트 음식이 아니라 잘 차려진 건강에 좋은 엄마가 차려 주는 '집밥'이라고 할 수 있겠다. 전투에는 전략과 전술이 존재하는 것처럼, 본서에서는 수험생들이 느끼는 공통된 문제점에 대한 해결책으로 가장 중요한 기출문제 분석을 제시한다. 본서가 제시하는 7가지 내용을 잘 활용한다면 여러분의 꿈을 현실화 시키는 데 도움이 되리라 확신한다.

(오른쪽의 7가지를 가급적이면 순서대로 학습하길 바란다.)

7 Steps 이 책의 활용법
to Your Goal

1
어휘 정리
수험생들에게 시간은 금보다 더 중요,
영어 사전 찾기는 대학 가서 하자!

- 사전이 필요 없는 구성: 1등급 ~ 9등급까지 모든 학습자
  에게 100% 도움이 되는 어휘 정리

- 단어, 구동사, 숙어, 중요 불규칙동사, 중요 동사의 능동/
  수동태 변화형, 동의어/반의어, 철자(영국식 영어/미국식
  영어), 다의어

2
본문 구문 분석
정확한 해석이 되지 않아 의미 파악에 어려움을 가진
수험생들에게 꼭 필요한 훈련

- 모든 문장 5형식 구조 표기: 소괄호( ), 중괄호{ }, 대괄호
  [ ], 홑화살괄호〈 〉, 겹화살괄호《 》

- 주성분 7개 모두 표기: S, V, O(I·O, D·O), S·C, O·C

- 수식어구 모두 표기: 관계대명사/관계부사(모든 선행사
  와 격 표기), 형용사(구)(절), 부사(구)(절), 종속접속사
  (절) 등

3
Grammar 정리
수능과 내신에 잘 나오는 문법 완벽 정리

- 모든 문장에 나오는 중요 문법 완벽 정리,
  특히, 수험생들이 가장 어려워하는 도치와 생략 등 특수
  구문 완벽 정리

- 수능과 내신 그리고 영어 실력을 올릴 수 있는 기회

4
해석
위의 1~3번을 통한 해석 훈련

- 의역: 우리말 어순이 편한 수험생들이 선택

- 직독직해: 끊어서 해석하는 것이 편한 수험생들이 선택

5
문제 해설
정답만 보지 말고 오답이 되는 원리도 파악하기

- 문제의 정답률 표기: ebsi에서 제시한 정답률 data 활용

- 문제의 정답 및 오답 분석

- 영어로 된 보기(선지): 모두 우리말로 해석

6
본문 내용 분석
논리적인 접근 방법으로 단락의 주제를 파악하는 능력 배양하기

- 주제: 주제 요약, 주제문에 해당하는 문장에 주제문(T.S.)
  표기

- 제목: 제목 요약

- 논리: 수능 영어 독해 논리 10가지 중 해당하는 논리 표기

7
어법 선택 & 연결어
둘 중 무엇이 정답인지 어설프게 생각하지 말고
의미와 해석을 부여하면서 학습하기

- 단락에 있는 모든 어법과 연결어 self-test

- 특히, 내신 Fighter에게는 최고의 아이템

Structure 이 책의 구성과 특징

제목 / 주제 / 논리

제목 및 주제를 요약하였고, 수능 영어 독해 논리 10가지 중 해당하는 논리를 추가로 표기하였습니다.

완벽한 문장 구조 분석

전체 문장의 구조를 철저하게 분석하여 문장마다 지니게 되는 문장의 형식을 완벽하게 정리했습니다.

자세한 문제 해설

문제에서 요구하는 정답에 대한 해설뿐만 아니라 오답에 대한 해설 역시 친절하게 설명되어 있어 독해 문제 해결 능력을 끌어올릴 수 있습니다.

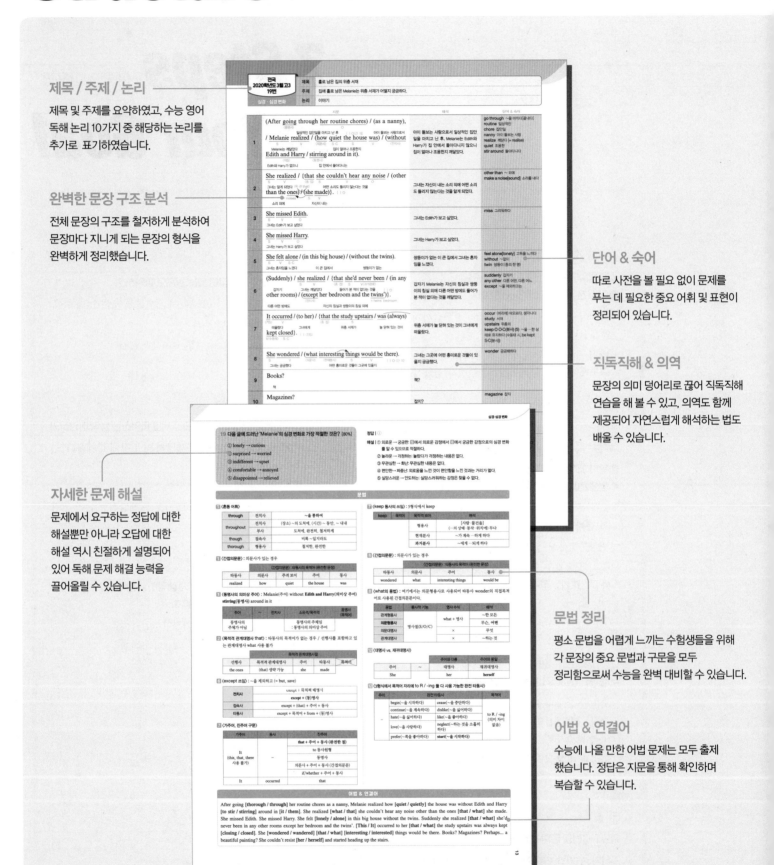

단어 & 숙어

따로 사전을 볼 필요 없이 문제를 푸는 데 필요한 중요 어휘 및 표현이 정리되어 있습니다.

직독직해 & 의역

문장의 의미 덩어리로 끊어 직독직해 연습을 해 볼 수 있고, 의역도 함께 제공되어 자연스럽게 해석하는 법도 배울 수 있습니다.

문법 정리

평소 문법을 어렵게 느끼는 수험생들을 위해 각 문장의 중요 문법과 구문을 모두 정리함으로써 수능을 완벽 대비할 수 있습니다.

어법 & 연결어

수능에 나올 만한 어법 문제는 모두 출제했습니다. 정답은 지문을 통해 확인하며 복습할 수 있습니다.

용례

S	주어
가S	가주어
진S	진주어
비S	비인칭주어
의S	의미상 주어
V	동사
R	동사원형
-ing	현재분사/동명사
p.p.	과거분사
O	목적어
가O	가목적어
진O	진목적어
I·O	간접목적어
D·O	직접목적어
C	보어
S·C	주격 보어
O·C	목적격 보어
종·접	종속접속사
관·대	관계대명사
주·관	주격 관계대명사
목·관	목적격 관계대명사
소·관	소유격 관계대명사
관·부	관계부사
간·의	간접의문문

어휘 리스트 & 테스트
www.nexusbook.com에서 무료 다운로드

Contents 목차

ABSOLUTE

앱 솔 루 티

2020학년도

3월

고3 전국연합 학력평가

	지문	해석	단어 & 숙어
1	The Watson City Symphony Orchestra / is celebrating its 65th year / (of providing music) / (for the central coast of California).	Watson City 교향악단은 캘리포니아의 중부 해안 지역에 음악을 제공한 65주년을 기념하고 있습니다.	symphony orchestra 교향악단 celebrate 기념하다, 축하하다 provide A for B A에게 B를 제공하다 central coast 중심 해안
2 원인	The orchestra / has announced / the retirement (of Mr. Bob Smith) / (from the position) / (of musical director and permanent conductor) / (after 35 years).	교향악단은 Bob Smith씨가 35년간 재직 후 음악 감독 겸 상임 지휘자 직에서 은퇴한다고 발표했습니다.	announce 발표하다 retirement 은퇴 position 직책 musical director 음악 감독 permanent conductor 상임 지휘자
3 TS 결과	The orchestra / is (actively) seeking / a replacement / (for this position).	교향악단은 이 직책의 후임자를 적극적으로 찾고 있습니다.	actively 적극적으로 seek 찾다, 구하다 replacement 후임자
4	The responsibilities include / {selecting the music / (for 4 concerts) / (annually)} / and / {rehearsing the orchestra (weekly) / (for approximately 2 hours)}.	업무는 매년 4회의 연주회를 위한 음악을 선정하는 것과 매주 대략 2시간의 교향악단 총연습 감독을 포함합니다.	responsibility 업무, 책무 include O(-ing) ~을 포함하다 select 선발[선정/선택]하다 annually 매년 rehearse 예행 연습하다 weekly 주마다, 매주일 approximately 대략
5	Applicants / (desirous of applying) / (for an opportunity to audition) / (for this position) / should send resume / (to watsonorchestra@wco.org).	이 직책을 위한 오디션을 볼 기회에 지원을 원하는 지원자는 watsonorchestra@wco.org로 이력서를 보내야 합니다.	applicant 지원자 desirous of ~을 원하는 apply for ~에 지원하다 opportunity 기회 audition for ~을 위해 오디션을 하다[받다] send A to B A를 B에게 보내다 resume 이력서 org. 인터넷 도메인명의 하나(com, gov 따위에 속하지 않은 기구를 나타냄) (= organization)

18 다음 글의 목적으로 가장 적절한 것은? [64%]

① 교향악단의 연주회 일정을 안내하려고
② 상임 지휘자의 은퇴 공연을 홍보하려고
③ 교향악단에 대한 지원 확충을 촉구하려고
④ 음악 감독 겸 상임 지휘자 초빙을 공지하려고
⑤ 교향악단의 정기 연주회를 위한 장소를 섭외하려고

정답 | ④

해설 | ① 연주회 일정을 안내하지는 않으므로 적절하지 않다.
② 은퇴 공연을 홍보하고 있지는 않으므로 적절하지 않다.
③ 지원 확충을 촉구하고 있지는 않으므로 적절하지 않다.
④ **3**에서 교향악단은 음악 감독 겸 상임 지휘자를 찾고 있음을 알 수 있으므로 정답으로 적절하다.
⑤ 장소를 섭외하고 있지는 않으므로 적절하지 않다.

문법

1 〈동명사 vs. 명사〉: 전치사의 목적어 자리에 동명사와 명사를 둘 다 사용할 수 있지만, 동명사는 뒤에 목적어로 명사를 가질 수 있는 점이 명사와의 차이점이다.

전치사구		
전치사	동명사	명사(동명사의 목적어)
of	providing	music
	provision	

4 〈목적어 자리에 동명사를 취하는 완전 타동사〉

주어	완전 타동사	목적어
–	admit / avoid / consider / delay / deny / enjoy / escape / experience / finish / give up / imagine / **include** / involve / mind / mute / practice / put off / postpone / quit / recommend / replace / report / risk 등	-ing (동명사)

5 〈주격 관계대명사 + be동사 생략〉

–	생략 가능	
명사 (선행사)	(주격 관계대명사 + be동사)	현재분사(-ing) – 능동 (~하고 있는, ~하는)
		과거분사(p.p.) – 수동 (~되어진, ~당한)
		명사
		형용사(구) (~하는, ~할)
		부사
		전치사구
Applicants	(who/that are)	desirous

5 〈4형식을 3형식으로 바꿀 때 사용하는 전치사〉

1. 전치사 to를 취하는 동사

주어 + 동사 + 간접목적어 + 직접목적어 (4) → 주어 + 동사 + 직접목적어 + to + 간접목적어 (3)
give / bring / pass / **send** / show / sell / hand / lend / offer / teach / tell / feed / write

2. 전치사 for를 취하는 동사

주어 + 동사 + 간접목적어 + 직접목적어 (4) → 주어 + 동사 + 직접목적어 + for + 간접목적어 (3)
buy / build / choose / find / leave / make / order / prepare

3. 전치사 of를 취하는 동사

주어 + 동사 + 간접목적어 + 직접목적어 (4) → 주어 + 동사 + 직접목적어 + of + 간접목적어 (3)
ask

어법 & 연결어

The Watson City Symphony Orchestra is celebrating [**its** / their] 65th year of providing music for the central coast of California. The orchestra has announced the retirement of Mr. Bob Smith from the position of musical director and permanent conductor after 35 years. The orchestra is [active / **actively**] [sought / **seeking**] a replacement for this position. The responsibilities include [**selecting** / to select] the music for 4 concerts annually and [rehearse / **rehearsing**] the orchestra weekly for [approximate / **approximately**] 2 hours. Applicants [**desirous** / desirously] of [application / **applying**] for an opportunity to audition for this position should send resume to watsonorchestra@wco.org.

제목	홀로 남은 집의 위층 서재
주제	집에 홀로 남은 Melanie는 위층 서재가 어떨지 궁금하다.
논리	이야기

	지문	해석	단어 & 숙어
1	(After going through her routine chores) / (as a nanny), 〈동명사〉 O 일상적인 집안일을 마치고 난 후 ( ): O〈간·의〉 아이 돌보는 사람으로서 / Melanie realized / (how quiet the house was) / (without S V 〈의문사〉 S·C S V 〈전치사〉 Melanie는 깨달았다 집이 얼마나 조용한지 Edith and Harry / stirring around in it). 〈의S〉 〈동명사〉 Edith와 Harry가 없으니 집 안에서 돌아다니는	아이 돌보는 사람으로서 일상적인 집안일을 마치고 난 후, Melanie는 Edith와 Harry가 집 안에서 돌아다니지 않으니 집이 얼마나 조용한지 깨달았다.	go through ~을 마치다[끝내다] routine 일상적인 chore 집안일 nanny 아이 돌보는 사람 realize 깨닫다 (= realise) quiet 조용한 stir around 돌아다니다
2	She realized / {that she couldn't hear any noise / (other S V 〈종·접〉 S V O 그녀는 알게 되었다 (목·관 that) 어떤 소리도 들리지 않는다는 것을 than the ones) / (she made)}. { }: O = noises S V 소리 외에 자신이 내는	그녀는 자신이 내는 소리 외에 어떤 소리도 들리지 않는다는 것을 알게 되었다.	other than ~ 외에 make a noise[sound] 소리를 내다
3	She missed Edith. S V O 그녀는 Edith가 보고 싶었다	그녀는 Edith가 보고 싶었다.	miss 그리워하다
4	She missed Harry. S V O 그녀는 Harry가 보고 싶었다	그녀는 Harry가 보고 싶었다.	
5	She felt alone / (in this big house) / (without the twins). S V S·C 그녀는 혼자임을 느꼈다 이 큰 집에서 쌍둥이가 없는	쌍둥이가 없는 이 큰 집에서 그녀는 혼자임을 느꼈다.	feel alone[lonely] 고독을 느끼다 without ~없이 twin 쌍둥이 (중의 한 명)
6	(Suddenly) / she realized / {that she'd never been / (in any S V 〈종·접〉 S V〈과거완료〉 갑자기 그녀는 깨달았다 들어가 본 적이 없다는 것을 { }: O other rooms) / (except her bedroom and the twins')}. 〈전치사〉 = twins' bedroom 다른 어떤 방에도 자신의 침실과 쌍둥이의 침실 외에	갑자기 Melanie는 자신의 침실과 쌍둥이의 침실 외에 다른 어떤 방에도 들어가 본 적이 없다는 것을 깨달았다.	suddenly 갑자기 any other 다른 어떤, 다른 어느 except ~을 제외하고는
7	It occurred / (to her) / {that the study upstairs / was (always) 〈가S〉 V 〈종·접〉 S 떠올랐다 그녀에게 위층 서재가 늘 닫혀 있는 것이 kept closed}. { }: 〈진S〉 V〈수동태〉 S·C	위층 서재가 늘 닫혀 있는 것이 그녀에게 떠올랐다.	occur (머리에) 떠오르다, 생각나다 study 서재 upstairs 위층의 keep O O·C〈분사〉 (5) ~을 …한 상태로 유지하다 (수동태 시, be kept S·C〈분사〉)
8	She wondered / (what interesting things would be there). S V 〈의문사〉 〈현재분사〉 S V ( ): O〈간·의〉 그녀는 궁금했다 어떤 흥미로운 것들이 그곳에 있을지	그녀는 그곳에 어떤 흥미로운 것들이 있을지 궁금했다.	wonder 궁금해하다
9	Books? 책	책?	
10	Magazines? 잡지	잡지?	magazine 잡지
11	Perhaps... a beautiful painting? 어쩌면… 아름다운 그림	어쩌면… 아름다운 그림?	perhaps 어쩌면 painting 그림
12	She couldn't resist / herself / and / started heading up the S V₁ O V₂ O〈동명사〉 그녀는 참지 못했다 스스로 그리고 계단을 오르기 시작했다 stairs.	그녀는 참지 못하고 계단을 오르기 시작했다.	resist oneself 참다 start -ing ~하는 것을 시작하다 head (어떤 지점으로) 나아가다 stairs 계단

19 다음 글에 드러난 'Melanie'의 심경 변화로 가장 적절한 것은? [80%]

① lonely → curious

② surprised → worried

③ indifferent → upset

④ comfortable → annoyed

⑤ disappointed → relieved

정답 | ①

해설 | ① 외로운 → 궁금한: 5에서 외로운 감정에서 8에서 궁금한 감정으로의 심경 변화를 알 수 있으므로 적절하다.

② 놀라운 → 걱정하는: 놀랐다가 걱정하는 내용은 없다.

③ 무관심한 → 화난: 무관심한 내용은 없다.

④ 편안한 → 짜증난: 외로움을 느낀 것이 편안함을 느낀 것과는 거리가 멀다.

⑤ 실망스러운 → 안도하는: 실망스러워하는 감정은 찾을 수 없다.

문법

1 〈혼동 어휘〉

through	전치사	~을 통하여
throughout	전치사	(장소) ~의 도처에, (시간) ~ 동안, ~ 내내
	부사	도처에, 완전히, 철저하게
though	접속사	비록 ~일지라도
thorough	형용사	철저한, 완전한

1 〈간접의문문〉 : 의문사가 있는 경우

	〈간접의문문〉 : 타동사의 목적어 (완전한 문장)			
타동사	의문사	주격 보어	주어	동사
realized	how	quiet	the house	was

1 〈동명사의 의미상 주어〉 : Melanie(주어) without **Edith and Harry**(의미상 주어) **stirring**(동명사) around in it

주어	~	전치사	소유격/목적격	동명사 (목적어)
동명사의 주체가 아님			동명사의 주체임 : 동명사의 의미상 주어	

2 〈목적격 관계대명사 that〉 : 타동사의 목적어가 없는 경우 / 선행사를 포함하고 있는 관계대명사 what 사용 불가

	목적격 관계대명사절			
선행사	목적격 관계대명사	주어	타동사	목적어
the ones	(that) 생략 가능	she	made	~~목적어~~

6 〈except 쓰임〉 : ~을 제외하고 (= but, save)

전치사	except + 목적격 대명사
	except + (동)명사
접속사	except + (that) + 주어 + 동사
타동사	except + 목적어 + from + (동)명사

7 〈가주어, 진주어 구문〉

가주어	동사	진주어
It (this, that, there 사용 불가)	–	**that + 주어 + 동사 (완전한 절)**
		to 동사원형
		동명사
		의문사 + 주어 + 동사 (간접의문문)
		if/whether + 주어 + 동사
It	occurred	that

7 〈keep 동사의 쓰임〉 : 5형식에서 keep

keep	목적어	목적격 보어	해석
		형용사	[사람·물건을] (…의 상태·동작·위치에) 두다
		현재분사	~가 계속 …하게 하다
		과거분사	~에게 …되게 하다

8 〈간접의문문〉 : 의문사가 있는 경우

	〈간접의문문〉 : 타동사의 목적어 (완전한 문장)		
타동사	의문사	주어	동사
wondered	what	interesting things	would be

8 〈what의 용법〉 : 여기에서는 의문형용사로 사용되어 타동사 wonder의 직접목적어로 사용된 간접의문문이다.

용법	품사적 기능	명사 수식	해석
관계형용사	명사절(S/O/C)	what + 명사	~한 모든
의문형용사			무슨, 어떤
의문대명사		×	무엇
관계대명사		×	~하는 것

12 〈대명사 vs. 재귀대명사〉

		주어와 다름	주어와 동일
주어	~	대명사	재귀대명사
She		her	**herself**

12 〈3형식에서 목적어 자리에 to R / -ing 둘 다 사용 가능한 완전 타동사〉

주어	완전 타동사		목적어
~	begin(~을 시작하다)	cease(~을 중단하다)	to R / -ing (의미 차이 없음)
	continue(~을 계속하다)	dislike(~을 싫어하다)	
	hate(~을 싫어하다)	like(~을 좋아하다)	
	love(~을 사랑하다)	neglect(~하는 것을 소홀히 하다)	
	prefer(~쪽을 좋아하다)	**start**(~을 시작하다)	

어법 & 연결어

After going [**thorough** / **through**] her routine chores as a nanny, Melanie realized how [**quiet** / **quietly**] the house was without Edith and Harry [**to stir** / **stirring**] around in [**it** / **them**]. She realized [**what** / **that**] she couldn't hear any noise other than the ones [**that** / **what**] she made. She missed Edith. She missed Harry. She felt [**lonely** / **alone**] in this big house without the twins. Suddenly she realized [**that** / **what**] she'd never been in any other rooms except her bedroom and the twins'. [**This** / **It**] occurred to her [**that** / **what**] the study upstairs was always kept [**closing** / **closed**]. She [**wondered** / **wandered**] [**that** / **what**] [**interesting** / **interested**] things would be there. Books? Magazines? Perhaps... a beautiful painting? She couldn't resist [**her** / **herself**] and started heading up the stairs.

	제목	문제 해결 지향적인 사고
	주제	문제가 발생하면 문제 자체가 아니라 문제 해결에 집중해야 한다.
글의 주장	논리	질문 · 답변, 예시

	지문	해석	단어 & 숙어
1	It's unfortunate / [that (when something goes wrong), / 〈가S〉 V S·C 〈종·접〉 〈종·접〉 S V S·C 유감스러운 일이다 ( ): O₁〈간·의〉 무언가가 잘못되었을 때 ( ): O₂〈간·의〉 people obsess / {about (why it happened), / (whose fault it S V 〈의문사〉 S V 〈의문사〉 S·C 사람들이 집착하는 것은 ( ): O₃〈간·의〉 왜 그런 일이 생겼고 그것이 누구의 잘못이며 was), / and / "(why me)}]?" V 〈의문사〉 그리고 '왜 나인가'에	무언가가 잘못되었을 때 사람들이 왜 그런 일이 생겼고, 그것이 누구의 잘못이며, '왜 나인가'에 집착하는 것은 유감스러운 일이다.	unfortunate 유감스러운 go wrong 잘못되다 obsess about ~에 대해 강박 관념을 갖다 happen (일·사건 등이) 일어나다, 생기다 fault 잘못, 책임
2 질문	(Honestly), / what good is that thinking / (in most cases)? S·C V S 솔직히 그런 생각이 무슨 소용인가 대부분의 경우	솔직히, 대부분의 경우 그런 생각이 무슨 소용인가?	honestly 솔직히 What good is ~? ~이 무슨 소용인가?, 무슨 도움이 되는가? in most cases 대개[대부분]의 경우
3 TS 답변	Train / your brain / to be solution-oriented. V O O·C 훈련하라 여러분의 두뇌를 해결 지향적이 되도록	여러분의 두뇌가 해결 지향적이 되도록 훈련하라.	train O O·C(to R) (5) ~가 …하도록 훈련시키다 solution-oriented 해결 지향적인
4 예시	Let's take the simplest example / (on the planet). V O 가장 간단한 예를 들어 보자 이 행성(지구)에서	지구상에서 가장 간단한 예를 들어 보자.	take example 예를 들어보다 planet 행성
5 질문	What happens / (when a glass of milk spills)? 〈의문사〉 V 〈종·접〉 S V 무슨 일이 벌어지는가 우유 한 잔이 쏟아지면	우유 한 잔이 쏟아지면 무슨 일이 벌어지는가?	a glass of 한 잔[컵]의 spill 쏟아지다
6 답변	Yes, / you can obsess / and say, / how did that fall, / who S V₁ V₂ 〈의문사〉 S V 〈의문사〉 그렇다 여러분은 집착해서 하고 말하거나 그것이 어떻게 넘어졌지 made it fall, / will it stain the floor, / or / think something V O O·C S V O V₃ O 누가 그것을 넘어지게 했지 그것이 바닥을 얼룩지게 할까 혹은 무언가를 생각할 수 있다 / (along the lines of), / "Why always me? / I'm in a hurry / S V₁ 비슷한 "왜 늘 나야 나는 서둘러야 해 and / don't need this." V₂ 그리고 이런 일은 일어나면 안 되는데"	그렇다, 여러분은 집착해서, 그것이 어떻게 넘어졌지, 누가 그것을 넘어지게 했지, 그것이 바닥을 얼룩지게 할까 하고 말하거나 '왜 늘 나야? 나는 서둘러야 해서 이런 일은 일어나면 안 되는데.'와 비슷한 무언가를 생각할 수 있다.	fall 넘어지다 floor 바닥 stain 얼룩지게 하다 along[on] the lines of ~의 방침을 따라서, ~와 (아주) 비슷한 in a hurry 서둘러, 바쁜
7	But / someone / (with a solution-oriented thought process) S p.p. 그러나 누군가는 해결 지향적인 사고 과정을 가진 / would (simply) get a towel, / pick up the glass, / and / get a V₁ O (could) V₂ O (could) V₃ 그저 수건을 가져오고 잔을 집어 들고 그리고 new glass of milk. O 우유 한 잔을 새로 가져올 것이다	그러나 해결 지향적인 사고 과정을 가진 누군가는 그저 수건을 가져오고, 잔을 집어 들고, 우유 한 잔을 새로 가져올 것이다.	thought process 사고[생각] 과정 simply 그냥 (간단히), 그저 (단순히) towel 수건, 타월 pick up 집어 들다
8	Use / your energy / (wisely); / learn / (from mistakes) / but / V₁ O V₂ 사용하라 여러분의 에너지를 현명하게 배우되 실수로부터 그러나 (then) / move on fast / (with solutions). V₃ 그러고 나서 빠르게 넘어가라 해결책을 가지고	여러분의 에너지를 현명하게 사용하라. 실수로부터 배우되, 해결책을 가지고 빠르게 넘어가라.	wisely 현명하게 learn from ~로부터 배우다 mistake 실수, 잘못 move on (다음 단계로) 넘어가다 solution 해결책

20 다음 글에서 필자가 주장하는 바로 가장 적절한 것은? [66%]

① 문제가 생기면 주위 사람들에게 조언을 구하라.
② 비판하는 사람보다 격려하는 사람을 가까이하라.
③ 실패의 경험을 분석해서 배우려는 자세를 가져라.
④ 문제 자체에 집착하기보다는 문제 해결에 집중하라.
⑤ 예상치 못한 위험에 대비해 항상 경계를 늦추지 마라.

정답 | ④

해설 | ① 주위 사람들의 조언에 관한 내용은 없다.
② 비판하는 사람과 격려하는 사람에 관한 내용은 없다.
③ 실패 경험을 배우는 자세에 관한 내용은 없다.
④ **3**에서 문제 해결 지향적인 태도를 가지라고 주장했으므로 정답으로 적절하다.
⑤ 예상치 못한 위험에 대비한다는 내용은 없다.

문법

1 〈가주어, 진주어 구문〉

가주어	동사	진주어
It (this, that, there 사용 불가)	–	**that + 주어 + 동사 (완전한 절)**
		to 동사원형
		동명사
		의문사 + 주어 + 동사 (간접의문문)
		if/whether + 주어 + 동사
It	is	that

1 〈간접의문문〉 : 의문사가 있는 경우

	〈간접의문문〉 : 전치사의 목적어		
전치사	의문사	주어	동사
about	why	it	happened
	whose	it	was
	why	(it)	(was)

2 〈혼동 어휘〉

	대명사	형용사	부사
most	대부분의 것들[사람들]	**대부분의**	가장
almost	–	–	거의
mostly	–	–	주로, 일반적으로

3 4 8 〈명령문의 종류〉 : Train / Let's take / Use

직접명령문		긍정문	**동사원형(R)**	~해라
		부정문	Don't + R	~하지 마라
			Never + R	
간접명령문 (주어가 1, 3인칭일 때)	긍정문	허락	Let + 목적어 + R	목적어가 ~하게 해 주세요
		권유, 제안 (청유문)	**Let's[Let us] + R**	~하자
	부정문		Let's not + R	~하지 말자

3 〈5형식 불완전 타동사의 목적격 보어〉 : 수동태 전환 시, 2형식 문장(be p.p. + to R)

주어	불완전 타동사	목적어	목적격 보어
–	advise / allow / ask / assume / beg / bring / cause / command / compel / condition / decide / design / drive / enable / encourage / expect / forbid / force / inspire / instruct / intend / invite / lead / like / motivate / nag / order / permit / persuade / predispose / pressure / proclaim / prod / program / provoke / push / require / teach / tell / **train** / trust / urge / want / warn / wish 등	–	to 동사원형

6 〈make 사역동사〉

make	목적어	목적격 보어	해석
사역동사	명사 / 명사 상당어구	**동사원형(R)**	~가 …하도록 시키다
		과거분사(p.p)	~가 …하게 당하다
made	it	~~fallen~~	
		fall	

어법 & 연결어

It's unfortunate [**what / that**] when something goes wrong, people obsess about [**why it happened / why did it happen**], [**that / whose**] fault it was, and "why me?" Honestly, what good is that thinking in [**most / almost**] cases? [**Train / To train**] your brain to be solution-oriented. Let's take the simplest example on the planet. What happens when a glass of milk spills? Yes, you can obsess and say, how did that fall, who made it [**fall / to fall**], will it stain the floor, or think something along the lines of, "Why always me? I'm in a hurry and don't need this." (   ) someone with a solution-oriented thought process would simply get a towel, pick up the glass, and get a new glass of milk. Use your energy [**wise / wisely**]; learn from mistakes but then move on fast with solutions.

제목	자신의 주장을 강화하는 목소리만 듣는 사람들	
주제	다른 사람들의 의견을 적극적으로 구하도록 하는 교육이 좋은 교육이다.	
밑줄 의미	논리	문제점 · 해결책, 원인 · 결과, 질문 · 답변, 인용

	지문	해석	단어 & 숙어
1 질문	What happens / [when students get the message / {that (saying the wrong thing) / can get you in trouble}]? 무슨 일이 일어날까 / 메시지를 학생들이 받으면 / 부적당한 것을 말하는 것이 / 여러분을 곤경에 빠뜨릴 수 있다는	부적당한 것을 말하는 것이 여러분을 곤경에 빠뜨릴 수 있다는 메시지를 학생들이 받으면 무슨 일이 일어날까?	happen (일이) 일어나다 wrong 부적당한 get A in trouble A를 곤경에 빠뜨리다
2 답변 원인	They do / (what one would expect): / they talk to people / (they already agree with), / keep their mouths shut / (about important topics) / (in mixed company), / and (often) don't bother / even arguing / (with the angriest / or loudest person) / (in the room). 그들은 한다 / 사람들이 예상하는 대로 / 그들은 사람들과 이야기하고 / 자신과 이미 의견을 같이하는 / 입을 다물고 있고 / 중요한 주제에 관해 / 다양한 사람들 앞에서는 / 별로 애쓰지 않는다 / 논쟁조차 하려고 / 가장 화가 나 있거나 / 가장 큰 소리를 내는 사람과 / 모인 사람들 중	그들은 사람들이 예상하는 대로 한다. 그들은 자신과 이미 의견을 같이하는 사람들과는 이야기하고, 다양한 사람들 앞에서는 중요한 주제에 관해 입을 다물고 있고, 모인 사람들 중 가장 화가 나 있거나 가장 큰 소리를 내는 사람과 논쟁조차 하려고 별로 애쓰지 않는다.	expect 예상하다 talk to ～에게 말을 걸다 already 이미, 벌써 agree with ～에 동의하다 keep one's mouth shut (about) ～에 대해 입을 다 물다, 비밀을 누설치 않다 keep O O·C(분사) (5) ～가 계속 …하게 하다 in company 사람들 앞에서[틈에서] mixed 각양각색의 bother -ing ～하려고 애쓰다 argue with ～와 언쟁을 벌이다 loud 시끄러운 the room (한자리에) 모인 사람들
3 문제점 결과	The result / is a group polarization / {that follows graduates / (into the real world)}. 그 결과는 / 집단 양극화 현상이다 / 졸업생을 따라서 / 실제 세상으로 이어지는	그 결과는 졸업생을 따라서 실제 세상으로 이어지는 집단 양극화 현상이다.	result 결과 group polarization 집단 양극화 현상 follow 뒤따르다 graduate 졸업생 real world 실세계
4 인용	{As the sociologist Diana C. Mutz / discovered / (in her book *Hearing the Other Side*)}, / those (with the highest levels of education) / have the lowest exposure / (to people) / (with conflicting points of view), / [while those {who have not graduated / (from high school)} / can claim the most diverse discussion mates]. 사회학자인 Diana C. Mutz가 / 발견한 바와 같이 / 자신의 책 'Hearing the Other Side'에서 / 가장 높은 수준의 교육을 받은 사람들은 / '가장 적게' 접한다 / 사람들과 / 상반된 견해를 가진 / 졸업하지 않은 사람들은 / 고등학교를 / 가장 다양한 토론 상대자를 확보할 수 있는 반면	자신의 책 'Hearing the Other Side'에서 사회학자인 Diana C. Mutz가 발견한 바와 같이, 고등학교를 졸업하지 않은 사람들은 가장 다양한 토론 상대자를 확보할 수 있는 반면, 가장 높은 수준의 교육을 받은 사람들은 상반된 견해를 가진 사람들과 '가장 적게' 접한다.	sociologist 사회학자 discover 발견하다 level 수준 education 교육 exposure to ～에 접하기, 노출 conflicting 상반된 point of view 관점, 견해 while 반면에 those who ～하는 사람들 graduate from ～을 졸업하다 claim 확보하다 diverse 다양한 discussion 토론 mate 짝, 동료
5	In other words, / those (most likely to live / in the tightest echo chambers) / are those / (with the highest level of education). 다시 말하면 / 살 가능성이 가장 큰 사람들은 / 가장 빈틈없는 반향실에서 / 사람들이다 / 교육 수준이 가장 높은	다시 말하면, 가장 빈틈없는 반향실(에코 효과를 내는 방)에서 살 가능성이 가장 큰 사람들은 교육 수준이 가장 높은 사람들이다.	in other words 다시 말해서 be likely to R ～일 것 같다 tight 빈틈이 없는 echo chamber 반향실(에코 효과를 내는 방)
6	It should be the opposite, / (shouldn't it)? 그 반대가 되어야 한다 / 그렇지 않은가	그 반대가 되어야 한다, 그렇지 않은가?	the opposite 반대
7 TS 해결책	A good education / ought to teach citizens / (to actively seek out / the opinions of intelligent people) / (with whom they disagree), / (in order to prevent the problem of "confirmation bias.") 좋은 교육은 / 시민들을 가르쳐야 한다 / 적극적으로 구하도록 / 지적인 사람들의 의견을 / 자신과 의견이 다른 / '확증 편향'의 문제를 예방하기 위해	좋은 교육은 '확증 편향'의 문제를 예방하기 위해, 자신과 의견이 다른 지적인 사람들의 의견을 적극적으로 구하도록 시민들을 가르쳐야 한다.	ought to R ～해야만 한다 teach O O·C(to R) (5) ～을 …하도록 가르치다 citizen 시민 actively 적극적으로 seek out 구하다 intelligent 지적인 disagree with ～와 의견이 다르다 in order to ～하기 위해서 prevent 예방하다 confirmation bias 확증 편향

21 밑줄 친 live in the tightest echo chambers가 다음 글에서 의미 하는 바로 가장 적절한 것은? [3점] [45%]

① hear only the voices that strengthen their views
② have mixed feelings towards the academic world
③ find their followers from every corner of society
④ be responsive to emotional cues from their peers
⑤ blame educational systems for the social polarization

정답 | ①

해설 | ① 오직 그들의 견해를 강화시키는 목소리를 듣다: 밑줄 친 문장은 **1**에서 자신과 의견을 같이하는 사람들과만 이야기하는 사람, **7**에서 다른 사람들의 의견을 구하는 사람과 반대되는 사람을 가리키므로 자신들의 견해를 강화하는 목소리를 듣는다는 것이 정답으로 적절하다.
② 학문의 세계를 향해서 뒤섞인 감정을 가지다: 뒤섞인 감정에 관한 내용은 없다.
③ 사회의 구석구석에서 추종자를 찾다: 사회에서 추종자를 찾는다는 내용은 없다.
④ 그들의 또래들로부터 정서적인 단서에 반응하다: 또래에 반응한다는 내용은 없다.
⑤ 사회적 양극화에 대한 교육의 제도를 탓하다: **3**에서 양극화에 관해 언급은 하나, 교육의 제도를 탓하는 내용은 없다.

문법

1 〈동격의 종속접속사 that〉: 'the + 추상명사(message) + that' (~라는 메시지) / 관계대명사 which, what 사용 불가

1 〈동명사 주어〉: **saying the wrong thing(동명사구)** can get(동사)

2 〈목적격 관계대명사 that 생략〉: 전치사의 목적어가 없는 경우 / 선행사를 포함하고 있는 관계대명사 what 사용 불가

	목적격 관계대명사절				
선행사	목적격 관계대명사	주어	동사	전치사	~~목적어~~
people	(that) 생략 가능	they	agree	with	

2 〈keep 동사의 쓰임〉: 5형식에서 keep

keep	목적어	목적격 보어	해석
		형용사	[사람·물건을] (…의 상태·동작·위치에) 두다
		현재분사	~가 계속 …하게 하다
		과거분사	~에게 …되게 하다

2 〈bother 동사의 용법〉

자동사	to R	(보통 부정문) 일부러 ~하다
	-ing(현재분사)	
타동사	목적어 + to R	[남에게] (~을) 조르다, [남에게] (~해달라고) 성가시게 굴다
	목적어 + -ing	(보통 부정문) (재귀 용법) 일부러 ~하다

3 〈주격 관계대명사절의 수의 일치〉: 선행사를 포함하고 있는 관계대명사 what 사용 불가

	주격 관계대명사절		
선행사	주격 관계대명사	~~주어~~	동사
a group polarization	that		~~follow~~ follows

4 〈those who〉: ~하는 사람들

	주격 관계대명사절			
선행사	주격 관계대명사	~~주어~~	복수동사	복수동사
those	who		have not graduated	can claim

5 〈주격 관계대명사 + be동사 생략〉: those(주어) [(who are) most likely(형용사) to live in the tightest echo chambers] are(동사) : 형용사가 앞에 있는 주어(대명사)를 후치 수식하는 경우

6 〈부가의문문〉: 조동사일 경우

		부가의문문	
주어(A)	동사(B)	동사(B)	주어(A)
It	should be	**shouldn't**	**it?**

7 〈목적격 보어 자리에 to R을 취하는 불완전 타동사〉

주어	불완전 타동사	목적어	목적격 보어
—	advise / allow / ask / assume / beg / bring / cause / command / compel / condition / decide / design / drive / enable / encourage / expect / forbid / force / inspire / instruct / intend / invite / lead / like / motivate / order / permit / persuade / predispose / pressure / proclaim / prod / program / provoke / push / require / **teach** / tell / train / trust / urge / want / warn / wish 등	—	to R

7 〈분리부정사〉: to actively seek

	원형부정사	동사원형	
부정사	to 부정사	to	동사원형
	분리부정사	to	부사	동사원형
		~~형용사~~	

7 〈전치사 + 관계대명사 vs. 관계대명사〉: with whom
관계부사와 같기 때문에 뒤 문장이 완전한 문장이 나온다. 전치사는 맨 뒤로 보낼 수 있는데 이때 전치사의 목적어가 없기 때문에 관계대명사절은 불완전하다.

선행사	전치사 + 관계대명사 = 관계부사	주어	동사		완전한 문장
	관계대명사	주어	동사	전치사 ~~목적어~~	불완전한 문장

어법 & 연결어

What happens [what / **when**] students get the message [which / **that**] saying the wrong thing can get you in trouble? They do [that / **what**] one would expect: they talk to people [**that** / what] they already agree with, keep their mouths [**shut** / to shut] about important topics in [**mixed** / mixing] company, and often don't bother even [argued / **arguing**] with the angriest or loudest person in the room. The result is a group polarization [**that** / what] [follow / **follows**] graduates into the real world. As the sociologist Diana C. Mutz discovered in her book *Hearing the Other Side*, those with the highest levels of education [**have** / has] the lowest exposure to people with conflicting points of view, while those who [**have** / has] not [graduated / **graduated from**] high school can claim the [**most** / almost] diverse discussion mates. (   ), those [most / **almost**] [like / **likely**] to live in the tightest echo chambers are those with the highest level of education. It should be the opposite, [should / **shouldn't**] it? A good education ought to teach citizens to [active / **actively**] seek out the opinions of intelligent people [whom / **with whom**] they disagree, in order to prevent the problem of "confirmation bias."

지문	해석	단어 & 숙어
1 통념 Some company leaders say / (that their company is going through / a lot of change and stress), / {which (they "know") / will lower their effectiveness, / drive away top talent, / and / tear apart their teams}. 몇몇 회사의 경영진은 말한다 / 그들의 회사가 겪고 있는 / 많은 변화와 스트레스를 / 그들이 '알고 있다'고 / 업무 효율성을 떨어뜨리고 / 최고의 인재를 몰아내며 / 그들의 팀을 분열시킨다는 것을	몇몇 회사의 경영진은 그들의 회사가 많은 변화와 스트레스를 겪고 있는데, 그것이 업무 효율성을 떨어뜨리고, 최고의 인재를 몰아내며, 그들의 팀을 분열시킨다는 것을 그들이 '알고 있다'고 말한다.	company 회사 leader 경영진, 대표 go through ~을 겪다 lower 떨어뜨리다, 낮추다 effectiveness 업무 효율성, 유효성 drive away ~을 몰아내다, 쫓아내다 talent 인재(들), 재능 있는 사람(들) tear apart ~을 분열시키다[해체하다]
2 예시 They need / to think about the military, / a place / (where stress and uncertainty are the status quo), / and / (where employees are on-boarded) / {not (with a beach vacation) / but (with boot camp)}. 그들은 필요가 있는데 / 군대에 대해 생각해 볼 / 그곳에서는 / 스트레스와 불확실성이 현 상태이고 / 그리고 / 고용된 사람들은 일할 수 있는 상태로 준비된다 / 해변의 휴양이 아니라 / 신병 훈련소를 통해	그들은 군대에 대해 생각해 볼 필요가 있는데, 그곳에서는 스트레스와 불확실성이 현 상태이고, 고용된 사람들은 해변의 휴양이 아니라 신병 훈련소를 통해 일할 수 있는 상태로 준비된다.	need to R ~할 필요가 있다 think about ~에 대해 생각하다 military 군대 uncertainty 불확실성 status quo 현 상태 employee 직원, 종업원 (↔ employer) on-board (신입을) 일할 수 있는 상태로 준비시키다 not A but B A가 아니라 B vacation 휴가 boot camp 신병 훈련소
3 And yet, / the employees (of the military) remain / (among the highest functioning, steadfast, and loyal) / (of virtually any organization) / (on the planet). 그런데도 여전히 / 군대에 고용된 사람들은 속한다 / 가장 제대로 기능하고, 확고부동하고, 충성스러운 자들에 / 사실상 모든 조직 중에서 / 지구상에 있는	그런데도 여전히 군대에 고용된 사람들은 사실상 지구상에 있는 모든 조직 중에서 가장 제대로 기능하고, 확고부동하고, 충성스러운 자들에 속한다.	and yet 그렇다 하더라도 remain 계속[여전히] ~이다 among ~ 중에서 functioning 제대로 기능을 하는 steadfast 확고부동한, (목표·태도가) 변함없는 loyal 충성스러운, 충성심이 강한 virtually 사실상, 실질적으로 organization 조직 planet 행성, 지구
4 That's <because / (after centuries of practice), / the military has learned / [that {if you go through stress / (with the right lens)}, / and / (alongside others), / you can create / meaningful narratives and social bonds / (that you will talk about) / (for the rest of your life)]>. 이것은 때문이다 / 수세기 동안의 실행 끝에 / 군대가 배웠기 / 스트레스를 겪고 나면 / 적절한 렌즈[관점]로 / 그리고 / 다른 사람들과 함께 / 창출할 수 있다는 것을 / 의미 있는 이야기와 사회적 유대를 / 이야기하게 될 / 남은 평생 동안	이것은 군대가 수세기 동안의 실행 끝에, 적절한 렌즈[관점]로 다른 사람들과 함께 스트레스를 겪고 나면, 남은 평생 이야기하게 될 의미 있는 이야기와 사회적 유대를 창출할 수 있다는 것을 배웠기 때문이다.	centuries of 수 세기에 걸친 practice 실행, 훈련, 업무 right 적절한 alongside ~와 함께 meaningful 의미 있는 narrative 이야기, 서술 bond 유대, 접착 talk about ~에 대해 이야기하다 the rest of one's life 여생
5 (Instead of seeing stress / as a threat), / the military culture / derives pride / (from the shared resilience) / (it creates). 스트레스를 바라보는 대신에 / 위협적인 것으로 / 군대 문화는 / 자부심을 끌어낸다 / 공유된 회복력에서 / 그것이 만들어 내는	스트레스를 위협적인 것으로 바라보는 대신에, 군대 문화는 그것이 만들어 내는 공유된 회복력에서 자부심을 끌어낸다.	instead of ~ 대신에 see[view] A as B A를 B라 여기다, 간주하다 threat 위협 culture 문화 derive 끌어내다, 얻다 pride 자부심 shared 공유된 resilience 회복력, 탄성
6 TS 진실 And / this has nothing (to do with the fact) / (that they are soldiers); / every company and team / can turn stress / (into wellsprings of potential). 그런데 / 이것은 사실과는 전혀 상관없으며 / 그들이 군인이라는 / 모든 회사와 팀은 / 스트레스를 바꿀 수 있다 / 잠재력의 원천으로	그런데 이것은 그들이 군인이라는 사실과는 전혀 상관없으며, 모든 회사와 팀은 스트레스를 잠재력의 원천으로 바꿀 수 있다.	have nothing to do with ~와 아무 관련이 없다 turn A into B A를 B로 바꾸다 wellspring 원천 potential 잠재력, 가능성

22 다음 글의 요지로 가장 적절한 것은? [81%]

① 적절한 긴장감은 사고를 예방하는 데 도움이 된다.
② 신속함보다는 정확한 업무 처리가 생산성을 개선한다.
③ 목표 설정이 구체적일수록 성과를 빨리 달성할 수 있다.
④ 인적 자원에 대한 투자는 조직에 대한 충성심을 높인다.
⑤ 스트레스를 조직의 잠재력을 끌어낼 계기로 삼을 수 있다.

정답 | ⑤

해설 | ① 긴장감이 사고 예방에 도움이 된다는 내용은 없다.
② 신속함과 정확성의 차이에 관한 내용은 없다.
③ 목표 설정의 구체성에 관한 내용은 없다.
④ 인적 자원 투자에 관한 내용은 없다.
⑤ 6에서 회사에서 스트레스를 잠재력의 원천으로 삼을 수 있다고 했으므로 정답으로 적절하다.

문법

1 4 〈혼동 어휘〉

through	전치사	~을 통하여
throughout	전치사	(장소) ~의 도처에, (시간) ~ 동안, ~ 내내
	부사	도처에, 완전히, 철저하게
though	접속사	비록 ~일지라도
thorough	형용사	철저한, 완전한

1 〈삽입〉 : 주격 관계대명사 which절 안에 '주어 + 동사'가 삽입되어 있는 경우

	주격 관계대명사절				
선행사	주격 관계대명사	주어	동사	~~주어~~	동사
앞 내용	which	they	"know"		will lower ~
		〈삽입절〉			

*콤마(,) which(주격 관계대명사) ~ : 관계대명사 앞에 콤마(,)가 있는 계속적 용법으로 '접속사(and) + 대명사(it)'으로 바꿔 사용할 수 있다.

2 〈목적어 자리에 to부정사를 취하는 완전 타동사〉

주어	완전 타동사	목적어
–	afford / agree / ask / attempt / care / choose / claim / dare / decide / demand / desire / determine / elect / expect / fail / guarantee / hope / intend / learn / manage / **need** / offer / plan / pretend / promise / refuse / resolve / seek / threaten / volunteer / want / wish 등	to 동사원형

2 〈혼동 어휘〉 : 철자가 비슷해서 혼동

stat	e	주, 국가, 말하다, 상태
	ue	동상
	ure	키, 신장, 위상
	us	지위, 상태

2 〈관계부사 where〉 : 선행사(a place) + 관계부사(where ~ : 완전한 문장) / 관계대명사 which/what 사용 불가

2 〈상관접속사〉 : 병렬구조

종류			뜻
not		**but**	A가 아니라 B (= B, not A)
not only		but also	A뿐만 아니라 B도 (= B as well as A)
either	A	or	B	A와 B 둘 중 하나
neither		nor	A와 B 둘 다 아닌
both		and	A와 B 둘 다

3 〈between vs. among〉

전치사	between	~ 사이에	둘 사이	혼용
	among		셋 이상	

4 〈This/That/It is because vs. This/That/It is why〉

This/That/It	is	because	주어	동사~
결과			원인	

This/That/It	is	why	주어	동사~
원인			결과	

4 〈목적격 관계대명사 that〉 : 전치사의 목적어가 없는 경우 / 선행사를 포함한 목적격 관계대명사 what 사용 불가

	목적격 관계대명사절				
선행사	목적격 관계대명사	주어	동사	전치사	~~목적어~~
bonds	that	you	will talk	about	

5 〈5형식 불완전 타동사의 목적격 보어〉 : 수동태 전환 시, 2형식 문장(be p.p. + as 보어)

주어	불완전 타동사	목적어	목적격 보어
–	accept / achieve / advertise / announce / characterize / cite / consider / count / deem / define / describe / disguise / identify / interpret / look at / look upon / perceive / praise / present / read / reckon / refer to / recognize / regard / remember / respect / **see** / speak of / think of / train / treat / use / view / visualize 등	–	as 보어

5 〈목적격 관계대명사 that〉 : 타동사의 목적어가 없는 경우 / 선행사를 포함하고 있는 관계대명사 what 사용 불가

	목적격 관계대명사절			
선행사	목적격 관계대명사	주어	타동사	~~목적어~~
resilience	(that) 생략 가능	it	creates	

6 〈동격의 종속접속사 that〉 : 'the + 추상명사(fact) + that' (~라는 사실) / 관계대명사 which, what 사용 불가

어법 & 연결어

Some company leaders say [what / **that**] their company is going [**through** / thorough] a lot of change and stress, [what / **which**] they "know" will lower their effectiveness, drive away top talent, and [tear / **tears**] apart their teams. They need to think about the military, a place [which / **where**] stress and uncertainty [**is** / are] the [**status** / statue] quo, and [which / **where**] employees are on-boarded not with a beach vacation but with boot camp. (   ) (   ), the employees of the military [remain / **remains**] among the highest functioning, steadfast, and loyal of [virtual / **virtually**] any organization on the planet. That's [because / **why**] after centuries of practice, the military has learned [what / **that**] if you go [though / **through**] stress with the right lens, and alongside others, you can create meaningful narratives and social bonds [what / **that**] you will talk about for the rest of your life. Instead of seeing stress as a threat, the military culture derives pride from the [**shared** / sharing] resilience it creates. (   ) this has nothing to do with the fact [which / **that**] they are soldiers; every company and team can turn stress into wellsprings of potential.

제목	영감의 원천인 끈기 있는 노력	
주제	끈기 있게 노력을 하며 영감을 얻어 창의적으로 글을 쓸 수 있다.	
글의 주제 **논리**	인용	

	지문	해석	단어 & 숙어
1	Inspiration / is a funny thing. S V S·C 영감이란 재미있는 것이다	영감이란 재미있는 것이다.	inspiration 영감 funny 재미있는
2	It's powerful / (enough to move mountains). S V S·C 그것은 강력하다 산을 옮길 만큼 충분히	그것은 산을 옮길 만큼 충분히 강력하다.	enough to R ~하기에 충분한
3	(When it strikes), / it carries an author forward / (like the 〈종·접〉 S V S V O 〈전치사〉 영감이 갑자기 떠오르면 영감은 작가를 전진시킨다 rushing torrents) / (of a flooded river). 〈현재분사〉 p.p. 내달리는 급류처럼 범람한 강의	영감이 갑자기 떠오르면, 영감은 범람한 강의 내달리는 급류처럼 작가를 전진시킨다.	strike (생각이 갑자기) 떠오르다 carry A forward A를 전진시키다 author 작가, 저자 rushing 격한, 성급한 torrent 급류 flooded 범람한, 물이 넘치는
4	And yet, / (if you wait for it), / nothing happens. 〈종·접〉 S V O S V 그러나 영감을 기다리면 아무 일도 일어나지 않는다	그러나 영감을 기다리면, 아무 일도 일어나지 않는다.	yet 그러나 wait for ~을 기다리다 happen (일이) 일어나다
5	The irony is / {that so much is actually created / — S V 〈종·접〉 S V〈수동태〉 아이러니한 것은 너무나 많은 것이 실제로 창작되었다는 것이다 mountains moved, / sagas written, / grand murals painted / S (are) p.p. S (are) p.p. S (are) p.p. 산이 옮겨지거나 대하소설이 집필되거나 웅장한 벽화가 그려지는 것과 같이 — by those / (who might not even describe / themselves as 〈선행사〉 〈주·관〉 V O 사람들에 의해 묘사하지 않을 수 있는 particularly inspired)}. O·C { }: S·C 스스로를 특별히 영감을 받았다고	아이러니하게도, 스스로를 특별히 영감을 받았다고 묘사하지 않을 수 있는 사람들에 의해 산이 옮겨지거나 대하소설이 집필되거나 웅장한 벽화가 그려지는 것과 같이 너무나 많은 것이 실제로 창작되었다.	irony 아이러니, 역설 much 다량, 많음 saga 대하소설 grand 웅장한 mural 벽화 those who ~하는 사람들 describe A as B A를 B로 묘사하다 particularly 특별히 inspire 영감을 주다
6 TS	Instead, / they show up / (every day) / and / put their S₁ V₁① V₁② O₁ 대신에 그들은 나온다 매일 그리고 hands (on the keyboard), / their pen (to paper), / and / O₂ 키보드 위에 손을 얹고 펜을 종이에 대고 그리고 they move their stories forward, / (bit by bit), / (word by S₂ V₂ O 그들의 이야기를 진행해 가는데 아주 조금씩 한 단어 한 단어 word), / [perhaps not even recognizing / {that inspiration is 〈현재분사〉 〈종·접〉 S V 아마도 인식조차 못 할지도 모른다 영감이 떠오르고 있다는 것을 striking / (in hundreds of tiny, microscopic ways) / (as they S·C 〈종·접〉 S 수백 가지 작고 미세한 방식으로 push through / another sentence, another page, another V O₁ O₂ O₃ 그들은 자신이 더 밀고 나갈 때 한 문장, 한 쪽, 그리고 한 장(章) 더 chapter)}]. { }: O [ ]: 〈분사구문〉	대신에 그들은 매일 나와서 키보드 위에 손을 얹고, 펜을 종이에 대고, 아주 조금씩 한 단어 한 단어 그들의 이야기를 진행해 가는데, 아마도 그들은 자신이 한 문장 더, 한 쪽 더, 그리고 한 장(章) 더 밀고 나갈 때, 수백 가지 작고 미세한 방식으로 영감이 떠오르고 있다는 것을 인식조차 못 할지도 모른다.	instead 대신에 show up 나오다, 나타나다 put A on B A를 B에 두다 move A forward A를 전진시키다 bit by bit 아주 조금씩 word by word 정확히 말하면[글자] 그대로 perhaps 아마도 recognize 인식하다 inspiration 영감 striking 현저한, 두드러진 hundreds of 수백의 ~ tiny 작은 microscopic 미세한, 아주 작은 push through 밀고 나가다 sentence 문장
7 인용	"I write / (when the spirit moves me), / and / the spirit S₁ V₁ 〈종·접〉 S V O S₂ "나는 글을 쓴다 영혼이 나를 움직일 때 그리고 moves me / (every day)," / said William Faulkner. V₂ O V S 영혼은 나를 움직인다 매일" 라고 William Faulkner는 말했다	"나는 영혼이 나를 움직일 때 글을 쓰는데, 영혼이 나를 매일 움직인다."라고 William Faulkner는 말했다.	spirit 영혼
8	This / is the principle way {writers finish / 50,000 words S₁ V₁ S·C (관계부사 대용어 S V O 이것은 원칙적인 방식이다 that) 작가들이 완성하는 50,000단어 분량의 소설을 of a novel / (each year) / (during National Novel Writing 〈전치사〉 매년 National Novel Writing Month(전국 소설 쓰기의 달) 동안 Month)} / — (by showing up) / — and / it applies / (to S₂ V₂ (매일) 나옴으로써 이뤄지는데 그리고 그것은 적용된다 being creative the rest of the year) / (as well). 〈동명사〉 그 해의 남은 기간 창의적인 상태를 유지하는 것에도 또한	이것은 작가들이 매년 National Novel Writing Month(전국 소설 쓰기의 달) 동안 50,000단어 분량의 소설을 완성하는 원칙적인 방식이고, (매일) 나옴으로써 이뤄지는데, 그것은 그해의 남은 기간 창의적인 상태를 유지하는 것에도 또한 적용된다.	principle 원칙, 원리 novel 소설 during ~ 동안에 by + -ing ~함으로써 apply to ~에 적용되다 the rest of ~의 나머지, 남은 부분 as well 역시, 또한

23 다음 글의 주제로 가장 적절한 것은? [50%]

① crucial roles of persistent effort in creative writing
② distinctive features of popular contemporary novels
③ importance of detailed description in writing fiction
④ revival of reading novels as a form of entertainment
⑤ classical literature as a timeless source of inspiration

정답 | ①

해설 | ① 창의적인 글쓰기에 있어서 끈기 있는 노력의 중요한 역할: 6에서 끊임없이 노력하여 영감이 떠오르는 것을 인식하지 못한다는 내용을 통해 창의적인 글쓰기에서 끈기 있는 노력이 중요함을 알 수 있으므로 정답으로 적절하다.
② 인기 있는 현대 소설의 구별되는 특징: 인기 있는 현대 소설의 특징에 관한 내용은 없으므로 적절하지 않다.
③ 소설 쓰기에서 상세한 묘사의 중요성: 상세한 묘사에 관한 내용은 없다.
④ 오락 형태로써 소설 읽기의 부활: 소설 읽기의 오락 형태에 관한 내용은 없다.
⑤ 끝없는 영감의 원천으로써 고전적인 문학: 글에서 영감의 원천은 고전적인 문학이 아니라 끊임없는 노력이라 했으므로 적절하지 않다.

문법

2 〈enough 수식〉

전치 수식	enough	명사
후치 수식	명사	enough
	형용사/부사/동사	enough
		enough for (동)명사
		enough to R

5 6 〈what vs. that〉

	관계대명사 (불완전한 문장)	접속사 (완전한 문장)
what	○ 선행사를 포함하고 있기 때문에 what 앞에 선행사 볼필요	×
that	○ that 앞에 선행사 필요	○

5 〈those who〉 : ~하는 사람들

		주격 관계대명사절	
선행사	주격 관계대명사	주어	복수동사
those	who		might not describe

5 〈대명사 vs. 재귀대명사〉

		주어와 다름	주어와 동일
주어	~	대명사	재귀대명사
those		them	**themselves**

6 〈recognizing ~〉 : 〈분사구문〉이 문미에 있는 경우 (능동) (= as they don't perhaps not even recognize that ~)

6 〈혼동 어휘〉

through	전치사	~을 통하여
throughout	전치사	(장소) ~의 도처에, (시간) ~ 동안, ~ 내내
	부사	도처에, 완전히, 철저하게
though	접속사	비록 ~일지라도
thorough	형용사	철저한, 완전한

6 another 또 다른 하나 (나머지 있음) / **the other** 그 나머지 (나머지 없음)

8 〈관계부사〉 : 관계부사절은 완전한 문장이 나오고, 선행사와 관계부사는 서로 같이 사용할 수도 있고 둘 중 하나는 생략할 수도 있다.

용도	선행사	관계부사	전치사 + 관계대명사
시간	the time	when	in/at/on + which
장소	the place	where	in/at/on + which
이유	the reason	why	for which
방법	**the way**	(how)	in which
	the way how는 같이 사용 못함 the way, the way in which, the way that은 사용 가능 (how 대신에 사용되는 that은 관계부사 대용어라고 함)		

8 〈to가 전치사로 사용된 경우〉
to가 전치사로 사용될 경우에는 to 뒤에 (동)명사가 나오고, to부정사로 사용될 경우에는 그 뒤에 동사원형을 사용한다.

전치사 to + (동)명사
a change to(~로의 변화) / a connection to(~에 대한 관계) / adapt to(~에 적용하다) / add up to(결국 ~이 되다) / akin to(~에 유사한) / a solution to(~에 해답) / access to(~에 대한 접근) / adjust to(~에 적용하다) / an answer to(~에 대한 답) / **apply to**(~에 적용되다) / approach to(~에의 접근) / as opposed to(~에 반대하는) / aspect to(~에 대한 측면) / be close to(~와 가까운, 근접한) / be equal to(~할 능력이 있다) / be equivalent to(~에 상당하다/맞먹다) / belong to(~에 속해 있다) / be opposed to(~에 반대하다) / be similar to(~와 유사하다) / conform to(~에 부합되다) / come close to(거의 ~하게 되다) / commit to(~에 전념[헌신]하다) / contribute to(~에 공헌하다) / critical to(~에 매우 중요한) / devote[dedicate] A to B(A를 B에 바치다) / equivalent to(~와 같음, 상응함) / happen to((어떤 일이) ~에게 일어나다[생기다], ~이 …게 되다) / in addition to(~에 덧붙여) / in relation to(~와 관련하여) / lead to(~로 이어지다) / listen to(~을 듣다) / look forward to(~을 기대하다) / make an objection to(~에 반대하다) / move on to(~로 옮기다[이동하다]) / object to(~에 반대하다) / open to(~에게 공개된) / pay attention to(~에 주의를 기울이다) / point to(~을 가리키다) / prior to(~ 이전의) / reaction to(~에 대한 반응) / related to(~와 관련된) / relation to(~의 관계) / receptive to(~을 잘 받아들이는) / report to(~에게 보고하다) / resistant to(~에 대해 저항하는) / respond to(~에 응답/대응하다) / return to(~로 되돌아가다) / sensitive to(~에 민감한) / switch to(~으로 바꾸다) / talk to(~에게 말을 걸다) / the journey to(~로 가는 여정) / the key to(~의 핵심) / vulnerable to(~에 상처 입기 쉬운) / What do you say to ~?(~하는 것이 어때?) / when it comes to(~에 관해서 말하자면) / with a view to(~할 목적으로)

어법 & 연결어

Inspiration is a funny thing. It's [**enough powerful / powerful enough**] to move mountains. When it strikes, it carries an author forward [**like / alike**] the [**rushing / rushed**] torrents of a [**flooding / flooded**] river. (   ) (   ), if you wait for [**it / them**], nothing happens. The irony is [**what / that**] so much is actually [**creating / created**] — mountains moved, sagas written, grand murals painted — by those who might not even describe [**them / themselves**] as [**particular / particularly**] inspired. (   ), they show up every day and put their hands on the keyboard, their pen to paper, and they move their stories forward, bit by bit, word by word, perhaps not even [**recognized / recognizing**] [**that / what**] inspiration is [**struck / striking**] in hundreds of tiny, microscopic ways as they push [**through / thorough**] [**another / the other**] sentence, another page, another chapter. "I write when the spirit moves me, and the spirit moves me every day," said William Faulkner. This is the principle way [**how / that**] writers finish 50,000 words of a novel each year [**during / while**] National Novel Writing Month — by showing up — and it applies to [**be / being**] creative the rest of the year as well.

글의 제목		
제목	혁신적인 아이디어를 놓치게 하는 위계	
주제	위계는 혁신적인 아이디어가 소개될 때 이를 방해한다.	
논리	문제점, 예시	

	지문	해석	단어 & 숙어
1	Hierarchies / are good / (at weeding out / obviously bad ideas). S V S·C 〈동명사〉 O 위계는 유용하다 제거하는 데 눈에 띄게 나쁜 아이디어를	위계는 눈에 띄게 나쁜 아이디어를 제거하는 데 유용하다.	hierarchy 위계, 계급 제도, 서열 be good at ~을 잘하다 weed out ~을 제거하다 obviously 눈에 띄게
2	{By the time / (관·부 when) (an idea makes it / all the way up the chain)}, S V O 즈음 어떤 아이디어가 올라갈 그 계통에서 맨 위까지 / it will have been compared / (to all the other ideas) / (in the S V(미래완료수동) 비교되었을 것이고 다른 모든 아이디어와 그 체계 내의 system), / (with the obviously good ideas ranked at the top). 〈부사〉 〈형용사〉 O O·C 눈에 띄게 좋은 아이디어가 정상을 차지하게 된다	어떤 아이디어가 그 계통에서 맨 위까지 올라갈 즈음, 그 체계 내의 다른 모든 아이디어와 비교되었을 것이고, 눈에 띄게 좋은 아이디어가 정상을 차지하게 된다.	by the time ~할 때쯤에는 make it 가다, 도달하다 all the way 끝까지, 내내 compare A to B A와 B를 비교하다 (수동태 시, A be compared to B) with O O·C(분사) (5) ~한 채로, ~하면서 rank (등급, 등위, 순위를) 차지하다
3	This seems / (like common sense). S V 〈전치사〉 O 이는 보인다 상식처럼	이는 상식처럼 보인다.	seem like ~처럼 보이다 common sense 상식
4 TS 문제점	The problem is / (that obviously good ideas are not truly S₁ V₁ 〈종·접〉 〈부사〉 〈형용사〉 S V 〈부사〉 문제는 점이다 눈에 띄게 좋은 아이디어가 진정 혁신적인 아이디어인 것은 아니다 innovative), / and / truly innovative ideas / often look (like very S·C 〈부사〉 〈형용사〉 S₂ V₂ 〈전치사〉 그리고 진정 혁신적인 아이디어가 흔히 매우 나쁜 아이디어처럼 보인다는 bad ideas) / (when they're introduced). O 〈종·접〉 S V(수동태) 소개될 때엔	문제는, 눈에 띄게 좋은 아이디어가 진정 혁신적인 아이디어인 것은 아니고, 진정 혁신적인 아이디어가 소개될 때엔 흔히 매우 나쁜 아이디어처럼 보인다는 점이다.	truly 정말로 innovative 혁신적인 look like ~처럼 보이다 introduce 소개하다
5 예시1	Western Union / (famously) passed on / the opportunity / {to S V O Western Union이 넘겨버린 일화는 유명하다 기회를 살 buy / Alexander Graham Bell's patents / and technology / (for O₁ O₂ Alexander Graham Bell의 특허권 그리고 기술을 the telephone)}. 전화와 관련된	Western Union이 Alexander Graham Bell의 전화 특허권과 관련 기술을 살 기회를 넘겨버린 일화는 유명하다.	famously 유명하게 pass on (제의를) 받지 않다, (기회를) 놓치다 opportunity 기회 patent 특허(권)
6	At the time, / phone calls / were extremely noisy / and / easy S₁ V₁ 〈부사〉 S·C S·C₂ 당시 전화 통화는 매우 잡음이 많았다 그리고 (to misinterpret), / and / they couldn't span / long distances, S₂ V₂ O 잘못 전달하기 쉬웠다 그리고 연결하지 못했는데 먼 거리를 / and / Western Union knew / (from its telegram business) / S₃ V₃ 그리고 Western Union은 알고 있었다 자체 전보 사업으로부터 {that profitable communication depended / (on accuracy and 〈종·접〉 S V O₁ 통신 수단의 수익성이 달려 있다는 사실을 정확성과 폭넓은 통신 범위에 widespread reach)}. O₂ { }: O	당시 전화 통화는 매우 잡음이 많아 잘못 전달하기 쉬웠고 먼 거리를 연결하지 못했는데, Western Union은 통신 수단의 수익성이 정확성과 폭넓은 통신 범위에 달려 있다는 사실을 자체 전보 사업으로부터 알고 있었다.	at that time 그 당시 extremely 극도로, 매우 noisy 떠들썩한, 시끄러운 misinterpret 잘못 전달하다 span 연결하다, 걸치다 distance 거리 know from ~에 관해 알고 있다 telegram 전보 profitable 수익성 있는, 유리한 communication 통신 (수단) depend on ~에 달려있다 accuracy 정확성, 정확도 widespread 폭넓은 reach 범위
7 예시2	And / Wikipedia / was considered a joke / (when it started). S V(수동태) S·C 〈종·접〉 S V 그리고 Wikipedia가 농담으로 간주 되었다 처음 시작했을 때	그리고 Wikipedia가 처음 시작했을 때 농담으로 간주되었다.	consider O O·C(to be) (5) ~을 …로 여기다 (수동태 시, be considered S·C(to be)) joke 농담
8	How could / something / (written by a crowd) / replace / the work S p.p. V 어떻게 것이 일반 대중이 작성한 대체할 수 있단 말인가 of the world's top scholars? O 세계 최고 학자들의 저작물	어떻게 일반 대중이 작성한 것이 세계 최고 학자들의 저작물을 대체할 수 있단 말인가?	crowd 대중 replace 대체하다 work 저작물 scholar 학자
9	(Today) / it is so much more comprehensive / than anything / △: 〈so ~ that〉 △: 〈more ~ than〉 S V S·C 〈선행사〉 오늘날 너무나 훨씬 더 종합적이어서 그 어떤 것보다도 {that came (before it)} / (that it's widely considered / the only 〈주·관〉 V 〈종·접〉 S V(수동태) 그 이전에 출현했던 그것은 널리 여겨진다 유일한 encyclopedia). S·C	오늘날 Wikipedia는 그 이전에 출현했던 그 어떤 것보다도 너무나 훨씬 더 종합적이어서 유일한 백과사전이라고 널리 여겨진다.	so 형/부 (that) 너무 ~해서 그 결과 …하다 comprehensive 종합적인 come before 이전에 출현하다 widely 널리, 폭넓게 encyclopedia 백과사전

24 다음 글의 제목으로 가장 적절한 것은? [62%]

① When Innovation Turns into Disappointment
② Why We Are Attracted to Daring Innovation
③ How Hierarchies Miss Out on Innovative Ideas
④ Collective Intelligence: A Tool for Breakthroughs
⑤ Patents: Fundamental Assets for Innovative Firms

정답 | ③

해설 | ① 혁신이 실망으로 바뀔 때: 혁신이 실망으로 바뀐다는 내용은 없다.
② 우리가 대담한 혁신에 끌리는 이유: 대담한 혁신에 끌리는 내용은 없다.
③ 어떻게 위계가 혁신적인 아이디어를 놓치는가: 4와 글의 두 가지 예시를 통해 위계가 혁신적인 아이디어의 소개에 부정적인 영향을 끼침을 알 수 있으므로 정답으로 적절하다.
④ 집단적인 지성: 돌파구의 도구: 집단 지성에 관한 내용은 없다.
⑤ 특허: 혁신적인 회사를 위한 근본적인 자산: 특허에 관한 내용은 없다.

문법

1 〈be good at / be good for〉

be	good	**at**	~을 잘한다, ~에 능숙하다
		for	~에 좋다

2 〈관계부사 생략〉: By the time (when) ~

2 〈make it〉

	(자기분야에서) 성공하다
	(어떤 곳에 간신히) 시간 맞춰 가다
make it	(모임 등에) **가다**[참석하다]
	(심각한 질병·사고 후에) 살아남다[이겨 내다] ; (힘든 경험 등을) 버텨 내다[이겨 내다]

2 〈with 부대상황〉: with ~ ranked ~ = as the obviously good ideas are ranked at the top

with	목적어	목적격 보어		
		형용사(구)		
		부사(구)		
		전치사구		
~하면서, ~한 채로		분사	현재분사 (-ing)	능동 (목적어가 목적격 보어를 ~하고 있는, ~하는)
			과거분사 **(p.p.)**	수동 (목적어가 목적격 보어에게 ~당하는, ~되어진)
(with)	ideas	ranked		

3 4 〈감각동사〉

감각동사	주격 보어	
	형용사 (현재분사/과거분사)	
feel, **look**, **seem**, sound, taste, appear, smell	명사	
	like (전치사)	(that) + 주어 + 동사
		(동)명사
	~~alike~~	
	~~likely~~	

4 6 〈what vs. that〉

	관계대명사 (불완전한 문장)	접속사 (완전한 문장)
what	○ 선행사를 포함하고 있기 때문에 what 앞에 선행사 불필요	×
that	○ that 앞에 선행사 필요	○

7 9 〈불완전 타동사 + 목적어 + 목적격 보어[to be 보어(명사/형용사)]〉: [수동태 시, be p.p. + S·C(to be)]

주어	불완전 타동사	목적어	목적격 보어
–	assume / announce / believe / claim / conceive / **consider** / declare / deem / feel / find / guess / hold / imagine / intend / presume / proclaim / prove / show / suppose / take / think / wish / discover / imagine / know	–	(to be) 보어

8 〈주격 관계대명사 + be동사 생략〉: something (which/that was) written(과거분사) : 과거분사가 앞에 있는 명사를 후치 수식하는 경우

9 〈원인과 결과를 동시에 나타내는 표현〉: '너무 ~해서 그 결과 … 하다' (종속접속사 that 생략 가능)

〈원인〉: 너무 ~해서			〈결과〉: 그 결과 … 하다		
so	형용사	(a(n) + 명사)	(that)	주어	동사
such	(a(n))	형용사	명사	that	주어	동사

9 〈비교급 vs. 원급 강조〉

	비교급 강조 표현	원급 강조 표현
훨씬 ~한	**much**, even, still, by far, far, a lot, lots, a great deal	very, so, quite, really, extremely, too
조금 더 ~한	a little, slightly, a bit	

9 〈주격 관계대명사 that절〉: 선행사를 포함한 주격 관계대명사 what 사용 불가

	주격 관계대명사절		
선행사	주격 관계대명사	~~주어~~	동사
anything	that		came

어법 & 연결어

Hierarchies are good at weeding out [obvious / **obviously**] bad ideas. By the time an idea [will make / **makes**] it all the way up the chain, it [**will have been compared** / will have compared] to all [another / **the other**] ideas in the system, with the [**obvious** / obviously] good ideas [ranking / **ranked**] at the top. This seems [**like** / alike] common sense. The problem is [that / **what**] obviously good ideas are not [true / **truly**] innovative, and truly innovative ideas often look [**like** / alike] very bad ideas when they're introduced. Western Union famously passed on the opportunity to buy Alexander Graham Bell's patents and technology for the telephone. (   ), phone calls were [extreme / **extremely**] noisy and easy to misinterpret, and they couldn't span long distances, and Western Union knew from [**its** / their] telegram business [what / **that**] profitable communication depended on accuracy and widespread reach. (   ) Wikipedia [considered / **was considered**] a joke when it started. How could something [writing / **written**] by a crowd [**replace** / replaces] the work of the world's top scholars? Today it is so [**much** / very] more comprehensive than anything [what / **that**] came before it [what / **that**] it's widely [**considered** / considering] the only encyclopedia.

	지문	해석	단어 & 숙어
1 TS	(When children are young), / much of the work / is demonstrating / (to them) / {that they ①(do) have control}. 아이들이 어릴 때 / 일의 많은 부분은 / 보여 주는 것이다 / 그들에게 / 아이들이 정말로 통제권을 가지고 있음을	아이들이 어릴 때, 일의 많은 부분은 아이들이 정말로 통제권을 가지고 있음을 그들에게 보여 주는 것이다.	demonstrate (실례를 통해) 보여주다, 설명하다 control 통제(권)
2 예시	One wise friend of ours / {who was a parent educator / (for twenty years)} / ②advises / {giving calendars (to preschool-age children)} / and / {writing down all the important events / (in their life)}, / (in part) / [because it helps / children {understand / the passage of time better, / and / (how their days will unfold)}]. 우리의 현명한 친구 한 명은 / 부모 교육자로 일했던 / 20년간 / 조언하는데 / 취학 전 연령의 아이에게 달력을 주고 / 그리고 / 중요한 모든 일들을 적어 보라고 / 아이들 생활에서 / 이는 부분적으로 / 도움을 주기 때문이다 / 아이들이 이해하도록 / 시간의 흐름을 더 잘 / 그리고 / 자신들의 하루하루가 어떻게 펼쳐질지 이해하도록	20년간 부모 교육자로 일했던 우리의 현명한 친구 한 명은 취학 전 연령의 아이들에게 달력을 주고 아이들 생활에서 중요한 모든 일들을 적어 보라고 조언하는데, 이는 부분적으로 아이들이 시간의 흐름을 더 잘 이해하도록, 그리고 자신들의 하루하루가 어떻게 펼쳐질지 이해하도록 도움을 주기 때문이다.	wise 현명한 educator 교육자 advise -ing ~하도록 조언하다 give A to B A를 B에게 주다 calendar 달력 preschool-age 취학 전 연령 write down 기록하다, 적어놓다 in part 부분적으로 help O O·C((to) R) (5) ~가 …하도록 도와주다 passage 흐름, 경과, 추이 unfold 펼쳐지다, 전개되다
3	We can't overstate / the importance / (of the calendar tool) / {in helping / kids feel / (in control of their day)}. 아무리 과장해도 지나치지 않다 / 중요성은 / 달력이라는 도구의 / 돕는 데 있어 / 아이들이 느끼도록 / 자신의 하루를 통제하고 있다고	아이들이 자신의 하루를 통제하고 있다고 느끼도록 돕는 데 있어 달력이라는 도구의 중요성은 아무리 과장해도 지나치지 않다.	overstate 과장하다, 허풍을 떨다 tool 도구 in control of ~을 관리하고 있는
4	Have / them (③cross off days of the week) / (as you come to them). 하라 / 아이들이 그 요일들을 지워가도록 / 요일들에 다가가면서	요일들에 다가가면서, 아이들이 그 요일들을 지워가도록 하라.	cross off ~을 지우다 come to ~에 다가가다
5	Spend time / (going over the schedule) / (for the day), / {giving them choice / (in that schedule)} / (wherever ④possible). 시간을 보내라 / 일정을 검토하는 데 / 그날의 / 아이들에게 선택권을 주면서 / 그 일정에 대해 / 가능한 경우마다	가능한 경우마다 그 일정에 대해 아이들에게 선택권을 주면서 그날의 일정을 검토하는 데 시간을 보내라.	spend O (in) -ing ~하는 데 …을 소비하다 go over ~을 검토하다 schedule 일정 choice 선택권 wherever 어디든지 possible 가능한
6	This communication / expresses respect / — they see / {that they are not just a tagalong / (to your day and your plans)}, / and / they understand / (what is going to happen), (when), / and (why). 이러한 의사소통은 / 존중을 보여 주어 / 아이들이 알게 되고 / 자신들이 그저 따라다니는 사람이 아니라는 것을 / 여러분의 하루와 여러분의 계획에 붙어서 / 그리고 / 이해하게 된다 / 어떤 일이 언제, 왜 일어나게 될지	이러한 의사소통은 존중을 보여 주어, 아이들이 자신들이 그저 여러분의 하루와 여러분의 계획에 붙어서 따라다니는 사람이 아니라는 것을 알게 되고, 어떤 일이 언제, 왜 일어나게 될지 이해하게 된다.	communication 의사소통 express 표현하다 respect 존중 tagalong 붙어서 따라다니는 사람 be going to R ~을 할 것이다
7	(As they get older), / children will (then) start / to write / (in important things) / (for themselves), / ⑤it (further) helps / them (develop their sense of control). 아이들은 나이가 더 들어감에 따라 / 그 다음에는 시작할 것이며 / 적어 넣기 / 중요한 일들을 / 스스로 / 그것은 나아가 도움을 준다 / 그들이 자신의 통제감을 발달시키는 데	아이들은 나이가 더 들어감에 따라, 그 다음에는 스스로 중요한 일들을 적어 넣기 시작할 것이며, 그것은 나아가 그들이 자신의 통제감을 발달시키는 데 도움을 준다.	as ~함에 따라 start to R ~하기를 시작하다 for oneself 스스로 further 더 나아가 develop 발달시키다 sense of control 통제감

24

26 다음 글의 밑줄 친 부분 중, 어법상 **틀린** 것은? [34%]

정답 | ⑤

해설 | ① 동사 강조 표현: 동사를 강조할 경우 do/does/did 다음에 동사원형을 사용한다.

② 주어와 동사의 수의 일치: 주어인 One wise friend는 3인칭 단수이므로 단수동사 advises가 어법상 올바르다.

③ 사역동사 have의 용법: 목적어(them = kids)가 직접 cross off(지우다) 하는 것이기에 능동적으로 동사원형 cross가 어법상 올바르다.

④ 형용사와 부사의 구별: 복합관계부사 wherever 다음에 '주어(it) + be동사'(is)가 생략된 형태로, 주격 보어 역할을 하는 형용사 possible이 어법상 올바르다.

⑤ 대명사 it과 관계대명사 which 구별: '주어 + 동사 ~, 주어(it) + 동사'는 문장 구조적으로 올바르지 않다. 주어(it) 앞에 대등접속사 and를 사용하거나, 관계대명사 which를 사용해야 한다. 따라서 밑줄 친 it을 which로 해야 올바르다.

문법

1 6 〈what vs. that〉

	관계대명사 (불완전한 문장)	접속사 (완전한 문장)
what	○ 선행사를 포함하고 있기 때문에 what 앞에 선행사 불필요	×
that	○ that 앞에 선행사 필요	○

2 〈이중소유격〉: 한정사 + 한정사 + 명사 (×) (한정사를 두 번 동시에 사용 불가) : one our wise friend (×) → one wise friend of ours (○)

이중소유격				
한정사의 종류				
관사	부정관사 a, an / 정관사 the	명사	of	소유대명사
지시형용사	this / that / these / those			
소유형용사 (인칭대명사의소유격)	my / your / his / her / its / their / our			
부정형용사	some / any / no / every / each / another 등			

2 〈주격 관계대명사절의 수의 일치〉

	주격 관계대명사절			
선행사	주격 관계대명사	~~주어~~	단수동사	단수동사
One wise **friend** of ours	who		was	advises

2 〈목적어 자리에 동명사를 취하는 완전 타동사〉

주어	완전 타동사	목적어
—	admit / **advise** / avoid / consider / delay / deny / enjoy / escape / experience / finish / give up / imagine / include / involve / mind / mute / practice / put off / quit / recommend / replace / report / risk 등	-ing (동명사)

2 3 7 〈help 동사의 쓰임〉

help		목적어		3형식
		(to) R		
help (준사역동사)	목적어	목적격 보어		5형식
		(to) **R**		

2 〈간접의문문〉: 의문사가 있는 경우

〈간접의문문〉: 완전 타동사의 목적어 (완전한 문장)			
타동사	의문사	주어	동사
understand	how	their days	will unfold

4 〈have 사역동사〉

make	목적어	목적격 보어	해석
사역동사	명사 / 명사 상당어구	동사원형(R)	~가 …하도록 시키다
		과거분사(p.p)	~가 …하게 당하다
have	them	~~crossed~~	
		cross	

5 〈전치사 in이 생략된 경우〉

	목적어			
spend	시간/노력/돈/에너지 등			~하는 데 …을 소비하다
waste	돈/시간/재능 등			~하는 데 …을 낭비하다
have	a hard time	(in) 생략 가능	동명사	~하는 데 어려움을 가지다
	trouble			
	difficulty			
be	busy			~하는 데 바쁘다
There	is no use			~해봐도 소용없다

5 〈복합 관계부사〉: 복합 관계부사절은 '관계부사 + ever' 형식을 가지고, 부사 역할을 한다. (관계부사절은 선행사를 수식하는 형용사절 이다.)

복합 관계부사	시간/장소의 부사절	양보 부사절
whenever	at[on/in] any time when[that] ~할 때는 언제나 = every time = each time	no matter when 언제 ~할지라도
wherever	at[on/in] any place where[that] ~하는 곳은 어디나	no matter where 어디에서 ~할지라도
however	×	no matter how 아무리 ~할지라도
		by whatever means 어떻게 ~한다 할지라도

어법 & 연결어

When children are young, [many / much] of the work is [demonstrating / demonstrated] to them [what / that] they do [have / to have] control. One wise friend of [us / ours] who [was / were] a parent educator for twenty years [advise / advises] [given / giving] calendars to preschool-age children and [write / writing] down all the important events in their life, in part [because / because of] it helps children [understand / understanding] the passage of time better, and [how their days will unfold / how will their days unfold]. We can't overstate the importance of the calendar tool in helping kids [feel / feeling] in control of [its / their] day. [Have / To have] them [cross / crossed] off days of the week as you come to them. [Spend / Spending] time [to go / going] over the schedule for the day, [given / giving] them choice in that schedule [where / wherever] possible. This communication expresses respect — they see [what / that] they are not just a tagalong to your day and your plans, and they understand [what / that] is going to happen, when, and why. As they [get / will get] older, children will then start to write in important things for [them / themselves], [what / which] [further / farther] helps them [develop / developing] their sense of control.

	지문	해석	단어 & 숙어
1	Random errors / may be detected / (by ①repeating the measurements). 임의 오차는 / 발견될 수 있다 / 측정을 반복하면	임의 오차는 측정을 반복하면 발견될 수 있다.	random error 임의 오차, 무작위 오차 (특정한 형태나 방식이 없이 무선적으로 발생하는 측정 오차) detect 발견하다 by + -ing ~함으로써 repeat 반복하다 measurement 측정
2	Furthermore, / (by taking more and more readings), / we obtain / (from the arithmetic mean) / a value / {which approaches / (more and more closely) / (to the true value)}. 뿐만 아니라 / 더욱더 많은 측정값을 구함으로써 / 우리는 얻는다 / 산술 평균으로부터 / 값을 / 근접하는 / 더욱더 가까이 / 참값에	뿐만 아니라, 더욱더 많은 측정값을 구함으로써 우리는 참값에 더욱더 가까운 값을 산술 평균으로부터 얻는다.	furthermore 뿐만 아니라 reading 측정값 obtain 얻다 arithmetic mean 산술 평균 value 값 approach 근접하다 true value 참값 (물건의 길이·무게 등 여러 가지 양의 실제의 값)
3	Neither of these points / is true (for a systematic error). 이 두 가지 사실 중 어떤 것도 / 계통 오차에는 적용되지 않는다	이 두 가지 사실 중 어떤 것도 계통 오차에는 적용되지 않는다.	neither 어느 것도 ~아니다 be true for ~에 적용되다 systematic error 정오차, 계통적 오차
4 원인	Repeated measurements / (with the same apparatus) / neither ②reveal / nor do they eliminate / a systematic error. 반복적인 측정은 / 동일한 도구를 가지고 한 / 드러내거나 / 제거하지도 않는다 / 계통 오차를	동일한 도구를 가지고 반복적으로 측정해도 계통 오차가 드러나거나 제거되지도 않는다.	repeated 되풀이된, 거듭된 measurement 측정, 측량 apparatus 도구 neither A nor B A도 아니고 B도 아니다 reveal 드러내다 eliminate 제거하다
5 TS 결과	For this reason / systematic errors / are potentially more ③dangerous / than random errors. 이런 이유로 / 계통 오차는 / 잠재적으로 더 위험하다 / 임의 오차보다	이런 이유로 계통 오차는 임의 오차보다 잠재적으로 더 위험하다.	potentially 잠재적으로 dangerous 위험한
6	{If large random errors / are present / (in an experiment)}, / they will manifest / themselves / (in a large value) / (of the final quoted error). 만약 큰 임의 오차가 / 존재하면 / 어떤 실험에서 / 그것은 드러날 것이다 / 스스로 / 큰 값으로 / 최종적으로 매겨진 오차의	만약 어떤 실험에서 큰 임의 오차가 존재하면, 그것은 최종적으로 매겨진 오차의 큰 값으로 드러날 것이다.	present 존재하는 experiment 실험 manifest 드러내다 quote (값을) 매기다
7	Thus / everyone / is ④unaware (of the imprecision) / (of the result), / and / no harm is done / — (except possibly to the ego of the experimenter) / (when no one takes notice of / his or her results). 그리하여 / 모든 사람이 / 부정확함을 모르게 되는데 / 결과의 / 그리고 / 어떠한 해도 가해지지 않는다 / 어쩌면 실험자의 자존심에 (가해질 수 있는 해) 말고는 / 아무도 주목하지 않을 때에는 / 실험자의 결과에	그리하여 모든 사람이 결과의 부정확함을 모르게(→ 알게) 되는데, 실험자의 결과에 아무도 주목하지 않을 때에는 어쩌면 실험자의 자존심에 (가해질 수 있는 해) 말고는 어떠한 해도 가해지지 않는다.	thus 그러므로 be unaware of ~을 알지 못하다 imprecision 부정확함 result 결과 harm 해, 피해 except ~을 제외하고는 possibly 아마 (= perhaps) ego 자존심 experimenter 실험자 take notice of ~에 주목하다
8	However, / the concealed presence / (of a systematic error) / may lead / (to an apparently ⑤reliable result), / {given (with a small estimated error)}, / {which is (in fact) seriously wrong}. 그러나 / 숨겨진 존재는 / 계통 오차의 / 이어질 수 있는데 / 언뜻 신뢰도가 높은 것처럼 보이는 결과로 / 추정된 오차가 작다면 / 그것은 사실 심각하게 잘못된 것이다	그러나 계통 오차의 숨겨진 존재는, 추정된 오차가 작다면, 언뜻 신뢰도가 높은 것처럼 보이는 결과로 이어질 수 있는데, 그것은 사실 심각하게 잘못된 것이다.	however 그러나 conceal 숨기다 presence 존재 lead to ~로 이어지다 apparently 겉보기엔 reliable 신뢰도가 높은 estimated 견적의, 추측의 in fact 사실은 seriously 심각하게

30 다음 글의 밑줄 친 부분 중, 문맥상 낱말의 쓰임이 적절하지 <u>않은</u> 것은? [3점] [44%]

정답 | ④

해설 | ① **3**에서 임의 오차와 계통 오차가 반대되는 성질이 있음을 알 수 있고, **4**에서 계통 오차는 반복적인 측정으로는 드러나지 않는다고 했으므로, 임의 오차는 반복적인 측정으로 드러남을 알 수 있다. 즉, repeating은 적절하다.

② **1**에서 임의 오차는 반복적인 측정으로 발견된다고 했으므로, 이가 적용되지 않는 계통 오차는 '드러나지' 않는다는 neither 'reveal'이 쓰이는 것은 적절하다.

③ **4**에서 계통 오차는 반복적인 측정으로 드러나지도 제거되지도 않는다고 했으므로 임의 오차보다 위험하다는 뜻의 dangerous는 적절하다.

④ **6**에서 오차가 최종적으로는 큰 값으로 드러난다고 했으므로 모든 사람이 결과의 부정확함을 모른다는 unaware는 적절하지 않다. unaware → aware

⑤ **8** 내에서 오차가 숨겨져 있으므로 결과가 신뢰도 높은 것처럼 보일 수 있다는 reliable은 적절하다.

문법

1 〈동명사 vs. 명사〉: 전치사의 목적어 자리에 동명사와 명사를 둘 다 사용할 수 있지만, 동명사는 뒤에 목적어로 명사를 가질 수 있는 점이 명사와의 차이점이다.

전치사구		
전치사	동명사	명사 (동명사의 목적어)
by	repeating	the measurements
	repetition	

2 〈주격 관계대명사〉: 선행사를 포함하고 있는 관계대명사 what 사용 불가

주격 관계대명사절			
선행사	주격 관계대명사	주어	동사
a value	which		approach
			approaches

3 〈부분부정과 전체부정〉: neither는 두 개에 대응되는 부정어 / none은 셋 이상의 부정어

부분부정	not + all, always, necessarily, exactly, extremely
전체부정	not + ever (= never), not either (= **neither**), not any one (= none) not + anything (= nothing), not anywhere (= nowhere)

4 〈neither ~ nor 도치〉

			부정어구 문두 도치			
주어	neither	동사	nor	조동사	주어	동사
measurements		reveal		do	they	eliminate

4 〈상관접속사〉: 병렬구조

종류				뜻
not		but		A가 아니라 B (= B, not A)
not only		but also		A뿐만 아니라 B도 (= B as well as A)
either	A	or	B	A와 B 둘 중 하나
neither		**nor**		A와 B 둘 다 아닌
both		and		A와 B 둘 다

6 〈시간/조건의 부사절〉: 현재(완료)가 미래(완료)를 대신함 / 종속절과 주절의 위치는 서로 바뀔 수 있음

〈종속절〉: 부사절(~한다면)					주절	
If	주어	동사		주어		동사
~ errors		will be	→	are	they	will manifest

7 〈서술적 형용사〉: 명사 수식 불가, 보어로만 사용

상태 형용사	afraid, alike, alive, alone, amiss, ashamed, asleep, astray, awake, **(un)aware** 등
감정 형용사	content, fond, glad, ignorant, pleasant, proud, unable, upset, well, worth 등

7 〈인지/확신 형용사〉: 이러한 형용사는 뒤에 명사절로 that절이나 간접의문문 등을 취할 수 있다.

주어 (사람)	be동사	형용사 (인지/확신)	(that) 생략 가능	주어	동사 ~
			of + 동명사		
		(un)aware, certain, conscious, proud, sure, confident, convinced, fearful, ignorant			

7 〈Sigmund Freud의 역동적 정신 구조 모델〉

ego	자아, 자부심, 자존심
alter ego	또 다른 자아, 분신
superego	초자아 (자아로 하여금 도덕이나 양심에 따라 행동하도록 하는 정신 요소)
id	이드 (자아(ego)의 기저(基底)를 이루는 본능적 충동, 인간의 원시적·본능적 요소가 존재하는 무의식 부분)

8 〈관계대명사의 이중 한정〉: 2개의 관계대명사절이 동일한 선행사를 수식하는 경우
result(선행사) + [(which is) given ~], [which is ~]

어법 & 연결어

Random errors [**may detect** / **may be detected**] by [**repeating** / **repetition**] the measurements. (   ), by taking more and more readings, we obtain from the arithmetic mean a value [**what** / **which**] approaches more and more [**close** / **closely**] to the true value. [**Either** / **Neither**] of these points [**is** / **are**] true for a systematic error. [**Repeating** / **Repeated**] measurements with the same apparatus neither reveal [**or** / **nor**] [**they eliminate** / **do they eliminate**] a systematic error. (   ) systematic errors are [**potential** / **potentially**] more [**dangerous** / **dangerously**] than random errors. If large random errors [**are** / **will be**] present in an experiment, they will manifest [**them** / **themselves**] in a large value of the final [**quoted** / **quoting**] error. (   ) everyone is aware [**of** / **that**] the imprecision of the result, and no harm [**does** / **is done**] — except [**possible** / **possibly**] to the ego of the experimenter when no one takes notice of his or her results. (   ), the [**concealing** / **concealed**] presence of a systematic error may lead to an [**apparent** / **apparently**] reliable result, [**giving** / **given**] with a small [**estimated** / **estimating**] error, [**what** / **which**] [**is** / **are**] (   ) [**serious** / **seriously**] wrong.

제목	남의 이야기를 듣는 인간
주제	인간은 동료 인간들의 이야기를 듣고 인격과 신뢰 가능성을 판단한다.
논리	원인 · 결과

	지문	해석	단어 & 숙어
1 TS	A distinct emotional trait / (of human nature) / is {to watch / fellow humans / (closely)}, / (to learn their stories), / and / (thereby) / (to judge their character and dependability).	인간 본성의 두드러지는 정서적 특징은 동료 인간들을 주의 깊게 지켜보고 그들의 이야기를 알게 되어, 그것으로 그들의 인격과 신뢰 가능성을 판단하는 것이다.	distinct 두드러지는, 독특한 / emotional 정서적 / trait 특징, 특성 / nature 본성, 속성 / fellow 동료 / closely 주의 깊게 / thereby 그것으로, 그것에 의해서 / judge 판단하다 / character 인격 / dependability 신뢰 가능성, 신뢰할 수 있음
2	And / so it has ever been / (since the Pleistocene).	그리고 홍적세 이후 계속 그래 왔다.	since ~ 이후로 / the Pleistocene 홍적세(洪積世) (신생대의 마지막 단계로 빙하시대라 부름)
3	The first bands / (classifiable to the genus *Homo*) / and / their descendants / were hunter-gatherers.	인간 속[인류]으로 분류할 수 있는 첫 번째 무리와 그들의 후손은 수렵 채집인이었다.	band 무리, 밴드 (유목민 집단) / classifiable 분류할 수 있는 / genus (생물 분류의) 속 / descendant 후손 / hunter-gatherer 수렵 채집인
4 원인	(Like the Kalahari Ju/'hoansi / of today), / they / (almost) (certainly) depended / (on sophisticated cooperative behavior) / (just to survive) / (from one day to the next).	오늘날의 칼라하리 사막의 Ju/'hoansi 부족과 같이, 그들은 그저 하루하루 생존하기 위해 잘 발달된 협력 행위에 의존했던 것이 거의 확실하다.	certainly 확실히 / depend on ~에 의존하다 / sophisticated 잘 발달된, 수준 높은, 복잡한 / cooperative 협력적인 / behavior 행동 / survive 생존하다 / from one day to the next 하루하루 (상황이 불확실하고 변화가 심함을 나타낼 때 씀)
5 결과	That, / in turn, / required exact knowledge / (of the personal history and accomplishments) / (of each of their groupmates), / and / (equally) / they needed / an empathetic sense / (of the feelings and propensities) / (of others).	그 결과 그것은 무리 속 동료 각자의 개인사와 개인적 성과에 대한 정확한 지식을 필요로 했고 마찬가지로 그들은 다른 사람들의 감정과 성향에 대한 공감 감각을 가질 필요가 있었다.	in turn 그 결과, 차례로 / require 요구하다, 필요로 하다 / exact 정확한 (= precise) / knowledge 지식 / personal history 개인사 / accomplishment 성과, 달성한 것 / groupmate 집단 동료 / equally 마찬가지로 / empathetic 공감할 수 있는, 감정 이입의 / propensity (행동의) 성향
6	It gives deep satisfaction / — {call it, / (if you will), / a human instinct} / — {not just to learn / but also to share emotions / (stirred by the stories) / (told by our companions)}. △: 〈not just A but also B〉	동료가 말하는 이야기가 불러일으키는 감정을 알게 될 뿐만 아니라 공유하게 되는 것은 깊은 만족감을 주는데, 원한다면 이를 인간의 본능이라고 부를 수 있다.	satisfaction 만족감 / instinct 본능 / not just A but also B A뿐만 아니라 B또한 / share 공유하다 / stir 불러일으키다, 환기하다 / companion 동료, 친구
7	The whole (of these performances) / pays off / (in survival and reproduction).	이러한 행위 전체는 생존과 번식에 이익이 된다.	whole 전체 / performance 행위, 수행 / pay off 이익이 되다, 성과를 올리다 / survival 생존 / reproduction 번식
8	_____ / are Darwinian phenomena.	남 이야기와 스토리텔링은 다윈적인(진화적으로 의미 있는) 현상이다.	gossip 남 이야기 / phenomena 현상 (phenomenon의 복수형)

31 다음 빈칸에 들어갈 말로 가장 적절한 것을 고르시오. [51%]

① Gossip and storytelling
② Planning and practicing
③ Executing and revising
④ Exhibition and jealousy
⑤ Competitions and rewards

정답 | ①

해설 | ① 남 이야기와 스토리텔링: **1**, **6**에서 인간은 다른 동료 인간의 이야기를 듣는다고 했으므로 정답으로 적절하다.
② 계획과 실행: 계획과 실행에 관한 내용은 없다.
③ 실행과 수정: 실행과 수정에 관한 내용은 없다.
④ 표현과 질투: 표현과 질투에 관한 내용은 없다.
⑤ 경쟁과 보상: 경쟁과 보상에 관한 내용은 없다.

문법

2 〈since 용법〉

종속접속사	시간	~이래(죽), ~한 때부터 내내
	이유	~이므로, ~이니까
전치사	시간	~이래(죽), ~부터(내내)
부사	시간	(그때)이래(죽), 그 뒤[후] 줄 곧

주어	동사	since	명사
현재완료	have/has p.p.	~한 이래로 (전치사)	과거
과거완료	had p.p.		

3 6 〈주격 관계대명사 + be동사 생략〉

–	생략할 수 있음	
명사 (선행사)	(주격 관계대명사 + be동사)	현재분사(-ing) – 능동 (~하고 있는, ~하는)
		과거분사(p.p.) – 수동 (~되어진, ~당한)
		명사
		형용사(구) (~하는, ~할)
		부사
		전치사구
bands	(which/that are)	classifiable
emotions	(which/that are)	stirred
stories	(which/that are)	told

4 〈혼동 어휘〉

	대명사	형용사	부사
most	대부분의 것들[사람들]	대부분의	가장
almost	–	–	거의
mostly	–	–	주로, 일반적으로

4 〈depend on〉

주어	동사	해석
사람	rely on, **depend on**, count on, bank on, draw on, turn to, resort to	~에 의지[의존]하다
사물		~에 좌우되다, ~에 달려있다

6 〈not only A but also B〉 : A뿐만 아니라 B도

not only = **just** = simply = merely = alone	~	**but 주어 also 동사**	~	(as well)
		but 주어 + 동사		as well
		:(세미콜론) 주어 + 동사		as well
		,(콤마) 주어 + 동사		as well
		.(마침표) 주어 + 동사		as well
= B as well as A (주어는 B)				

6 〈가주어, 진주어 구문〉

가주어	동사	진주어
It (this, that, there 사용 불가)	–	that + 주어 + 동사 (완전한 절)
		to 동사원형
		동명사
		의문사 + 주어 + 동사 (간접의문문)
		if/whether + 주어 + 동사
It	gives	to learn, to share

8 〈명사의 복수형〉 : 외래어 복수(um/on → a)

단수	복수	뜻
datum	data	자료
medium	media	중간, 매개체
bacterium	bacteria	박테리아
memorandum	memoranda	비망록, 메모
phenomenon	**phenomena**	현상, 사건
criterion	criteria	기준, 표준

어법 & 연결어

A distinct emotional trait of human nature is to watch fellow humans [close / **closely**], to learn their stories, and thereby [judges / **to judge**] their character and dependability. (　　　) so it [**has** / had] ever been since the Pleistocene. The first bands classifiable to the genus *Homo* and their descendants [was / **were**] hunter-gatherers. [**Like** / Likely] the Kalahari Ju/'hoansi of today, they [most / **almost**] certainly depended on [sophisticating / **sophisticated**] cooperative behavior just to survive from one day to the next. That, (　　　), required exact knowledge of the personal history and accomplishments of each of their groupmates, and equally they needed an empathetic sense of the feelings and propensities of others. It [**gives** / will give] deep satisfaction — call it, if you will, a human instinct — not just to learn but also to share emotions [stirring / **stirred**] by the stories [**told** / telling] by our companions. The whole of these performances pays off in survival and reproduction. Gossip and storytelling [is / **are**] Darwinian phenomena.

제목	복잡성이 증가해도 기본적인 요소가 변할까?
주제	복잡성이 커져도 기본적인 요소는 거의 변하지 않고 유지된다.
논리	예시

지문 / 해석 / 단어 & 숙어

1 (TS)

{Scaling up / (from the small to the large)} / is (often)
〈동명사〉
규모가 커지는 것은   작은 것에서 큰 것으로
accompanied / (by an evolution) / (from simplicity to
V〈수동태〉
흔히 수반한다   진화를   단순함에서 복잡함으로의
complexity) / (while _____).
〈종·접〉
기본적인 요소가 변하지 않거나 보존되도록 유지하면서

해석: 작은 것에서 큰 것으로 규모가 커지는 것은 기본적인 요소가 변하지 않거나 보존되도록 유지하면서 흔히 단순함에서 복잡함으로의 진화를 수반한다.

단어 & 숙어:
scale up (크기나 규모가) 커지다
from A to B A에서 B로
be accompanied by ~을 수반하다
evolution 진화, 발전
simplicity 단순함
complexity 복잡함
while ~하면서
maintain 유지하다
element 요소
unchanged 변함없는
conserved 보존되는

2

This is familiar / {in engineering, economics, companies,
S V S·C   O₁   O₂   O₃
이것은 흔하다   공학, 경제학, 회사, 도시, 유기체
cities, organisms, / and, / (perhaps) / (most dramatically), /
O₄   O₅   그리고   어쩌면   가장 극적으로는
evolutionary process}.
O₆
진화 과정에서

해석: 이것은 공학, 경제학, 회사, 도시, 유기체, 그리고 어쩌면 가장 극적으로는 진화 과정에서 흔하다.

단어 & 숙어:
familiar 흔한
engineering 공학
economics 경제학
company 회사
organism 유기체
perhaps 어쩌면
dramatically 극적으로
evolutionary 진화의
process 과정

3 (예시1)

For example, / a skyscraper / (in a large city) / is a
S₁   V₁
예를 들어   고층 건물은   대도시의
significantly more complex object / than a modest family /
〈부사〉 〈형용사〉 S·C   △: 〈more ~ than〉
상당히 더 복잡한 물체이지만   보통 가정집보다
(dwelling in a small town), / but / the underlying principles
〈현재분사〉   〈현재분사〉 S₂
소도시에서 거주하는   그러나   기본 원리는
/ (of construction and design), / {including questions of
〈전치사〉 O₁
건축과 디자인의
mechanics, energy and information distribution, the size
O₂   O₃
역학의 문제, 에너지와 정보의 분배, 크기를 포함한
/ (of electrical outlets, water faucets, telephones, laptops,
전기 콘센트, 수도꼭지, 전화기, 노트북 컴퓨터, 문 등의
doors, etc.)}, / all remain / (approximately) / the same
V₂
모두 유지된다   거의   상관없이 똑같이
independent / (of the size) / (of the building).
S·C
규모와   건물의

해석: 예를 들어, 대도시의 고층 건물은 소도시의 보통 가정집보다 상당히 더 복잡한 물체이지만, 역학의 문제, 에너지와 정보의 분배, 전기 콘센트, 수도꼭지, 전화기, 노트북 컴퓨터, 문 등의 크기를 포함한 건축과 디자인의 기본 원리는 모두 건물의 규모와 상관없이 거의 똑같이 유지된다.

단어 & 숙어:
skyscraper 고층 건물, 마천루
significantly 상당히
complex 복잡한
modest 보통의, 수수한
dwell 살다, 거주하다
underlying principle 기본 원리
construction 건축, 건설
including ~을 포함하여 (↔ excluding)
question 문제
mechanics 역학, 기계학
information 정보
distribution 분배, 분포
outlet 콘센트, 출구
water faucet 수도꼭지
etc. ~ 등[등등] (= et cetera)
remain 유지되다, 남다
approximately 거의
independent of ~와는 관계없이 [상관없이]

4 (예시2)

Similarly, / organisms have evolved / {to have an enormous
S₁   V₁〈현재완료〉   O₁
마찬가지로   유기체는 진화했는데   대단히 다양한 크기를 가지도록
range of sizes / and an extraordinary diversity / (of
O₂
morphologies and interactions)}, / {which (often) reflect
〈주·관〉   V
그리고 놀랄 만큼 다양한   형태와 상호 작용을   그것은 흔히 증가하는 복잡성을 반영하지만
increasing complexity}, / yet / fundamental building blocks
〈현재분사〉 O   S₂
그러나   근본적인 구성 요소는
/ (like cells, mitochondria, capillaries, and even leaves) / do
〈전치사〉
세포, 미토콘드리아, 모세관, 그리고 심지어 나뭇잎과 같은
not (appreciably) change / {with body size or increasing
〈부사〉 V₂   O₁   〈현재분사〉
변하지는 않는다   몸체의 크기, 혹은 복잡함이 증가함에
complexity / (of the class of systems) / (in which they are
O₂   〈전치사 + 관·대〉 S
체계 부류의   그것들이 속한
embedded)}.
V〈수동태〉

해석: 마찬가지로, 유기체는 대단히 다양한 크기 그리고 놀랄 만큼 다양한 형태와 상호 작용을 가지도록 진화했는데, 그것은 흔히 증가하는 복잡성을 반영하지만, 세포, 미토콘드리아, 모세관, 그리고 심지어 나뭇잎과 같은 근본적인 구성 요소는 몸체의 크기, 혹은 그것들이 속한 체계 부류의 복잡함이 증가함에 따라 눈에 띄게 변하지는 않는다.

단어 & 숙어:
similarly 마찬가지로, 비슷하게
evolve 진화하다
enormous 거대한
a range of 범위가 ~정도 되는, 다양한
extraordinary 놀랄 만한, 대단한
diversity 다양성
morphology 형태
interaction 상호 작용
reflect 반영하다, 반사하다
fundamental 근본적인
building block 구성 요소
like ~ 같은
mitochondria 미토콘드리아
capillary 모세관
appreciably 눈에 띄게, 상당히
increase 증가하다
class 부류, 종류
embed ~에 끼워 넣다, 속하다

32 다음 빈칸에 들어갈 말로 가장 적절한 것을 고르시오. [3점] [47%]

① maintaining basic elements unchanged or conserved
② optimizing energy use for the structural growth
③ assigning new functions to existing components
④ incorporating foreign items from surroundings
⑤ accelerating the elimination of useless parts

정답 | ①

해설 | ① 변하지 않거나 보존되는 기본적인 요소를 유지하다: **3**에서 건물은 규모가 커져도 기본 원리는 똑같고, **4**에서 유기체는 더욱 복잡해져도 체계 부류는 거의 변하지 않는다고 했으므로 정답으로 적절하다.

② 구조적인 성장을 위해 에너지 사용을 최적화하다: 에너지 사용 최적화에 관한 내용은 없다.

③ 존재하는 구성요소를 위한 새로운 기능을 부여하다: 기존 구성 요소에 새로운 기능을 부여한다는 내용은 없다.

④ 환경으로부터 낯선 항목을 포함시키다: 낯선 항목을 포함시킨다는 내용은 없다.

⑤ 불필요한 부분의 제거를 가속화하다: 불필요한 부분 제거 가속화에 관한 내용은 없다.

문법

1 〈동명사 주어〉: **Scaling ~ the large** is accompanied …

주어가 될 수 있는 것들		주어와 동사의 수의 일치
단어	명사	명사와 대명사에 따라 동사의 단/복수 결정
	대명사	
구	to부정사구	단수동사 *모든 구와 절은 단수 취급
	동명사구	
절	that절	
	what절	
	whether절	
	의문사절	
	복합관계대명사절	

1 〈생략〉: [while(종속접속사) + {it(= evolution) is} maintaining(현재분사) basic elements unchanged or conserved] : 종속접속사 다음에 현재분사로 시작하면 이 둘 사이에는 '주어 + be동사'를 동시에 생략할 수 있음.

3 〈etc. (= et cetera) 기타 등등〉: (= and so forth, and the like, and so on, and the others, and the rest, and others, and what not)

4 〈주격 관계대명사절〉: 계속적 용법으로는 that 사용 불가

선행사	콤마(,)	주격 관계대명사절		
		주격 관계대명사	주어	동사
an enormous ~ interactions	〈계속적 용법〉	which	~~주어~~	reflect

4 〈관계대명사의 해석〉

제한적 용법	선행사	(콤마 없음)	관계대명사 ~
		형용사절로 관계대명사절이 선행사를 수식(~하는)	

계속적 용법	선행사	.(콤마 있음)	관계대명사 ~
		대등접속사 + 대명사(선행사)로 바꿔서 해석함 (and, but, because, if 등)	
		〈주의 사항〉 관계대명사 that은 계속적 용법으로 사용할 수 없음	

4 〈likely / alike / like〉

likely	형용사	~일 것 같은 (be likely to 동사원형 : ~일 것 같다)
	부사	아마 (= probably)
alike	서술적 형용사 (보어로만 사용, 명사 수식 불가)	동일한
	부사	똑같이
like	전치사	~처럼
	종속접속사	~처럼
	동사	좋아하다

4 〈명사의 복수형〉: 외래어 복수(um/on → a)

단수	복수	뜻
datum	data	자료
medium	media	중간, 매개체
bacterium	bacteria	박테리아
memorandum	memoranda	비망록, 메모
phenomenon	phenomena	현상, 사건
criterion	criteria	기준, 표준
mitochondrion	**mitochondria**	미토콘드리아

4 〈전치사 + 관계대명사 vs. 관계대명사〉: in which (= where)

관계부사와 같기 때문에 뒤 문장이 완전한 문장이 나온다. 전치사는 맨 뒤로 보낼 수 있는데 이때 전치사의 목적어가 없기 때문에 관계대명사절은 불완전하다.

선행사	전치사 + 관계대명사 = 관계부사	주어	동사		완전한 문장
	관계대명사	주어	동사	전치사	~~목적어~~	불완전한 문장

어법 & 연결어

[Scale / **Scaling**] up from the small to the large is often [accompanying / **accompanied**] by an evolution from simplicity to complexity while [maintained / **maintaining**] basic elements unchanged or [conserves / **conserved**]. This is familiar in engineering, [economy / **economics**], companies, cities, organisms, and, perhaps [**most** / almost] dramatically, evolutionary process. ( ), a skyscraper in a large city is a [**significant** / significantly] more complex object than a modest family [dwelt / **dwelling**] in a small town, but the underlying principles of construction and design, including questions of mechanics, energy and information distribution, the size of electrical outlets, water faucets, telephones, laptops, doors, etc., all remain [approximate / **approximately**] the same independent of the size of the building. ( ), organisms have evolved to have an enormous range of sizes and an extraordinary diversity of morphologies and interactions, [what / **which**] often reflect [increased / **increasing**] complexity, yet fundamental building blocks [**like** / alike] cells, mitochondria, capillaries, and even leaves do not [appreciable / **appreciably**] change with body size or [increasing / **increased**] complexity of the class of systems [which / **in which**] they are embedded.

	지문	해석	단어 & 숙어
1 TS	{Knowing / (who an author is) / and / (what his or her likely intentions are) / (in creating text or artwork)} / is (tremendously) important / (to most of us).	작가가 누구인지, 그리고 글이나 예술 작품을 창작할 때 그 사람이 가졌을 법한 의도가 무엇인지를 아는 것은 우리 대부분에게 엄청나게 중요하다.	author 작가, 저자 likely ~할 것 같은[것으로 예상되는] intention 의도 create 창작하다 artwork 공예[예술]품 tremendously 엄청나게 important to ~에게 중요한
2	{Not knowing / (who wrote, or created)}, some artwork / is (often) very frustrating.	누가 썼는지 혹은 창작했는지 알지 못하면, 어떤 예술작품은 흔히 심하게 좌절감을 준다.	often 흔히 frustrating 좌절감을 주는
3	Our culture / places great worth / (on the identity) / (of speakers, writers, and artists).	우리의 문화는 화자, 작가, 예술가의 정체성에 가치를 크게 둔다.	culture 문화 place worth on ~에 가치를 두다 identity 정체성
4	(Perhaps) / the single most important aspect / (of "authorship") / is the vaguely apprehended presence / (of human creativity, personality, and authority) / (that nominal authorship seems to provide).	어쩌면 '작가 정체성'의 가장 중요한 하나의 측면은, 명의상의 작가 정체성이 제공한다고 여겨지는, 막연하게 이해되는 인간의 창조성, 개성, 그리고 권위의 존재이다.	perhaps 어쩌면 aspect 측면 authorship 작가 정체성 vaguely 막연하게, 애매하게 apprehend 이해하다, 파악하다, 감지하다 presence 존재, 실재 creativity 창조성 personality 개성 authority 권위, 권한 nominal 명의상의, 이름의 authorship 저작자임, 저술업 seem to R ~처럼 보이다
5 예시1	It is (almost) unthinkable / for a visitor / (to an art museum) / (to admire a roomful of paintings) / (without knowing the names of the individual painters), / or / (for a reader) / {not to know / (who the writer is of the novel) / (she is reading)}.	미술관의 방문객이 개별 화가의 이름도 알지 못한 채 한방 가득한 그림들에 감탄하는 것, 혹은 독자가 자신이 읽고 있는 소설의 작가가 누구인지 알지 못하는 것은 거의 생각할 수 없다.	unthinkable 생각할 수 없는 visitor 방문객 art museum 미술관 admire 감탄하다 roomful 방에 가득한 without ~ 없이 individual 개별의 painter 화가 novel 소설
6 예시2	Publishers / (proudly) display / authors' names / (on the jackets, spines and title pages of their books).	출판사들은 그들 도서의 표지, 책등, 그리고 속표지에 자랑스럽게 작가의 이름을 보여 준다.	publisher 출판사 proudly 자랑스럽게 display 보여주다, 나타내다 jacket (책의) 표지 spine 책등, 척추 title page (책의) 속표지
7	Book advertisements / (in The New York Review of Books / and The New York Times Book Review) / (regularly) include / pictures of authors / and / quote authors / (as they talk about their work), / {both of which show / (that _____)}.	'The New York Review of Books'와 'The New York Times Book Review'에 실리는 책 광고는 보통은 작가의 사진을 포함하고 작가가 자신의 작품에 관해 이야기할 때 한 말을 인용하는데, 이 두 가지는 모두 우리의 관심이 그들의 책만큼이나 작가에게도 많이 있다는 것을 보여 준다.	advertisement 광고 regularly 보통은, 자주, 규칙적으로 include 포함하다 quote ~의 말을 인용하다 talk about ~에 대해 이야기하다 work 작품 both 둘 다 interest 관심 as much A as B B만큼 A한

33 다음 빈칸에 들어갈 말로 가장 적절한 것을 고르시오. [3점] [45%]

① book advertising strategies are being diversified

② our interest is as much in authors as in their books

③ authors are influenced by popular works of their time

④ book cover designs show who their target readers are

⑤ book writing is increasingly dictated by book marketing

정답 | ②

해설 | ① 책 광고 전략은 다각화된다: 책의 광고 전략에 관한 내용은 없으므로 적절하지 않다.

② 우리의 관심이 그들의 책만큼이나 작가에게도 많이 있다: 1 을 포함한 글 전체가 사람들이 작가에게 관심을 가진다는 내용이므로 정답으로 적절하다.

③ 작가는 그들의 시대의 인기 있는 작품에 의해 영향을 받는다: 당시 시대의 인기 있는 작품에 영향받는다는 내용은 없으므로 적절하지 않다.

④ 책표지 디자인은 누가 목표 독자인지 보여준다: 책표지 디자인에 관한 내용은 없다.

⑤ 책 쓰기는 책 마케팅에 의해 점차적으로 좌우된다: 책 마케팅에 관한 내용은 없다.

문법

1 〈동명사 주어〉: Knowing ~ is

주어가 될 수 있는 것들		주어와 동사의 수의 일치
단어	명사	명사와 대명사에 따라 동사의 단/복수 결정
	대명사	
구	to부정사구	단수동사 *모든 구와 절은 단수 취급
	동명사구	
절	that절	
	what절	
	whether절	
	의문사절	
	복합관계대명사절	

2 〈Not knowing ~ created〉: 〈분사구문〉이 문두에 있는 경우 (= If we don't know ~ created)

1 2 5 〈간접의문문〉: 의문사가 있는 경우 / 완전 타동사 know의 목적어로 사용됨 / 의문대명사 who는 의문사 역할뿐만 아니라 동시에 보어 또는 주어 역할 가능함

동사	〈간접의문문〉: 완전한 문장		
	의문사	주어	동사
Knowing	who	an author	is
	what	his ~ intentions	are
knowing	who	–	wrote, or created
know	who	the writer	is

1 〈동명사 vs. 명사〉: 전치사의 목적어 자리에 동명사와 명사를 둘 다 사용할 수 있지만, 동명사는 뒤에 목적어로 명사를 가질 수 있는 점이 명사와의 차이점이다.

전치사구		
전치사	동명사	명사 (동명사의 목적어)
in	creating	text or artwork
	~~creation~~	

1 4 5 〈혼동 어휘〉

	대명사	형용사	부사
most	대부분의 것들[사람들]	대부분의	**가장**
almost	–	–	거의
mostly	–	–	주로, 일반적으로

2 〈감정과 관련된 완전 타동사〉: 동사가 분사화되어 주격/목적격 보어 자리에 나올 때 일반적인 구별법

주어	동사	주격 보어(S·C)
사람		과거분사(p.p.) – 수동 (~되어진, ~당한)
사물		**현재분사(-ing) – 능동 (~하고 있는, ~하는)**
some artwork	is	frustrating

4 〈목적격 관계대명사 that 생략〉: to R의 목적어가 없는 경우 / 선행사를 포함하고 있는 관계대명사 what 사용 불가

선행사	목적격 관계대명사절			
	목적격 관계대명사	주어	동사	주격 보어
presence	(that) 생략 가능	nominal authorship	seems	to provide ~~목적어~~

4 〈seem 동사 쓰임〉

주어	seem	주격 보어	2형식
		(to be) 보어	~처럼 보이다, 보기에 ~하다; ~인 듯하다 [것 같다], ~인 것처럼 생각되다
		to R	

5 〈to부정사의 의미상 주어〉: for a visitor / for a reader

주어	동사 ~	to R
		주체가 주어

주어	동사 ~	for + 목적격	to R
		〈의미상의 주어〉	주체가 주어가 아니기 때문에 의미상의 주어가 필요

5 〈목적격 관계대명사 that〉: 타동사의 목적어가 없는 경우 / 선행사를 포함하고 있는 관계대명사 what 사용 불가

선행사	목적격 관계대명사절			
	목적격 관계대명사	주어	타동사	목적어
the novel	(that) 생략 가능	she	is reading	~~목적어~~

7 〈수량형용사 + 관계대명사〉: 관계대명사 자리에 대명사 사용 불가

수량형용사	관계대명사
none of, neither of, any of, either of, some of, many of, most of, much of, few of, half of, each of, one of, two of, all of, several of, a number of, **both of**	whom(사람) **which(사물)** whose(소유)

어법 & 연결어

[Know / Knowing] [who an author is / who is an author] and [that / what] his or her [like / likely] intentions are in [creation / creating] text or artwork is [tremendous / tremendously] important to [most / mostly] of us. Not [known / knowing] who wrote, or created, some artwork is often very [frustrating / frustrated]. Our culture places great worth on the identity of speakers, writers, and artists. Perhaps the single [most / almost] important aspect of "authorship" is the [vague / vaguely] [apprehended / apprehending] presence of human creativity, personality, and authority [what / that] nominal authorship seems to provide. [This / It] is [most / almost] unthinkable for a visitor to an art museum to admire a roomful of paintings without knowing the names of the individual painters, or for a reader [to not know / not to know] [who is the writer / who the writer is] of the novel [that / what] she is reading. Publishers proudly display authors' names on the jackets, spines and title pages of their books. Book advertisements in *The New York Review of Books* and *The New York Times Book Review* regularly include pictures of authors and quote authors as they talk about their work, both of [them / which] show [that / what] our interest is as [many / much] in authors as in their books.

제목	운동선수들의 과제·자아 개입 목표
주제	운동선수들의 과제 목표 및 자아 목표 성향은 성공이 숙달, 노력, 이해, 책임감과 관련되어 있다고 여기게 해준다.

빈칸 추론 | 논리 | 비교·대조

	지문	해석	단어 & 숙어
1 TS	All athletes / have an innate preference / (for task- or ego-involved goals) / (in sport). 모든 운동선수들은 / 내재된 선호가 있다 / 과제 개입 목표 또는 자아 개입 목표에 대한 / 스포츠에서	모든 운동선수들은 스포츠에서 과제 개입 목표 또는 자아 개입 목표에 대한 내재된 선호가 있다.	athlete 운동선수 innate 내재된 have a preference for ~을 더 좋아하다, ~을 선택하다 ego 자아 involve 수반하다, 포함하다
2	These predispositions, / {referred to / (as task and ego goal orientations)}, / are believed to develop / (throughout childhood) / (largely) / {due to the types of people / (the athletes come in contact with) / and / the situations / (they are placed in)}. 이러한 성향은 / 라고 불리는 / '과제 목표 성향 및 자아 목표 성향'이 / 발달한다고 여겨진다 / 어린 시절 내내 / 주로 / 사람들의 유형 때문에 / 운동선수들이 접하게 되는 / 그리고 / 상황 / 그들이 처한	'과제 목표 성향 및 자아 목표 성향'이라고 불리는 이러한 성향은, 주로 운동선수들이 접하게 되는 사람들의 유형 그리고 그들이 처한 상황 때문에 어린 시절 내내 발달한다고 여겨진다.	predisposition 성향 refer to O O·C(as) (5) ~을 …로 언급하다 (수동태 시, be referred to S·C(as)) goal orientation 목표지향성 believe O O·C(to R) ~을 …라고 믿다 (수동태 시, be believed S·C(to R)) throughout ~ 동안, ~ 내내 largely 대체로, 주로 due to ~ 때문에 come in contact with ~와 접하게 되다 be placed in ~(상황)에 놓이다
3	{If children (consistently) receive / parental praise / (depending on their effort) / and / recognition / (for personal improvement) / (from their coaches), / and / are encouraged to learn / (from their mistakes)}, / then / they are likely to foster / a task orientation. 아이들이 일관되게 받고 / 부모의 칭찬을 / 자신의 노력에 따라 / 그리고 / 인정을 받으면 / 개인의 향상에 대한 / 코치로부터 / 그리고 / 배우도록 격려를 받으면 / 자신의 실수로부터 / 그러면 / 그들은 기르기가 쉽다 / 과제 성향을	아이들이 일관되게 자신의 노력에 따라 부모의 칭찬을 받고 코치로부터 개인의 향상에 대한 인정을 받으면, 그리고 자신의 실수로부터 배우도록 격려를 받으면, 그러면 그들은 과제 성향을 기르기가 쉽다.	consistently 일관되게 receive 받다 praise 칭찬 depending on ~에 따라 recognition 인정 improvement 향상 encourage O O·C(to R) (5) ~가 …하도록 권장하다 (수동태 시, be encouraged S·C(to R)) be likely to R ~할 것 같다, ~하기 쉽다 foster 기르다, 육성하다 task orientation 과제지향
4	It becomes natural / for them / [to believe / {that success is associated / (with mastery, effort, understanding, and personal responsibility)}]. 당연해진다 / 그들이 / 생각하는 것이 / 성공은 관련되어 있다고 / 숙달, 노력, 이해, 개인의 책임감과	성공은 숙달, 노력, 이해, 개인의 책임감과 관련되어 있다고 그들이 생각하는 것이 당연해진다.	natural 당연한 success 성공 be associated with ~와 관련되어 있다 mastery 숙달 responsibility 책임감
5	The behavior / (of their rolemodels) / (in sport) / (also) affects this development. 행동 / 자신에게 본보기가 되는 사람의 / 스포츠에서 / 또한 이러한 발달에 영향을 미친다	스포츠에서 자신에게 본보기가 되는 사람의 행동 또한 이러한 발달에 영향을 미친다.	behavior 행동 (= behaviour) rolemodel 본보기 affect 영향을 미치다 development 발달
6	Such an environment / is far different / from one / [where children are shaped / {by rewards (for winning (alone)), / praise (for the best grades), / criticism or non-selection / (despite making their best effort), / or / coaches / (whose style is to hand out unequal recognition)}]. 그러한 환경은 / 크게 다르다 / 환경과는 / 아이들의 모습이 만들어지는 / (오직) 이기는 것에 대한 보상 / 최고의 성적에 대한 칭찬 / 비난 또는 미선발 / 최선의 노력을 다했음에도 받는 / 혹은 / 코치에 의해 / 스타일의 불균등한 인정을 건네는	그러한 환경은 (오직) 이기는 것에 대한 보상, 최고의 성적에 대한 칭찬, 최선의 노력을 다했음에도 받는 비난 또는 미선발, 혹은 불균등한 인정을 건네는 스타일의 코치에 의해 아이들의 모습이 만들어지는 환경과는 크게 다르다.	far 훨씬, 아주, 너무, 크게 be different from ~와 다르다 be shaped by ~에 의해 형성되다 reward 보상 alone 홀로, 단독으로 praise for ~에 대한 찬사[칭찬] criticism 비난, 비판 non-selection 미선발, 탈락 despite ~에도 불구하고 make an effort 노력하다 hand out 건네다 unequal 불균등한 recognition 인정[승인]
7	This kind of environment helps / an ego orientation to flourish, / (along with the belief) / (that _____). 이런 종류의 환경은 돕는다 / 자아 성향이 커지는 것을 / 생각과 더불어 / 노력과 개인적인 수고가 아닌 능력과 재능이 성공을 거둔다는	이런 종류의 환경은 노력과 개인적인 수고가 아닌, 능력과 재능이 성공을 거둔다는 생각과 더불어 자아 성향이 커지는 것을 돕는다.	help O O·C[(to) R] (5) ~가 …하도록 돕다 flourish 크다, 번성하다 along with ~와 더불어 endeavor 수고, 노력, 애씀

34 다음 빈칸에 들어갈 말로 가장 적절한 것을 고르시오. [3점] [33%]

① not the result but the process is what matters most

② an athlete's abilities will blossom with image training

③ cooperation, rather than competition, builds up a team

④ ability and talent, not effort and personal endeavor, earn success

⑤ the athletes' peers, not the coaches, are the true judge of their performance

정답 | ④

해설 | ① 가장 중요한 것은 결과가 아니라 과정: 글의 흐름과 반대되는 내용이므로 적절하지 않다.

② 이미지 훈련과 함께 좋아지는 운동선수의 능력: 이미지 훈련에 관한 내용은 없다.

③ 경쟁보다 협력이 팀을 높인다: 협력에 관한 내용은 없다.

④ 노력과 개인적인 수고가 아닌, 능력과 재능이 성공을 거둔다: **4**에서 성공은 숙달, 노력, 이해, 개인적 책임감과 관련되어 있다는 생각과는 반대되는 생각이 나타나야 되므로 성공이 능력과 재능과 관련되어 있다는 것이 정답으로 적절하다.

⑤ 코치가 아니라 운동선수의 또래가 공연의 진정한 심사위원이다: 또래가 진정한 심사위원이라는 내용은 없으므로 적절하지 않다.

문법

2 〈referred to ~ orientations〉: 〈분사구문〉이 문중에 있는 경우 (수동)

2 3 〈목적격 보어 자리에 to R을 취하는 불완전 타동사〉: 수동태 전환 시, 2형식 문장 (be p.p. + to R)

주어	불완전 타동사	목적어	목적격 보어
−	advise / allow / ask / assume / beg / **believe** / bring / cause / command / compel / condition / decide / design / drive / enable / **encourage** / expect / forbid / force / inspire / instruct / intend / invite / lead / like / motivate / order / permit / persuade / predispose / pressure / proclaim / prod / program / provoke / push / require / teach / tell / train / trust / urge / want / warn / wish 등	−	to R

2 〈혼동 어휘〉

through	전치사	~을 통하여
throughout	전치사	(장소) ~의 도처에, (시간) ~ 동안, ~ 내내
	부사	도처에, 완전히, 철저하게
though	접속사	비록 ~일지라도
thorough	형용사	철저한, 완전한

2 〈목적격 관계대명사 that 생략〉: 전치사의 목적어가 없는 경우 / 선행사를 포함하고 있는 관계대명사 what 사용 불가

선행사	목적격 관계대명사절				
	목적격 관계대명사	주어	동사	전치사	~~목적어~~
people	(that) 생략 가능	the athletes	come ~	with	
the situations	(that) 생략 가능	they	are placed	in	

4 〈가주어, 의미상의 주어, 진주어(to R) 구문〉

가주어	동사	의미상의 주어	진주어
It (this, that, there 사용 불가)		for + 목적격	to 동사원형
it	becomes	for them	to believe

4 〈what vs. that〉

	관계대명사 (불완전한 문장)	접속사 (완전한 문장)
what	○ 선행사를 포함하고 있기 때문에 what 앞에 선행사 불필요	×
that	○ that 앞에 선행사 필요	○

6 〈관사의 위치〉

so / how / too / as	형용사	a / an	명사
such / what / many / quite / rather / half	a / an	형용사	명사

6 〈관계부사 where〉

		〈관계부사절〉: 완전한 절	
선행사	관계부사	주어	동사
one (= an environment)	where	children	are shaped

6 〈소유격 관계대명사 whose〉: coaches whose style is~

선행사 + 접속사 + 소유격 + 명사 + 동사 ~
= 선행사 + 접속사 + the + 명사 + of + 대명사 + 동사 ~
= 선행사 + **whose** + 명사 + 동사 ~
= 선행사 + of which + the + 명사 + 동사 ~
= 선행사 + the + 명사 + of which + 동사 ~

7 〈help 동사의 쓰임〉

help		목적어	3형식
		(to) R	
help (준사역동사)	목적어	목적격 보어	5형식
		(to) R	

7 〈동격의 종속접속사 that〉: 'the + 추상명사(belief) + that' (~라는 믿음)

어법 & 연결어

All athletes have an innate preference for task- or ego-involved goals in sport. These predispositions, [**referring** / referred] to as task and ego goal orientations, [believe / **are believed**] to develop [**through** / throughout] childhood [large / **largely**] [**due to** / because] the types of people [**that** / what] the athletes come in contact with and the situations [what / **that**] they are placed in. If children consistently receive parental praise [depended / **depending**] on their effort and recognition for personal improvement from their coaches, and [encourage / **are encouraged**] [learning / **to learn**] from their mistakes, then they are [like / **likely**] to foster a task orientation. [This / **It**] becomes natural for them to believe [**that** / what] success [associates / **is associated**] with mastery, effort, understanding, and personal responsibility. The behavior of their rolemodels in sport also [affect / **affects**] this development. Such an environment is far different from one [which / **where**] children [shape / **are shaped**] by rewards for winning ([lonely / **alone**]), praise for the best grades, criticism or non-selection [**although** / despite] making their best effort, or coaches [whose / **that**] style is to hand out unequal recognition. This kind of environment helps an ego orientation [flourishing / **to flourish**], along with the belief [which / **that**] ability and talent, not effort and personal endeavor, earn success.

제목	영화 시청을 단순화하게 해주는 장르	
주제	장르는 우리의 영화 시청에 익숙함을 주어 단순화한다.	
무관한 문장	논리	예시

	지문	해석	단어 & 숙어
1 TS	The genre film simplifies / film watching as well as filmmaking. S V O₂ △:⟨B as well as A⟩ 장르 영화는 단순화 한다 / 영화 제작뿐 아니라 영화 시청도 O₁	장르 영화는 영화 제작뿐 아니라 영화 시청도 단순화한다.	genre 장르 simplify 단순화하다 B as well as A A뿐만 아니라 B도 filmmaking 영화 제작
2 예시	(In a western), / {because of the conventions / (of ⟨전치사⟩ 서부 영화에서 관례 때문에 appearance, dress, and manners)}, / we recognize / the hero, 외모, 복장, (행동) 방식의 S V₁ 우리는 알아차린다 sidekick, villain, etc., / (on sight) / and / assume / {they 주인공, 조수, 악당 등을 보자마자 그리고 V₂ 생각한다 (종·접 that) S will not violate / our expectations / (of their conventional V 그들이 저버리지 않을 것이라고 우리의 기대를 그들의 관례적 역할에 관한 roles)}. { }: O	서부 영화에서, 외모, 복장, (행동) 방식의 관례 때문에 우리는 주인공, 조수, 악당 등을 보자마자 알아차리고 그들의 관례적 역할에 관한 우리의 기대를 그들이 저버리지 않을 것이라고 생각한다.	western 서부 영화, 서부극 convention 관례 appearance 외모 recognize 알아차리다 sidekick 조수, 동료 villain 악당, 악역 etc. ~등[등등] (= et cetera) on sight 보자마자, 발견하는 대로 assume 생각하다, 추정하다 violate 저버리다, 위반하다 expectation 예상, 기대 conventional 관례적인 role 역할
3	① Our familiarity / (with the genre) / makes watching / S V O⟨동명사⟩ 우리가 갖는 익숙함은 그 장르에 대해 시청을 해 준다 not only easier / but (in some ways) / more enjoyable. O·C₁ O·C₂ 더 쉽게 해 줄 뿐만 아니라 어떤 면에서는 더 즐겁게	우리가 그 장르에 대해 갖는 익숙함은 시청을 더 쉽게 해 줄 뿐만 아니라 어떤 면에서는 더 즐겁게 해 준다.	familiarity 익숙함 not only A but also B A뿐만 아니라 B또한 in some ways 어떤 면에서는 enjoyable 즐거운
4	② {Because we know / and / are familiar / (with all the ⟨종·접⟩ S V₁ V₂ S·C 우리가 알고 있기 때문에 그리고 익숙하기 때문에 모든 관례를 conventions)}, / we gain / pleasure / (from recognizing / O 우리는 얻는다 즐거움을 ⟨동명사⟩ 알아보는 데에서 each character, each image, each familiar situation). O₁ O₂ O₃ 각각의 등장인물, 각각의 이미지, 각각의 익숙한 장면을	우리가 모든 관례를 알고 그것에 익숙하기 때문에, 우리는 각각의 등장인물, 각각의 이미지, 각각의 익숙한 장면을 알아보는 데에서 즐거움을 얻는다.	familiar with ~에 익숙한 gain 얻다 pleasure 즐거움 recognize 알아보다 familiar 익숙한, 친숙한 (↔ unfamiliar) situation 상태, 상황
5	③ The fact / (that the conventions are established / and / S ⟨종·접⟩ = ⟨동격⟩ V₁⟨수동태⟩ 사실은 관례가 확립되어 그리고 repeated) / intensifies / another kind of pleasure. (are) V₂⟨수동태⟩ V O 반복된다는 강화한다 또 다른 종류의 즐거움을	관례가 확립되어 반복된다는 사실은 또 다른 종류의 즐거움을 강화한다.	establish 확립하다 repeat 반복하다 intensify 강화하다
6	④ Genre mixing / is not an innovation / (of the past few S V S·C 장르 혼합은 혁신이 아니라 지난 몇십 년의 decades); / it was (already) an integral part / (of the film S V S·C 이미 필수 불가결한 일부였다 영화 산업의 business) / (in the era of classical cinema). 고전 영화 시대에	(장르 혼합은 지난 몇십 년의 혁신이 아니라, 고전 영화 시대에 이미 영화 산업의 필수 불가결한 일부였다.)	mixing 혼합 innovation 혁신 past 지난간 decade 십 년 already 이미 integral 필수 불가결한 era 시대 classical 고전적인 cinema 영화 예술[산업]
7	⑤ (Settled into a comfortable genre), / (with our basic p.p. ( ): ⟨분사구문⟩ ( ): ⟨부대상황⟩ 편안한 장르 속에 자리를 잡고서 우리의 기본적 기대를 충족한 채로 expectations satisfied), / we become / more keenly aware of O O·C S₁ V₁ ⟨부사⟩ S·C₁ 우리는 된다 더 예민하게 인식하게 / and / responsive / (to the creative variations, refinements, S·C₂ O₁ O₂ 그리고 반응하게 되며 창의적 변형, 정제, 그리고 복잡한 것들을 and complexities) / {that make the film / (seem fresh and O₃ ⟨주·관⟩ V O ( ): O·C S·C₁ 영화를 만드는 신선하고 독창적으로 보이게 original)}, / and / (by exceeding our expectations), / each S·C₂ ⟨동명사⟩ 그리고 우리의 기대를 넘어섬으로써 innovation / becomes an exciting surprise. S₂ V₂ S·C 각각의 혁신은 흥미진진한 놀라움이 된다	우리의 기본적 기대를 충족한 채로 편안한 장르 속에 자리를 잡고서, 우리는 영화를 신선하고 독창적으로 보이게 만드는 창의적 변형, 정제, 그리고 복잡한 것들을 더 예민하게 인식하게 되고 그것에 반응하게 되며, 그리고 우리의 기대를 넘어섬으로써 각각의 혁신은 흥미진진한 놀라움이 된다.	settle into ~에 자리 잡다 comfortable 편안한 with O O·C(분사/형용사/부사) ~가 …하면서[한 채로] keenly 예민하게, 열심히 be aware of ~을 인식하다 responsive to ~에 빠른 반응을 보이는 variation 변형 refinement 정제, 순화 complexity 복잡함 seem S·C(to be) ~처럼 보이다 original 독창적인 by + -ing ~함으로써 exceed 넘어서다, 능가하다 innovation 혁신 exciting 흥미진진한

35 다음 글에서 전체 흐름과 관계 없는 문장은? [57%]

정답 | ④

해설 | 글에서는 장르가 영화 시청을 단순화한다는 내용을 다루고 있지만, (④)에서는 영화 산업에서의 장르 혼합에 관해 설명하고 있으므로 글의 전체 흐름과 관계없다.

문법

1 〈상관접속사〉: 병렬구조

종류		뜻
not	but	A가 아니라 B (= B, not A)
not only	but also	A뿐만 아니라 B도 (= **B as well as A**)
either	or	A와 B 둘 중 하나
neither	nor	A와 B 둘 다 아닌
both	and	A와 B 둘 다

(A ... B)

2 〈etc. (= et cetera) 기타 등등〉: (= and so forth, and the like, and so on, and the others, and the rest, and others, and what not)

2 〈목적격 종속접속사 that 생략〉: 완전 타동사의 목적어로 사용된 경우 / 관계대명사 what 사용 불가

완전 타동사	종속절(명사절: 목적어)(완전한 절)		
	목적격 종속접속사	주어	동사
assume	(that) 생략 가능 (~하는 것을)	they	will not violate

3 〈make 상태동사〉: 수동태 시, be made + 주격 보어(형용사/명사)

make	목적어	목적격 보어	해석
〈상태 동사〉	명사 / 명사 상당어구	**형용사**	~을 …한 상태로 만들다
		명사	
makes	watching	easier, enjoyable	

3 〈not only A but also B〉: A뿐만 아니라 B도 (병렬구조를 이루는 상관접속사이기 때문에, B는 A 형태에 따라 바뀜)

not only = just = simply = merely = alone	~	but 주어 also 동사	~	
		but 주어 + 동사		(as well)
		;(세미콜론) 주어 + 동사		as well
		,(콤마) 주어 + 동사		as well
		.(마침표) 주어 + 동사		as well
= B as well as A (주어는 B)				

5 〈동격의 종속접속사 that〉: 'the + 추상명사(fact) + that' (~라는 사실)

5 〈what vs. that〉

	관계대명사 (불완전한 문장)	접속사 (완전한 문장)
what	○ 선행사를 포함하고 있기 때문에 what 앞에 선행사 불필요	×
that	that 앞에 선행사 필요	○

5 〈공통관계〉: A가 공통

A	(X + Y)	=	AX + AY
A	(X + Y + Z + α)	=	AX + AY + AZ + Aα
(X + Y)	A	=	XA + YA
A	(X + Y + Z)	=	AX + AY + AZ
are	(established + repeated)	=	are established and (are) repeated

5 another 또 다른 하나 (나머지 있음) / **the other** 그 나머지 (나머지 없음)

7 〈Settled ~〉: 〈분사구문〉이 문두에 있는 경우 (수동)

7 〈with 부대상황〉

with	목적어	목적격 보어		
~하면서, ~한 채로		형용사(구)		
		부사(구)		
		전치사구		
		분사	현재분사 (-ing)	능동 (목적어가 목적격 보어를 ~하고 있는, ~하는)
			과거분사 (p.p.)	수동 (목적어가 목적격 보어에게 ~당하는, ~되어진)
with	our ~ expectations	satisfied		

7 〈주격 관계대명사 that〉: 선행사를 포함하고 있는 관계대명사 what 사용 불가

주격 관계대명사절			
선행사	주격 관계대명사	~~주어~~	동사
the ~ complexities	that		~~makes~~
			make

7 〈make 사역동사〉

make	목적어	목적격 보어	해석
사역동사	명사 / 명사 상당어구	**동사원형(R)**	~가 …하도록 시키다
		과거분사(p.p)	~가 …하게 당하다
make	the film	~~seemed~~	
		seem	

7 〈seem 동사의 쓰임〉: the film seem(s) fresh and original

주어	seem	주격 보어	2형식
		(to be) 보어	~처럼 보이다, 보기에 ~하다;
		to R	~인 듯하다[것 같다], ~인 것처럼 생각되다

7 〈주어와 동사의 수의 일치〉: each/every/any + 단수명사 + 단수동사

어법 & 연결어

The genre film simplifies film watching as well as filmmaking. In a western, [**because** / because of] the conventions of appearance, dress, and manners, we recognize the hero, sidekick, villain, etc., on sight and assume [**that** / what] they will not violate our expectations of their conventional roles. Our familiarity with the genre makes [to watch / **watching**] not only easier but in some ways more enjoyable. [Because / **Because of**] we know and are familiar with all the conventions, we gain pleasure from [recognition / **recognizing**] each character, each image, each familiar situation. The fact [which / **that**] the conventions [establish / **are established**] and [repeating / **repeated**] intensifies [the other / **another**] kind of pleasure. Genre mixing is not an innovation of the past [**few** / little] decades; it was already an integral part of the film business in the era of classical cinema. [Settling / **Settled**] into a comfortable genre, with our basic expectations [satisfying / **satisfied**], we become more [**keen** / keenly] aware of and [**responsive** / responsively] to the creative variations, refinements, and complexities [what / **that**] [make / **makes**] the film [**seem** / seem to] fresh and original, and by exceeding our expectations, each innovation becomes an [**exciting** / excited] surprise.

	지문	해석	단어 & 숙어
1	Many people / cannot understand / {what there is / (about birds) / (to become obsessed about)}. S 많은 사람들은　V 이해하지 못한다　〈의문사〉도대체 '무엇'이 있는지　V 새에게 사로잡힐 만한 것이	새에게 사로잡힐 만한 것이 도대체 '무엇'이 있는지 많은 사람들은 이해하지 못한다.	obsessed about ~에 사로잡힌
2 TS 질문	What are bird-watchers / actually / doing / out there / (in the woods, swamps, and fields)? 조류 관찰자들은 무엇을　실제로　V〈현재진행〉하고 있을까　밖에 나가서 숲, 늪, 그리고 들판에	조류 관찰자들은 숲, 늪, 그리고 들판에 나가 실제로 무엇을 하고 있을까?	watcher 관찰자, 연구가 actually 실제로 out there 밖에서, 저기에 woods 숲 swamp 늪, 습지 field 들판
3	(A) And / (because birders are human), / these birding memories / — (like most human memories) / — improve (over time). 그리고　〈종·접〉조류 관찰자들은 인간이기 때문에 S V S·C　이러한 조류 관찰의 기억들은　S〈전치사〉　O 인간의 기억 대부분이 그러하듯이　V 시간이 지남에 따라 향상된다	(A) 그리고 조류 관찰자들은 인간이기 때문에 이러한 조류 관찰의 기억들은, 인간의 기억 대부분이 그러하듯이, 시간이 지남에 따라 향상된다.	birder 조류 관찰자 birding 조류 관찰 improve 향상하다 over time 시간이 지남에 따라
4	The colors / (of the plumages) / become richer, / the songs (become) sweeter, / and / those elusive field marks / more vivid / and / (become) distinct / (in retrospect). S₁ 색은　깃털의　V₁ S·C₁ 더 풍부해지고　S₂ 새소리는 더 달콤해진다　S·C　그리고　눈에 띄는 외견상의 그 특징들은 S₃　S·C₁ 더욱더 선명해진다　그리고　S·C₂ 뚜렷해진다　돌이켜 생각해 보면	돌이켜 생각해 보면, 깃털의 색은 더 풍부해지고, 새소리는 더 달콤해지며, (기억에) 흐릿했던 눈에 띄는 외견상의 그 특징들은 더욱더 선명해지고 뚜렷해진다.	plumage 깃털 rich 풍부한 elusive (기억에) 흐릿한, 뚜렷하지 않은 field mark 눈에 띄는 외견상 특징 vivid 선명한 distinct 뚜렷한 in retrospect 돌이켜 생각해 보면
5 답변	(B) The key / (to comprehending the passion of birding) / is {to realize / (that bird-watching is really a hunt)}. S 비결은　〈동명사〉조류 관찰에 대한 열정을 이해하는　O V　( ): O, { }: S·C 깨닫는 것이다　〈종·접〉조류 관찰이 실은 사냥이라는 점을 S V S·C	(B) 조류 관찰에 대한 열정을 이해하는 비결은 조류 관찰이 실은 사냥이라는 점을 깨닫는 것이다.	key 비결 comprehend 이해하다 passion 열정 realize 깨닫다 hunt 사냥
6	But / (unlike hunting), / the trophies / (you accumulate) / are (in your mind). 하지만　〈전치사〉사냥과 달리　S〈선행사〉전리품들은　(목·관 that) S 여러분이 모은　V 여러분의 마음속에 있다	하지만 사냥과 달리, 여러분이 모은 전리품들은 여러분의 마음속에 있다.	unlike ~와 다르게 trophy 전리품, 트로피 accumulate 모으다, 축적하다 be in one's mind ~의 마음에 있다
7	(C) (Of course), / your mind / is a great place / (to populate with them) / {because you carry them around / (with you)} / (wherever you go). 물론　S 여러분의 마음은　V S·C 훌륭한 장소이다　그것들로 가득 채우기에　〈종·접〉S V O 전리품들을 갖고 다니게 되기 때문에　여러분과 함께　〈복합 관계부사〉S V 여러분이 어디를 가든지	(C) 물론 여러분이 어디를 가든지 전리품들을 갖고 다니게 되기 때문에 여러분의 마음은 그것들로 가득 채우기에 훌륭한 장소이다.	of course 물론 populate A with B A를 B로 채우다 carry A around[about] A를 갖고[지니고] 다니다 wherever 어디든지
8	You don't leave / them to gather dust / (on a wall) / or / (up in the attic). S V 여러분은 두지 않는다　O 그것들을 O·C 먼지가 쌓이도록　벽이나　혹은 다락 위에	여러분은 그것들을 먼지가 쌓이도록 벽이나 다락 위에 두지 않는다.	leave O O·C(to R) (5) ~가 …하게 내버려 두다, 시키다 gather 모으다 dust 먼지 attic 다락
9	Your birding experiences / become part of your life, / {part of (who you are)}. S 여러분의 조류 관찰 경험은　V S·C 여러분 삶의 일부가 된다　=〈동격〉　( ): O〈간·의〉 〈의문사〉S V 여러분 자신의 일부	여러분의 조류 관찰 경험은 여러분 삶의 일부, 여러분 자신의 일부가 된다.	experience 경험 part of ~의 일부

36 주어진 글 다음에 이어질 글의 순서로 가장 적절한 것을 고르시오.

[57%]

① (A)-(C)-(B)   ② (B)-(A)-(C)   ③ (B)-(C)-(A)
④ (C)-(A)-(B)   ⑤ (C)-(B)-(A)

정답 | ③

해설 | **2**에서 조류 관찰자에 관한 질문을 던지고 있고, **5**에서 조류 관찰에 관해 설명하고 있으므로 주어진 글 다음에 (B)가 이어진다.

6에서 조류 관찰을 통해 얻을 수 있는 전리품에 관해 설명하고 있고, **7**에서 them은 전리품을 가리키며, of course와 함께 이어서 설명하고 있으므로 (B) 다음에 (C)가 이어진다.

3에서 these birding memories는 **9**의 Your birding experiences를 가리키고, And와 함께 이어서 설명하고 있으므로 (C) 다음에 (A)가 이어진다.

문법

1 〈간접의문문〉: 의문사 what이 의문대명사와 주어 역할을 하는 경우

				to R (형용사적용법): what 수식		
what	there	is	about birds	to become obsessed	about	목적어
의문대명사	유도부사	동사	부사구		전치사	

4 〈생략〉: the songs (become) sweeter, and those elusive field marks (become) more vivid and distinct in retrospect.

5 〈to가 전치사로 사용된 경우〉: The key to comprehending

to가 전치사로 사용될 경우에는 to 뒤에 (동)명사가 나오고, to부정사로 사용될 경우에는 그 뒤에 동사원형을 사용한다.

전치사 to + (동)명사
a change to(~로의 변화) / a connection to(~에 대한 관계) / adapt to(~에 적응하다) / add up to(결국 ~이 되다) / akin to(~에 유사한) / a solution to(~에 해답) / access to(~에 대한 접근) / adjust to(~에 적응하다) / an answer to(~에 대한 답) / apply to(~에 적용되다) / approach to(~에의 접근) / as opposed to(~에 반대하는) / aspect to(~에 대한 측면) / be close to(~와 가까운, 근접한) / be equal to(~할 능력이 있다) / be equivalent to(~에 상당하다/맞먹다) / belong to(~에 속해 있다) / be opposed to(~에 반대하다) / be similar to(~와 유사하다) / conform to(~에 부합되다) / come close to(거의 ~하게 되다) / commit to(~에 전념[헌신]하다) / contribute to(~에 공헌하다) / critical to(~에 매우 중요한) / devote[dedicate] A to B(A를 B에 바치다) / equivalent to(~와 같음, 상응함) / happen to((어떤 일이) ~에게 일어나다[생기다], ~이 …게 되다) / in addition to(~에 덧붙여) / in relation to(~와 관련하여) / lead to(~로 이어지다) / listen to(~을 듣다) / look forward to(~을 기대하다) / make an objection to(~에 반대하다) / move on to(~로 옮기다[이동하다]) / object to(~에 반대하다) / open to(~에게 공개된) / pay attention to(~에 주의를 기울이다) / point to(~을 가리키다) / prior to(~ 이전의) / reaction to(~에 대한 반응) / related to(~와 관련된) / relation to(~의 관계) / receptive to(~을 잘 받아들이는) / report to(~에게 보고하다) / resistant to(~에 대해 저항하는) / respond to(~에 응답/대응하다) / return to(~로 되돌아가다) / sensitive to(~에 민감한) / switch to(~으로 바꾸다) / talk to(~에게 말을 걸다) / the journey to(~로 가는 여정) / **the key to**(~의 핵심) / vulnerable to(~에 상처 입기 쉬운) / What do you say to ~?(~하는 것이 어때?) / when it comes to(~에 관해서 말하자면) / with a view to(~할 목적으로)

5 〈what vs. that〉

	관계대명사 (불완전한 문장)	접속사 (완전한 문장)
what	○ 선행사를 포함하고 있기 때문에 what 앞에 선행사 불필요	×
that	○ that 앞에 선행사 필요	○

6 〈목적격 관계대명사 that 생략〉: 타동사의 목적어가 없는 경우 / 선행사를 포함한 목적격 관계대명사 what 사용 불가

	목적격 관계대명사절			
선행사	목적격 관계대명사	주어	타동사	목적어
the trophies	(that) 생략 가능	you	accumulate	

7 〈이어동사〉

타동사	명사	부사	(○)
타동사	부사	명사	(○)
타동사	대명사	부사	(**○**)
타동사	부사	대명사	(×)
carry	around	them	(×)

7 〈복합 관계부사〉: 복합 관계부사절은 '관계부사 + ever' 형식을 가지고, 부사 역할을 한다. (관계부사절은 선행사를 수식하는 형용사절이다.)

복합 관계부사	시간/장소의 부사절	양보 부사절
whenever	at[on/in] any time when[that] ~할 때는 언제나 = every time = each time	no matter when 언제 ~할지라도
wherever	**at[on/in] any place where[that] ~하는 곳은 어디나**	no matter where 어디에서 ~할지라도
however	×	no matter how 아무리 ~할지라도 by whatever means 어떻게 ~한다 할지라도

8 〈목적격 보어 자리에 to R을 취하는 불완전 타동사〉: 수동태 전환 시, 2형식 문장(be p.p. + to R)

주어	불완전 타동사	목적어	목적격 보어
―	advise / allow / ask / assume / beg / bring / cause / command / compel / condition / decide / design / drive / enable / encourage / expect / forbid / force / inspire / instruct / intend / invite / lead / **leave** / like / motivate / order / permit / persuade / predispose / pressure / proclaim / prod / program / provoke / push / require / teach / tell / train / trust / urge / want / warn / wish 등	―	to R

9 〈간접의문문〉: 의문사가 있는 경우

〈간접의문문〉: 전치사의 목적어 (완전한 문장)			
전치사	의문대명사	주어	동사
of	who	you	are

어법 & 연결어

Many people cannot understand [**that / what**] there [**is / are**] about birds to become [**obsessing / obsessed**] about. What are bird-watchers actually [**done / doing**] out there in the woods, swamps, and fields? The key to [**comprehend / comprehending**] the passion of birding is to realize [**what / that**] bird-watching is really a hunt. (   ) unlike hunting, the trophies [**that / what**] you accumulate are in your mind. Of course, your mind is a great place to populate with [**it / them**] [**because / because of**] you carry [**it / them**] around with you [**where / wherever**] you go. You don't leave [**it / them**] to gather dust on a wall or up in the attic. Your birding experiences become part of your life, part of [**who you are / who are you**]. (   ) [**because / because of**] birders are human, these birding memories — [**like / likely**] [**most / almost**] human memories — improve over time. The colors of the plumages become richer, the songs sweeter, and those elusive field marks more vivid and distinct in retrospect.

	지문	해석	단어 & 숙어
1	Distinct / (from the timing of interaction) / is the way / {in which time is compressed / (on television)}.	텔레비전에서 시간이 압축되는 방식은 상호 작용의 타이밍과는 다르다.	distinct from ~와 다른 / interaction 상호 작용 / way 방식, 방법 / compress 압축하다
2 TS	Specifically, / the pauses and delays / (that characterize everyday life) / are removed / (through editing), / and / new accents are added / — namely, / a laugh track.	구체적으로 말하자면, 일상을 특징짓는 짧은 멈춤과 지연은 편집을 통해 제거되고, 새로운 특색, 즉 웃음 트랙이 더해진다.	specifically 구체적으로 말하자면 / pause 짧은 멈춤 / delay 지연 / characterize 특징짓다 / remove 제거하다 / editing 편집 / add 더하다 (↔ subtract) / namely 즉, 다시 말해 / laugh track 시청자가 웃는 소리 녹음
3 예시	(A) It is the statement / {that is (in bold print / or / the boxed insert) / (in newspaper and magazine articles)}.	(A) 신문과 잡지 기사에서 굵은 활자로 인쇄되거나 네모 표시된 삽입란에 들어가는 것이 그러한 말이다.	statement 진술, 말 / bold (문자가) 굵은, 선이 굵은 / print 인쇄된 문자, 활자체 / boxed 네모 표시된 / insert 삽입하다 / magazine article 잡지 기사
4	As such, / compression techniques accentuate / another important temporal dimension / (of television) / — (rhythm and tempo).	그렇기 때문에, 압축 기술은 텔레비전이 가진 시간의 또 다른 중요한 특성인 리듬과 속도를 강조한다.	as such 그러하므로 / compression 압축 / technique 기술 / accentuate 강조하다 / temporal 시간의 / dimension 특성, 면 / tempo 속도
5	(B) More important, / television performers, / or people / (who depend on television), / (such as politicians), / are evaluated / (by viewers (voters)) / (on their ability) / (to meet time compression requirements), / (such as the one sentence graphic statement / or metaphor) / (to capture the moment).	(B) 더 중요하게는, 텔레비전 연기자들, 혹은 정치가들처럼 텔레비전에 의존하는 사람들은 순간을 포착하는 한 문장으로 생생하게 표현된 말 혹은 비유적 표현과 같은 시간 압축 요건을 충족할 수 있는 그들의 능력으로 시청자(유권자)들에 의해 평가를 받는다.	performer 연기자 / depend on ~에 의존하다 / such as ~와 같은 / politician 정치가 / evaluate 평가하다 / viewer 시청자 / voter 유권자 / meet 충족시키다 / requirement 요구, 요건 / sentence 문장 / graphic 생생하게 표현된 / metaphor 비유적 표현 / capture 포착하다 / moment 순간
6	(C) The familiar result / is a compressed event / {in which action flows / (with rapid ease)}, / {compacting / hours or even days (into minutes), / and / minutes (into seconds)}.	(C) 수 시간, 심지어 수 일(日)을 수 분(分)으로, 그리고 수 분(分)을 수 초(秒)로 압축시키면서 행동이 빠르고 수월하게 흘러가는 압축된 사건이 그것의 익숙한 결과이다.	familiar 익숙한 / compressed 압축[압착]된 / action 행동 / flow 흐르다 / rapid 빠른, 신속한 / with ease 쉽게, 손쉽게 / compact A into B A를 B로 압축하다
7	Audiences are spared / the waiting / common (to everyday life).	일상에서는 흔한 기다림을 시청자들이 경험하지 않아도 된다.	audience 시청자 / spare I·O D·O (4) ~에게 (불쾌한 경험을) 맛보게 하지 않다 (수동태 시, be spared D·O) / common 흔한
8	{Although this use of time may appear / unnatural / (in the abstract)}, / the television audience / has come to expect it, / and / critics / demand it.	이러한 시간의 사용은 일반적인 의미로는 부자연스럽게 보일 수 있으나, 텔레비전 시청자들은 그것을 기대하게 되었고, 비평가들은 그것을 요구한다.	appear S·C(to be) ~인 것처럼 보이다, 나타나다 / unnatural 부자연스러운 / in the abstract 일반적인 의미로는 / come to R ~하게 되다 / critic 비평가 / demand 요구하다

37 주어진 글 다음에 이어질 글의 순서로 가장 적절한 것을 고르시오.

[3점] [33%]

① (A)-(C)-(B)　　② (B)-(A)-(C)　　③ (B)-(C)-(A)

④ (C)-(A)-(B)　　⑤ (C)-(B)-(A)

정답 | ⑤

해설 | **2**에서 편집이 일상의 짧은 멈춤과 지연을 제거한다고 했고, **6**에서 이를 반복해서 설명하고 있으므로 주어진 글 다음에 (C)가 이어진다.

8에서 비평가들이 편집을 요구하게 되었다고 했고, **5**에서 이를 부연 설명하고 있으므로 (C) 다음에 (B)가 이어진다.

5에서 언급된 압축을 **3**에서 이가 신문과 잡지 기사에서 적용되는 예시를 들고 있으므로 (B) 다음에 (A)가 이어진다.

문법

1 ⟨보어 문두 도치⟩ : 보어(형용사)가 문장 맨 앞으로 나가면 주어와 동사의 위치는 서로 바뀐다

주격 보어	동사	주어
Distinct ~	is	the way ~

1 6 ⟨관계부사⟩ : 관계부사절은 완전한 문장이 나오고, 선행사와 관계부사는 서로 같이 사용할 수도 있고 둘 중 하나는 생략할 수도 있다.

용도	선행사	관계부사	전치사+관계대명사
시간	the time	when	in/at/on + which
장소	the place (= event)	where	in/at/on + which
이유	the reason	why	for which
방법	(the way)	how	in which
방법	the way how는 같이 사용 못함 the way, the way in which, the way that은 사용 가능 (how 대신에 사용되는 that은 관계부사 대용어라고 함)		

1 6 ⟨전치사 + 관계대명사 vs. 관계대명사⟩ : in which

관계부사와 같기 때문에 뒤 문장이 완전한 문장이 나온다. 전치사는 맨 뒤로 보낼 수 있는데 이때 전치사의 목적어가 없기 때문에 관계대명사절은 불완전하다.

선행사	전치사 + 관계대명사 = 관계부사	주어	동사			완전한 문장
	관계대명사	주어	동사	전치사	~~목적어~~	불완전한 문장

2 3 5 ⟨주격 관계대명사 that절⟩ : 선행사를 포함하고 있는 관계대명사 what 사용 불가

선행사	주격 관계대명사절		
	주격 관계대명사		동사
the ~ delays	that	주어	characterize
the statement	that		is
people	who		depend

2 3 ⟨what vs. that⟩

	관계대명사 (불완전한 문장)	접속사 (완전한 문장)
what	○ 선행사를 포함하고 있기 때문에 what 앞에 선행사 불필요	×
that	○ that 앞에 선행사 필요	○

4 another 또 다른 하나 (나머지 있음) / the other 그 나머지 (나머지 없음)

6 ⟨with + 추상명사 = 부사⟩

with	추상명사	부사	뜻
with	**ease**	easily	**쉽게**
	kindness	kindly	친절하게
	safety	safely	안전하게
	rapidity	rapidly	재빨리
	fluency	fluently	유창하게
	care	carefully	주의 깊게
	reality	really	사실상
	occasion	occasionally	때때로
	patience	patiently	침착하게

6 ⟨compacting ~⟩ : ⟨분사구문⟩이 문미에 있는 경우 (능동)

7 ⟨주격 관계대명사 + be동사 생략⟩ : the waiting (that/which is) common(형용사) : 형용사가 앞에 있는 명사를 후치 수식하는 경우

8 ⟨양보/대조⟩

종속접속사	though	+ 주어 + 동사	비록 ~일지라도
	although		
	even though		
	even if		
	as		
	while		반면에
	whereas		
전치사	in spite of	+ 명사 / 명사 상당어구	~에도 불구하고
	despite		
	for all		

8 ⟨appear 동사의 쓰임⟩ : ~처럼 보이다

appear	주격 보어
	that절
	to R
	분사
	(to be) 보어
	as + 보어

어법 & 연결어

Distinct from the timing of interaction is the way [which / **in which**] time [**is compressed** / compresses] on television. (　　　　), the pauses and delays [what / **that**] characterize everyday life [remove / **are removed**] [**through** / thorough] editing, and new accents [add / **are added**] — (　　　　), a laugh track. The familiar result is a [compressing / **compressed**] event [which / **in which**] action flows with rapid ease, [**compacting** / compacted] hours or even days into minutes, and minutes into seconds. Audiences [spare / **are spared**] the waiting common to everyday life. [Despite / **Although**] this use of time may appear [**unnaturally** / unnatural] in the abstract, the television audience has come to expect [**it** / them], and critics demand [**it** / them]. (　　　　　　　　), television performers, or people who [**depend** / depends] on television, such as politicians, [evaluate / **are evaluated**] by viewers (voters) on their ability to meet time compression requirements, such as the one sentence graphic statement or metaphor to capture the moment. It is the statement [what / **that**] is in bold print or the [boxing / **boxed**] insert in newspaper and magazine articles. (　　　　), compression techniques accentuate [**the other** / another] important temporal dimension of television — rhythm and tempo.

	제목	여러 감각을 중요시하는 과학 역사학자들과 사회학자들
	주제	시각을 강조하는 과학적 연구와 달리 과학 역사학자들과 사회학자들은 청각을 포함한 다른 감각들을 지식 발전에서 중요하게 여겼다.
	논리	비교 · 대조

	지문	해석	단어 & 숙어
1 TS	Historians and sociologists / (of science) / have (recently) corrected this claim / [by showing / {how senses (other than seeing), / (including listening), / have been significant / (in the development of knowledge), / (notable in the laboratory)}].	과학 역사학자들과 사회학자들은 보는 것 외에 듣는 것을 포함한 감각들이 지식의 발전에 있어 얼마나 중요했는지를 보여 주면서 이러한 주장을 최근에 바로잡았는데, (그것은) 특히 실험실 안에서 두드러졌다.	historian 역사학자 sociologist 사회학자 correct 바로잡다 claim 주장 by + -ing ~함으로써 sense 감각 other than ~ 외에 including ~을 포함하여 (↔ excluding) significant 중요한 development 발전 laboratory 실험실
2	{If there is any field / (that is associated / with seeing / rather than with hearing)}, / it is science.	듣는 것보다 보는 것과 관련된 어떤 분야가 있다면, 그것은 과학이다.	field 분야 be associated with ~와 관련되다 A rather than B B라기 보다는 A
3	Scholars / {who emphasize / the visual bias / (in Western culture)} / even point (to science) / (as their favorite example).	서양 문화의 시각 편향을 강조하는 학자들은 자신들이 가장 선호하는 예로 과학을 지적하기조차 한다.	scholar 학자 emphasize 강조하다 visual 시각의 bias 편향, 편견 point to 지적[지속]하다 favorite 마음에 드는, 매우 좋아하는
4	(①) {Because (doing research) seems impossible / (without using / images, graphs, and diagrams)}, / science is / — in their view — / a visual endeavor (par excellence).	이미지, 그래프, 그리고 도표를 사용하지 않고 연구를 하는 것이 불가능한 것처럼 보이기 때문에, 그들의 관점에서 과학은 최상의 시각적 노력이다.	do research 조사를 하다 seem S·C((to be) 형용사) ~처럼 보이다 impossible 불가능한 diagram 도표 view 관점 endeavor 노력 par excellence 최상의
5	(②) They stress / (that scientific work involves / more than visual observation).	그들은 과학적 연구가 시각적 관찰 그 이상의 것을 포함한다는 점을 강조한다.	stress 강조하다 involve 포함하다 observation 관찰
6	(③) The introduction / (of measurement devices) / {that merely seem / (to require / the reading of results and thus seeing)} / has not ruled out / the deployment / (of the scientists' other senses).	결과를 판독하는 것, 그래서 보는 것을 요구하는 것처럼 보일 뿐인 측정 도구의 도입은 과학자들의 다른 감각 사용을 배제하지 않았다.	introduction 도입 measurement 측정 device 장치 merely 단지, 그저, 다만 seem S·C(to R) (~하는 것으로) 생각되다, 느껴지다, 여겨지다 require -ing ~을 요구하다 rule out ~을 배제하다 deployment 사용, 전개
7	(④) On the contrary, / scientific work / (in experimental settings) / often calls for bodily skills, / (one of which is listening).	도리어, 실험 환경에서의 과학적 연구는 흔히 신체 능력들을 필요로 하는데, 그것들 중 하나는 듣는 것이다.	on the contrary 반대로 experimental 실험의 setting 환경 call for ~을 필요로 하다 bodily 신체의
8	(⑤) The world (of science) / (itself), / however, / (still) considers / listening a less objective entrance / (into knowledge production) / than seeing.	그러나 과학 그 자체의 세계는 여전히 듣는 것을 보는 것보다 지식 생산으로 들어가는 덜 객관적인 입구로 여긴다.	consider O O·C(to be) ~을 …로 여기다 (수동태 시, be considered S·C(to be)) an entrance into ~로 들어가는 입구 knowledge production 지식 생산

38 글의 흐름으로 보아, 주어진 문장이 들어가기에 가장 적절한 곳을 고르시오. [34%]

정답 | ②

해설 | (②) 앞에서는 과학에서 시각이 중요하게 여겨진다고 했고, 주어진 문장에서 this claim은 이를 가리키며, 과학에서 시각 이외의 감각들도 중요하다는 Historians and sociologists의 반대되는 주장이 제시되었고, **5**에서 They는 이들을 가리키며 이들의 주장을 반복해서 설명하므로 주어진 문장은 (②)에 들어가는 것이 가장 적절하다.

문법

1 〈correct / collect〉

	동사	형용사
correct	정정하다, 교정하다	옳은, 정확한
collect	모으다, 수집하다	–

1 〈간접의문문〉 : 의문사가 있는 경우

	〈간접의문문〉 : 동명사의 목적어		
동명사	의문사	주어	동사
showing	how	senses	have been

1 〈including 용법〉

	현재분사(형용사)	~을 포함하는	명사를 뒤에서 후치 수식함
including	분사구문(부사)	~을 포함하여	부대상황
	전치사	~을 포함하여	형용사구, 부사구
			유사 표현 : regarding, concerning, considering

1 〈주격 관계대명사 + be동사 생략〉 : ~, [(which is) notable(형용사) ~] : 형용사가 명사나 절을 뒤에서 후치 수식하는 경우

2 〈There/Here is 도치구문〉

		is	단수 주어	~이 있다
긍정문	**There** (Here)	are	복수 주어	(여기에 ~이 있다)
부정문	There (Here)	is no	단수 주어	~이 없다
		are no	복수 주어	(여기에 ~이 없다)

2 3 6 〈주격 관계대명사〉 : 선행사를 포함하고 있는 관계대명사 what 사용 불가

	주격 관계대명사절		
선행사	주격 관계대명사		동사
any field	that	주어	is associated
Scholars	who		emphasize
devices	that		seem

2 5 〈what vs. that〉

	관계대명사(불완전한 문장)	접속사(완전한 문장)
what	○ 선행사를 포함하고 있기 때문에 what 앞에 선행사 불필요	×
that	○ that 앞에 선행사 필요	○

4 〈동명사 주어〉 : **doing research** seems

주어가 될 수 있는 것들		주어와 동사의 수의 일치
단어	명사	명사와 대명사에 따라 동사의 단/복수 결정
	대명사	
구	to부정사구	단수동사 *모든 구와 절은 단수 취급
	동명사구	
절	that절	
	what절	
	whether절	
	의문사절	
	복합 관계대명사절	

6 〈동명사의 능동수동태〉 : require ~ seeing

want/need/**require** (~을 필요로 하다, ~이 필요하다)	동명사(-ing) (= to be p.p.)
deserve (~을 받을 만하다)	
worth (~할 가치가 있다)	
be past (~할 정도(또는, 범위)를 넘어서 있다)	

7 〈수량형용사 + 관계대명사〉 : 관계대명사 자리에 대명사 사용 불가 / **and one of them**(= bodily skills) is listening → **one of which** is listening

수량형용사	관계대명사
none of, neither of, any of, either of, some of, many of, most of, much of, few of, half of, each of, **one of**, two of, all of, several of, a number of, both of	whom(사람) **which(사물)** whose(소유)

8 〈재귀대명사의 용법〉 : itself

용법	생략 유무	쓰임
재귀적용법	생략 불가	주어/목적어 자신이 동작의 대상이 되는 경우
강조적용법	생략 가능	주어/목적어/보어와 동격이 되어 그 뜻을 강조하는 경우

8 〈불완전 타동사 + 목적어 + 목적격 보어[to be 보어(명사/형용사)]〉 : (수동태 시, be p.p. + S·C(to be))

주어	불완전 타동사	목적어	목적격 보어
–	assume / announce / believe / claim / conceive / **consider** / declare / deem / feel / find / guess / hold / imagine / intend / presume / proclaim / prove / show / suppose / take / think / wish / discover / imagine / know	–	(to be) 보어

어법 & 연결어

If there [**is** / are] any field [**that** / what] [associates / **is associated**] with seeing rather than with hearing, it is science. Scholars who [**emphasize** / emphasizes] the visual bias in Western culture even point to science as their favorite example. [**Because** / Because of] [do / **doing**] research seems [**impossible** / impossibly] without using images, graphs, and diagrams, science is — in their view — a visual endeavor par excellence. Historians and sociologists of science have [recent / **recently**] [**corrected** / collected] this claim by showing how senses other than seeing, including listening, [**have** / has] been significant in the development of knowledge, [notable / **notably**] in the laboratory. They stress [what / **that**] scientific work involves more than visual observation. The introduction of measurement devices [what / **that**] merely [seem / **seems**] to require the reading of results and (   ) seeing has not ruled out the deployment of the scientists' other senses. (   ), scientific work in experimental settings often calls for bodily skills, one of [them / **which**] is listening. The world of science itself, (   ), still considers [to listen / **listening**] a less objective entrance into knowledge production than seeing.

제목	사람들의 수입에 주는 영향에 따른 기술 발전에 대한 태도 차이	
주제	동력 직조기와 같은 기존 노동자들을 대체하는 기술의 등장은 저항을 유발한다.	
문장 삽입	논리	예시, 비교 · 대조

	지문	해석	단어 & 숙어
1 예시2	This contracts / (with the arrival of the power loom), / {which replaced hand-loom weavers / (performing existing tasks) / and / therefore / prompted opposition} / (as weavers found their incomes threatened).	이는 대조적인데, 그것은 기존 작업을 수행하는 수동 (직조기) 직조공들을 대체하였고, 그 결과로 직조공들이 자신들의 수입이 위협받는다는 것을 알게 되었을 때 저항을 유발하였다.	contrast with ~와 대조를 이루다 power loom 동력 직조기 hand-loom 수직기 weaver 직조공 prompt 유발하다 opposition 저항, 반대 find O O·C(분사) (5) ~을 …이라고 알아차리다, 깨닫다 threaten 위협하다
2 TS	Attitudes / (toward technological progress) / are shaped / [by {how people's incomes are affected (by it)}].	기술 발전에 대한 태도는 사람들의 수입이 그것으로 어떤 영향을 받느냐에 의해 형성된다.	attitude 태도 progress 발전 be shaped by ~에 의해 형성되다 be affected by ~에 의해 영향받다
3	Economists / think (about progress) / (in terms of enabling and replacing technologies).	경제학자들은 가능하게 하고 대체하게 하는 기술의 측면에서 발전을 생각한다.	economist 경제학자 think about ~에 관해 생각하다 in terms of ~의 측면에서 enable 가능하게 하다
4 예시1	(①) The telescope, / (whose invention allowed / astronomers to gaze at the moons of Jupiter), / did not displace laborers / (in large numbers) / — instead, / it enabled / us (to perform / new / and / previously unimaginable tasks).	그 발명으로 천문학자들이 목성의 위성을 바라볼 수 있게 해준 망원경은 노동자들을 대규모로 쫓아내지 않았고, 그 대신 우리가 새롭고 이전에 상상할 수 없었던 일들을 수행할 수 있게 해 주었다.	telescope 망원경 invention 발명 allow O O·C(to R) (5) ~가 …하도록 허용하다 (수동태 시, be allowed S·C(to R)) astronomer 천문학자 gaze at ~을 바라보다, 응시하다 moon 위성, 달 Jupiter 목성 displace 쫓아내다, 해직하다 enable O O·C(to R) ~가 …하도록 가능하게 하다
5	(②) Thus, / it stands to reason / [that {when technologies take / the form of capital / (that replaces workers)}, / they are more likely (to be resisted)].	그러므로 기술이 노동자를 대체하는 자본의 형태를 취하면, 저항받기 더 쉽다는 것이 이치에 맞는다.	thus 그러므로 stand to reason 이치에 맞다 form 형태 capital 자본 be more likely to 좀 더 ~할 가능성이 많다. ~하기 더 쉽다 resist 저항하다
6	(③) The spread (of every technology) / is a decision, / and / {if some people stand / (to lose their jobs)} / as a consequence, / adoption will not be frictionless.	모든 기술의 확산은 결정(의 문제)이고, 만약 어떤 사람들이 결과적으로 그들의 직업을 잃게 된다면, (기술의) 채택은 마찰이 없을 수 없을 것이다.	spread 확산, 전파 stand to R ~할 것 같다, (~할 것 같은) 형세에 있다 lose one's job 실직하다 as a consequence (of) ~의 결과로서, ~ 때문에 adoption 채택 frictionless 마찰이 없는
7	(④) Progress / is not inevitable / and / (for some) / it is not even desirable.	발전은 불가피한 것이 아니며, 어떤 사람에게는 그것은 바람직하지 않기까지 하다.	inevitable 불가피한 desirable 바람직한
8	(⑤) (Though it is often taken) / as a given, / there is no fundamental reason / {why technological ingenuity should (always) be allowed to thrive}.	비록 그것이 당연한 것으로 흔히 여겨지지만, 기술적 창의성이 잘 자라나도록 늘 허용되어야 할 근본적인 이유는 없다.	take O O·C(as) (5) ~을 …로 여기다 (수동태 시, be taken S·C(as)) given 기정 사실 fundamental 근본적인 ingenuity 창의성 thrive 잘 자라다, 성공하다

39 글의 흐름으로 보아, 주어진 문장이 들어가기에 가장 적절한 곳을 고르시오. [3점] [37%]

정답 | ②

해설 | ④에서 기존 노동자를 쫓아내지 않는 망원경의 예시가 제시되었고, 주어진 문장에서 This는 이를 가리키며 contrast with과 함께 이와 반대되는 동력 직조기의 예시가 제시되며, ⑤에서 Thus와 함께 두 가지 예시를 통한 결론을 제시하므로 주어진 문장은 (②)에 들어가는 것이 가장 적절하다.

문법

1 〈주격 관계대명사절〉: 계속적 용법으로는 that 사용 불가 / , which = and[for] it

선행사	콤마(,)	주관	~~주어~~	동사
		주격 관계대명사절		
the power loom	〈계속적 용법〉	which		replaced

1 〈주격 관계대명사 + be동사 생략〉: hand-loom weavers [(which/that were) performing(현재분사) ~] : 현재분사가 앞에 있는 명사를 수식하는 경우

1 〈5형식 구조에서 find 동사의 쓰임〉

find	목적어	목적격 보어
(경험하여) 알다, 깨닫다, 인지(認知)하다, (시험해 보고) 알다	–	현재분사(-ing) – 능동 (~하고 있는, ~하는)
		과거분사(p.p.) – 수동 (~되어진, ~당한)
		(to be) 형용사, 명사
		형용사
		to do
		R

2 〈간접의문문〉: 의문사가 있는 경우

	〈간접의문문〉: 전치사의 목적어		
전치사	의문사	주어	동사
by	how	people's incomes	are affected

3 〈혼동 어휘〉

	형용사	명사
economic	경제의	–
economical	경제적인	–
economy	–	경제
economist	–	경제학자
economics	–	경제학

4 **8** 〈목적격 보어 자리에 to R을 취하는 불완전 타동사〉: 수동태 전환 시, 2형식 문장 (be p.p. + to R)

주어	불완전 타동사	목적어	목적격 보어
–	advise / **allow** / ask / assume / beg / bring / cause / command / compel / condition / decide / design / drive / **enable** / encourage / expect / forbid / force / inspire / instruct / intend / invite / lead / leave / like / motivate / order / permit / persuade / predispose / pressure / proclaim / prod / program / provoke / push / require / teach / tell / train / trust / urge / want / warn / wish 등	–	to R

5 〈가주어, 진주어 구문〉

가주어	동사	진주어
It (this, that, there 사용 불가)	–	**that + 주어 + 동사 (완전한 절)**
		to 동사원형
		동명사
		의문사 + 주어 + 동사 (간접의문문)
		if/whether + 주어 + 동사
It	stands	that절

5 **6** 〈to부정사를 취하는 불완전 자동사〉

주어	불완전 자동사	
–	aim / appear / arrange / bother / consent / fight / hesitate / hurry / long / prepare / seem / serve / **stand** / strive / struggle / tend / yearn / wait 등	to 동사원형

5 〈to부정사의 수동〉: **to be resisted**

6 〈시간/조건의 부사절〉: 현재(완료)가 미래(완료)를 대신함 / 종속절과 주절의 위치는 서로 바뀔 수 있음

	〈종속절〉: 부사절 (~한다면)		주절	
If	주어	동사	주어	동사
	some people	~~will stand~~ → stand	adoption	will not be

8 〈관계부사〉: 관계부사절은 완전한 문장이 나오고, 선행사와 관계부사는 서로 같이 사용할 수도 있고 둘 중 하나는 생략할 수도 있다.

용도	선행사	관계부사	전치사 + 관계대명사
시간	the time	when	in/at/on + which
장소	the place	where	in/at/on + which
이유	**the reason**	**why**	for which
	(the way)	how	in which
방법		the way how는 같이 사용 못함 the way, the way in which, the way that은 사용 가능 (that은 관계부사 대신 사용가능하고 이를 관계부사 대용어라고 함)	

어법 & 연결어

[Altitudes / **Attitudes**] toward technological progress [shape / **are shaped**] by how people's incomes [**affect** / are affected] by [it / **them**]. Economists think about progress in terms of enabling and [**replace** / replacing] technologies. The telescope, [**whose** / that] invention allowed astronomers [gazing / **to gaze**] at the moons of Jupiter, did not displace laborers in large numbers — (   ), it enabled us [**to perform** / performing] new and [**previous** / previously] unimaginable tasks. This contrasts with the arrival of the power loom, [**which** / what] replaced hand-loom weavers [performed / **performing**] [**existing** / existed] tasks and (   ) prompted opposition as weavers [**found** / founded] their incomes [**threatened** / threatening]. (   ), it stands to reason [what / **that**] when technologies take the form of capital [**that** / what] replaces workers, they are more [like / **likely**] [to resist / **to be resisted**]. The spread of every technology is a decision, and if some people [**stand** / will stand] to lose their jobs (   ), [adaption / **adoption**] will not be frictionless. Progress is not inevitable and for some it is not even desirable. [Despite / **Though**] it is often [taking / **taken**] as a given, there [**is** / are] no fundamental reason [which / **why**] technological ingenuity should always [allow / **be allowed**] [**to thrive** / to be thrived].

제목	교사의 지적 권위가 어떤 방식으로 행사되어야 하는가?	
주제	교사의 지적 권위는 학생을 위축되게 하지 않고, 이해하는 바를 공유하도록 행사되어야 한다.	
논리	문제점 · 해결책	

문단 요약

	지문	해석	단어 & 숙어
1	{Bringing a certain intellectual authority / (into a classroom)} / does not〈동명사〉 O 어떤 지적 권위를 들여오는 것이 ( ):O 교실 안으로 need (to silence / the more insecure voices) / (of the less confident students). V O 잠재울 필요는 없다 더 자신 없는 목소리를 자신감 덜한 학생들의	교실 안으로 어떤 지적 권위를 들여오는 것이 자신감 덜한 학생들의 더 자신 없는 목소리를 잠재울 필요는 없다.	bring A into B B로 A를 가지고 오다 certain 어떤, 특정한 intellectual 지적인 authority 권위 silence 침묵시키다 insecure 자신 없는 confident 자신감 있는
2	(Correcting the students) / requires a high level of sensitivity / (on the part〈동명사〉 O V O 학생들을 교정하는 것은 높은 수준의 세심함이 필요하다 교사의 입장에서 of the teacher).	학생들을 교정하는 것은 교사의 입장에서 높은 수준의 세심함이 필요하다.	correct 교정하다 require 필요로 하다 sensitivity 세심함 on the part of ~의 입장에서는
3	It does not mean / {that there is no need / (to correct)}, / but / the correctionS₁ V₁ 〈종·접〉 V S S₂ 이는 필요가 없다는 교정할 그러나 should not lead / (to silencing the student). V₂ 〈동명사〉 교정이 이끌어서는 안 된다는 것이다 학생을 침묵하도록	이는 교정할 필요가 없다는 의미가 아니라, 교정이 학생을 침묵하도록 이끌어서는 안 된다는 것이다.	mean 의미하다 not A but B A가 아니라 B a need to R ~할 필요가 correction 교정, 정정 lead to ~로 이어지다
4문제점	An authoritarian form (of correction) / often prompts / even the veryS V 권위적인 형태의 교정은 흔히 만든다 brightest of students / {to withdraw / (from an uncomfortable situation)}, / (letO { }:O·C 단연코 가장 명석한 학생들조차도 움츠러들게 불편한 상황에서 alone those students) / {who are less secure / (about their own intellectual〈선행사〉 〈주·관〉 V S·C 학생들은 말할 것도 없고 자신감이 덜한 자신의 지적 잠재력에 대해 potential)}.	권위적인 형태의 교정은 흔히 자신의 지적 잠재력에 대해 자신감이 덜한 학생들은 말할 것도 없고, 단연코 가장 명석한 학생들조차도 불편한 상황에서 움츠러들게 만든다.	authoritarian 권위적인 prompt O O·C(to R)(5) ~가 …하도록 촉구하다, 시키다 withdraw 위축시키다 uncomfortable 불편한(↔ comfortable) let alone ~은 말할 것도 없이 secure 자신 있는 potential 잠재력
5	It (also) kills / the willingness / (to entertain more risky interpretations).S V O 〈부사〉 〈형용사〉 그것은 또한 없애버린다 기꺼이 하는 마음을 더 모험적인 해석을 생각해 보려는	그것은 또한 기꺼이 더 모험적인 해석을 생각해 보려는 마음도 없애버린다.	willingness 기꺼이 하는 마음 entertain (생각을) 품다 interpretation 해석
6해결책	{(Instead of (simply) accepting / any interpretation)} / (just for the sake of〈전치사〉 〈부사〉 〈동명사〉 O 〈전치사〉 단순히 수용하기보다는 아무 해석이나 그저 표현의 자유만을 위해 the freedom of expression), / it is most advisable / <to question the student /O 〈가S〉 V S·C O 가장 권장할 만하다 학생에게 물어보는 것이 [about {how he/she arrived / (at their interpretation)}]>. { }:O〈간·의〉 〈 〉:〈진S〉〈의문사〉 S V 어떻게 자신이 이르게 되었는지에 대해 그런 해석에	단순히 표현의 자유만을 위해 아무 해석이나 수용하기보다는, 학생에게 어떻게 그런 해석에 이르게 되었는지에 대해 물어보는 것이 가장 권장할 만하다.	instead of ~ 대신에 accept 수용하다 for the sake of ~을 위해 freedom of expression 표현의 자유 advisable 권장할 만한 question 질문하다, 묻다 arrive at (생각, 결론에) 이르다 (= reach)
7	This approach creates / a community of thinkers, / <who demonstrate /S V O〈선행사〉 〈주·관〉 V 이러한 접근법은 만들어내게 되는데 생각하는 사람들의 공동체를 그들은 보여준다 [that (what is at stake) / is not the superiority of the opinion / (based on the〈종·접〉 〈주·관〉 V S·C ( ):S S·C₁ p.p. 문제가 되는 점이 견해의 우월성이 아니라 진술자의 서열에 기초한 hierarchy of the author), / but a realization / {that we belong together / (in△:(not A but B) S·C₂ 〈종·접〉 S V 진술자의 서열에 기초한 실감하는 것이라는 점을 우리가 함께 속해 있다는 것을 our investigating the matter in question)}]>.〈의S〉 〈동명사〉 O { }:O 논의되고 있는 문제를 탐색하는 데 있어	이러한 접근법은 생각하는 사람들의 공동체를 만들어내게 되는데, 그들은 문제가 되는 점이 진술자의 서열에 기초한 견해의 우월성이 아니라, 논의되고 있는 문제를 탐색하는 데 있어 우리가 함께 속해 있다는 것을 실감하는 것이라는 점을 보여 준다.	approach 접근(법) demonstrate 보여주다 at stake 문제가 되는 not A but B A가 아니라 B superiority 우월성 based on ~에 기초한 hierarchy 서열 belong together 동반하다 investigate 조사하다 matter in question 논의 중인 문제
8TS	The teacher's intellectual authority / should be exercised (carefully) / (withoutS V〈수동태〉 교사의 지적 권위는 조심스럽게 행사되어야 한다 making individual students _____(A)_____) / and (in a way) / (that encourages /〈동명사〉 O O·C 〈선행사〉 〈주·관〉 V 학생 개개인을 위축되게 하지 않으며 방식으로 장려하는 them to share their own _____(B)_____).O O·C 자신이 이해하는 바를 공유하도록	→ 교사의 지적 권위는 학생 개개인을 (A) 위축되게 하지 않으며 자신이 (B) 이해하는 바를 공유하도록 장려하는 방식으로 조심스럽게 행사되어야 한다.	authority 권위, 권력 exercise 행사하다 in a way that ~한 방식으로 encourage O O·C(to R)(5) ~가 …하기를 동기 부여시키다 share 공유하다

46

40 다음 글의 내용을 한 문장으로 요약하고자 한다. 빈칸 (A), (B)에 들어갈 말로 가장 적절한 것은? [50%]

	(A)		(B)
①	withdrawn	……	understanding
②	withdrawn	……	goals
③	sensitive	……	insecurity
④	competitive	……	achievements
⑤	competitive	……	feelings

정답 | ①

해설 | ① 위축된 - 이해 : ❸에서 교정이 학생을 침묵하게(위축되게) 하지 않도록 이루어져야 한다고 했으므로 (A)에 withdrawn이 들어가는 것이 적절하다.
❻에서 학생이 어떤 방식으로 해석에 이르게 되었냐고 묻는 방식을 권장한다고 했으므로, (B)에는 '이해'하는 바를 공유한다는 뜻의 understanding이 들어가는 것이 적절하다.
② 위축된 - 목표
③ 민감한 - 불안
④ 경쟁적인 - 성취
⑤ 경쟁적인 - 느낌

문법

❶ ❷ ❼ 〈주어가 될 수 있는 것들〉: Bringing ~ does not need / Correcting ~ requires / **what is at stake** is

주어가 될 수 있는 것들		주어와 동사의 수의 일치
단어	명사	명사와 대명사에 따라 동사의 단/복수 결정
	대명사	
구	to부정사구	단수동사 *모든 구와 절은 단수 취급
	동명사구	
절	that절	
	what절	
	whether절	
	의문사절	
	복합관계대명사절	

❸ ❼ 〈what vs. that〉

	관계대명사 (불완전한 문장)	접속사 (완전한 문장)
what	○ 선행사를 포함하고 있기 때문에 what 앞에 선행사 불필요	×
that	that 앞에 선행사 필요	○

❸ 〈to가 전치사인 경우〉: lead to + (동)명사

❹ ❽ 〈목적격 보어 자리에 to R을 취하는 불완전 타동사〉: 수동태 전환 시, 2형식 문장 (be p.p. + to R)

주어	불완전 타동사	목적어	목적격 보어
-	advise / allow / ask / assume / beg / bring / cause / command / compel / condition / decide / design / drive / enable / **encourage** / expect / forbid / force / inspire / instruct / intend / invite / lead / leave / like / motivate / order / permit / persuade / predispose / pressure / proclaim / prod / program / **prompt** / provoke / push / require / teach / tell / train / trust / urge / want / warn / wish 등	-	to R

❹ ❼ ❽ 〈주격 관계대명사절의 수의 일치〉: 선행사와 수의 일치함

	주격 관계대명사절		
선행사	주격 관계대명사		동사
those students	who	주어	are
thinkers	who		demonstrate
없음	what		is
a way	that		encourages

❻ 〈가주어 it, 진주어 to R 구문〉: it ~ to question

❻ 〈간접의문문〉: 의문사 how가 있는 경우

〈간접의문문〉: 전치사의 목적어 (완전한 문장)			
전치사	의문사	주어	동사
about	how	he/she	arrived

❼ 〈주격 관계대명사 + be동사 생략〉: the superiority of the opinion [(which/that is) based(과거분사) ~] : 과거분사가 앞에 있는 명사를 후치 수식하는 경우

❼ 〈동격의 종속접속사 that〉: 'the + 추상명사(realization) + that' (~라는 실감)

❼ 〈동명사의 의미상 주어〉: in **our investigating** the matter

주어	~	전치사	소유격/목적격	동사 (목적어)
동명사의 주체가 아님			동명사의 주체임 : 동명사의 의미상 주어	

❽ 〈make 사역동사〉

make	목적어	목적격 보어	해석
사역동사	명사 / 명사 상당어구	동사원형(R)	~가 …하도록 시키다
		과거분사(p.p)	~가 …하게 당하다
making	individual students	~~withdraw~~ withdrawn	

어법 & 연결어

[Bring / **Bringing**] a certain intellectual authority into a classroom does not need to silence the more insecure voices of the less confident students. Correcting the students [require / **requires**] a [high / **highly**] level of sensitivity on the part of the teacher. It does not mean [what / **that**] there [is / **are**] no need to [collect / **correct**], but the correction should not lead to [silence / **silencing**] the student. An authoritarian form of correction often prompts even the very brightest of students [withdrawing / **to withdraw**] from an uncomfortable situation, let [lonely / **alone**] those students who [is / **are**] less secure about their own intellectual potential. It also kills the willingness to entertain more risky interpretations. Instead of [simple / **simply**] accepting any interpretation just for the sake of the freedom of expression, it is [most / **almost**] advisable to question the student about [**how he/she arrived** / how did he/she arrive] at their interpretation. This approach creates a community of thinkers, who [**demonstrate** / demonstrates] [that / **what**] [**that** / what] is at stake [**is** / are] not the superiority of the opinion [basing / **based**] on the hierarchy of the author, but a realization [what / **that**] we belong together in [we / **our**] investigating the matter in question.

→ The teacher's intellectual authority [should exercise / **should be exercised**] [careful / **carefully**] without making individual students [withdraw / **withdrawn**] and in a way [**that** / what] encourages them [sharing / **to share**] their own understanding.

	지문	해석	단어 & 숙어
1	Clinical psychologists (sometimes) say / (that two kinds of people seek therapy): / those / (who need tightening), / and / those / (who need loosening).	임상 심리학자들은 두 종류의 사람들이 치료를 찾는다고 때때로 말하는데, 긴장이 필요한 사람들과 이완이 필요한 사람들이다.	clinical 임상의 psychologist 심리학자 sometimes 때때로 seek 찾다 therapy 치료 those who ~하는 사람들 need -ing ~될 필요가 있다 tighten 엄격하게 하다 loosen 이완하다
2	But / (for every patient) / (seeking help) / {in becoming / more organized, self-controlled, and responsible / (about her future)}, / there is a waiting room / (full of people) / (a) {hoping / to loosen up, lighten up, and worry less / (about the stupid things)} / (they said) / (at yesterday's staff meeting) / or / (about the rejection) / {(they are sure) / will follow tomorrow's lunch date}.	그러나 좀 더 조직화되고, 자기 통제적이며, 자신의 미래에 대해 책임감을 갖게 되기 위해 도움을 청하는 환자 한 명에 비해, 대기실을 가득 채울 정도의 사람들이 긴장을 풀고, 마음을 가볍게 하며, 어제 직원회의에서 자신이 했던 어리석은 말들이나 내일 점심 데이트에 이어질 거라 확신하고 있는 거절에 대해 덜 걱정하기를 희망한다.	patient 환자 seek help 도움을 구하다 organized 조직화된 self-controlled 자기 통제적인 responsible 책임감 있는 waiting room 대기실 be full of ~로 가득 차다 (= be filled with) hope to R ~하기를 희망하다 loosen up 긴장을 풀다 worry about ~에 대해 걱정하다 stupid 어리석은 (= foolish, silly) staff meeting 직원회의 rejection 거절 follow ~의 뒤를 잇다
3	(For most people), / their subconscious sees / too many things as bad / and / not enough as good.	대부분의 사람들에게, 그들의 잠재의식은 너무 많은 것들을 나쁘게 여기고, 좋은 것들은 충분하지 않다고 여긴다.	subconscious 잠재의식 see A as B A를 B라 여기다 enough 충분한
4	It / makes sense.	그것은 이해가 된다.	make sense 이해가 된다. 이치에 맞다
5 질문	(If you were designing / the mind of a fish), / would you have it respond / as strongly / (to opportunities) / as (to threats)?	만약 당신이 물고기의 정신을 설계하고 있다면, 위협만큼 기회에도 강렬하게 반응하도록 하겠는가?	design 설계하다 respond to ~에 반응하다 strongly 강하게 opportunity 기회 (= chance)
6 답변	No way.	절대 아니다.	no way 절대로[결코] 아니다

문법

1 〈what vs. that〉

	관계대명사 (불완전한 문장)	접속사 (완전한 문장)
what	○ 선행사를 포함하고 있기 때문에 what 앞에 선행사 불필요	×
that	○ that 앞에 선행사 필요	○

1 〈those who〉 : ~하는 사람들

주격 관계대명사절			
선행사	주격 관계대명사	~~주어~~	복수동사
those	who		need

1 〈동명사의 능동수동태〉 : need **tightening** / need **loosening**

want / need / require (~을 필요로 하다, ~이 필요하다	동명사(-ing) (= to be p.p.)
deserve(~을 받을 만하다)	
worth(~할 가치가 있다)	
be past(~할 정도[범위]를 넘어서 있다)	

2 〈주격 관계대명사 + be동사 생략〉 : every patient [(who/that is) seeking(현재분사)] : 현재분사가 앞에 있는 명사를 후치 수식하는 경우 / a waiting room [(which/that is) full(형용사)] : 형용사가 앞에 있는 명사를 후치 수식하는 경우 / people [(who/that are) hoping(현재분사)] : 현재분사가 앞에 있는 명사를 후치 수식하는 경우

2 〈become 동사 쓰임〉

become	주격 보어	2형식
	명사	(~으로)되다
	형용사	
	과거분사	
	목적어	3형식
	명사	어울리다, 잘 맞다 (진행형/수동태 불가)

2 〈There/Here is 도치구문〉

긍정문	**There** (Here)	**is**	단수 주어	~이 있다 (여기에 ~이 있다)
		are	복수 주어	
부정문	There (Here)	is no	단수 주어	~이 없다 (여기에 ~이 없다)
		are no	복수 주어	

2 〈목적격 관계대명사 that 생략〉 : 타동사의 목적어가 없는 경우 / 선행사를 포함하고 있는 관계대명사 what 사용 불가

	목적격 관계대명사절			
선행사	목적격 관계대명사	주어	타동사	~~목적어~~
the stupid things	(that) 생략 가능	they	said	

2 〈삽입〉 : 주격 관계대명사 that절 안에 '주어 + 동사'가 삽입되어 있는 경우

	주격 관계대명사절				
선행사(주어)	주격 관계대명사	주어	동사구	~~주어~~	동사
the rejection	(that) 생략	they	are sure		will follow
		〈삽입절〉			

2 〈관계대명사 생략〉

처음 시작하는 말	생략 가능	주어/목적어(타동사, 전치사)/주격 보어 중 한 가지 주성분이 없을 때		
명사(선행사)	(목적격 관계대명사)	주어	완전 타동사	~~목적어~~
		주어	불완전 타동사	목적어 ~~목적격 보어~~
		주어	동사 ~	전치사 ~~목적어~~
명사(선행사)	(주격 관계대명사 + be동사)	현재분사/과거분사/**형용사**/전치사구		
명사(선행사)	(보격 관계대명사)	주어	불완전 자동사	~~주격 보어~~
		주어	불완전 타동사	목적어 ~~목적격 보어~~
명사(선행사)	(주격 관계대명사)	there	be	~~주어~~
There/Here be 명사(선행사)	(주격 관계대명사)	~~주어~~	동사 ~	
It be 명사(선행사)	(주격 관계대명사)	~~주어~~	동사 ~	
명사(선행사)	(주격 관계대명사)	주어	동사 ~	~~주어~~ 동사 ~

3 〈5형식 불완전 타동사의 목적격 보어〉 : 수동태 전환 시, 2형식 문장(be p.p. + as 보어)

주어	불완전 타동사	목적어	목적격 보어
–	accept / achieve / announce / characterize / cite / consider / count / deem / define / describe / disguise / identify / interpret / look at / look upon / perceive / praise / present / read / reckon / refer to / recognize / regard / remember / respect / **see** / speak of / think of / train / treat / use / view / visualize 등	–	as 보어

5 〈동등[원급]비교〉 : B만큼 A한

지시부사			접속사/유사관계대명사
as	형용사	원급	as
	부사		
	strongly		

5 〈가정법 과거〉 : 현재 사실에 대한 반대를 가정할 때 사용한다. (만약 ~한다면, ~할 텐데.) : 종속절과 주절은 서로 자리가 바뀌어도 무관

종속절			주절
(Even) If	주어	동사	동사
		과거형 동사	
		were	주어
		were not[weren't]	조동사 과거형 (**would**/ should/ could/might + **동사원형**)
		were to 동사원형	
		조동사 과거형 (would/should/could/might + 동사원형)	
		(주어 + be동사) 현재분사/과거분사	

5 〈have 사역동사〉

have	목적어	목적격 보어	해석
사역동사	명사 / 명사 상당어구	**동사원형(R)**	~가 …하도록 시키다
		과거분사(p.p)	~가 …하게 당하다
have	it	~~responded~~	
		respond	

	지문	해석	단어 & 숙어
7	The cost / (of missing a cue) / (that signals food) / is (b) low; / odds are / {that there are other fish / (in the sea)}, / and / one mistake won't lead / (to starvation).	먹이를 알리는 단서를 놓친 대가는 낮은데, 바다에 다른 물고기가 있을 가능성이 있고, 한 번의 실수가 아사(餓死)로 이어지지는 않을 것이다.	cost 대가 miss 놓치다 cue 단서 signal ~을 신호로 알리다 low 낮은[적은] (the) odds are that S V ~일 가능성이 상당하다 lead to ~로 이어지다 starvation 아사, 굶주림
8	The cost / {of missing the sign / (of a nearby (c) predator)}, / however, / can be catastrophic.	그러나 근처에 있는 포식자의 신호를 놓친 대가는 재앙이 될 수 있다.	sign 신호 nearby 근처의 predator 포식자 catastrophic 재앙의
9	Game over, / end of the line / (for those genes).	게임 종료, 그 유전자에게는 혈통의 종말이다.	game over 게임 오버, 경기 종료 end 종말 line 혈통
10	(Of course), / evolution has no designer, / but / minds / (created by natural selection) / end up looking / (to us) / (as though they were (d) designed) / [because they (generally) produce behavior / {that is (flexibly) adaptive / (in their ecological niches)}].	물론 진화에는 설계자가 없지만, 자연 선택에 의해 창조된 정신은 대체로 생태학적으로 알맞은 장소에서 유연하게 적응하는 행동을 만들어 내기 때문에 그것은 결국 마치 설계된 것처럼 (우리에게) 보이게 된다.	of course 물론 evolution 진화 designer 설계자 mind 정신 natural selection 자연 선택 (동종의 생물 개체 사이에 일어나는 생존경쟁에서 환경에 적응한 것이 생존하여 자손을 남기게 되는 일) end up -ing 결국 ~이 되다 as though 마치 ~인 것처럼 (= as if) generally 대체로 produce 만들어 내다 behavior 행동 (= behaviour) flexibly 유연하게 adaptive 적응하는 ecological 생태학의 niche 알맞은 장소, 적소, 틈새
11	Some commonalities / (of animal life) / even create / similarities / (across species) / (that we might call design principles).	동물의 어떠한 공통점들은 심지어 우리가 설계 원칙이라고 부를 수도 있는 여러 종에 걸친 유사성을 만들어 낸다.	commonality 공통점 animal life 동물의 생태, (집합적) 동물 similarity 유사성, 닮음 across ~에 걸쳐 species 종 design principle 설계원칙
12	One such principle is / (that bad is (e) weaker / than good).	그러한 원칙 중 하나는 나쁜 것이 좋은 것보다 더 약하다(→ 더 강하다)는 것이다.	bad 나쁜 사람[것/일]들 weak 약한 good 좋은 것[일], 바람직한 일
13 TS	Responses / (to threats and unpleasantness) / are faster, stronger, and harder / to inhibit / than responses / (to opportunities and pleasures).	위협과 불쾌함에 대한 반응은 기회와 유쾌함에 대한 반응보다 더 빠르고, 더 강하고, 억제하기가 더 어렵다.	response to ~에 대한 반응 threat 위협 unpleasantness 악감정, 불쾌함 inhibit 억제하다, 방지하다 opportunity 기회 pleasure 만족감, 유쾌함

문법

7 10 〈주격 관계대명사 that절〉 : 선행사를 포함하고 있는 관계대명사 what 사용 불가

	주격 관계대명사절		
선행사	주격 관계대명사	~~주어~~	동사
a cue	that		signals
behavior	that		is

7 10 12 〈what vs. that〉

	관계대명사 (불완전한 문장)	접속사 (완전한 문장)
what	○ 선행사를 포함하고 있기 때문에 what 앞에 선행사 불필요	×
that	○ that 앞에 선행사 필요	○

7 〈There/Here is 도치구문〉

긍정문	**There** (Here)	is	단수 주어	~이 있다 (여기에 ~이 있다)
		are	**복수 주어**	
부정문	There (Here)	is no	단수 주어	~이 없다 (여기에 ~이 없다)
		are no	복수 주어	

7 13 〈to가 전치사로 사용된 경우〉

to가 전치사로 사용될 경우에는 to 뒤에 (동)명사가 나오고, to부정사로 사용될 경우에는 그 뒤에 동사원형을 사용한다.

전치사 to + (동)명사
a change to(~로의 변화) / a connection to(~에 대한 관계) / adapt to(~에 적응하다) / add up to(결국 ~이 되다) / akin to(~에 유사한) / a solution to(~에 해답) / access to(~에 대한 접근) / adjust to(~에 적응하다) / an answer to(~에 대한 답) / apply to(~에 적용되다) / approach to(~에의 접근) / as opposed to(~에 반대하는) / aspect to(~에 대한 측면) / be close to(~와 가까운, 근접한) / be equal to(~할 능력이 있다) / be equivalent to(~에 상당하다/맞먹다) / belong to(~에 속해 있다) / be opposed to(~에 반대하다) / be similar to(~와 유사하다) / conform to(~에 부합되다) / come close to(거의 ~하게 되다) / commit to(~에 전념[헌신]하다) / contribute to(~에 공헌하다) / critical to(~에 매우 중요한) / devote[dedicate] A to B(A를 B에 바치다) / equivalent to(~와 같음, 상응함) / happen to((어떤 일이) ~에게 일어나다[생기다], ~이 …게 되다) / in addition to(~에 덧붙여) / in relation to(~와 관련하여) / lead to(~로 이어지다) / listen to(~을 듣다) / look forward to(~을 기대하다) / make an objection to(~에 반대하다) / move on to(~로 옮기다[이동하다]) / object to(~에 반대하다) / open to(~에게 공개된) / pay attention to(~에 주의를 기울이다) / point to(~을 가리키다) / prior to(~ 이전의) / reaction to(~에 대한 반응) / related to(~와 관련된) / relation to(~의 관계) / receptive to(~을 잘 받아들이는) / report to(~에게 보고하다) / resistant to(~에 대해 저항하는) / respond to(~에 응답/대응하다) / response to(~에 대한 반응) / return to(~로 되돌아가다) / sensitive to(~에 민감한) / switch to(~으로 바꾸다) / talk to(~에게 말을 걸다) / the journey to(~로 가는 여정) / the key to(~의 핵심) / vulnerable to(~에 상처 입기 쉬운) / What do you say to ~?(~하는 것이 어때?) / when it comes to(~에 관해서 말하자면) / with a view to(~할 목적으로)

8 〈near / nearby / nearly〉

	부사	형용사	전치사	동사
near	(거리/시간상으로)가까이, 거의	(거리/시간상으로) 가까운	(거리상으로) ~에서 가까이 (숫자 앞에 쓰여) 거의[약]	(시간/거리상으로) 가까워지다[다가오다], ~에 접근하다
nearby	인근에, 가까운 곳에, 거의, 대략; 간신히, 가까스로, 밀접하게, 면밀하게	(주로 명사 앞에 씀) 인근의, 가까운 곳의	–	–
nearly	거의	–	–	–

9 〈동격〉 : A(명사), B(명사) (B라는 A)

동격(B라는 A)		
명사(A)	,(콤마)	명사(B)
Game over		end of the line for those gene

10 〈주격 관계대명사 + be동사 생략〉

–	생략 가능	
명사 (선행사)	(주격 관계대명사 + be동사)	현재분사(-ing) – 능동 (~하고 있는, ~하는)
		과거분사(p.p.) – 수동 (~되어진, ~당한)
		명사
		형용사(구) (~하는, ~할)
		부사
		전치사구
minds	(which/that are)	created

10 〈even vs. as〉

	even though		비록 ~일지라도	양보/대조
종속접속사	even if	+ 주어 + 동사		
	as though		마치 ~처럼	가정법
	as if			

10 〈원인/이유: ~ 때문에〉

	because of	
전치사	due to	+ (동)명사 / 명사 상당어구
	for	
	on account of	
	owing to	
	thanks to	
종속접속사	as	+ 주어 + 동사 ~
	because	
	now (that)	
	since	

10 〈adapt / adopt / adept〉

	adapt	adopt	adept
동사	적응시키다, 개조하다, 개작하다	양자로 삼다, 채택하다	–
형용사	**adaptive** 적용할 수 있는	adoptive 양자 결연(관계)의	숙련된
명사	adaptation 적응, 순응	adoption 양자, 채용	adeptness 숙련

11 〈목적격 관계대명사 that〉 : 불완전 타동사의 목적어가 없는 경우 / 선행사를 포함하고 있는 관계대명사 what 사용 불가

	목적격 관계대명사절				
선행사	목적격 관계대명사	주어	타동사	~~목적어~~	목적격 보어
species	(that) 생략 가능	we	might call		design principles

11 〈call 동사의 쓰임〉 : ~을 …라고 부르다

주어	불완전 타동사	목적어	목적격 보어
	call		**명사**
			형용사

[41~42] 다음 글을 읽고, 물음에 답하시오.

41 윗글의 제목으로 가장 적절한 것은? [42%]

① Concept of Evolutionary Design: A Biological Nonsense

② Pleasure-Seeking Instinct Propels Us to Adventure

③ Why Do We Cling to Absurd-Looking Promises?

④ Are We Programmed to Be Keener to Threats?

⑤ Worries: An Excuse for Persistent Inaction

42 밑줄 친 (a)~(e) 중에서 문맥상 낱말의 쓰임이 적절하지 <u>않은</u> 것은?
[46%]

① (a)　　② (b)　　③ (c)　　④ (d)　　⑤ (e)

정답 | ④, ⑤

41 **해설 |** ① 진화적인 디자인의 개념: 생물학적으로 터무니없는 생각: 진화적 디자인이 생물학적으로 터무니없다는 내용은 없다.

② 기쁨 추구 본능은 우리를 모험으로 나아가게 한다: 기쁨 추구에 관한 내용은 없다.

③ 왜 우리는 어리석어 보이는 약속을 고수하는가?: 어리석어 보이는 약속을 고수한다는 내용은 없다.

④ 우리는 위험에 더 예민하게 설계되었나?: 글에서 제시한 물고기의 예시와 **13**에서 인간은 위험과 불쾌감에 대해 더 민감하게 반응한다는 내용을 통해 우리는 위험에 더 예민하게 설계되었다는 것이 정답으로 적절하다.

⑤ 걱정: 끊임없는 나태의 변명: 나태의 변명에 관한 내용은 없다.

42 **해설 |** ① **2**에서 자신에게 중대한 도움을 요청하는 것과 But for에 반대되는 내용이므로 일상적인 고민을 덜 걱정하는 것을 희망한다는 hoping은 적절하다.

② **7**에서 한 번의 실수가 아사로 이어지지는 않다고 했고, **8**에서 대가가 매우 큰 포식자의 신호를 놓치는 것과는 however로 반대되므로 비용이 '낮다'는 low는 적절하다.

③ **7**에서 먹이의 신호를 놓치는 것과는 however로 반대되므로 '포식자'의 신호를 놓친다는 predator는 적절하다.

④ **11**에서 뒤이어서 design principle에 관해 설명하고 있으므로 설계되었다는 designed는 적절하다.

⑤ **13**에서 위협과 불쾌감에 대한 반응이 더 강하다고 했으므로 나쁜 것에 대한 반응이 더 약하다는 weaker는 적절하지 않다. weaker → stronger

어법 & 연결어

Clinical psychologists sometimes say [**what** / that] two kinds of people seek therapy: those who [**need** / needs] [**to tighten** / tightening], and those who need loosening. (　　　) for every patient [seeking / **sought**] help in becoming more [organizing / **organized**], self-controlled, and [responsible / **responsibly**] about her future, there [is / **are**] a waiting room [full / **filled**] of people [hoped / **hoping**] to loosen up, lighten up, and worry less about the stupid things [**that** / what] they said at yesterday's staff meeting or about the rejection [**that** / what] they are sure will follow tomorrow's lunch date. For [**most** / almost] people, their subconscious sees too many things as [**bad** / badly] and not enough as good. It makes sense. If you were [**designing** / designing] the mind of a fish, would you have [**it** / them] [respond / **to respond**] as [strong / **strongly**] to opportunities as to threats? No way. The cost of missing a cue [**that** / what] signals food is low; odds are [**that** / what] there [is / **are**] other fish in the sea, and one mistake won't lead to starvation. The cost of missing the sign of a [near / **nearby**] predator, (　　　　　　), can be catastrophic. Game over, end of the line for those genes. Of course, evolution has no designer, but minds [creating / **created**] by natural selection [end / **to end**] up [looking / **to look**] (to us) [even though / **as though**] they [designed / **were designed**] [because / **because of**] they generally produce behavior [**that** / what] is flexibly [**adaptive** / adoptive] in their ecological niches. Some commonalities of animal life even create similarities across species [**what** / that] we might call design principles. One such principle is [that / **what**] bad is stronger than good. Responses to threats and unpleasantness [is / **are**] faster, stronger, and harder to inhibit than responses to opportunities and pleasures.

	지문	해석	단어 & 숙어
1	(A) Bernard Farrelly / was one (of the greatest of Australian surfers) / (in history).	(A) Bernard Farrelly는 역사상 가장 위대한 호주인 서퍼들 중 한 명이었다.	one of + 복수명사 ~(들) 중에 하나 great 위대한 surfer 서퍼, 파도 타는 사람 in history 역사상
2	(In 1964), / he / became the first non-Hawaiian / (to win a major surfing contest) / (at Makaha beach, Hawaii).	1964년에, 그는 하와이 Makaha 해변에서 개최된 한 주요 서핑 대회에서 우승을 거둔 최초의 비(非)하와이언이 되었다.	the first + 명사 + to R ~한 최초의 … major 주요한 win a contest 대회에 이기다
3	(After more than forty years), / (by then fairly forgotten / in this part of the world), / (a) he / happened (to be passing through Hawaii) / (with his wife), / and / decided to go back / (to the beach) / (for a look).	40년도 더 지난 후, 그때쯤 이쪽 세계에서 상당히 잊혔을 때, 그는 아내와 함께 우연히 하와이를 지나가게 되어 그 해변을 한번 둘러보러 가기로 했다.	more than ~ 이상 by then 그때 즈음에 fairly 상당히, 꽤 forget 잊다 (forget - forgot - forgotten - forgetting) happen to R 우연히 ~하다 pass through ~을 지나가다 decide to R ~하기를 결정하다 go back to ~돌아가다 look 봄, 보기
4	(B) But / the other surfer / (soon) paddled over.	(B) 그러나 그 다른 서퍼가 곧 물을 저으며 왔다.	paddle 물을 저어 가다
5	"Hey, Bernard," / he said, / (by way of greeting), / (in his thick Hawaiian accent).	"안녕하시오, Bernard." 강한 하와이 억양으로 그가 인사를 건넸다.	by way of ~(의 형태)로 greeting 인사 thick (억양이) 강한 accent 억양
6	The Hawaiian remembered / (b) him, / and / they talked / (of times past).	그 하와이인은 그를 기억했고, 그들은 지나간 시절에 대해 이야기를 나누었다.	talk of ~에 관해 이야기하다 time(s) past 과거(의 시대)
7	They talked / (of Bernard's winning) / (in Makaha), / (of the beautiful waves) / (in Hawaii), / [of {what had happened / (in the beach) / (since)}].	그들은 Makaha에서의 Bernard의 우승, 하와이의 아름다운 파도, 그 이후 그 해변에 일어난 일들에 대해 이야기했다.	wave 파도 happen 일어나다, 발생하다 since 이후
8	This, / (Farrelly was thinking), / is the real Hawaii experience, / {not the stuff (on the shore)}.	저 해안의 일들이 아니라 이런 것이 진짜 하와이 경험이지, 하고 Farrelly는 생각하고 있었다.	experience 경험 stuff 일, 것(들) shore 해안

문법

2 ⟨become 동사의 쓰임⟩

become	주격 보어	2형식
	명사	(~으로)되다
	형용사	
	과거분사	
	목적어	3형식
	명사	어울리다, 잘 맞다 (진행형/수동태 불가)

3 ⟨forgotten ~ world⟩ : ⟨분사구문⟩이 문두에 있는 경우 (= as he was by then **forgotten** ~ world)

3 ⟨혼동 어휘⟩

through	전치사	~을 통하여
throughout	전치사	(장소) ~의 도처에, (시간) ~ 동안, ~ 내내
	부사	도처에, 완전히, 철저하게
though	접속사	비록 ~일지라도
thorough	형용사	철저한, 완전한

3 ⟨목적어 자리에 to부정사를 취하는 완전 타동사⟩

주어	완전 타동사	목적어
–	afford / agree / ask / attempt / care / choose / claim / dare / **decide** / demand / desire / determine / elect / expect / fail / guarantee / hope / intend / learn / manage / need / offer / plan / pretend / promise / refuse / resolve / seek / threaten / volunteer / want / wish 등	to 동사원형

7 ⟨관계대명사 what⟩ : 주격 관계대명사 what절이 전치사 of의 목적어로 사용된 경우 / 선행사가 필요한 관계대명사 that과 which 사용 불가

주격 관계대명사절			
선행사	주격 관계대명사	주어	동사
	what		had happened

8 ⟨삽입절⟩ : 문장의 주어와 동사 사이에 콤마(,) 사이에 주어와 동사가 삽입되어 있는 경우

주어	삽입절		동사
	주어	동사	
This	, Farrelly	was thinking,	is

8 ⟨상관접속사⟩ : 병렬구조

종류			뜻
not		**but**	A가 아니라 B (= B, not A)
not only		but also	A뿐만 아니라 B도 (= B as well as A)
either	A	or	A와 B 둘 중 하나
neither		nor	A와 B 둘 다 아닌
both		and	A와 B 둘 다

(표에서 B는 우측에 위치)

	지문	해석	단어 & 숙어
9	(C) "Hey, Bernard," / the man spoke / (again) / (as there came a big wave), / and / he moved his own board / (well) / (out of the way), / "you take this wave."	(C) 그 남자는 큰 파도가 오고 있을 때 "이봐요, Bernard."라고 다시 말했고, 그는 자신의 보드를 방해가 되지 않게 멀찍이 이동하며, "그쪽이 이 파도를 타시오."라고 말했다.	as ~할 때 wave 파도 out of the way 방해가 되지 않게
10	It / was classic Hawaiian culture, / [where {giving / (what you have)} / is always the first order (of things)].	그것은 자신이 가진 것을 내어 주는 것을 항상 우선시하는 전형적인 하와이 문화였다.	classic 전형적인 culture 문화 the first order of 최우선의, 가장 먼저
11	Farrelly / thanked him / and / farewelled (c) him / [(at the moment) / {the swell rose / (to a roaring beauty)}].	Farrelly는 그 파도의 너울이 큰 소리를 내며 아름답게 솟아오르는 순간 그에게 감사와 작별 인사를 건넸다.	farewell 작별 인사하다 at the moment 바로 그때[순간] swell (파도의 큰) 너울, 볼록한 부분, 팽창 rise 솟아오르다 roaring 굉음을 내는
12	(With the setting sun), / he was surfing / his way back (to his wife).	해가 질 무렵, 그는 파도를 타고 아내에게 돌아갔다.	set (해·달이) 지다, 저물다 (set-set-set-setting) one's way back to ~로 돌아가는 길
13	"That," / he told her, / "was the perfect wave."	"그건 완벽한 파도였소."라고 그는 그녀에게 말했다.	perfect 완벽한
14	(D) Things / (on the beachfront) / had changed (a lot).	(D) 해변 지역은 많이 변해 있었다.	beachfront (도시 등의) 해변 지역
15	The beach and surf, / however, / were as pure and magical / as ever, / so / (d) he was eager / (to ride on the Hawaiian surf) / (once again).	하지만, 해변과 파도는 여전히 순수하고 매혹적이었고, 그래서 그는 다시 한번 하와이의 파도를 타고 싶은 마음이 간절해졌다.	pure 순수한 magical 매력적인 as ever 여전히, 변함없이 be eager to R 몹시 ~하고 싶다 ride on[by, in] ~에 타다[타고 가다]
16	{While his wife stayed / (in the car)}, / Farrelly / took his board out.	그의 아내는 차 안에 머물렀지만, Farrelly는 자신의 보드를 꺼냈다.	while ~할지라도 stay in (밖으로) 나가지 않다 take A out A를 꺼내다
17	The further out he got, / the more freedom he felt.	그는 더 멀리 갈수록, 더 많은 자유를 느꼈다.	the 비교급 ~, the 비교급 … ~하면 할수록 더 …하다 get out 나가다, 벗어나다 freedom 자유
18	(In the gathering dusk), / just one other surfer / was there, / a large native Hawaiian.	황혼이 깃들 무렵에 거기에는 다른 한 사람만 있었는데, 덩치 큰 하와이 원주민이었다.	gather (먼지 등을) 차츰 축적하다[모이게 하다] dusk 황혼 other 다른 native 원주민의
19	Farrelly, / an Australian visitor / (to these shores), / kept (e) his distance.	이 해안에서 호주인 방문객인 Farrelly는 자신의 거리를 유지했다.	visitor 방문객 shore 해안 keep[maintain] one's distance 일정한 거리를 유지하다

문법

9 〈부사절을 이끄는 종속접속사〉: as 용법

	쓰임	해석
as + 주어 + 동사	시간	~하고 있을 때, ~하자마자, ~하면서
	원인/이유	~ 때문에
	조건	~한다면
	양보	~일지라도
	비교	~보다/만큼
	방법/상태	~대로/~하듯이

9 〈There/Here is 도치구문〉

긍정문	There (Here)	is	단수 주어	~이 있다 (여기에 ~이 있다)
		are	복수 주어	
부정문	There (Here)	is no	단수 주어	~이 없다 (여기에 ~이 없다)
		are no	복수 주어	

유도부사 there/here와 함께 도치구문을 이루는 be동사(is/are/was/were) 대신에 완전 자동사 appear, **come**, exist, follow, live, stand 등을 사용할 수 있다.

9 〈소유격을 강조하는 표현〉: '소유격 + own(~ 자신의) + 명사'

	own은 소유격대명사 강조		
타동사	소유격	own	명사
moved	his	own	board

9 〈혼동하기 쉬운 단어〉

	명사	형용사	부사	동사
board	널빤지, 판	–	–	탑승하다
broad	(손, 발 등) 넓은 부분, 손바닥	넓은, 광대한	충분히, 완전히	–

10 〈관계부사 where 용법〉

1. 제한적 용법 : 관계부사 앞에 콤마(,)가 없는 경우

	〈관계부사절〉: 완전한 절		
선행사	where	주어	동사
장소	~하는		

2. 계속적 용법 : 관계부사 앞에 콤마(,)가 있는 경우 (there는 선행사를 지칭함)

		〈관계부사절〉: 완전한 절		
선행사	콤마(,)	**where**	주어	동사
장소		= and there		

10 〈동명사 주어〉: giving ~ is

주어가 될 수 있는 것들		주어와 동사의 수의 일치
단어	명사	명사와 대명사에 따라 동사의 단/복수 결정
	대명사	
구	to부정사구	단수동사 *모든 구와 절은 단수 취급
	동명사구	
절	that절	
	what절	
	whether절	
	의문사절	
	복합관계대명사절	

10 〈목적격 관계대명사 what〉: 선행사가 필요한 목적격 관계대명사 that 사용 불가

	〈목적격 관계대명사절〉: 명사절 (동명사 giving의 목적어)			
선행사	목적격 관계대명사	주어	타동사	목적어
없음	what	you	have	

11 〈관계부사〉: 관계부사절은 완전한 문장이 나오고, 선행사와 관계부사는 같이 사용할 수도 있고 둘 중 하나는 생략할 수도 있다. : at the moment (when) ~

용도	선행사	관계부사	전치사 + 관계대명사
시간	**the time**	**when**	in/at/on + which
장소	the place	where	in/at/on + which
이유	the reason	why	for which
방법	(the way)	how	in which
	the way how는 같이 사용 못함 the way, the way in which, the way that은 사용 가능 (how 대신에 사용되는 that은 관계부사 대용어라고 함)		

11 〈혼동하기 쉬운 동사〉: rise / raise / arise

원형	과거	과거분사	현재분사	뜻
rise	**rose**	risen	rising	vi. 오르다, 일어나다
raise	raised	raised	raising	vt. 올리다, 기르다
arise	arose	arisen	arising	vi. 발생하다, 기인하다

15 〈동등[원급]비교〉: B만큼 A한

지시부사			접속사/유사관계대명사
as	형용사	원급	as
	부사		
	purely and magically		
	pure and magical		

17 〈the 비교급 ~, the 비교급 …〉: ~하면 할수록, 더 …하다

the	비교급	~,	the	비교급	…
	-er/more			-er/more	
	further			more	

17 〈far 용법〉

	비교급	뜻	최상급	뜻	의미
far	farther	거리가 먼	farthest	가장 먼	거리
	further	정도가 더한	furthest		정도

18 19 〈동격〉: A(명사), B(명사) (B라는 A)

	동격 (B라는 A)	
명사(A)	,(콤마)	명사(B)
one other surfer		a large native Hawaiian
Farrelly		an Australian visitor to these shores

[43~45] 다음 글을 읽고, 물음에 답하시오.

43 주어진 글 (A)에 이어질 내용을 순서에 맞게 배열한 것으로 가장 적절한 것은? [68%]

① (B)-(D)-(C) 　　② (C)-(B)-(D)
③ (C)-(D)-(B) 　　④ (D)-(B)-(C)
⑤ (D)-(C)-(B)

44 밑줄 친 (a)~(e) 중에서 가리키는 대상이 나머지 넷과 다른 것은? [70%]

① (a) 　② (b) 　③ (c) 　④ (d) 　⑤ (e)

45 윗글의 Bernard Farrelly에 관한 내용으로 적절하지 않은 것은? [63%]

① 하와이의 서핑 대회에서 우승한 적이 있었다.
② 그를 기억하는 하와이 원주민 서퍼를 만났다.
③ 하와이 문화에 따라 큰 파도를 동료에게 양보했다.
④ 해 질 무렵에 파도를 탔다.
⑤ 아내를 차에 둔 채 파도를 타러 갔다.

정답 | ④, ③, ③

43 해설 | ③에서 오랜만에 해변을 둘러보기로 했고, ⑭에서 그 해변이 많이 변했다고 했으므로 (A) 다음에 (D)가 이어진다.
⑲에서 거리를 유지했지만, ④에서 다른 서퍼가 가까이 와서 Bernard를 알아보았으므로 (D) 다음에 (B)가 이어진다.
⑨에서 the man은 ④의 the other surfer를 가리키고, 이야기를 나누는 상황이 계속되므로 (B) 다음에 (C)가 이어진다.

44 해설 | ① Bernard Farrelly를 지칭한다.
② Bernard Farrelly를 지칭한다.
③ the other surfer를 지칭한다.
④ Bernard Farrelly를 지칭한다.
⑤ Bernard Farrelly를 지칭한다.

45 해설 | ① ②에 제시되어 있다.
② ⑥에 제시되어 있다.
③ ⑨를 보면 큰 파도를 양보한 것은 Bernard가 아니라 the other surfer이다.
④ ⑫에 제시되어 있다.
⑤ ⑯에 제시되어 있다.

어법 & 연결어

Bernard Farrelly was one of the greatest of Australian surfers in history. In 1964, he became the first non-Hawaiian to win a major surfing contest at Makaha beach, Hawaii. After more than forty years, by then fairly [**forgetting / forgotten**] in this part of the world, he happened [**to be passed / to be passing**] [**through / thorough**] Hawaii with his wife, and decided [**going / to go**] back to the beach for a look. Things on the beachfront [**changed / had changed**] a lot. The beach and surf, (　　　　), [**was / were**] as pure and [**magical / magically**] as ever, so he was eager [**riding / to ride**] on the Hawaiian surf once again. [**During / While**] his wife stayed in the car, Farrelly took his board out. The further out he got, the more freedom he felt. In the gathering dusk, just one other surfer was there, a large native Hawaiian. Farrelly, an Australian visitor to these shores, kept his distance. (　　　) [**another / the other**] surfer soon paddled over. "Hey, Bernard," he said, by way of greeting, in his thick Hawaiian accent. The Hawaiian remembered him, and they talked of times past. They talked of Bernard's winning in Makaha, of the beautiful waves in Hawaii, of [**that / what**] [**happened / had happened**] in the beach since. This, Farrelly was thinking, is the real Hawaii experience, not the stuff on the shore. "Hey, Bernard," the man spoke again as there came a big wave, and he moved his own board well out of the way, "you take this wave." It was classic Hawaiian culture, [**which / where**] giving [**that / what**] you have is always the first order of things. Farrelly thanked him and farewelled him at the moment the swell [**rose / arose**] to a roaring beauty. With the setting sun, he was surfing his way back to his wife. "That," he told her, "was the perfect wave."

앱 솔 루 티

ABSOLUTE

2020학년도

4월

고3 전국연합 학력평가

	지문	해석	단어 & 숙어
1	**To Whom It May Concern:** 관계자 귀하	관계자 귀하,	To whom it may concern (불특정 상대에 대한 편지·증명서 따위의 첫머리에 써서) 관계자 제위[각위]
2	**I** (recently) **purchased a home** / and **moved** (into the Belrose neighborhood). S / V₁ / O / V₂ 저는 최근에 집을 구입하여 / Belrose 지역으로 이사 왔습니다	저는 최근에 집을 구입하여 Belrose 지역으로 이사 왔습니다.	recently 최근에 purchase 구입하다 move into ~로 이사하다 neighborhood 지역, 인근, 이웃
3 문제점 원인 결과1	**I see neighborhood children, / elderly neighbors** (in wheelchairs), / and **residents** (in general) / {being forced to walk / (in the middle of the street)} / (due to the lack of sidewalks). S V O₁ O₂ O₃ ⟨분사의 수동⟩ S·C 저는 지역 어린이를 목격합니다 / 휠체어를 탄 이웃 어르신들 / 그리고 일반 주민들이 / 어쩔 수 없이 걸어 다니게 되는 것을 / 길 한가운데로 / 인도의 부족 때문에	저는 인도의 부족 때문에 지역 어린이와 휠체어를 탄 이웃 어르신들, 그리고 일반 주민들이 어쩔 수 없이 길 한가운데로 걸어 다니게 되는 것을 목격합니다.	elderly 연세가 드신 in (탈것 등)을[에] 타고 resident 주민 in general 일반적으로 force O O·C(to R) ~가 …하도록 강요하다 (수동태 시, be forced S·C(to R) …하도록 강요받다) in the middle of ~의 중앙에 due to ~ 때문에 lack 부족 sidewalk 인도 (= pavement, footpath)
4 결과2	**This causes** / a very clear safety hazard. S V O 이것은 야기합니다 / 매우 명백한 안전 위험을	이것은 매우 명백한 안전 위험을 야기합니다.	cause 초래하다 clear 분명한, 확실한 safety 안전 hazard 위험
5	**There is a large population of children** / (in this neighborhood) / and **this number will continue to grow** / (as the population of the whole city continues to increase / and more homeowners move into this area). V₁ S₁ / S₂ V₂ O ⟨종·접⟩ / S₁ V₁ O / S₂ V₂ 이 지역에는 / 많은 어린이 인구가 있으며 / 그리고 그 수가 계속 증가할 것입니다 / 도시 전체의 인구가 계속 증가하고 / 더 많은 주택 소유자들이 이 지역으로 이사 오면서	이 지역에는 많은 어린이 인구가 있으며 도시 전체의 인구가 계속 증가하고 더 많은 주택 소유자들이 이 지역으로 이사 오면서 그 수가 계속 증가할 것입니다.	population 인구 continue to R 계속 ~하다 grow 늘어나다 as ~하면서 whole 전체[전부]의 increase 증가하다 homeowner 주택 소유자 area 지역
6 TS 해결책	**Basic public infrastructure** / (such as sidewalks) / **should be a right** / (for all residents) / (in this area) / {so that **they can walk** (safely) / and **not be threatened** / (by sharing the streets with cars)}. S V S·C ⟨종·접⟩ S V₁ (can) V₂ ⟨동명사⟩ 기본 공공 사회기반 시설은 / 인도 같은 / 권리가 되어야 합니다 / 모든 주민들을 위한 / 이 지역의 / 그들이 안전하게 걸어 다니며 / 위태로워지지 않을 수 있도록 / 자동차와 도로를 공유함으로 인해	이 지역의 모든 주민들이 안전하게 걸어 다니며 자동차와 도로를 공유함으로 인해 위태로워지지 않을 수 있도록 인도 같은 기본 공공 사회기반 시설은 그들을 위한 권리가 되어야 합니다.	basic 기본적인 public 공공의 (↔ private) infrastructure 사회 기반 시설 such as ~와 같은 right 권리 so that 그래서, ~하기 위해서 safely 안전하게 threaten 위협하다 share A with B B와 A를 공유하다
7	**Thank you** / (for your concern and consideration). V O 감사드립니다 / 귀하의 염려와 배려에	귀하의 염려와 배려에 감사드립니다.	thank A for B B에 대해 A에게 감사하다 concern 염려, 걱정 consideration 배려
8	**Sincerely Yours,** **Tina Gregory** Tina Gregory 드림	Tina Gregory 드림	Sincerely Yours ~ 올림, ~ 드림

18 다음 글의 목적으로 가장 적절한 것은? [88%]

① 지역 주민의 안전을 위해 인도 확충을 요구하려고
② 지역 주민을 위한 안전 교육 프로그램을 신청하려고
③ 지역 인구 증가로 인한 대중교통 노선 확대를 건의하려고
④ 인구 유입으로 인한 주택 부족 문제의 해결책을 제안하려고
⑤ 어린이 보호 구역 속도 제한 법규 개정의 필요성을 주장하려고

정답 | ①

해설 | ① 6 에서 인도 확충을 요구하고 있으므로 정답으로 적절하다.
② 안전 교육 프로그램에 관한 내용은 없다.
③ 대중교통 노선 확대에 관한 내용은 없다.
④ 주택 부족 문제에 관한 내용은 없으므로 적절하지 않다.
⑤ 어린이 보호 구역 속도 제한 법규에 관한 내용은 없다.

문법

1 〈To whom it may concern〉

불특정 상대에 대한 편지·증명서 따위의 첫머리에 써서 '관계자 제위[각위]'라는 뜻으로 it은 추천서 등을 말하며, concern은 '영향을 미치다[관련되다]'라는 뜻으로, 전치사 to 뒤에 whom을 대명사로 쓰는 것은 아주 격식이다.

*whom (선행사를 포함한 관계대명사) = him whom

3 〈older vs. elder〉: elderly는 old의 정중한 표현

원급	비교급	뜻	최상급	뜻	의미
old	older	나이가 많은	oldest	가장 나이가 많은	나이
	elder	손위의	eldest	최후의	서열

3 〈지각동사〉

지각동사	목적어	목적격 보어
see		〈목적어와 목적격 보어의 관계가 능동일 때〉
watch	보다	동사원형(R) - 완료
look at		현재분사(-ing) - 진행, 순간, 찰나, 계속
behold		
(over)hear	듣다	〈목적어와 목적격 보어의 관계가 수동일 때〉
listen to		과거분사(p.p.)
feel	느끼다	
observe	관찰하다	〈to부정사는 불가〉: 수동태 문장 전환 시 가능
perceive	인식하다	
notice		
see	~	being forced

3 〈분사의 태/시제〉

분사의 종류	조합	해석	태 능동	태 수동	시제 단순	시제 완료
현재분사(능동)	동사	~하는	-ing	**(being) p.p**	-ing	having p.p
과거분사(수동)	+형용사	~되는				

3 〈5형식 불완전 타동사의 목적격 보어〉: 수동태 전환 시, 2형식 문장(be p.p. + to R)

주어	불완전 타동사	목적어	목적격 보어
-	advise / allow / ask / assign / assume / beg / bring / cause / command / compel / condition / decide / design / drive / enable / encourage / expect / forbid / **force** / inspire / instruct / intend / invite / lead / like / motivate / order / permit / persuade / predispose / prepare / pressure / proclaim / prod / program / provoke / push / require / teach / tell / train / trust / urge / want / warn / wish 등	-	to 동사원형

3 〈원인/이유 : ~ 때문에〉: 〈전치사〉 because of / due to / for / on account of / owing to / thanks to // 〈종속접속사〉 as / because / now (that) / since

5 〈There/Here is 도치구문〉

		is	단수 주어	~이 있다
긍정문	There (Here)	are	복수 주어	(여기에 ~이 있다)
부정문	There (Here)	is no	단수 주어	~이 없다
		are no	복수 주어	(여기에 ~이 없다)

5 〈3형식에서 목적어 자리에 to R / -ing 둘 다 사용 가능한 타동사〉

주어	완전 타동사	목적어
-	begin(~을 시작하다) / cease(~을 중단하다) / **continue (~을 계속하다)** / dislike(~을 싫어하다) / hate(~을 싫어하다) / like(~을 좋아하다) / love(~을 사랑하다) / neglect(~하는 것을 소홀히 하다) / prefer(~쪽을 좋아하다) / start(~을 시작하다)	to R / -ing (의미 차이 없음)

6 〈so that과 comma(,) so that 그리고 so 형용사/부사 that의 차이점〉

인과 관계	해석
결과 so that 원인	~이니까, ~해서
원인, so that 결과	그 결과
so 형용사/부사 that 주어 + 동사 (원인 / 결과)	너무 ~해서 그 결과 …하다

어법 & 연결어

To Whom It May Concern:

I recently purchased a home and moved into the Belrose neighborhood. I see neighborhood children, elderly neighbors in wheelchairs, and residents in general [forcing / being forced] [to walk / walking] in the middle of the street [because / due to] the lack of sidewalks. This causes a very clear safety hazard. There [is / are] a large population of children in this neighborhood and this number will continue to grow as the population of the whole city continues to increase and more homeowners move into this area. Basic public infrastructure such as sidewalks should be a right for all residents in this area so that they can walk [safe / safely] and not [threaten / be threatened] by sharing the streets with cars. [Thank / To thank] you for your concern and consideration.

Sincerely Yours,

Tina Gregory

제목	겁에 질리고 불안한 Alex
주제	Alex는 자신이 저질렀던 끔찍한 일들이 들통나 겁에 질리고, 불안하다.
논리	이야기

	지문	해석	단어 & 숙어
1	Alex heard / the principal's door open. S V O O·C Alex는 들었다　교장실 문이 열리는 소리를	Alex는 교장실 문이 열리는 소리를 들었다.	hear 듣다 principal 교장
2	Mrs. McKay looked enormous / (as she stared down at him). S V S·C 〈종·접〉 S V Mckay 선생님은 거대하게 보였다　그녀가 그를 빤히 내려다보고 있어서	McKay 선생님이 그를 빤히 내려다보고 있어서 그녀는 거대하게 보였다.	look S·C(형용사) ~처럼 보이다 enormous 거대한 as ~이므로, ~이니까 stare[glare] down (at) ~을 내려다 보다
3	He could feel / his heart / pounding in his chest. S V O O·C 그는 느낄 수 있었다　자신의 심장이　가슴에서 쿵쾅거리는 것을	그는 가슴에서 자신의 심장이 쿵쾅거리는 것을 느낄 수 있었다.	pound 쿵쿵 뛰다 chest 가슴
4	His hands clasped (together) / (in fear). S V 손을 꽉 쥐었다　두려움에	두려움에 손을 꽉 쥐었다.	clasp (꽉) 움켜쥐다 clasp one's hands together 양손을 마주잡다 fear 두려움
5	He tried / to hold the tears back. S V O 그는 애썼다　눈물을 참으려고	그는 눈물을 참으려고 애썼다.	try to R ~하려고 애쓰다 hold A back A를 누르다[참다]
6	"Come into my office, / (young man)," / Mrs. McKay said. V S V "내 사무실로 들어오게　학생."　McKay 선생님이 말했다	"내 사무실로 들어오게, 학생." McKay 선생님이 말했다.	come into ~에 들어가다 (= enter) office 사무실
7	Alex could tell / {that she (already) knew / all the terrible things / (he had done)}. S V 〈종·접〉 S V O { }: O Alex는 알 수 있었다　그녀가 이미 알고 있음을　모든 끔찍한 일들을 S V〈과거완료〉 (목·관 that) 그가 저질렀던	Alex는 그녀가 이미 그가 저질렀던 모든 끔찍한 일들을 알고 있음을 알 수 있었다.	tell 알다 (보통 can 등과 함께 사용) already 이미 terrible 끔찍한 do a thing 행위를 하다
8	His legs were shaking / so much (that) (it was hard to walk). S V〈과거진행〉 〈so ~ that〉 〈가S〉 V S·C 〈진S〉 그의 다리가 떨려서　너무 많이　걷는 것이 힘들었다	그의 다리가 너무 많이 떨려서 걷는 것이 힘들었다.	shake 떨리다, 흔들리다 so ~ (that) … 너무 ~해서 그 결과 …하다 hard 힘든
9	He was taking short, fast breaths, / but it felt like (종·접 that) (his lungs were empty). S₁ V₁ O S₂ V₂ 〈전치사〉 S 그는 짧고 빠른 숨을 쉬었으나　느껴졌다 V S·C 그의 폐가 텅 빈 것 같이　( ): O	그는 짧고 빠른 숨을 쉬었으나, 그의 폐가 텅 빈 것 같이 느껴졌다.	take a breath 숨을 쉬다 short 짧은 feel like ~처럼 느끼다 lung 폐 empty 빈
10	He needed more oxygen. S V O 그는 더 많은 산소가 필요했다	그는 더 많은 산소가 필요했다.	oxygen 산소
11	There were tears / (forming in the corner of his eyes) / and one of them / trickled down his cheek. V₁ S₁ 〈현재분사〉 눈물이 있었다　그의 눈가에 맺힌 S₂ V₂ 그리고 눈물 한 방울이　그의 뺨에 흘러내렸다	그의 눈가에 눈물이 맺히고 눈물 한 방울이 그의 뺨에 흘러내렸다.	tear 눈물 form 형성되다 corner 구석, 모서리, 귀퉁이 (= angle) one of + 복수명사 ~(들) 중에 하나 trickle down (눈물 등 액체가) 흘러내리다 cheek 뺨
12	He / (anxiously) stared at her. S V 그는　마음을 졸이며 그녀를 쳐다보았다	그는 마음을 졸이며 그녀를 쳐다보았다.	anxiously 걱정스럽게 stare at ~을 응시하다

19 다음 글에 드러난 Alex의 심경으로 가장 적절한 것은? [90%]

① furious and jealous
② scared and nervous
③ bored and indifferent
④ relaxed and refreshed
⑤ satisfied and grateful

정답 | ②

해설 | ① 격노하고 질투하는: 격노하고 질투하는 심경은 드러나지 않았으므로 적절하지 않다.
② 겁에 질리고 불안해하는: ③, ⑧, ⑨, ⑫ 등 글 전체에서 Alex가 겁에 질리고 불안해하는 모습을 볼 수 있으므로 정답으로 적절하다.
③ 지루하고 무관심한: 지루해 하는 심경은 드러나지 않았으므로 적절하지 않다.
④ 편안하고 상쾌한: 글의 분위기와 반대되는 심경이므로 적절하지 않다.
⑤ 만족하고 좋은: 글의 분위기와 반대되는 심경이므로 적절하지 않다.

문법

1 3 〈지각동사〉

지각동사		목적어	목적격 보어
see	보다		〈목적어와 목적격 보어의 관계가 **능동**일 때〉 **동사원형(R)** – 완료 **현재분사(-ing)** – 진행, 순간, 찰라, 계속 〈목적어와 목적격 보어의 관계가 **수동**일 때〉 과거분사(p.p.) 〈to부정사는 불가〉: 수동태 문장 전환 시 가능
watch	보다		
look at			
behold		–	
(over)hear	듣다		
listen to			
feel	느끼다		
observe	관찰하다		
perceive	인식하다		
notice			
heard		~	open
feel		~	pounding

2 9 〈감각동사〉

감각동사	주격 보어	
feel, look, seem, sound, taste, appear, smell	형용사 (현재분사/과거분사)	
	명사	
	like (전치사)	**(that)** + 주어 + 동사
		(동)명사
	~~alike~~	
	~~likely~~	

5 〈try 동사 쓰임〉

try	목적어	3형식
	to R	노력하다, 애쓰다 (S의 의지 ○)
	-ing	시험 삼아 한번 해보다 (S의 의지 ×)

7 〈what vs. that〉

	관계대명사 (불완전한 문장)	접속사 (완전한 문장)
what	○ 선행사를 포함하고 있기 때문에 what 앞에 선행사 불필요	×
that	○ that 앞에 선행사 필요	○

7 〈목적격 관계대명사 that〉: 타동사의 목적어가 없는 경우 / 선행사를 포함하고 있는 관계대명사 what 사용 불가

	목적격 관계대명사절			
선행사	목적격 관계대명사	주어	타동사	~~목적어~~
things	(that) 생략 가능	he	had done	

8 〈원인과 결과를 동시에 나타내는 표현〉: '너무 ~해서 그 결과 …하다' (종속접속사 that 생략 가능)

	〈원인〉: 너무 ~해서			〈결과〉: 그 결과 …하다		
so	형용사/부사	(a(n) + 명사)		(that)	**주어**	**동사**
such	(a(n))	형용사	명사	that	주어	동사

8 〈가주어, 진주어 구문〉

가주어	동사	진주어
It (this, that, there 사용 불가)	–	that + 주어 + 동사 (완전한 절)
		to 동사원형
		동명사
		의문사 + 주어 + 동사 (간접의문문)
		if/whether + 주어 + 동사
It	was	to walk

8 〈hard / hardly〉

	형용사	부사
hard	어려운, 단단한	열심히
hardly	–	거의 ~하지 않는

11 〈There/Here is 도치구문〉

긍정문	**There** (Here)	is	단수 주어	~이 있다 (여기에 ~이 있다)
		are	복수 주어	
부정문	There (Here)	is no	단수 주어	~이 없다 (여기에 ~이 없다)
		are no	복수 주어	

11 〈주격 관계대명사 + be동사 생략〉: tears [(which/that were) forming(현재분사)]
: 현재분사가 명사를 뒤에서 후치 수식하는 경우

어법 & 연결어

Alex heard the principal's door [**open** / to open]. Mrs. McKay looked [enormous / **enormously**] as she stared down at him. He could feel his heart [to pound / **pounding**] in his chest. His hands clasped together in fear. He tried [**to hold** / holding] the tears back. "Come into my office, young man," Mrs. McKay said. Alex could tell [what / **that**] she already knew all the terrible things he [did / **had done**]. His legs were shaking so much [**that** / what] it was [**hard** / hardly] to walk. He was taking [**short** / shortly], fast breaths, but it felt [**like** / alike] [**that** / what] his lungs were empty. He needed more oxygen. There [**was** / were] tears [**forming** / formed] in the corner of his eyes and one of them trickled down his cheek. He anxiously stared at her.

전국 2020학년도 4월 고3 20번	제목	구체적인 도움 제안
	주제	도움을 제안할 때는 구체적으로 해라.
글의 주장	논리	예시, 질문·답변, 문제점·해결책

	지문	해석	단어 & 숙어
1 질문	Does the following situation / sound familiar? 　　　　　　S　　　　　　　　　　V　　S·C 　다음 상황이　　　　　　　　익숙하게 들리는가	다음 상황이 익숙하게 들리는가?	following 다음의 situation 상황 sound S·C(형용사) ~처럼 들리다 familiar 익숙한
2 예시	You've had / some bad news. 　S　V〈현재완료〉　　O 여러분에게 생겼다　안 좋은 일이	여러분에게 안 좋은 일이 생겼다.	bad news 나쁜[안 좋은] 소식[일]
3	You tell / someone else / (about it). 　S　　V　　　O　　　　　　 여러분은 말한다　다른 누군가에게　그것에 대해	여러분은 다른 누군가에게 그것에 대해 말한다.	someone else 어떤 다른 사람
4	They say, / "Just call me / (if you need help)," / or "(If I can 　S　V　　　V　O　〈종·접〉S　V　　O　　〈종·접〉S 그들은 말한다　　'전화 줘'　네가 도움이 필요하면　　또는 '내가 뭐든 do anything), / let me know." 　V　O　　　V　O　O·C 할 수 있으면　　'알려줘.'라고	그들은 '네가 도움이 필요하면 전화 줘.' 또는 '내가 뭐든 할 수 있으면 알려줘.'라고 말한다.	help 도움 let O O·C(R) (5) ~가 …하도록 하다
5 문제점	These offers / are well-meaning, / but they are vague. 　S₁　　　V₁　S·C　　　　　S₂　V₂　S·C 이런 제안은　선이를 담은 것이지만　그것들은 모호하다	이런 제안은 선의를 담은 것이지만 그것들은 모호하다.	offer 제안, 제안하다 well-meaning 선의[호의]의 vague 모호한
6	It's hard / [to know / {whether they have been made / just 〈가S〉V　S·C　〈진S〉　　〈의문사 대용어〉S　V〈현재완료수동〉　　O〈간·의〉 어렵다　알기가　그것들이 제안된 것인지 아닌지 (for the sake of politeness)}]. 단지 예의를 위해	그것들이 단지 예의를 위해 제안된 것인지 아닌지 알기가 어렵다.	whether ~인지 아닌지 for the sake of ~을 위해 politeness 예의
7 질문	What's the lesson here? 　V　　S 여기서 교훈은 무엇일까	여기서 교훈은 무엇일까?	lesson 교훈
8 TS 답변 해결책	(If you are offering help), / make your offer specific. 〈종·접〉S　V〈현재진행〉　O　　V　　O　　O·C 만약 여러분이 도움을 제안하는 것이라면　여러분의 제안을 구체적으로 해라	만약 여러분이 도움을 제안하는 것이라면, 여러분의 제안을 구체적으로 해라.	make O O·C(5) ~가 …하게 하다 specific 구체적인
9 예시	For example, / {if your friend's child is (in hospital)}, / you 　　　　〈종·접〉　S　　　V　　S·C　　　 예를 들어　여러분 친구의 자녀가 병원에 있으면　여러분은 might realize / {that shopping (for groceries) may seem 　V　　　〈종·접〉S〈동명사〉　　　　　V 깨달을지도 모른다　장보기가 버거울 수 있음을 overwhelming / (under the circumstances)}. {　}O S·C〈현재분사〉 그런 상황에서	예를 들어, 여러분 친구의 자녀가 병원에 있으면, 그런 상황에서 장보기가 버거울 수 있음을 여러분은 깨달을지도 모른다.	be in hospital 병원에 입원하다 realize 깨닫다 shop for groceries 장을 보다 seem S·C(형용사) ~처럼 보이다 overwhelming 압도적인 under[in] the[these] circumstances 그런 사정이므로
10	You could ask, / "Can I help / (by doing a grocery run)?" 　S　　V　　　　V　I　V　〈동명사〉 여러분은 물을 수 있을 것이다　'내가 도와줄까　장을 봐서'	여러분은 '내가 장을 봐서 도와줄까?'라고 물을 수 있을 것이다.	by + 동명사 ~함으로써 do a grocery run 장을 보다
11	The same principle applies / (in the case of minor problems). 　　S　　　V　　　　　 똑같은 법칙이 적용된다　　작은 문제들의 경우에도	똑같은 법칙이 작은 문제들의 경우에도 적용된다.	principle 원칙 apply 적용되다 in the case of ~의 경우에 minor 사소한
12 예시	{If your colleague appears overworked and stressed / (one 〈종·접〉　S　　V　　S·C₁〈p.p.〉　S·C₂〈p.p.〉 만약 여러분의 동료가 과로하고 스트레스를 받은 것처럼 보인다면 morning)}, / don't just stand there / and say, / "You look 　　　　　V₁　　　　V₂　　S　V 어느 날 아침　그저 거기 서서　말하지 말아라　'당신 바빠 보이네요 busy, / so let me know (if you need help)." S·C　　V　O　O·C　〈종·접〉S　V　O 그러니 내게 알려줘요　당신이 도움이 필요하면'이라고	만약 어느 날 아침 여러분의 동료가 과로하고 스트레스를 받은 것처럼 보인다면 그저 거기 서서 '당신 바빠 보이네요. 그러니 당신이 도움이 필요하면 내게 알려 줘요.'라고 말하지 말아라.	colleague 동료 appear S·C(p.p.) ~인 것처럼 보이다 (= seem) overworked 과로한 stressed 스트레스를 받는 stand 서다 busy 바쁜
13	It would be better / [to say, / "Can I help / {by doing that 〈가S〉V　S·C　　〈진S〉　　S　V　〈동명사〉 더 나을 것이다　말하는 것이　'제가 도와줄까요 filing (for you)}]?" [　]〈진S〉 당신을 위해 문서 정리를 해서'	'제가 당신을 위해 문서 정리를 해서 도와줄까요?'라고 말하는 것이 더 나을 것이다.	do filing 서류를 정리하다

20 다음 글에서 필자가 주장하는 바로 가장 적절한 것은? [85%]

① 누군가에게 도움을 주고자 할 때 구체적으로 제안해야 한다.
② 친구가 어려움에 처했을 때 더 많은 시간을 함께해야 한다.
③ 조언할 때 상대방의 감정을 고려한 언어를 사용해야 한다.
④ 스트레스를 줄이기 위해서 사고의 유연성을 길러야 한다.
⑤ 가까운 사이일수록 서로 의견을 존중하고 공감해야 한다.

정답 | ①

해설 | ① 8 에서 도움을 구체적으로 제안하라고 했으므로 정답으로 적절하다.
② 많은 시간을 함께하라는 내용은 없다.
③ 상대방의 감정을 고려하라는 내용은 없다.
④ 사고의 유연성에 관한 내용은 없다.
⑤ 의견 존중에 관한 내용은 없다.

문법

1 **12** 〈감각동사〉

감각동사	주격 보어	
feel, **look**, seem, **sound**, taste, **appear**, smell	**형용사** (현재분사/과거분사)	
	명사	
	like (전치사)	(that) + 주어 + 동사
		(동)명사
	~~alike~~	
	~~likely~~	

6 **13** 〈가주어, 진주어 구문〉

가주어	동사	진주어
It (this, that, there 사용 불가)	–	that + 주어 + 동사 (완전한 절)
		to 동사원형
		동명사
		의문사 + 주어 + 동사 (간접의문문)
		if/whether + 주어 + 동사
it	is	to know
it	would be	to say

6 〈의문사가 없는 간접의문문〉 : if/whether(의문사 대용어) + 주어 + 동사 〈if/whether/that 구별법〉: that 사용 불가

			if	whether	that
명사절	주어 자리		×	○	○
	목적어 자리	타동사의 목적어	○	**○**	○
		전치사의 목적어	×	○	○
	보어 자리		×	○	○
	진주어 자리		○	○	○
부사절	동사 수식		○	○	○
형용사절	명사 수식		×	×	○
간접의문문	S/O/C		○	○	×
–	–	–	if ~ or not (○) if or not (×)	whether or (not) (○) whether ~ or (not) (○)	×

8 〈make 상태동사〉 : 수동태 시, be made + 주격 보어(형용사/명사)

make	목적어	목적격 보어	해석
상태동사	명사 / 명사 상당어구	**형용사**	~가 …한 상태로 만들다
		명사	

9 〈what vs. that〉

	관계대명사 (불완전한 문장)	접속사 (완전한 문장)
what	○ 선행사를 포함하고 있기 때문에 what 앞에 선행사 불필요	×
that	○ that 앞에 선행사 필요	**○**

9 〈동명사 주어〉 : shopping ~ may seem

주어가 될 수 있는 것들		주어와 동사의 수의 일치
단어	명사	명사와 대명사에 따라 동사의 단/복수 결정
	대명사	
구	to부정사구	단수동사 *모든 구와 절은 단수 취급
	동명사구	
절	that절	
	what절	
	whether절	
	의문사절	
	복합 관계대명사절	

9 〈seem 동사의 쓰임〉

주어	seem	주격 보어	2형식
		(to be) 보어	~처럼 보이다, 보기에 ~하다; ~인 듯하다 [것 같다], ~인 것처럼 생각되다
		to R	

12 〈직접명령문〉 : don't stand and say

직접명령문	긍정문	R	~해라
		Please + R	~해 주세요
	부정문	**Don't + R**	~하지 마라
		Never + R	

어법 & 연결어

Does the following situation sound [**familiar** / familiarly]? You've had some bad news. You tell someone else about [**it** / them]. They say, "Just call me if you need help," or "If I can do anything, let me [**know** / to know]." These offers are well-meaning, but they are [**vague** / vaguely]. [This's / **It's**] [**hard** / hardly] to know [that / **whether**] they [have made / **have been made**] just for the sake of politeness. What's the lesson here? If you are offering help, [**make** / making] your offer [specific / **specifically**]. (   ), if your friend's child is in hospital, you might realize [what / **that**] [shop / **shopping**] for groceries may seem [**overwhelming** / overwhelmed] under the circumstances. You could ask, "Can I help by doing a grocery run?" The same principle applies in the case of minor problems. If your colleague appears overworked and [stresses / **stressed**] one morning, don't just stand there and say, "You look [**busy** / busily], so let me [**know** / to know] [that / **if**] you need help." [This / **It**] would be better to say, "Can I help by doing that filing for you?"

지문	해석	단어 & 숙어
1 Most insect communication / is based (on chemicals) / (known as pheromones), / (with specialized glands / releasing compounds) / (to signal emergencies / or signpost a route to food).	대부분의 곤충 의사소통은 페로몬이라고 알려진 화학 물질에 기반하며, 응급 상황이라는 신호를 보내거나 먹이까지의 길을 알려 주는 화합물을 방출하는 특수한 분비샘을 이용한다.	communication 의사소통 be based on ~에 기초하다 chemical 화학 물질 known as ~으로 알려진 pheromone 생리적 유인 물질 specialized 특수한 gland 분비샘 release 방출하다 compound 화합물 signal 신호를 보내다 emergency 응급 상황 signpost 방향을 제시하다 a route to ~로의 길
2 TS Colony membership / is marked (by chemistry), / (as well).	또한 군집 구성원임이 화학 작용에 의해 표시된다.	colony 군집 membership 회원, 구성원 (신분, 자격) mark 표시하다 chemistry 화학 작용[반응] as well 또한
3 [Although ants don't tell individuals apart / (by their personal aromas) / {the way (hamsters do)}], / they (do) recognize / each other as nest-mates — or as foreign — / {using an odor / (as a shared sign of identity)}.	개미들은 햄스터들이 하는 방식처럼 개체를 개별적인 냄새에 의해 식별하지는 않지만, 그것들은 냄새를 공유된 정체성의 표시로 이용하여 서로를 서식처 동료인지 외부의 것인지 알아본다.	although (비록) ~일지라도 tell A apart A를 구별하다 individual 개체 personal 개별적인 aroma 냄새 recognize A as B A를 B로 알다 each other 서로 nest 서식처, 서식지, 둥지 mate 동료 foreign 외부의 odor 냄새 identity 정체성
4 (As long as an ant displays / the correct emblem) / (as long as she smells right), / {which requires / (that she have the right combination of molecules) / (known as hydrocarbons) / (on her body)}, / her colony-mates admit / her (as one of their own).	한 개미가 정확한 상징을 드러내는 한 (그것이 제대로 냄새를 풍기는 한, 이는 그것이 탄화수소로 알려진 분자들의 올바른 조합을 자신의 몸에 지녀야 할 것을 필요로 하는데), 그것의 군집 동료들이 그것을 자기 자신의 동료 중 하나로 인정한다.	as long as ~하는 한은 display 드러내다[보이다] smell 냄새가 풍기다 emblem 상징 right 제대로, 올바른 require 필요로 하다 combination 조합 molecule 분자 hydrocarbon 탄화수소 admit 인정하다
5 The scent is / like a flag pin, / one (that every ant must wear).	냄새는 국기 배지와 같으며, 이것은 모든 개미가 착용해야만 하는 것이다.	scent 냄새 be like ~와 같다 flag 국기 pin 배지 (= badge), 핀 wear 착용하다
6 An ant / (that shouldn't be there) / is (quickly) detected / (by her alien scent).	그곳에 있으면 안 되는 개미는 자신의 이질적인 냄새로 인해 금방 감지된다.	detect 감지하다 alien 이질적인
7 (Since ants have no white flag of surrender), / (more often than not) / the outsider is killed.	개미는 항복의 백기를 가지고 있지 않으므로, 대개 외부의 것은 죽임을 당한다.	since ~하므로, ~ 때문에 white flag (항복을 표시하는) 백기 surrender 항복 more often than not 대개 outsider 외부인

21 밑줄 친 The scent is like a flag pin이 다음 글에서 의미하는 바로 가장 적절한 것은? [3점] [50%]

① Individuals appeal to their mate using their personal odor.
② Social classes within a group are marked by a different scent.
③ The size of the territory a group occupies is marked by scent.
④ Individuals disguise themselves with an alien aroma for survival.
⑤ Members of a group are identified by a shared distinctive smell.

정답 | ⑤

해설 | ① 개개인은 그들의 개인의 향기를 사용하여 상대에 호소한다: 향기가 상대에 호소하기 위한 수단이라는 내용은 없다.

② 집단 내의 사회적인 계층이 다른 향기에 의해 표시된다: **2**에서 군집 구성원임을 표시한다고 했지, 다른 계층임을 표시한다는 내용은 없다.

③ 집단이 차지하는 영토의 크기는 향기에 의해서 표시된다: 영토의 크기에 관한 내용은 없다.

④ 각각의 개체들은 살기 위해 이질적인 향기와 함께 스스로 변장한다: 스스로를 변장한다는 내용은 없다.

⑤ 집단의 구성원들은 공유되는 독특한 냄새에 의해 식별이 된다: **2**에서 화학작용으로 군집 구성원임을 표시한다고 했으므로 정답으로 적절하다.

문법

1 4 〈주격 관계대명사 + be동사 생략〉: chemicals (which/that are) known(과거분사) / molecules (which/that are) known(과거분사) : 과거분사가 앞에 있는 명사를 후치 수식하는 경우

1 4 〈상태 수동태〉: 수동의 전치사 by 이외 다른 전치사를 사용하는 경우
: be known by/to/for/as

	과거분사	전치사	뜻
be 동사	known	by + 수단, 판단	~에 의해서 알려지다
		to + 동사원형	~한 것으로 알려져 있다
		to + 대상	~에게 알려지다
		for + 이유, 근거	~로 알려지다, ~ 때문에 알려지다
		as + 자격, 신분	~로서 알려지다

1 〈with 부대상황〉

with	목적어	목적격 보어	
~하면서, ~한 채로		형용사(구)	
		부사(구)	
		전치사구	
	분사	현재분사 (-ing)	능동 (목적어가 목적격 보어를 ~하고 있는, ~하는)
		과거분사 (p.p.)	수동 (목적어가 목적격 보어에게 ~당하는, ~되어진)
(with)	~ glands	releasing	

3 〈관계부사〉: 관계부사절은 완전한 문장이 나오고, 선행사와 관계부사는 서로 같이 사용할 수도 있고 둘 중 하나는 생략할 수도 있다.

용도	선행사	관계부사	전치사 + 관계대명사
시간	the time	when	in/at/on + which
장소	the place	where	in/at/on + which
이유	the reason	why	for which
방법	(the way)	how	in which
	the way how는 같이 사용 못함 the way, the way in which, the way that은 사용 가능 (how 대신에 사용되는 that은 관계부사 대용어라고 함)		

4 〈조동사 should의 용법〉

주절		종속절 : 명사절(타동사의 목적어)			
주어	타동사	종속접속사 (that)	주어	동사	
주장	insist, argue			당위성 일 경우	(should) 동사원형
요구/ 요청/부탁	**require**, demand, ask, desire, request, stipulate, move, beg, mandate				
명령	command, order				
충고	advise, urge				
결정	agree, decide, decree, determine			일반적 사실인 경우	주절의 동사와 시제일치
소망	wish, pray, prefer				
제안 / 권장	suggest, propose, recommend				

4 〈주격 관계대명사절〉: 계속적 용법으로는 that 사용 불가

		주격 관계대명사절		
선행사	콤마(,)	주격 관계대명사	~~주어~~	동사
앞 문장 전체	〈계속적 용법〉	which		requires

5 〈목적격 관계대명사 that〉: 3형식에서 타동사의 목적어가 없는 경우 / 선행사를 포함하고 있는 관계대명사 what 사용 불가

		목적격 관계대명사절		
선행사	목적격 관계대명사	주어	타동사	~~목적어~~
one	(that) 생략 가능	every ant	must wear	

5 〈주격 관계대명사절〉: 선행사를 포함하고 있는 관계대명사 what 사용 불가

		주격 관계대명사절		
선행사(주어)	주격 관계대명사	~~주어~~	동사	본동사
An ant	that		shouldn't be	is detected

어법 & 연결어

[Most / Almost] insect communication [is based / bases] on chemicals [knowing / known] as pheromones, with [specializing / specialized] glands [releasing / released] compounds to signal emergencies or [signpost / signposts] a route to food. Colony membership [marks / is marked] by chemistry, as well. [Although / Despite] ants don't tell individuals apart by their personal aromas the way hamsters [are / do], they do [recognize / to recognize] each other as nest-mates — or as foreign — using an odor as a [shared / sharing] sign of identity. As long as an ant displays the [correct / collect] emblem (as long as she smells right, [what / which] [require / requires] [what / that] she have the right combination of molecules [known / knowing] as hydrocarbons on her body), her colony-mates admit her as one of their own. The scent is [like / alike] a flag pin, one [that / what] every ant must wear. An ant [what / that] shouldn't be there is quickly [detecting / detected] by her alien scent. Since ants have no white flag of surrender, more often than not the outsider [kills / is killed].

지문	해석	단어 & 숙어

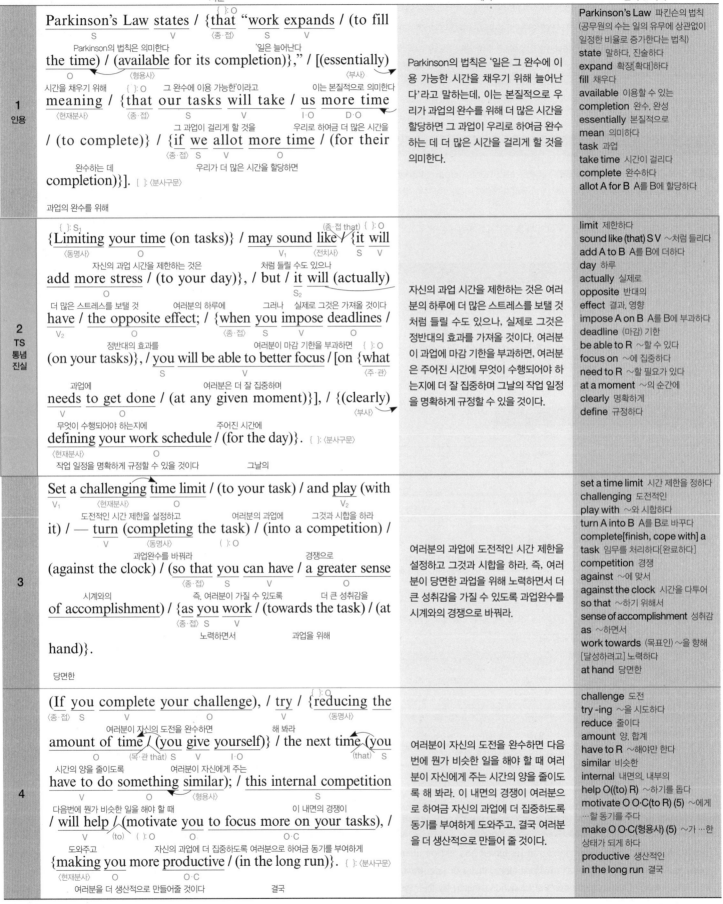

1 인용

Parkinson's Law states / {that "work expands / (to fill the time) / (available for its completion)}," / [(essentially) meaning / {that our tasks will take / us more time / (to complete)} / {if we allot more time / (for their completion)}].

Parkinson의 법칙은 '일은 그 완수에 이용 가능한 시간을 채우기 위해 늘어난다'라고 말하는데, 이는 본질적으로 우리가 과업의 완수를 위해 더 많은 시간을 할당하면 그 과업이 우리로 하여금 완수하는 데 더 많은 시간을 걸리게 할 것을 의미한다.

Parkinson's Law 파킨슨의 법칙 (공무원의 수는 일의 유무에 상관없이 일정한 비율로 증가한다는 법칙)
state 말하다, 진술하다
expand 확장[확대]하다
fill 채우다
available 이용할 수 있는
completion 완수, 완성
essentially 본질적으로
mean 의미하다
task 과업
take time 시간이 걸리다
complete 완수하다
allot A for B A를 B에 할당하다

2 TS 통념 진실

{Limiting your time (on tasks)} / may sound like / {it will add more stress / (to your day)}, / but / it will (actually) have / the opposite effect; / {when you impose deadlines / (on your tasks)}, / you will be able to better focus / [on {what needs to get done / (at any given moment)}], / {(clearly) defining your work schedule / (for the day)}.

자신의 과업 시간을 제한하는 것은 여러분의 하루에 더 많은 스트레스를 보탤 것처럼 들릴 수도 있으나, 실제로 그것은 정반대의 효과를 가져올 것이다. 여러분이 과업에 마감 기한을 부과하면, 여러분은 주어진 시간에 무엇이 수행되어야 하는지에 더 잘 집중하며 그날의 작업 일정을 명확하게 규정할 수 있을 것이다.

limit 제한하다
sound like (that) S V ~처럼 들리다
add A to B A를 B에 더하다
day 하루
actually 실제로
opposite 반대의
effect 결과, 영향
impose A on B A를 B에 부과하다
deadline (마감) 기한
be able to R ~할 수 있다
focus on ~에 집중하다
need to R ~할 필요가 있다
at a moment ~의 순간에
clearly 명확하게
define 규정하다

3

Set a challenging time limit / (to your task) / and play (with it) / — turn (completing the task) / (into a competition) / (against the clock) / (so that you can have / a greater sense of accomplishment) / {as you work / (towards the task) / (at hand)}.

여러분의 과업에 도전적인 시간 제한을 설정하고 그것과 시합을 하라. 즉, 여러분이 당면한 과업을 위해 노력하면서 더 큰 성취감을 가질 수 있도록 과업완수를 시계와의 경쟁으로 바꿔라.

set a time limit 시간 제한을 정하다
challenging 도전적인
play with ~와 시합하다
turn A into B A를 B로 바꾸다
complete[finish, cope with] a task 임무를 처리하다[완료하다]
competition 경쟁
against ~에 맞서
against the clock 시간을 다투어
so that ~하기 위해서
sense of accomplishment 성취감
as ~하면서
work towards (목표인) ~을 향해 [달성하려고] 노력하다
at hand 당면한

4

(If you complete your challenge), / try / {reducing the amount of time / (you give yourself)} / the next time (you have to do something similar); / this internal competition / will help / (motivate you to focus more on your tasks), / {making you more productive / (in the long run)}.

여러분이 자신의 도전을 완수하면 다음번에 뭔가 비슷한 일을 해야 할 때 여러분이 자신에게 주는 시간의 양을 줄이도록 해 봐라. 이 내면의 경쟁이 여러분으로 하여금 자신의 과업에 더 집중하도록 동기를 부여하게 도와주고, 결국 여러분을 더 생산적으로 만들어 줄 것이다.

challenge 도전
try -ing ~을 시도하다
reduce 줄이다
amount 양, 합계
have to R ~해야만 한다
similar 비슷한
internal 내면의, 내부의
help O((to) R) ~하기를 돕다
motivate O O·C(to R) (5) ~에게 …할 동기를 주다
make O O·C(형용사) (5) ~가 …한 상태가 되게 하다
productive 생산적인
in the long run 결국

22 다음 글의 요지로 가장 적절한 것은? [83%]

① 업무 처리의 창의성은 충분한 시간이 주어질 때 극대화된다.
② 과업 목표를 동료와 공유하는 것이 일의 효율성을 향상시킨다.
③ 조직에서 신뢰를 쌓으려면 마감 시간을 지키는 것이 필요하다.
④ 타인과 경쟁하는 것이 업무의 완성도를 높이는 데 도움이 된다.
⑤ 마감 시간을 정하면 과업에 더 집중하게 되어 생산성이 높아진다.

정답 | ⑤

해설 | ① 업무 처리의 창의성에 관한 내용은 없으므로 적절하지 않다.

② 목표 공유에 관한 내용은 없으므로 적절하지 않다.

③ 마감 시간의 목적으로 신뢰를 쌓는 것은 제시되지 않았으므로 적절하지 않다.

④ 타인과의 경쟁에 관한 내용은 없으므로 적절하지 않다.

⑤ **2**에서 마감 시간을 정하는 것이 생산성에 도움이 된다고 했으므로 정답으로 적절하다.

문법

1 2 〈what vs. that〉

	관계대명사 (불완전한 문장)	접속사 (완전한 문장)
what	○ 선행사를 포함하고 있기 때문에 what 앞에 선행사 불필요	×
that	○ that 앞에 선행사 필요	○

1 〈extend / expend / expand〉

동사	뜻
extend	(손·발 등을) 뻗다, 뻗치다, (기간을) 늘이다, (범위·영토 등을) 넓히다
expend	(시간·노력 등을) 들이다, 소비하다, 쓰다
expand	(정도·크기·용적 등을) 넓히다, 펼치다, (토론 등을) 전개시키다

1 〈주격 관계대명사 + be동사 생략〉: the time (which/that is) available(형용사) : 형용사가 앞에 있는 명사를 후치 수식하는 경우

1 3 4 〈혼동 어휘〉

	동사	명사
complete	완수하다	–
completion	–	완성, 완수
compete	경쟁하다	–
competition	–	경쟁, 대회
competitor	–	경쟁자
competence	–	능력, 자격
incompetence	–	무능력
complement	보완하다	보완, 보충
compliment	칭찬하다	칭찬

1 〈meaning ~〉: 〈분사구문〉이 문미에 있는 경우 (능동)

2 〈감각동사〉: feel / look / seem / **sound** / taste / appear / smell + **like (전치사)** + **(that)** + 주어 + 동사 / (동)명사

2 〈시간/조건의 부사절〉: 현재(완료)가 미래(완료)를 대신함 / 종속절과 주절의 위치는 서로 바뀔 수 있음

〈종속절〉: 부사절 (~하면)			주절	
When	주어	동사	주어	동사
	you	~~will impose~~ → impose	you	will be

2 〈분리부정사〉: to better focus

부정사	원형부정사		동사원형	
	to부정사	to	동사원형	
	분리부정사	to	부사	동사원형
			~~형용사~~	

3 〈so that과 comma(,) so that 그리고 so 형용사/부사 that의 차이점〉

인과 관계	해석
결과 so that 원인	~이니까, ~해서
원인, so that 결과	그 결과
so 형용사/부사 that 주어 동사 원인 결과	너무 ~해서 그 결과 …하다

4 〈목적격 관계대명사 that〉: 4형식에서 직접목적어가 없는 경우 / 선행사를 포함하고 있는 관계대명사 what 사용 불가

목적격 관계대명사절					
선행사	목적격 관계대명사	주어	수여동사	간접목적어	~~직접목적어~~
time	(which/that)	you	give	yourself	

4 〈형용사의 후치 수식〉: something similar

후치 수식	**-thing** -body -one	+ 형용사	○
전치 수식	형용사 +	-thing -body -one	×

4 〈목적격 보어 자리에 to부정사를 사용하는 불완전 타동사〉: advise / allow / ask / assume / beg / bring / cause / command / compel / condition / decide / design / drive / enable / encourage / expect / forbid / force / inspire / instruct / intend / invite / lead / like / **motivate** / order / permit / persuade / predispose / pressure / proclaim / prod / program / provoke / push / require / teach / tell / train / trust / urge / want / warn / wish 등

4 〈make 상태동사〉: 수동태 시, be made + 주격 보어(형용사/명사)

make	목적어	목적격 보어	해석
상태동사	명사 / 명사 상당어구	**형용사** 명사	~가 …한 상태로 만들다

어법 & 연결어

Parkinson's Law states [**what** / **that**] "work [**expands** / **expends**] to fill the time [**availably** / **available**] for [**its** / **their**] [**competition** / **completion**]," [**essential** / **essentially**] [**meaning** / **meant**] [**what** / **that**] our tasks will take us more time to [**compete** / **complete**] if we allot more time for their completion. [**Limit** / **Limiting**] your time on tasks may sound [**like** / **likely**] [**that** / **what**] it will add more stress to your day, but it will actually have the opposite effect; when you [**impose** / **will impose**] deadlines on your tasks, you will be able to better focus on [**that** / **what**] needs to get [**done** / **to do**] at any [**giving** / **given**] moment, [**clear** / **clearly**] [**defined** / **defining**] your work schedule for the day. [**Set** / **Setting**] a challenging time limit to your task and play with [**it** / **them**] — turn completing the task into a competition [**for** / **against**] the clock so that you can have a greater sense of accomplishment as you work towards the task at hand. If you complete your challenge, try [**reducing** / **to reduce**] the amount of time [**that** / **what**] you give [**you** / **yourself**] the next time you have to do [**similar something** / **something similar**]; this internal competition will help [**motivate** / **motivating**] you [**focusing** / **to focus**] more on your tasks, [**made** / **making**] you more [**productive** / **productively**] in the long run.

제목	시각 정보를 처리하는 뇌	
주제	뇌는 시각 정보를 처리하는데 크게 기여한다.	
글의 주제	논리	일화

	지문	해석	단어 & 숙어
1	The act of "seeing" / appears so natural / [that it is difficult S　　　　　　　V　　　S·C　〈종·접〉〈가〉V　S·C '보는 것'이라는 행위는　　너무 당연하게 보여서　　　　어렵다 / {to appreciate the vastly sophisticated machinery / 　　　　　　　　　　　p.p.　　　　　O 대단히 복잡한 장치의 진가를 알아보기가 (underlying the process)}]. { }:〈진S〉 〈현재분사〉　　O 그 과정의 기저에 있는	'보는 것'이라는 행위는 너무 당연하게 보여서 그 과정의 기저에 있는 대단히 복잡한 장치의 진가를 알아보기가 어렵다.	appear S·C(to be) ~인 것처럼 보이다 so 형/부 (that) S V 너무 ~해서 그 결과 …하다 natural 당연한 appreciate 진가를 알아보다 vastly 대단히 sophisticated 복잡한 machinery 기계(류) underlie 기저를 이루다
2 TS	It may come / (as a surprise) / {that about one-third of the 〈가〉S　V　　　　　　　　　　　〈종·접〉　　　　인간 뇌의 약 삼분의 일이 다가올 것이다　　놀라움으로 human brain / is devoted (to vision)}. { }:〈진S〉 S　　　　V〈수동태〉 시각에 전념하고 있다는 것은	인간 뇌의 약 삼분의 일이 시각에 전념하고 있다는 것은 놀라움으로 다가올 것이다.	come as a surprise 놀라움으로 다가오다 devote A to B A를 B에 쏟다, 바치다 (여기에서 to는 to부정사가 아니라 전치사로 사용됨) vision 시각
3	The brain / has to perform / an enormous amount of work S　　　V　　　　　　　O 뇌는　　수행해야 한다　　　방대한 양의 일을 / {to (unambiguously) interpret the billions of photons / 　　　　〈부사〉　　　　　　　　　O 빛의 요소가 되는 입자를 명확하게 해석하기 위해서 (streaming into the eyes)}. 〈현재분사〉 눈 속으로 흘러드는 수십억 개의	뇌는 눈 속으로 흘러드는 수십억 개의 빛의 요소가 되는 입자를 명확하게 해석하기 위해서 방대한 양의 일을 수행해야 한다.	have to R ~해야만 한다 perform 수행하다 enormous 방대한, 거대한 amount (~의) 양 unambiguously 명확하게 interpret 해석하다 billions 수십억 photon 광자, 광양자 (빛의 요소가 되는 입자) stream into ~로 흘러들어 가다
4	(Strictly speaking), / all visual scenes / are ambiguous. 　　　　　　　　　　　S　　　　　V　　S·C 엄밀하게 말해서　　모든 눈에 보이는 장면은　　모호하다	엄밀하게 말해서, 모든 눈에 보이는 장면은 모호하다.	strictly speaking 엄밀히 말해서 scene 장면 ambiguous 모호한
5	Your brain goes through / a good deal of trouble / (to S　　　V　　　　　　　　　　O 여러분의 뇌는 겪는다　　　　상당량의 어려움을 disambiguate the information) / (hitting your eyes) / (by 　　　　　　　〈현재분사〉 정보를 명확하게 하기 위해　　　자기 눈에 들어오는 taking context into account / and making assumptions). 〈동명사〉1　　O　　　　　　　〈동명사〉2 상황을 고려하고　　　　　　　가정을 함으로써	여러분의 뇌는 자기 눈에 들어오는 정보를 명확하게 하기 위해 상황을 고려하고 가정을 함으로써 상당량의 어려움을 겪는다.	go through ~을 겪다 a good deal of 다량의 trouble 문제, 곤경 disambiguate 명확하게 하다 information 정보 hit (어떤 장소에) 닿다[이르다] take A into account A를 고려하다 context 문맥, 상황 make an assumption 추정[가정]을 내리다
6 일화	But / all this doesn't happen / (effortlessly), / (as 그러나　S　　　V　　　　　　〈부사〉 그러나　이 모든 것이 일어나지는 않는다　쉽게 demonstrated by patients) / {who (surgically) recover 　p.p.　　　　〈선행사〉　　〈주·관〉〈부사〉　V 환자들에 의해 증명되듯이　자신의 시력을 수술로 회복한 their eyesight} / (after decades of blindness): / they do not O　　　　　〈전치사〉　　　　　　　　　　　S 수십 년간 눈이 멀었다가 (suddenly) see the world, / but instead / must learn to see 　　　V1　　O　　　　　　　대신에　　　　V2　　O 그들은 갑자기 세상을 보는 것이 아니라　　다시 보는 것을 '배워야' 한다 (again).	그러나 수십 년간 눈이 멀었다가 자신의 시력을 수술로 회복한 환자들에 의해 증명되듯이 이 모든 것이 쉽게 일어나지는 않는다. 그들은 갑자기 세상을 보는 것이 아니라, 대신에 다시 보는 것을 '배워야' 한다.	happen 일어나다[되다] effortlessly 쉽게 demonstrate 증명하다 patient 환자 surgically 수술로 recover 회복하다 eyesight 시력 decades 수십 년 blindness 실명 suddenly 갑자기 instead 대신에 learn to R ~하는 것을 배우다
7	At first / the world is a chaotic attack / (of shapes and 　　　　S1　V1　　S·C 처음에　　세상은 혼란스러운 습격이며　　모양과 색의 colors), / and / even {when the optics (of their eyes) are 　　　　　　　〈종·접〉　　　S　　　　　　V 그리고　심지어 그들 눈의 시력이 완벽하게 기능할 때에도 (perfectly) functional}, / their brain must learn / {how to 　　　　　　S·C　　　　　S2　　　V2　　　〈의문사〉 그들의 뇌는 배워야만 한다 interpret the data / (coming in)}. { }:O〈간·의〉 　　　　　　　　　〈현재분사〉 정보를 어떻게 해석하는지　들어오는	처음에 세상은 모양과 색의 혼란스러운 습격이며, 심지어 그들 눈의 시력이 완벽하게 기능할 때에도 그들의 뇌는 들어오는 정보를 어떻게 해석하는지 배워야만 한다.	at first 처음에는 chaotic 혼란스러운 attack 습격 shape 모양 even when 비록 ~일 때에도 optic 눈, 시력 perfectly 완벽하게 functional 기능적인 interpret 해석하다 come in 들어오다

23 다음 글의 주제로 가장 적절한 것은? [54%]

① perceptional clash between brain and eyes in the act of seeing
② significant role of the brain in processing visual information
③ unintended influence of visually ambiguous data in learning
④ various advantages of using insight to understand context
⑤ common optical illusions in discerning visual stimuli

정답 | ②

해설 | ① 본다는 행위에 있어서 뇌와 눈 사이에 인지적인 충돌: 뇌와 눈의 인지적인 충돌에 관한 내용은 없다.
② 시각적 정보를 처리하는 데에 뇌의 중요한 역할: **2**, **3**에서 시각 정보 처리에서 뇌가 중요한 역할을 한다는 것을 알 수 있으므로 정답으로 적절하다.
③ 학습하는 데에 시각적으로 모호한 데이터의 의도치 않은 영향: 모호한 데이터에 관한 내용은 없다.
④ 맥락을 이해하는 데에 통찰력 사용의 다양한 장점: 통찰력 사용에 관한 내용은 없다.
⑤ 시각적인 자극을 구별하는 데 있어서 흔한 시각적인 착각: 시각적인 착각에 관한 내용은 없다.

문법

1 〈원인과 결과를 동시에 나타내는 표현〉: '너무 ~해서 그 결과 …하다' (종속접속사 that 생략 가능)

〈원인〉: 너무 ~해서			〈결과〉: 그 결과 …하다		
so	형용사	(a(n) + 명사)	(that)	주어	동사
such	(a(n))	형용사	명사	that	주어	동사

1 〈what vs. that〉

	관계대명사 (불완전한 문장)	접속사 (완전한 문장)
what	○ 선행사를 포함하고 있기 때문에 what 앞에 선행사 불필요	×
that	○ that 앞에 선행사 필요	○

1 〈가주어, 진주어 구문〉

가주어	동사	진주어
It (this, that, there 사용 불가)	–	**that + 주어 + 동사 (완전한 절)**
		to 동사원형
		동명사
		의문사 + 주어 + 동사 (간접의문문)
		if/whether + 주어 + 동사
It	is	to appreciate
It	may come	that절

1 **3** **5** **7** 〈주격 관계대명사 + be동사 생략〉: machinery [(which/that is) underlying(현재분사)] / photons [(which/that are) streaming(현재분사)] / information [(which/that is) hitting(현재분사)] / the data [(which/that are) coming(현재분사)]: 밑줄 친 현재분사가 명사 뒤에서 후치 수식하는 경우

2 〈주어와 동사의 수의 일치〉: A of B : 일반적인 경우에 A가 주어 / A of B : A가 부분인 경우에 B가 주어 : one-third(분수) of **the human brain(주어) + is devoted(동사: 단수)**

3 〈분리부정사〉: to unambiguously interpret

		원형부정사	동사원형	
부정사	to부정사	to	동사원형	
	분리부정사	to	부사	동사원형
			형용사	

6 〈주격 관계대명사 who〉: 선행사를 포함하고 있는 관계대명사 what 사용 불가

	주격 관계대명사절		
선행사	주격 관계대명사	주어	동사
patients	who	~~~~	~~recovers~~
			recover

6 〈생략〉: 주절의 주어와 종속절의 주어와 같을 시 종속절의 '주어 + be동사'는 생략 가능

주절		종속절 → 분사구문		
주어	동사	종속접속사 〈그대로 사용하면 의미 강조〉	(주어 + be동사) 〈주절의 주어와 같을 경우 생략 가능〉	-ing(현재분사)
				p.p.(과거분사)
				형용사
				명사
all this	~ happen	as	(it is)	demonstrated

6 〈목적어 자리에 to부정사를 취하는 완전 타동사〉

주어	완전 타동사	목적어
–	afford / agree / ask / attempt / care / choose / claim / dare / decide / demand / desire / determine / elect / expect / fail / guarantee / hope / intend / **learn** / manage / need / offer / plan / pretend / promise / refuse / resolve / seek / threaten / volunteer / want / wish 등	to 동사원형

7 〈간접의문문〉: 〈의문사 to R〉 = 의문사 + 주어 + should + R

타동사	목적어		
learn	〈간접의문문〉: 명사절		
	의문사	to	R
	how	to	interpret

7 〈명사의 복수형〉: 외래어 복수(um/on → a)

단수	복수	뜻
datum	**data**	자료
medium	media	중간, 매체
bacterium	bacteria	박테리아
memorandum	memoranda	비망록, 메모
phenomenon	phenomena	현상, 사건
criterion	criteria	기준, 표준

어법 & 연결어

The act of "seeing" appears so [**natural / naturally**] [**that / what**] [**this / it**] is difficult to appreciate the [**vast / vastly**] [**sophisticated / sophisticating**] machinery [**underlain / underlying**] the process. It may come as a surprise [**what / that**] about one-third of the human brain [**devotes / is devoted**] to vision. The brain has to perform an enormous amount of work to [**unambiguous / unambiguously**] interpret the billions of photons [**streaming / streamed**] into the eyes. Strictly speaking, all visual scenes are ambiguous. Your brain goes [**through / thorough**] a good deal of trouble to disambiguate the information [**hit / hitting**] your eyes by taking context into account and making assumptions. (   ) all this doesn't happen [**effortless / effortlessly**], as [**demonstrated / demonstrating**] by patients who surgically [**recover / recovers**] their eyesight after decades of blindness: they do not suddenly see the world, but (   ) must *learn* [**to see / seeing**] again. (   ) the world is a chaotic attack of shapes and colors, and even when the optics of their eyes are [**perfect / perfectly**] functional, their brain must learn how to interpret the data [**come / coming**] in.

제목	감정을 판단할 때 몸과 얼굴 중 무엇에 더 의존하는가?
주제	우리는 감정을 판단할 때 얼굴보다 몸에 더 의존한다.
글의 제목 — 논리	예시

	지문	해석	단어 & 숙어
1	Normally, / bodies and faces work together / (as integrated units). 일반적으로 / 몸과 얼굴은 함께 작동한다 / 통합된 단위로	일반적으로 몸과 얼굴은 통합된 단위로 함께 작동한다.	normally 일반적으로 work 작동하다 integrated 통합적인 unit 단위
2	Conveniently, / experiments / can separate and realign / face and body. 편의상 / 실험이 / 분리하여 재정렬할 수 있다 / 얼굴과 몸을	편의상 실험이 얼굴과 몸을 분리하여 재정렬할 수 있다.	conveniently 편리하게 experiment 실험 separate 분리하다 realign 재정렬하다
3	(When face and body express / the same emotion), / assessments are more accurate. 얼굴과 몸이 표현할 때 / 같은 감정을 / 평가가 더 정확하다	얼굴과 몸이 같은 감정을 표현할 때 평가가 더 정확하다.	express 표현하다 emotion 감정 assessment 평가 accurate 정확한
4 TS	(If face and body express / different emotions), / the body carries / more weight / than the face / (in judging emotions). 얼굴과 몸이 표현한다면 / 다른 감정을 / 몸이 지닌다 / 더 많은 중요성을 / 얼굴보다 / 감정을 판단할 때	얼굴과 몸이 다른 감정을 표현한다면, 감정을 판단할 때 몸이 얼굴보다 더 많은 중요성을 지닌다.	carry[have] weight 중요한 의미를 갖다 judge 판단하다
5	(When they conflict), / emotion / (expressed by the body) / can override / and even reverse emotion / (expressed by the face). 그것들이 충돌할 때 / 감정은 / 몸에 의해 표현된 / 우선하며 / 심지어 감정보다 뒤집을 수도 있다 / 얼굴에 의해 표현된	그것들이 충돌할 때, 몸에 의해 표현된 감정은 얼굴에 의해 표현된 감정보다 우선하며 심지어 뒤집을 수도 있다.	conflict 충돌하다 override 우선하다 even 심지어 reverse 뒤집다
6 예시	A striking example comes / (from competitive tennis matches). 두드러진 예로 있다 / 경쟁적인 테니스 경기가	두드러진 예로 경쟁적인 테니스 경기가 있다.	striking 두드러진 competitive 경쟁적인 match 경기, 시합
7	Players (typically) react (strongly) / {to points / (they win or lose)}. 선수들은 일반적으로 강하게 반응한다 / 점수에 / 그들이 획득하거나 잃는	선수들은 그들이 획득하거나 잃는 점수에 일반적으로 강하게 반응한다.	player 선수 typically 일반적으로 react to ~에 반응하다 point 점수
8	(When a winning body is paired / with a losing face), / people see / the reaction as positive. 득점하고 있는 몸이 짝을 이룰 때 / 실점하고 있는 얼굴과 / 사람들은 여긴다 / 그 반응을 긍정적인 것으로	득점하고 있는 몸이 실점하고 있는 얼굴과 짝을 이룰 때, 사람들은 그 반응을 긍정적인 것으로 여긴다.	be paired with ~와 짝을 이루다 see A as B A를 B로 간주하다 reaction 반응 positive 긍정적인
9 예시2	And vice versa: / {when a losing body is paired / (with a winning face)}, / people interpret / the reaction as negative. 그리고 그 반대도 마찬가지이다 / 실점하고 있는 몸이 짝을 이룰 때 / 득점하고 있는 얼굴과 / 사람들은 해석한다 / 그 반응을 부정적인 것으로	그리고 그 반대도 마찬가지이다. 즉, 실점하고 있는 몸이 득점하고 있는 얼굴과 짝을 이룰 때 사람들은 그 반응을 부정적인 것으로 해석한다.	vice versa 반대도 또한 같음 interpret 해석하다 negative 부정적인
10	Impressions / go with the body / (when the face and the body conflict). 감상(평가)은 / 몸에 따라간다 / 얼굴과 몸이 충돌할 때	얼굴과 몸이 충돌할 때 감상(평가)은 몸에 따라간다.	impression 감상 go with ~을 따라가다
11	In these cases, / the face (alone), / (without the body), / even (when viewed close up in a photograph), / is not reliably judged / (for positive or negative affect). 이러한 경우 / 얼굴만으로는 / 몸이 없이 / 심지어 사진을 가까이서 들여다볼 때에도 / 확실히 판단되지 않는다 / 긍정적 정서인지 부정적 정서인지	이러한 경우, 심지어 사진을 가까이서 들여다볼 때에도 몸이 없이 얼굴만으로는 긍정적 정서인지 부정적 정서인지 확실히 판단되지 않는다.	alone 단독으로 even when 비록 ~일 때에도 close up 가까이서, 근접하여 photograph 사진 reliably 확실히 positive 긍정적인 affect 정서

24 다음 글의 제목으로 가장 적절한 것은? [54%]

① Never-ending Conflicts Between Body and Face
② Use Both Face and Body for Rich Emotional Expression
③ Reading Facial Expressions: A Key to Avoiding Mistakes
④ Nonverbal Language Is More Important in Communication
⑤ Body vs. Face: Which Do We Rely on in Judging Emotions?

정답 | ⑤

해설 | ① 몸이랑 얼굴 사이에 끝나지 않는 갈등: 감정 판단에 있어 몸에 더 의존하는 것이지 몸과 얼굴 사이의 갈등에 관한 내용은 아니므로 적절하지 않다.

② 풍부한 감정 표현을 위해 얼굴과 몸 둘 다 사용해라: 풍부한 감정 표현에 관한 내용은 없다.

③ 얼굴 표정을 읽는 것 : 실수를 피하는 열쇠: 실수를 피하기 위해 얼굴 표정을 읽는다는 내용은 없다.

④ 비언어적인 언어는 의사소통에서 더욱 중요하다: 비언어적인 언어에 관한 내용은 없다.

⑤ 몸 vs. 얼굴: 어떤 것이 우리를 감정을 판단하는 데에 의존하게 하는가?: **4**와 테니스 선수의 예시에서 감정을 판단할 때 얼굴보다 몸에 더 의존한다고 했으므로 정답으로 적절하다.

문법

4 〈동명사 vs. 명사〉 : 전치사의 목적어 자리에 동명사와 명사를 둘 다 사용할 수 있지만, 동명사는 뒤에 목적어로 명사를 가질 수 있는 점이 명사와의 차이점이다.

전치사구		
전치사	동명사	명사(동명사의 목적어)
in	**judging**	emotions
	judgement	

5 〈주격 관계대명사 + be동사 생략〉

–	생략할 수 있음	
명사 (선행사)	(주격 관계대명사 + be동사)	현재분사(-ing) – 능동 (~하고 있는, ~하는)
		과거분사(p.p.) – 수동 (~되어진, ~당한)
		명사
		형용사(구) (~하는, ~할)
		부사
		전치사구
emotion	(which/that is)	expressed

6 〈혼동 어휘〉

	동사	형용사	명사
complete	완수하다	완전한, 완벽한	–
completion	–	–	완성, 완수
compete	경쟁하다		
competition	–	–	경쟁, 대회
competitor	–	–	경쟁자
competence	–	–	능력, 자격
incompetence	–	–	무능력
complement	보완하다	–	보완, 보충
compliment	칭찬하다	–	칭찬
complimentary	–	칭찬하는, 무료의	–
competitive	–	**경쟁적인**	–
competent	–	유능한, 적임의, 자격이 있는	–

7 〈목적격 관계대명사 that〉 : 타동사의 목적어가 없는 경우 / 선행사를 포함하고 있는 관계대명사 what 사용 불가

목적격 관계대명사절				
선행사	목적격 관계대명사	주어	타동사	목적어
points	(that) 생략 가능	they	win or lose	

8 9 〈5형식 불완전 타동사의 목적격 보어〉 : 수동태 전환 시, 2형식 문장(be p.p. + as 보어)

주어	불완전 타동사	목적어	목적격 보어
–	accept / achieve / announce / characterize / cite / consider / count / deem / define / describe / disguise / identify / **interpret** / look at / look upon / perceive / praise / present / read / reckon / refer to / recognize / regard / remember / respect / **see** / speak of / think of / train / treat / use / view / visualize 등	–	as 보어

11 〈alone vs. lonely〉

	형용사	서술적 형용사	부사
alone	(명사/대명사 바로 뒤에서 수식하여) ~혼자, ~만으로도	혼자의, 고독한	혼자, 홀로
lonely	고독한, 고립된, 외로운	–	–

11 〈생략, 분사구문〉

〈종속절〉 : 분사구문				
the face	when	(it is)	viewed	is not judged
주어	종속접속사	생략	과거분사	동사

어법 & 연결어

(   ), bodies and faces work together as [**integrating** / **integrated**] units. (   ), experiments can separate and realign face and body. When face and body express the same emotion, assessments are more [**accurate** / **accurately**]. If face and body express different emotions, the body carries more weight than the face in [**judgement** / **judging**] emotions. When they conflict, emotion [**expressing** / **expressed**] by the body can override and even reverse emotion [**expressed** / **expressing**] by the face. A [**struck** / **striking**] example comes from [**comparative** / **competitive**] tennis matches. Players typically react [**strong** / **strongly**] to points [**that** / **what**] they win or lose. When a winning body [**pairs** / **is paired**] with a losing face, people see the reaction as [**positive** / **positively**]. (   ) vice versa: when a losing body [**pairs** / **is paired**] with a winning face, people interpret the reaction as negative. Impressions go with the body when the face and the body conflict. (   ), the face [**lonely** / **alone**], without the body, even when [**viewing** / **viewed**] close up in a photograph, is not reliably [**judging** / **judged**] for positive or negative affect.

	지문	해석	단어 & 숙어
1	Mental representation / is the mental imagery of things / {that are not actually present / (to the senses)}.	심적 표상은 감각에 실제로 존재하지 않는 것들에 대한 심상이다.	mental representation 심적 표상 (물체, 문제, 일의 상태, 배열 등에 관한 지식이 마음에 저장되는 방식) mental imagery 심상(心像) present 존재하는 sense 감각
2	In general, / mental representations can help / us learn.	일반적으로, 심적 표상은 우리가 학습하는 데 도움을 줄 수 있다.	in general 일반적으로 help O O·C((to) R) (5) ~가 …하도록 도와주다
3	Some of the best evidence / (for this) / ①comes (from the field of musical performance).	이에 대한 최고의 증거 중 몇몇은 음악 연주 분야에서 온다.	evidence 증거 come from ~에서 나오다[비롯되다] field 분야 musical performance 음악 연주, 음악 공연
4 TS 연구	Several researchers have examined / ②{what differentiates / the best musicians / (from lesser ones)}, / and one (of the major differences) lies / (in the quality of the mental representations) / (the best ones create).	여러 연구자들은 최고의 음악가들과 실력이 더 낮은 음악가들을 무엇이 구분 짓는가를 조사해 왔으며, 주요한 차이점들 중 하나가 최고의 음악가들이 만드는 심적 표상의 질에 있다.	researcher 연구자 examine 검사하다 differentiate A from B A와 B를 구별하다 musician 음악가 lesser 더욱 작은 (little의 비교급으로 명사 앞에만 씀) major 주요한 difference 차이점 lie in ~에 있다 quality 질 create ~을 만들어 내다
5	(When ③practicing a new piece), / advanced musicians have / a very detailed mental representation / (of the music) / (they use) / {to guide their practice / and, (ultimately), / their performance (of a piece)}.	새로운 작품을 연습할 때 상급 음악가들은 작품에 대한 자신의 연습, 궁극적으로 자신의 연주를 이끌기 위해 사용하는 음악에 대한 매우 정밀한 심적 표상을 가지고 있다.	practice 연습하다, 연습 piece 작품 advanced 진보된 detailed 정밀한 guide 이끌다, 안내하다 ultimately 궁극적으로 performance 연주
6	In particular, / they use / their mental representations / (to provide their own feedback) / [so that they know / (how ④closely they are / to getting the piece right) / and {what they need to do differently / (to improve)}].	특히, 그들은 자신이 그 작품을 제대로 이해하는 것에 얼마나 근접했는지와 그들이 향상하기 위해 무엇을 다르게 할 필요가 있는지를 알 수 있도록 심적 표상을 자기 자신의 피드백을 제공하기 위해 사용한다.	in particular 특히 provide 제공하다 feedback 피드백 so that ~하기 위해서 be close to ~에 근접해 있다 right 올바르게, 제대로 need to R ~할 필요가 있다 differently 다르게 improve 향상하다
7	The beginners and intermediate students / may have crude representations / (of the music) / ⑤[that allow them {to tell, / for instance, / (when they hit a wrong note)}], / but they must rely (on feedback) / (from their teachers) / (to identify the more subtle mistakes and weaknesses).	초급 및 중급 학생들은 예를 들어 자신이 언제 틀린 음을 쳤는지 알게 해주는 음악에 대한 투박한 표상을 가질 수도 있겠으나, 더 미묘한 실수와 약점을 알아내기 위해서는 자기 선생님의 피드백에 의존해야 한다.	beginner 초보자 intermediate 중급의 crude 투박한 representation 표상 (원래의 것과 같은 인상을 주는 이미지 또는 형상) allow O O·C(to R) (5) ~가 …하도록 하다 tell 알다 for instance 예를 들어 wrong 잘못된(↔ right) note 음 rely on ~에 의존하다 identify 확인하다 subtle 미묘한 weakness 약점

29 다음 글의 밑줄 친 부분 중, 어법상 틀린 것은? [3점] [47%]

정답 | ④

해설 | ① 주어와 동사의 수의 일치: 'Some of'가 부분을 나타내는 표현이기에 the best evidence가 주어로 3인칭 단수이므로 comes가 어법상 적절하다.

② 의문대명사 what 용법: 타동사 have examined의 목적어로 what절이 나왔다. 이때 what은 의문사 역할과 주어 역할까지 동시에 하고 있는 의문대명사로 '무엇'이라고 해석되어 간접의문문으로 사용되기 한다.

③ 분사의 능동 vs. 수동: 종속접속사 when으로 시작하는 종속절에서 '주어 + be동사'를 생략한 분사구문으로, 밑줄 친 practicing의 주체인 문장의 주어인 advanced musicians과 관계가 능동이고 이 뒤에 목적어 a new piece를 행하고 있기에 능동형 현재분사 practicing은 어법상 적절하다.

④ 형용사 vs. 부사: know의 목적어로 의문사 how로 시작하는 간접의문문에서 동사 are의 주격 보어의 역할을 하므로 closely(부사)가 아닌 close(형용사)가 적절하다.

⑤ 주격 관계대명사 that vs. what: 선행사 representations가 있고, 뒤 문장에서 주어가 없어 불완전하므로 주격 관계대명사로 that이 어법상 올바르다. what[the thing(s) which/that]은 선행사를 포함하고 문장에서 명사절(주어 / 목적어 / 보어) 역할을 하기에 어법상 올바르지 않다.

문법

1 7 〈주격 관계대명사 that절〉 : 선행사를 포함하고 있는 관계대명사 what 사용 불가

선행사	주격 관계대명사절		동사
	주격 관계대명사	주어	
things	that		are
representations			allow

3 〈주어와 동사의 수의 일치〉 : A of B : 일반적인 경우에 A가 주어 / A of B : A가 부분인 경우에 B가 주어

	A	B	
분수	two - thirds 등		동사 (B에 수의 일치)
부분	a group of, all of, a lot of, any of, a number of, both of, dozens of, each of, either of, few of, half of, many of, most of, much of, neither of, none of, one of, the vast majority of, part of, percent of, several of, **some of**, the rest of, two of 등	주어	
	Some of	evidence	come / comes

4 〈간접의문문〉 : 의문사가 있는 경우

	〈간접의문문〉: 완전 타동사의 목적어	
타동사	의문대명사	동사
have examined	what	differentiate

4 5 〈목적격 관계대명사 that〉 : 타동사의 목적어가 없는 경우 / 선행사를 포함하고 있는 관계대명사 what 사용 불가

선행사	목적격 관계대명사절			목적어
	목적격 관계대명사	주어	타동사	
the ~ representations	(that) 생략 가능	the best ones	create	
a ~ music		they	use	

5 〈분사구문〉 : 문두에 있는 경우 (능동)

종속절→분사구문			주절	
종속접속사 〈그대로 사용하면 의미 강조〉	(주어 + be동사) 〈주절의 주어와 같을 경우 생략 가능〉	-ing(현재분사) / p.p.(과거분사) / 형용사 / 명사	주어	동사
When	(they are)	practicing	advanced musicians	have

6 〈간접의문문〉 : 의문사가 있는 경우

	〈간접의문문〉: 타동사의 목적어 (완전한 문장)			
완전 타동사	의문사	주격보어	주어	동사
know	how	close	they	are

6 〈to가 전치사인 경우〉 : be close to + (동)명사 (~에 가까운, 근접한)

6 7 〈간접의문문〉 : what(의문사) + they(주어) + need(동사) / when(의문사) + they(주어) + hit(동사)

7 〈5형식 불완전 타동사의 목적격 보어〉 : 수동태 전환 시, 2형식 문장(be p.p. + to R)

주어	불완전 타동사	목적어	목적격 보어
—	advise / **allow** / ask / assign / assume / beg / bring / cause / command / compel / condition / decide / design / drive / enable / encourage / expect / forbid / force / inspire / instruct / intend / invite / lead / like / motivate / order / permit / persuade / predispose / prepare / pressure / proclaim / prod / program / provoke / push / require / teach / tell / train / trust / urge / want / warn / wish 등	—	to 동사원형

어법 & 연결어

Mental representation is the mental imagery of things [what / **that**] are not actually present to the senses. (   ), mental representations can help us [**learn** / learning]. Some of the best evidence for this comes from the field of musical performance. Several researchers have examined [**what** / that] differentiates the best musicians from [fewer / **lesser**] ones, and one of the major differences [**lies** / lays] in the quality of the mental representations [**that** / what] the best ones create. When [**practicing** / practiced] a new piece, [advancing / **advanced**] musicians have a very [**detailed** / detailing] mental representation of the music they use to guide their practice and, ultimately, their performance of a piece. (   ), they use their mental representations to provide their own feedback so that they know how close they are to [get / **getting**] the piece right and [what / **that**] they need to do [different / **differently**] to improve. The beginners and intermediate students [should have / **may have**] crude representations of the music [what / **that**] allow them [**to tell** / telling], (   ), when they hit a wrong note, but they must rely on feedback from their teachers to identify the more subtle mistakes and weaknesses.

	지문	해석	단어 & 숙어
1	Play can be costly / (because it takes energy and time) / S V S·C 〈종·접〉 S V O₁ O₂ 놀이는 대가를 치를 수 있다 에너지와 시간을 빼앗기 때문에 (which could be spent foraging). 〈주·관〉 V〈수동태〉 (in) 〈동명사〉 먹이를 찾아다니는 데 쓰일 수 있는	놀이는 먹이를 찾아다니는 데 쓰일 수 있는 에너지와 시간을 빼앗기 때문에 대가를 치를 수 있다.	play 놀이 costly 대가가 큰 take (시간·노력 등을) 요하다 spend O (in) -ing ~하는 데 …을 쓰다(수동태 시, be spent (in) -ing) forage 먹이를 찾아다니다
2	( ): 〈분사구문〉 (While playing), / the young animal / may be at great (A) 〈종·접〉 〈현재분사〉 V 노는 동안 어린 동물은 큰 위험에 처할 수도 있다 [comfort / risk]. S·C	노는 동안 어린 동물은 큰 (A)위험에 처할 수도 있다.	while ~하는 동안 comfort 안락, 편안 risk 위험
3 예시	For example, / 86 percent of young Southern fur seals / 〈부분〉 S 예를 들어 어린 남방물개들 중 86퍼센트가 (eaten by sea lions) / were play-swimming / (with others) / p.p. V 바다사자들에게 먹힌 물놀이를 하고 있었다 다른 물개들과 (when they were caught). 〈종·접〉 S V〈수동태〉 그들이 잡힐 당시	예를 들어 바다사자들에게 먹힌 어린 남방물개들 중 86퍼센트가 그들이 잡힐 당시 다른 물개들과 물놀이를 하고 있었다.	fur seal 물개 sea lion 바다사자 catch 잡다 (catch – caught – caught – catching)
4	(Against these costs) / many functions have been proposed 〈전치사〉 S V〈현재완료수동〉 이러한 대가와는 반대로 많은 기능들이 제기되어 왔다 / (for play), / (including practice) (for adult behaviours) / 〈전치사〉 ① 놀이에 있어 연습을 포함하여 다 자란 동물의 행동 및 (such as hunting or fighting), / and (for developing motor ② 〈동명사〉 사냥 또는 싸움과 같은 운동과 사교 기술을 발달시키기 위한 and social interaction skills).	이러한 대가와는 반대로, 사냥 또는 싸움과 같은 다 자란 동물의 행동 및 운동과 사교 기술을 발달시키기 위한 연습을 포함하여, 놀이에 있어 많은 기능들이 제기되어 왔다.	function 기능, 작용 propose 제의[제안]하다 including ~을 포함하여 practice 연습 adult 다 자란, 어른 behaviour 행동(=behavior) such as ~와 같은 fighting 싸움 develop 발달시키다 motor 운동 신경(의) social interaction 사회적 상호 작용
5	However, / (for these theories), / there is (B) [much / little] V 그러나 이러한 이론들에 대해 experimental evidence / (in animals). S 동물들에 있어	그러나 이러한 이론들에 대해 동물들에 있어 실험적 증거가 (B)거의 없다.	however 그러나 theory 이론 experimental 실험적인 evidence 증거
6 예시	For example, / detailed studies / {which tracked / juvenile p.p. S 〈주·관〉 V O₁ 예를 들면 세부 연구들은 추적한 성장기 놀이와 play / and adult behaviour (of meerkats)} / couldn't prove O₂ V 미어캣의 다 자랐을 때의 행동을 증명할 수 없었다 / {that play-fighting influenced fighting ability / (as an 〈종·접〉 S V O 싸움 놀이가 싸우는 능력에 영향을 주었다는 것을 다 자랐을 때의 adult)}. ( ): O	예를 들면 미어캣의 성장기 놀이와 다 자랐을 때의 행동을 추적한 세부 연구들은 싸움 놀이가 다 자랐을 때의 싸우는 능력에 영향을 주었다는 것을 증명할 수 없었다.	detailed 상세한 study 연구 track 추적하다 juvenile 성장기의 meerkat 미어캣(남아프리카산의 작은 육식 동물) prove 증명하다 influence 영향을 미치다 ability 능력
7 TS	Therefore, / the persistence of play / (across so many S 〈전치사〉 그러므로 놀이의 지속은 아주 많은 동물들에 걸친 animal species) / (C) [remains / resolves] a mystery. V S·C 미스터리로 남아 있다	그러므로 아주 많은 동물들에 걸친 놀이의 지속은 미스터리로 (C)남아 있다.	therefore 그러므로 persistence 지속 across ~에 걸쳐서 species (생물) 종(種) remain 남아 있다 resolve 해결하다 (= settle)
8	The answers are likely (to involve / diverse and multiple S V S·C 〈형용사〉 해답은 포함할 것 같은데 다양한 다수의 요인들을 factors), / {which may be quite different / (in different O 〈주·관〉 V S·C 〈도치〉 꽤 다를 것이다 여러 종들에게 있어 species)}, / {as might (what we call play itself)}. ( ): S 〈종·접〉 V 〈목·관〉 S V O·C 우리가 '놀이'라고 일컫는 것 자체가 그러하듯	해답은 다양한 다수의 요인들을 포함할 것 같은데, 우리가 '놀이'라고 일컫는 것 자체가 그러하듯 여러 종들에게 있어 꽤 다를 것이다.	be likely to R ~할 것 같다 involve 포함하다 diverse 다양한 multiple 다수의 factor 요인 quite 꽤

30 (A), (B), (C)의 각 네모 안에서 문맥에 맞는 낱말로 가장 적절한 것은? [60%]

	(A)		(B)		(C)
①	comfort	……	little	……	remains
②	comfort	……	much	……	resolves
③	risk	……	little	……	remains
④	risk	……	much	……	remains
⑤	risk	……	little	……	resolves

정답 | ③

해설 | ① 위안 – 거의 없는 – 남아있다
② 위안 – 많은 – 해결한다
③ 위험 – 거의 없는 – 남아있다

1에서 놀이가 대가를 치른다고 했고, **3**에서 사냥당한 물개 중 놀이를 한 물개의 비율이 높았으므로 위험하다는 뜻의 risk가 적절하다.

6에서 증명할 수 없었다고 했으므로 증거가 '거의 없다' little이 적절하다.

5에서 놀이의 긍정적 기능에 관한 실험적 증거가 없다고 했으므로 미스터리로 '남아 있다는' remains가 적절하다.

④ 위험 – 많은 – 남아있다
⑤ 위험 – 거의 없는 – 해결한다

문법

1 〈명사 + ly = 형용사〉

명사	ly	형용사	뜻
love		lovely	사랑스런
friend		friendly	친절한
cost	→	**costly**	값비싼
man		manly	남자다운
time		timely	때맞춘
leisure		leisurely	한가한, 느긋한

1 6 〈주격 관계대명사〉 : 선행사를 포함하고 있는 관계대명사 what 사용 불가

	주격 관계대명사절		
선행사	주격 관계대명사	주어	동사
energy and time	which		could be spent
studies			tracked

1 〈전치사 in이 생략된 경우〉

	목적어			
spend	시간/노력/돈/에너지 등			~하는 데 …을 소비하다
waste	돈/시간/재능 등			~하는 데 …을 낭비하다
have	a hard time	**(in)** 생략 가능	동명사	~하는 데 어려움을 가지다
	trouble			
	difficulty			
be	busy			~하는 데 바쁘다
There	is no use			~해봐도 소용없다

2 〈생략〉 : 주절의 주어와 종속절의 주어와 같을 시 종속절의 '주어 + be동사'는 생략 가능

종속절			주절	
종속접속사 〈그대로 사용하면 의미 강조〉	(주어 + be동사) 〈주절의 주어와 같을 경우 생략 가능〉	-ing(현재분사) p.p.(과거분사) 형용사 명사	주어	동사
while	(it is)	playing	the ~ animal	may be

3 〈주격 관계대명사 + be동사 생략〉 : fur seals (which/that were) eaten(과거분사)
: 과거분사가 앞에 있는 명사를 후치 수식하는 경우

4 6 〈미국식 영어 vs. 영국식 영어〉 : 철자 차이

미국식 영어	영국식 영어	미국식 영어	영국식 영어
color	colour	neighbor	neighbour
behavior	**behaviour**	harbor	harbour
favor	favour	honor	honour
labor	labour	humor	humour

6 8 〈what vs. that〉

	관계대명사 (불완전한 문장)	접속사 (완전한 문장)
what	O 선행사를 포함하고 있기 때문에 what 앞에 선행사 불필요	×
that	O that 앞에 선행사 필요	O

8 〈주격 관계대명사절〉 : 계속적 용법으로는 that 사용 불가, 구/절/문장 전체는 단수 취급

		주격 관계대명사절		
선행사	콤마(,)	주격 관계대명사	주어	동사
The answers	〈계속적 용법〉	which		may be

8 〈as + (대)동사 + 주어〉 : 종속접속사 as가 '~하듯이'라는 뜻으로 사용되어 주절의 내용고하 같은 내용을 담고 있을 때 as 뒤는 도치됨 / 정치 : as what we call play itself **might be different**

			도치	
주어	동사	as	대동사	주어
The answers	are	종속접속사 (~하듯이)	might	what ~

어법 & 연결어

Play can be [cost / **costly**] [**because** / because of] it takes energy and time [**which** / what] [could spend / **could be spent**] foraging. While [played / **playing**], the young animal may be at great risk. (   ), 86 percent of young Southern fur seals [eating / **eaten**] by sea lions were play-swimming with others when they [caught / **were caught**]. [**For** / Against] these costs many functions [have proposed / **have been proposed**] for play, [included / **including**] practice for adult behaviours such as hunting or fighting, and for developing motor and social interaction skills. (   ), for these theories, there [**is** / are] [few / **little**] experimental evidence in animals. (   ), [detailing / **detailed**] studies [**which** / what] tracked juvenile play and adult behaviour of meerkats couldn't prove [what / **that**] play-fighting influenced fighting ability as an adult. (   ), the persistence of play across so many animal species [remain / **remains**] a mystery. The answers are [alike / **likely**] to involve diverse and multiple factors, [**which** / what] may be quite different in different species, as might [that / **what**] we call *play* [it / **itself**].

	전국 2020학년도 4월 고3 31번	제목	왜 많은 사람들이 기꺼이 선착순으로 줄을 서는가?
		주제	많은 사람들이 기꺼이 선착순으로 줄을 서는 것은 공정함에 관한 것이다.
	빈칸 추론	논리	질문 · 답변

	지문	해석	단어 & 숙어
1 TS	The *New York Times* / ran an article / (titled "Why Waiting Is Torture,") / and the piece gave / a clear explanation / (for queue rage): / It's about _____. 뉴욕 타임즈는 / 기사를 실었고 / '기다림은 왜 고문인가'라는 제목의 / 그 기사는 주었다 / 확실하게 설명해 / 줄 서기 분노에 대해 / 그것은 공정함에 관한 것이다	뉴욕 타임즈는 '기다림은 왜 고문인가'라는 제목의 기사를 실었고, 그 기사는 줄 서기 분노에 대해 확실하게 설명해 주었다. 그것은 공정함에 관한 것이다.	run (신문·잡지에 글·기사를) 싣다 article 기사 title 제목[표제]을 붙이다 torture 고통, 고문 piece 기사 explanation 설명 queue 줄, 줄서기 rage 분노 fairness 공정함
2	{When someone cuts / (in front of us)}, / it upsets us, / and we're willing (to go a long way) / [to make sure / {that people (who arrive later than us) / don't get served / (before us)}]. 누군가가 끼어들 때 / 우리 앞에서 / 그 행위가 우리를 화나게 해서 / 우리는 기꺼이 노력한다 / 확실히 해 두기 위해 / 우리보다 나중에 온 사람들이 / 응대받지 못하는 것을 / 먼저	누군가가 우리 앞에서 끼어들 때 그 행위가 우리를 화나게 해서, 우리는 우리보다 나중에 온 사람들이 먼저 응대받지 못하는 것을 확실히 해 두기 위해 기꺼이 노력한다.	cut 끼어들다 in front of ~의 앞쪽에[앞에] upset 화나게 하다 be willing to R 기꺼이 ~하다 go a long way 노력하다 make sure (that) S V ~을 확실하게 하다 arrive 도착하다 serve 응대하다
3	(A few years ago), / some Israeli researchers / studied people's preferences / (for different types of lines), / (as the *New York Times* notes). 몇 년 전 / 몇몇 이스라엘 연구자들이 / 사람들의 선호를 연구했다 / 다양한 유형의 줄에 대한 / 뉴욕 타임즈에서 언급한 것처럼	뉴욕 타임즈에서 언급한 것처럼, 몇 년 전 몇몇 이스라엘 연구자들이 다양한 유형의 줄에 대한 사람들의 선호도를 연구했다.	Israeli 이스라엘(사람)의 researcher 연구원 study 연구하다 preference 선호(도) a type of 일종의 ~ as ~처럼 note 언급하다
4 질문	Would people rather stand / (in a first-come, first-served line)? 사람들은 서 있으려고 할까 / 하나의 선착순 줄에	사람들은 하나의 선착순 줄에 서 있으려고 할까?	rather 오히려 stand 서다 first-come, first-served 선착순
5 질문	Or / would they rather wait / (in a "multiple queue" line), / {which is common (in supermarkets) / and requires individuals to wait / (in separate first-come, first-served lines)}? 아니면 / 기다리려고 할까 / '병렬 줄 서기' / 슈퍼마켓에서 흔하며 / 개인들로 하여금 기다리도록 하는 / 여러 개의 선착순 줄에서	아니면 '병렬 줄 서기' 즉 슈퍼마켓에서 흔하며 개인들로 하여금 여러 개의 선착순 줄에서 기다리도록 하는 줄에서 기다리려고 할까?	wait 기다리다 multiple 다수의 common 흔한 require O O·C(to R) (5) ~가 …하는 것을 요구하다 individual 개인 separate 분리된, 별개의
6 답변	People (overwhelmingly) wanted / their lines to be first-come, first-served, / and they were willing (to wait) / (some 70 percent longer) / (for this sort of justice). 사람들은 압도적으로 원했으며 / 자신들이 선 줄이 선착순으로 되기를 / 그들은 기꺼이 기다리고자 했다 / 70퍼센트 정도 더 오래 / 이러한 종류의 정의감을 위해서	사람들은 압도적으로 자신들이 선 줄이 선착순으로 되기를 원했으며, 그들은 이러한 종류의 정의감을 위해서 70퍼센트 정도 더 오래 기꺼이 기다리고자 했다.	overwhelmingly 압도적으로 want O O·C(to R) (5) ~가 …하기를 원하다 sort 종류 justice 정의
7	In other words, / (in exchange for their time), / people got something / (that's often just as important). 다시 말해 / 시간과 맞바꿔 / 사람들은 어떤 것을 얻었다 / 보통 그 못지않게 중요한	다시 말해, 사람들은 시간과 맞바꿔 보통 그 못지않게 중요한 어떤 것을 얻었다.	in other words 즉, 다시 말해서 in exchange for ~ 대신의[교환으로]

31 다음 빈칸에 들어갈 말로 가장 적절한 것을 고르시오. [38%]

① fairness
② humility
③ efficiency
④ confidence
⑤ responsibility

정답 | ①

해설 | ① 공정함: **2**에서 나중에 온 사람이 앞에 서는 불공정함에 있어 사람들이 분노한다고 했으므로 정답으로 적절하다.
② 겸손: 겸손에 관한 내용은 없다.
③ 효율성: 더 오래 기다리더라도 선착순으로 줄을 섰으므로 완전히 정답과 반대되는 말이다.
④ 자신감: 자신감에 관한 내용은 없다.
⑤ 책임감: 책임감에 관한 내용은 없다.

문법

1 〈주격 관계대명사 + be동사 생략〉

–	생략 가능	
명사 (선행사)	(주격 관계대명사 + be동사)	현재분사(-ing) – 능동 (~하고 있는, ~하는)
		과거분사(p.p.) – 수동 (~되어진, ~당한)
		명사
		형용사(구) (~하는, ~할)
		부사
		전치사구
an article	(which/that was)	titled

2 〈make sure ~ : ~하는 것을 확신하다〉

make	sure	**that**	주어	동사 ~
		to R		

2 〈what vs. that〉

	관계대명사 (불완전한 문장)	접속사 (완전한 문장)
what	○ 선행사를 포함하고 있기 때문에 what 앞에 선행사 불필요	×
that	○ that 앞에 선행사 필요	○

2 7 〈주격 관계대명사〉: 선행사를 포함하고 있는 관계대명사 what 사용 불가

	주격 관계대명사절		
선행사	주격 관계대명사	~~주어~~	동사
people	who		arrive
something	that		is

2 〈불규칙적으로 변화하는 중요 형용사와 부사〉

원급	비교급	뜻	최상급	뜻	의미
late	**later**	나중에	latest	최근의	시간
	latter	후자의	last	최후의	순서

2 〈get 동사의 쓰임〉: 2형식일 경우

get	주격 보어	2형식
	과거분사	~당하다, ~의 상태로 되다
	현재분사	~하기 시작하다
	형용사	~의 상태가 되다, ~하기에 이르다
	to do	서서히 ~하게 되다

3 〈few / a few / a little / little〉

	few	거의 없는 (부정)	
수	**a few**	약간 (긍정)	+ 복수명사 + 복수동사
양	a little	약간 (긍정)	+ 단수명사 + 단수동사
	little	거의 없는 (부정)	

5 〈주격 관계대명사 which의 계속적 용법〉: 관계대명사 that 사용 불가

		주격 관계대명사절		
선행사	콤마(,)	which	~~주어~~	동사
a "multiple queue" line	계속적 용법	주격 관계대명사		is

5 6 〈5형식 불완전 타동사의 목적격 보어〉: 수동태 전환 시, 2형식 문장(be p.p. + to R)

주어	불완전 타동사	목적어	목적격 보어
–	advise / allow / ask / assign / assume / beg / bring / cause / command / compel / condition / decide / design / drive / enable / encourage / expect / forbid / force / inspire / instruct / intend / invite / lead / like / motivate / order / permit / persuade / predispose / prepare / pressure / proclaim / prod / program / provoke / push / **require** / teach / tell / train / trust / urge / **want** / warn / wish 등	–	to R

어법 & 연결어

The *New York Times* ran an article [titling / **titled**] "Why Waiting Is Torture," and the piece gave a clear explanation for queue rage: It's about fairness. When someone cuts in front of us, it upsets us, and we're willing to go a long way to make sure [what / **that**] people who arrive [**later** / latter] than us don't get [**served** / to serve] before us. A [little / **few**] years ago, some Israeli researchers studied people's preferences for different types of lines, as the *New York Times* notes. Would people rather stand in a first-come, first-served line? (   ) would they rather wait in a "multiple queue" line, which [**is** / are] common in supermarkets and [require / **requires**] individuals [waiting / **to wait**] in separate first-come, first-served lines? People overwhelmingly wanted their lines to be first-come, first-served, and they were willing to wait some 70 percent longer for this sort of justice. (   ), in exchange for their time, people got something [**what's** / that's] often just as [important / **importantly**].

	제목	진화적으로 해가 되는 자신의 행동에 의식적인 접근
	주제	자신의 행동에 의식적인 접근을 하는 것은 그 동물에게 진화적으로 해가 될 수 있다.
	논리	예시

	지문	해석	단어 & 숙어
1 TS	Evolutionary biologist Robert Trivers / gives / an 　　S　　　　　　　　　　　　　　　　V 진화 생물학자 Robert Trivers는　　　　　제시한다 extraordinary example (of a case) / {where an animal 　　O　　　　　　　　　　　　　〈관·부〉 탁월한 사례를　　　　　　　　　　　　　동물이 ＿＿＿＿＿＿＿ / may be damaging / (to its evolutionary 　　S　　　　　　S·C 자기 자신의 행동에 의식적인 접근을 하는　해를 줄 수 있다는　그 진화적 적합성에 fitness)}.	진화 생물학자 Robert Trivers는 자기 자신의 행동에 의식적인 접근을 하는 동물이 그 진화적 적합성에 해를 줄 수 있다는 탁월한 사례를 제시한다.	evolutionary biologist 진화 생물학자 extraordinary 놀라운, 비범한 case 사례 conscious 의식적인 access 접근 damaging to ～에 피해를 입히는 evolutionary 진화의 fitness 적합성
2 예시	(When a hare is being chased), / it zigzags / (in a random 〈종·접〉　S　V〈현재진행수동〉　　S　　V 산토끼가 쫓기고 있을 때　　　지그재그로 나아간다　　무작위 방식으로 pattern) / (in an attempt to shake off the pursuer). 그것은 추격자를 떨쳐내기 위한 시도로	산토끼가 쫓기고 있을 때, 그것은 추격자를 떨쳐내기 위한 시도로 무작위 방식으로 지그재그로 나아간다.	hare 산토끼 chase 추적하다 zigzag 지그재그로 나아가다 random 무작위의 pattern 양식, 방식 in an attempt to R ～하려 시도하다 shake off ～을 떨쳐내다 pursuer 추격자
3	This technique will be more reliable / (if it is genuinely 　　S　　　　V　　　　　S·C　　〈종·접〉S　V 그 기술이 좀 더 믿을 만한 것이 될 것이다　　정말로 무작위라면 random), / ⟨as it is better / (for the hare) / [to have no 　S·C　　　〈종·접〉X〈가〉S V　S·C　　〈의S〉　　[ ]: O〈진S〉 　　　　더 좋기 때문에　( ): O〈간·의〉　　산토끼가 foreknowledge / {of (where it is going to jump next)}]⟩: / 　　　　　　　　　　〈의문사〉　S　　　V 미리 알지 못하는 것이　( ): O〈간·의〉　다음에 자신이 어디로 뛰어오를 것인지를 {if it knew / (where it was going to jump next)}, / its posture 〈종·접〉S　V　〈의문사〉　　S　　V　　　　　　S 만약 산토끼가 안다면　　　다음에 자신이 어디로 뛰어오를지 might reveal clues / (to its pursuer). 그것의 자세가 단서를 드러낼지도 모른다　자신의 추격자에게	산토끼가 다음에 자신이 어디로 뛰어오를 것인지를 미리 알지 못하는 것이 더 좋기 때문에, 그 기술이 정말로 무작위라면 이것은 좀 더 믿을 만한 것이 될 것이다. 만약 산토끼가 다음에 자신이 어디로 뛰어오를지 안다면, 그것의 자세가 자신의 추격자에게 단서를 드러낼지도 모른다.	technique 기술 reliable 믿을 만한 genuinely 진실로, 정말로 as ～ 때문에, ～이므로 foreknowledge 예지, 선견 be going to R ～할 예정이다 jump 뛰어오르다 posture 자세 reveal 드러내다, 밝히다 clue 단서 pursuer 추격자
4	(Over time), / dogs would learn / to anticipate these cues / 　　　　　　S　　V　　　　　　O 시간이 지나　개들이 배우게 될 것이고　이러한 신호들을 예상하는 것을 — (with fatal consequences) / (for the hare). 이는 치명적인 결과를 가져올 것이다　산토끼에게	시간이 지나, 개들이 이러한 신호들을 예상하는 것을 배우게 될 것이고, 이는 산토끼에게 치명적인 결과를 가져올 것이다.	over time 시간이 지남에 따라 learn to R ～하는 것을 배우다 anticipate 예상하다 cue 신호 fatal 치명적인 consequence 결과
5	Those hares (with more self-awareness) / would tend (to die 　　S₁　　　　　　　　　　　　　V₁ 좀 더 자기 인식을 하는 그런 산토끼들이　　멸종되는 경향이 있을 것이며 out), / so most modern hares are probably descended / (from 　　　　　S₂　　　　　　V₂〈수동태〉 따라서 대부분의 오늘날의 산토끼들은 아마도 후손일 것이다　산토끼들의 those) / (that had less self-knowledge). 〈선행사〉　〈주·관〉V　　O 　　　　자각을 덜 했던	좀 더 자기 인식을 하는 그런 산토끼들이 멸종되는 경향이 있을 것이며, 따라서 대부분의 오늘날의 산토끼들은 아마도 자각을 덜 했던 산토끼들의 후손일 것이다.	self-awareness 자기 인식 tend to R ～하는 경향이 있다 die out 소멸되다 modern 현대의 probably 아마도 be descended from ～의 후손이다 self-knowledge 자기 이해[인식]
6	In the same way, / humans may be descended / (from 　　　　　　　　　S　　V〈수동태〉 마찬가지로　　　인간들은 후손일지도 모른다 ancestors) / {who were better at the concealment / (of their 〈선행사〉　〈주·관〉V　S·C 조상들의　　　숨기는 것을 더 잘했던　　자신의 진짜 동기들을 true motives)}.	마찬가지로, 인간들은 자신의 진짜 동기들을 숨기는 것을 더 잘했던 조상들의 후손일지도 모른다.	in the same way 마찬가지로 ancestor 조상 be better at ～을 더 잘하다 concealment 숨김 motive 동기
7	It is not enough / (to conceal them from others) / — (to be 〈가S〉V　　S·C　　　　( ): 〈진S〉 충분치 않으며　　다른 사람들로부터 그것들을 숨기는 것은 really convincing), / you also have to conceal them / (from 　　　　　　　　　　　S　　V　　　　O 확실히 (행동에) 설득력이 있으려면　　그것들을 숨겨야 한다 yourself). 여러분 자신으로부터도	그것들을 다른 사람들로부터 숨기는 것은 충분치 않으며, 확실히 (행동에) 설득력이 있으려면 여러분 자신으로부터도 그것들을 숨겨야 한다.	enough 충분한 conceal A from B A를 B로부터 숨기다 really 실제로 convincing 설득력 있는 have to R ～해야만 한다

32 다음 빈칸에 들어갈 말로 가장 적절한 것을 고르시오. [37%]

① disconnecting the link from its circumstance

② having conscious access to its own actions

③ sharpening its own intuitions and instincts

④ relying on its individual prior experiences

⑤ activating its innate survival mechanism

정답 | ②

해설 | ① 그 주변의 상황으로부터 연결고리를 끊는: 주변 상황으로 연결고리를 끊는다는 내용은 없다.

② 자기 자신의 행동에 의식적인 접근을 하는: 5 에서 자신의 행동에 의식적인 접근을 하는 토끼는 멸종될 수 있다고 했으므로 정답으로 적절하다.

③ 자기의 직관과 본능을 날카롭게 하는: 직관과 본능에 관한 내용은 없다.

④ 자기의 개별적인 이전의 했던 경험에 의존하는: 이전 경험에 의존한다는 내용은 없다.

⑤ 자기의 타고난 생존의 메커니즘을 활성화하는: 생존 메커니즘에 관한 내용은 없다.

문법

1 〈관계부사〉: 관계부사절은 완전한 문장이 나오고, 선행사와 관계부사는 서로 같이 사용할 수도 있고 둘 중 하나는 생략할 수도 있다.

용도	선행사	관계부사	전치사 + 관계대명사
시간	the time	when	in/at/on + which
장소	the place (= a case)	**where**	in/at/on + which
이유	the reason	why	for which
방법	(the way)	how	in which
	the way how는 같이 사용 못함 the way, the way in which, the way that은 사용 가능 (how 대신에 사용되는 that은 관계부사 대용어라고 함)		

1 〈동명사 주어〉: having ~ may be damaging

주어가 될 수 있는 것들		주어와 동사의 수의 일치
단어	명사	명사와 대명사에 따라 동사의 단/복수 결정
	대명사	
구	to부정사구	단수동사 *모든 구와 절은 단수 취급
	동명사구	
절	that절	
	what절	
	whether절	
	의문사절	
	복합 관계대명사절	

3 7 〈가주어 + (의미상의 주어) + 진주어(to R) 구문〉

가주어	동사	(의미상의 주어)	진주어
It (this, that, there 사용 불가)		for + 목적격	to 동사원형
it	is	for the hare	to have
It	is	—	to conceal

3 〈to부정사의 의미상 주어〉: for the hare

주어	동사 ~	to R
		주체가 주어

주어	동사 ~	for + 목적격	to R
		〈의미상의 주어〉	주체가 주어가 아니기 때문에 의미상의 주어가 필요

3 〈간접의문문〉: 의문사 where가 있는 경우

	〈간접의문문〉: 전치사/타동사의 목적어		
전치사/타동사	의문사	주어	동사
of	where	it	is going to jump
knew	where	it	was going to jump

4 〈목적어 자리에 to부정사를 취하는 완전 타동사〉

주어	완전 타동사	목적어
—	afford / agree / ask / attempt / care / choose / claim / dare / decide / demand / desire / determine / elect / expect / fail / guarantee / hope / intend / **learn** / manage / need / offer / plan / pretend / promise / refuse / resolve / seek / threaten / volunteer / want / wish 등	to 동사원형

5 〈to부정사를 취하는 불완전 자동사〉

주어	불완전 자동사	
—	aim / appear / arrange / bother / consent / delight / fight / hesitate / hurry / long / prepare / seem / serve / strive / struggle / **tend** / yearn / wait 등	to 동사원형

5 6 〈주격 관계대명사〉: 선행사를 포함하고 있는 관계대명사 what 사용 불가

	주격 관계대명사절		
선행사	주격 관계대명사	주어	동사
those	that		had
ancestors	who		were

어법 & 연결어

Evolutionary biologist Robert Trivers gives an extraordinary example of a case [which / **where**] an animal [had / **having**] conscious access to [**its** / their] own actions may be [damaged / **damaging**] to [**its** / their] evolutionary fitness. When a hare [**is being chased** / is chasing], it zigzags in a random pattern in an attempt to shake off the pursuer. This technique will be more reliable if it [**is** / will be] [genuine / **genuinely**] random, as [**it** / this] is better for the hare to have no foreknowledge of [**where** / which] it is going to jump next: if it knew [where was it / **where it was**] going to jump next, its posture might reveal clues to its pursuer. Over time, dogs would learn [anticipating / **to anticipate**] these cues — with fatal consequences for the hare. Those hares with more self-awareness would tend [**to die** / dying] out, so [**most** / almost] modern hares are probably [descending / **descended**] from those [what / **that**] had less self-knowledge. (   ), humans [may descend / **may be descended**] from ancestors who [was / **were**] better at the concealment of their true motives. [**It** / That] is not enough to conceal [**it** / them] from others — to be [real / **really**] [convinced / **convincing**], you also have to conceal [**it** / them] from [you / **yourself**].

	전국 2020학년도 4월 고3 33번	제목	뇌가 언어에 어떻게 반응하는가?
		주제	언어는 뇌에 언어 감지 부분뿐만 아니라 다른 감각과 관련된 영역도 활성화 한다.
	빈칸 추론	논리	예시, 비교 · 대조

	지문	해석	단어 & 숙어
1	Scientists have known / (about 'classical' language regions) / (in the brain) / (like Broca's area and Wernicke's), / and (that these are stimulated) / (when the brain interprets new words).	과학자들은 Broca 영역 및 Wernicke 영역 같은 뇌의 '고전적인' 언어 부위와, 뇌가 새로운 단어들을 해석할 때 이 부분이 자극을 받는다는 것을 알고 있다.	know about ~에 대하여 알고[듣고] 있다 classical 고전적인 language 언어 region 영역 area 영역, 부분 stimulate 자극하다 interpret 해석하다
2	But / it is now clear / {that stories activate / other areas of the brain / (in addition)}.	그러나 이제는 이야기가 뇌의 다른 영역 또한 활성화한다는 것이 분명하다.	clear 분명한 activate 활성화하다 in addition 또한
3	Words / (like 'lavender', 'cinnamon', and 'soap') / activate / not only language-processing areas (of the brain), / but also those (that respond to smells) / (as though we physically smelled them).	'라벤더', '계피' 그리고 '비누'와 같은 단어들은 뇌의 언어 처리 영역뿐 아니라 마치 우리가 실제로 그것들을 냄새 맡는 것처럼 후각에 반응하는 영역도 활성화한다.	lavender 라벤더 (쑥 냄새 비슷한 향이 나고 연보라색 꽃이 피는 화초) cinnamon 계피 soap 비누 not only A but also B A뿐만 아니라 B 또한 processing 처리하는 respond to ~에 반응하다 smell 냄새(맡다) as though 마치 ~인 것처럼 physically 실제로
4 예시 열거	Significant work / has been done / {on (how the brain responds to metaphor)}, / for example.	예를 들면, 뇌가 은유에 어떻게 반응하는지에 대한 중요한 연구가 이루어져 왔다.	significant 중요한 work 연구 metaphor 은유, 비유
5	Participants (in these studies) / read familiar or clichéd metaphors / (like 'a rough day') / and these stimulated / only the language-sensitive parts of the brain.	이 연구의 참가자들은 '힘든 날'과 같은 친숙하거나 상투적인 은유를 읽었고, 이는 뇌의 언어 감지 부분만 자극했다.	participant 참가자 familiar 친숙한 clichéd 상투적인 metaphor 은유 rough day 힘든 날 sensitive 민감한 part 부분
6	The metaphor 'a liquid chocolate voice', / on the other hand, / stimulated areas of the brain / (concerned both with language — and with taste).	반면, '흐르는 초콜릿 목소리'라는 은유는 언어 그리고 미각과 관련된 뇌의 영역 모두를 자극했다.	liquid 흐르는 듯한 voice 목소리 on the other hand 반면에 concerned with ~와 관련된 both A and B A와 B 둘 다 taste 맛
7	'A leathery face' / stimulated the sensory cortex.	'가죽 같은 얼굴'은 감각 대뇌 피질을 자극했다.	leathery 가죽 같은 sensory cortex 감각 피질
8	And / {reading an exciting, vivid action plot / (in a novel)} / stimulates parts of the brain / (that coordinate movement).	그리고 소설 속 흥미진진하고 생생한 액션 플롯을 읽는 것은 동작을 조정하는 뇌의 부분을 자극한다.	vivid 생생한 plot 줄거리 novel 소설 coordinate 조정하다 movement 동작
9 TS	(Reading powerful language), / (it seems), / stimulates us / (in ways) / _____ .	강력한 언어를 읽는 것은 현실과 유사한 방식으로 우리를 자극하는 것으로 보인다.	seem (~인 것처럼) 보이다 be similar to ~와 유사하다

33 다음 빈칸에 들어갈 말로 가장 적절한 것을 고르시오. [3점] [34%]

① that are similar to real life
② that help forget minor details
③ that reach objective decisions
④ that are likely to improve focus
⑤ that separate emotion from reason

정답 | ①

해설 | ① 현실과 유사한: ❸에서 단어가 현실에서 냄새를 맡는 것처럼 후각 영역을 활성화했으므로 정답으로 적절하다.
② 사소한 세부사항들을 잊어버리는 데 도움이 되는: 세부사항을 잊는 것에 관한 내용은 없으므로 적절하지 않다.
③ 객관적인 결정에 도달하는: 객관적 결정에 관한 내용은 없으므로 적절하지 않다.
④ 집중을 향상시키기 쉬운: 집중 향상에 관한 내용은 없으므로 적절하지 않다.
⑤ 이성으로부터 감정을 분리하는: 이성과 감정의 분리에 관한 내용은 없으므로 적절하지 않다.

문법

1 〈종속접속사 that 생략 불가〉: 대등접속사로 이어지는 뒤에 있는 종속절에서 종속접속사 that은 생략 불가 (이 문장에서는 '종속절1' 위치에 명사가 사용됨)

주어	완전 타동사	생략 가능			대등 접속사	생략 불가		
		(that)	주어	동사	and	that	주어	동사
		종속절 1			but	종속절 2		
					or			

1 2 〈what vs. that〉

	관계대명사 (불완전한 문장)	접속사 (완전한 문장)
what	○ 선행사를 포함하고 있기 때문에 what 앞에 선행사 불필요	×
that	○ that 앞에 선행사 필요	○

2 〈가주어, 진주어 구문〉

가주어	동사	진주어
It (this, that, there 사용 불가)	–	**that + 주어 + 동사 (완전한 절)**
		to 동사원형
		동명사
		의문사 + 주어 + 동사 (간접의문문)
		if/whether + 주어 + 동사
It	is	that절

3 〈not only A but also B〉: A뿐만 아니라 B도

not only = just = simply = merely = alone	~	**but 주어 also 동사**	~	
		but 주어 + 동사		(as well)
		;(세미콜론) 주어 + 동사		as well
		,(콤마) 주어 + 동사		as well
		.(마침표) 주어 + 동사		as well
= B as well as A (주어는 B)				

3 8 9 〈주격 관계대명사 that절〉: 선행사를 포함하고 있는 관계대명사 what 사용 불가

	주격 관계대명사절		
선행사	주격 관계대명사		동사
those	that	주어	respond
parts			coordinate
ways			are

3 4 9 〈to가 전치사인 경우〉: responds to + (동)명사 / be similar to + (동)명사

3 〈even vs. as〉

종속접속사	even though	+ 주어 + 동사	비록 ~일지라도	양보/대조
	even if			
	as though		마치 ~처럼	가정법
	as if			

4 〈간접의문문〉: 의문부사 how가 있는 경우

〈간접의문문〉: 전치사의 목적어			
전치사	의문사	주어	동사
on	how	the brain	responds

6 〈주격 관계대명사 + be동사 생략〉: areas of the brain [(which/that were) concerned(과거분사)] : 과거분사가 앞에 있는 명사를 후치 수식하는 경우

8 9 〈동명사 주어〉: **reading** ~ stimulates / **Reading** ~ stimulates

주어가 될 수 있는 것들		주어와 동사의 수의 일치
단어	명사	명사와 대명사에 따라 동사의 단/복수 결정
	대명사	
구	to부정사구	단수동사 *모든 구와 절은 단수 취급
	동명사구	
절	that절	
	what절	
	whether절	
	의문사절	
	복합 관계대명사절	

어법 & 연결어

Scientists have known about 'classical' language regions in the brain [**like** / alike] Broca's area and Wernicke's, [and / **and that**] these [stimulate / **are stimulated**] when the brain interprets new words. (　　　) it is now clear [what / **that**] stories activate other areas of the brain in addition. Words [**like** / likely] 'lavender', 'cinnamon', and 'soap' activate not only language-processing areas of the brain, but also those [**that** / what] [responds / **respond**] to smells [**as though** / even though] we physically smelled them. Significant work [**has been done** / has done] on [how does the brain respond / **how the brain responds**] to metaphor, (　　　). Participants in these studies read [**familiar** / familiarly] or clichéd metaphors [**like** / alike] 'a rough day' and these stimulated only the language-sensitive parts of the brain. The metaphor 'a liquid chocolate voice', (　　), stimulated areas of the brain [concerning / **concerned**] both with language — and with taste. 'A leathery face' stimulated the sensory cortex. (　) reading an [excited / **exciting**], vivid action plot in a novel [stimulate / **stimulates**] parts of the brain that [coordinate / **coordinates**] movement. [Read / **Reading**] powerful language, it seems, stimulates us in ways [what / **that**] are similar to real life.

	지문	해석	단어 & 숙어
1	There are two fundamental components / (in mathematics and music): / (formulas and gestures). 두 가지 필수적인 요소가 있다　수학과 음악에는 공식과 표현이다	수학과 음악에는 두 가지 필수적인 요소가 있다. 공식과 표현이다.	fundamental 필수적인 component 구성 요소 mathematics 수학 formula 공식 gesture 표현
2 예시	Musical formulas are well known / — for example, / the song form *A-B-A*, / or the formula *I-IV-V-I* in harmony. 음악 공식은 잘 알려져 있는데　예를 들면 'A-B-A' 노래 형식　혹은 'I-IV-V-I' 화성 공식이다	음악 공식은 잘 알려져 있는데, 예를 들면 'A-B-A' 노래 형식 혹은 'I-IV-V-I' 화성 공식이다.	well known 유명한, 잘 알려진 harmony 화성, 화음; 조화
3	But / music cannot be reduced / (to such form(ula)s); / it needs / to deploy them / (in its sounds' time and space). 그러나　음악은 축소될 수 없는데　그러한 형식(공식)들로　음악은 필요가 있다 그것들을 배치할　소리의 시공간 안에	그러나 음악은 그러한 형식(공식)들로 축소될 수 없는데, 음악 소리의 시공간 안에 그것들을 배치할 필요가 있다.	reduce 축소하다 such 그러한[그런] need to R ~할 필요가 있다 deploy 배치하다 sound 소리 time and space 시간과 공간
4	The aim (of this deployment) / is the gestural action of musicians. 이러한 배치의 목표는　음악가의 표현 행위이다	이러한 배치의 목표는 음악가의 표현 행위이다.	aim 목표 (= goal) deployment 배치 gestural 표현의
5	In other words, / music transfers / formulas (into gestures) / {when performers interpret / the written notes}, / and {when the composers unfold / formulas (into the score's gestures)}. 다시 말해서　음악은 전환한다　공식을 표현으로 연주자가 해석할 때　쓰여진 음표를 그리고 작곡가가 펼칠 때　공식을 악보적 표현으로	다시 말해서 연주자가 쓰여진 음표를 해석 할 때 그리고 작곡가가 공식을 악보적 표현으로 펼칠 때 음악은 공식을 표현으로 전환한다.	in other words 다시 말해서 transfer A into B A를 B로 변형시키다 performer 연주자 interpret 해석하다 note 음(표) composer 작곡가 unfold A into B A를 B로 펼치다 score 악보
6	Similarly, / mathematicians do mathematics; / they don't (just) observe eternal formulas. 마찬가지로　수학자는 수학을 하는데 불변의 공식을 따르기만 하는 것은 아니다	마찬가지로 수학자는 수학을 하는데, 불변의 공식을 따르기만 하는 것은 아니다.	similarly 마찬가지로 mathematician 수학자 observe 준수하다, 지키다 eternal 불변의, 영원한
7	They move symbols / (from one side of an equation to the other). 〈from A to B〉 그들은 기호를 이동시킨다　방정식의 한 변에서 다른 변으로	그들은 방정식의 한 변에서 다른 변으로 기호를 이동시킨다.	move A from B to C A를 B에서 C로 옮기다 side (삼각형 등의) 변, (입체의) 면 equation 방정식
8	Mathematics thrives / (by intense and highly disciplined actions). 수학은 발전한다　매우 집중하여 상당히 규칙을 잘 따르는 행위에 의해	수학은 매우 집중하여 상당히 규칙을 잘 따르는 행위에 의해 발전한다.	thrive 번창하다 intense 집중한 highly 매우, 상당히 disciplined 훈련받은
9	You will never understand / mathematics / {if you do not "play" / (with its symbols)}. 여러분은 결코 이해할 수 없을 것이다　수학을　여러분이 가지고 '놀지' 않는다면 그 기호들을	여러분이 그 기호들을 가지고 '놀지' 않는다면 결코 수학을 이해할 수 없을 것이다.	play with ~을 가지고 놀다 symbol 기호, 상징물
10	However, / the mathematical goal / is not a manipulatory activity; / it / is the achievement (of a formula) / (that condenses your manipulatory gestures). 하지만　수학의 목표는　조작적 활동이 아니라 그것은　공식의 완성이다　여러분의 조작적 표현을 응축하는	하지만 수학의 목표는 조작적 활동이 아니라, 그것은 여러분의 조작적 표현을 응축하는 공식의 완성이다.	goal 목표 manipulatory 조작적인 achievement 성취 condense 응축하다
11 TS	Mathematics, / therefore, / shares / (with music) / a movement / (between gestures and formulas), / but it / _____. 〈between A and B〉 수학은　그러므로　공유하지만　음악과　움직임을 표현과 공식 사이의　하지만 그것은　음악의 과정과 정반대 방향으로 움직인다	그러므로 수학은 표현과 공식 사이의 움직임을 음악과 공유하지만 그것은 음악의 과정과 정반대 방향으로 움직인다.	therefore 그러므로 share 공유하다 movement 움직임 between A and B A와 B 사이의 opposite 반대의 direction 방향 process 과정

34 다음 빈칸에 들어갈 말로 가장 적절한 것을 고르시오. [3점] [32%]

① consists of a solitary work with less collaboration

② adopts few variations common in musical gestures

③ focuses on gestures more than completion of formulas

④ moves in the opposite direction of the musical process

⑤ takes a superior position over music by employing logic

정답 | ④

해설 | ① 적은 협력을 가지고 혼자 하는 일로 이루어지다: 협력에 관한 내용은 없다.

② 음악적 표현에 있어서 공통적으로 나타나는 변화를 채택한다: 공통적 변화를 채택한다는 내용은 없다.

③ 공식을 완성하는 것보다는 표현에 초점을 맞춘다: 10에서 수학의 목표는 공식의 완성이므로 정답으로 적절하지 않다.

④ 음악의 과정과 정반대 방향으로 움직인다: 5에서 음악은 공식을 표현으로 전환하지만, 10에서 수학은 표현을 통해 공식을 완성하므로 정반대 방향임을 알 수 있고 정답으로 적절하다.

⑤ 논리를 사용함으로써 음악보다 우세한 위치를 차지한다: 수학과 음악의 우열을 가리는 내용은 없다.

문법

1 〈There/Here is 도치구문〉

긍정문	**There** (Here)	is	단수 주어	~이 있다 (여기에 ~이 있다)
		are	복수 주어	
부정문	There (Here)	is no	단수 주어	~이 없다 (여기에 ~이 없다)
		are no	복수 주어	

3 〈목적어 자리에 to부정사를 취하는 완전 타동사〉

주어	완전 타동사	목적어
—	afford / agree / ask / attempt / care / choose / claim / dare / decide / demand / desire / determine / elect / expect / fail / guarantee / hope / intend / learn / manage / **need** / offer / plan / pretend / promise / refuse / resolve / seek / threaten / volunteer / want / wish 등	to 동사원형

1 6 8 9 11 〈단수 취급하는 명사〉

학과명	**mathematics**	수학	linguistics	언어학
	economics	경제학	politics	정치학
	ethics	윤리학	statistics	통계학
	physics	물리학	phonetics	음성학
질병명	measles	홍역	rickets	구루병
	mumps	볼거리	diabetes	당뇨
게임명	billiards	당구	marbles	구슬치기
	cards	카드 놀이	darts	다트
도시명 /국가명 /기관명	Athens	아테네	the Philippines	필리핀
	Naples	나폴리	the United States	미국
	the Netherlands	네덜란드	the United Nations	국제 연합
기타	news	뉴스	customs	세관

8 〈high / highly〉

high	형용사	높은
	부사	높게
	명사	높은 곳
highly	부사	매우 (= very)

10 〈주격 관계대명사절의 수의 일치〉: 선행사를 포함하고 있는 관계대명사 what 사용 불가

선행사	주격 관계대명사절		
	주격 관계대명사	~~주어~~	동사
a formula	that		~~condense~~ / condenses

10 〈what vs. that〉

	관계대명사 (불완전한 문장)	접속사 (완전한 문장)
what	○ 선행사를 포함하고 있기 때문에 what 앞에 선행사 불필요	×
that	○ that 앞에 선행사 필요	○

어법 & 연결어

There [**is** / **are**] two fundamental components in mathematics and music: formulas and gestures. Musical formulas are well known — (   ), the song form A-B-A, or the formula I-IV-V-I in harmony. (   ) music [**cannot reduce** / **cannot be reduced**] to such form(ula)s; it needs to deploy [**it** / **them**] in its sounds' time and space. The aim of this deployment is the gestural action of musicians. (   ), music transfers formulas into gestures [**which** / **when**] performers interpret the written notes, and when the composers unfold formulas into the score's gestures. (   ), mathematicians do mathematics; they don't just observe eternal formulas. They move symbols from one side of an equation to [**another** / **the other**]. Mathematics thrives by intense and [**high** / **highly**] disciplined actions. You will never understand mathematics if you [**do** / **will do**] not "play" with its symbols. (   ), the mathematical goal is not a manipulatory activity; it is the achievement of a formula [**what** / **that**] condenses your manipulatory gestures. Mathematics, (   ), shares with music a movement [**both** / **between**] gestures and formulas, but it moves in the opposite direction of the musical process.

제목	휴대용 기술과 개인 클라우드 서비스 사용의 유용성
주제	휴대용 기술과 개인 클라우드 서비스 사용은 디지털 유목 작업을 용이하게 한다.
논리	열거

	지문	해석	단어 & 숙어

1 TS

The use / (of portable technologies and personal cloud services)
S ① ②
사용은 휴대용 기술과 개인 클라우드 서비스의
/ facilitates the work / (of digital nomads) / (across different
V O
작업을 용이하게 한다 디지털 유목민의 여러 장소에 걸쳐
places).

해석: 휴대용 기술과 개인 클라우드 서비스의 사용은 여러 장소에 걸쳐 디지털 유목민의 작업을 용이하게 한다.

단어: portable 휴대용의 / cloud service 클라우드 서비스 (각종 자료를 클라우드 서버에 저장한 뒤 다운로드받는 서비스) / facilitate 용이하게 하다 / digital nomad 디지털 유목민 (사무실 등 장소에 구애받지 않은 채 (무선) 기술을 이용하여 근무하는 사람)

2

{ }: 〈무[비]인칭 독립분사구문〉
{Given the knowledge-heavy varieties / (of digital nomad work)},
p.p.
지식 집약적인 다양성을 고려하면 디지털 유목 작업의
/ it is of utmost importance / (for such workers) / {to maintain a
〈가S〉 V S·C 〈의S〉 { }: 〈진S〉
최고로 중요하다 그런 작업자들이
large, stored collection (of information)}.
p.p. O
큰 정보 저장물을 유지하는 것은

해석: 디지털 유목 작업의 지식 집약적인 다양성을 고려하면, 그런 작업자들이 큰 정보 저장물을 유지하는 것은 최고로 중요하다.

단어: given ~을 고려해 볼 때 / knowledge 지식 / heavy 많은, (~에) 깊이 빠진[개입한] / variety 다양성 / utmost 최고의 / maintain 유지하다 / stored 축적된 / collection 수집, 수거

3 열거1

① {By transferring / their relevant information / (to cloud
〈동명사〉 O
이동시킴으로써 그들의 관련 정보를
storage)}, / {where it can be accessed / (anywhere) / (with an
〈관·부〉 S V〈수동태〉
클라우드 저장 공간으로 접속할 수 있는 어디에서든
Internet connection)}, / digital nomads can maintain / the
인터넷 연결로 디지털 유목민은 유지할 수 있다
necessary knowledge base / (without the struggle of packing,
O 〈동명사〉1
필요한 지식 기반을 더 많은 것을 포장, 저장, 운반하는 수고 없이
storing, and carrying more things).
〈동명사〉2 〈동명사〉3 O

해석: 디지털 유목민은 인터넷 연결로 어디에서든 접속할 수 있는 클라우드 저장 공간으로 그들의 관련 정보를 이동시킴으로써 더 많은 것을 포장, 저장, 운반하는 수고 없이 필요한 지식 기반을 유지할 수 있다.

단어: by + 동명사 ~함으로써 / transfer A to B A를 B로 옮기다 / relevant 관련 있는 / storage 저장소 / access 접근하다 / anywhere 어디(로)든지 / connection 연결 / necessary 필요한 / base 기반, 기초 / without ~없이 / struggle 수고, 투쟁 / pack 포장하다 / store 저장하다 / carry 운반하다

4 열거2

② They accomplish / work / (across various devices), / and
S1 V1 O
그들은 완수한다 작업을 다양한 기기에 걸쳐
portable devices provide / them / (with the flexibility) / (to work) /
S2 V2 O
그리고 휴대용 기기는 제공해 준다 그들에게 유연성을 작업할 수 있는
(from different spaces) / or (while in transit).
〈종·접〉
다양한 공간에서 또는 이동 중에

해석: 그들은 다양한 기기에 걸쳐 작업을 완수하고, 휴대용 기기는 그들에게 다양한 공간에서 또는 이동 중에 작업할 수 있는 유연성을 제공해 준다.

단어: accomplish 완수하다 / various 다양한 / device 기기 / provide A with B A에게 B를 제공하다 / flexibility 유연성 / while ~하면서 / in transit 수송 중에

5 열거3

③ Additionally, / digital nomads use / cloud services / (to share
S V O ①
게다가 디지털 유목민은 사용한다 클라우드 서비스를
information / or collaborate on a document) / (with clients or
(to) ②
정보를 공유하거나 문서에서 공동 작업을 하기 위하여 고객 혹은 동료와
peers).

해석: 게다가 디지털 유목민은 고객 혹은 동료와 정보를 공유하거나 문서에서 공동 작업을 하기 위하여 클라우드 서비스를 사용한다.

단어: additionally 게다가 / collaborate on ~에 대해 협동하다 / document 문서 / client 고객 / peer 동료

6

④ This kind of active communication / (with others) / (often)
S ( ): 〈분사구문〉
이런 종류의 적극적 의사소통은 타인과의
holds the work process back, / (resulting in unsatisfactory
V O ( ): 〈현재분사〉
종종 작업 과정을 지연시키고
working conditions) / (compared to traditional office work).
〈현재분사〉 p.p.
불만족스러운 작업 환경이라는 결과를 가져온다 전통적인 사무실 작업에 비해

해석: (이런 종류의 타인과의 적극적 의사소통은 종종 작업 과정을 지연시키고 전통적인 사무실 작업에 비해 불만족스러운 작업 환경이라는 결과를 가져온다.)

단어: communication with ~와의 의사소통 / hold A back A를 지연시키다 / process 과정 / result in 그 결과 ~가 되다 / unsatisfactory 만족하지 못하는 / working condition 작업 조건 / compared to ~와 비교하여 / traditional 전통적인 / office work 사무

7 열거4

⑤ (Through these services and devices), / digital nomads assemble
〈전치사〉 S V
이러한 서비스와 기기를 통해 디지털 유목민은 조성하게 되는데
/ a kind of movable office, / {which allows them / (to reach their
O 〈주·관〉 V O ( ): O·C
일종의 이동 가능한 사무실을 그들이 하게 해 준다
materials) / (from anywhere)}.
O
자신들의 자료에 접근하도록 어느 곳에서든

해석: 이러한 서비스와 기기를 통해, 디지털 유목민은 일종의 이동 가능한 사무실을 조성하게 되는데 이는 그들이 어느 곳에서든 자신들의 자료에 접근하도록 해 준다.

단어: through ~을 통해 / assemble 모으다 / movable 이동 가능한 / office 사무실 / allow O O·C(to R) (5) ~가 …하도록 허용하다 / reach 접근하다, 도달하다 / material 자료, 재료

35 다음 글에서 전체 흐름과 관계 없는 문장은? [62%]

정답 | ④

해설 | 글에서는 휴대용 기술과 개인 클라우드 서비스 사용의 유용성에 관한 내용을 제시하지만, (④)에서는 타인과의 적극적인 의사소통의 문제점에 관한 내용을 제시하므로 글의 전체 흐름과 관계없다.

문법

2 〈가주어 it + 의미상의 주어 + 진주어(to R) 구문〉

가주어	동사	의미상의 주어	진주어
It (this, that, there 사용 불가)		for + 목적격	to 동사원형
it	is	for such workers	to maintain

2 〈of + 추상명사 = 형용사〉

of	추상명사	형용사	뜻
of	ability	able	유능한
	advantage	advantageous	이득이 되는
	beauty	beautiful	아름다운
	courage	courageous	용기 있는
	experience	experienced	경험 있는
	help	helpful	도움이 되는
	honor	honorable	명예로운
	importance	**important**	**중요한**
	interest	interesting	흥미 있는
	sense	sensible	지각 있는
	use	useful	유용한
	value	valuable	가치가 있는
	wisdom	wise	지혜로운

3 〈관계부사〉: 관계부사절은 완전한 문장이 나오고, 선행사와 관계부사는 서로 같이 사용할 수도 있고 둘 중 하나는 생략할 수도 있다.

용도	선행사	관계부사	전치사 + 관계대명사
시간	the time	when	in/at/on + which
장소	**the place (= storage)**	**where**	in/at/on + which
이유	the reason	why	for which
	(the way)	how	in which
방법	the way how는 같이 사용 못함 the way, the way in which, the way that은 사용 가능 (how 대신에 사용되는 that은 관계부사 대용어라고 함)		

3 〈access vs. assess〉

	동사	명사
access	접근하다, 입력하다	접근
assess	평가하다, 할당하다	–

4 〈공급/제공 동사〉: supply / fill / furnish / present / **provide**

주어 + [공급/제공 동사] + 목적어(사람) + **with** + 사물

주어 + [공급/제공 동사] + 목적어(사물) + for/to + 사람

4 〈생략〉: 주절의 주어와 종속절의 주어와 같을 시 종속절의 '주어 + be동사'는 생략 가능

주절		종속절		
주어	동사	종속접속사 〈그대로 사용하면 의미 강조〉	(주어 + be동사) 〈주절의 주어와 같을 경우 생략 가능〉	-ing(현재분사) p.p.(과거분사) 형용사 명사 전치사구
They	accomplish	while	(they are)	in transit

6 〈resulting ~〉: 〈분사구문〉이 문미에 있는 경우 (능동)

6 〈무[비]인칭 독립분사구문〉: 분사구문에서 주어가 you, they, we 등과 같이 막연한 일반인일 경우 / 부사절의 주어와 주절의 주어가 다르더라도 이를 생략하는 것

generally speaking(일반적으로 말해서) / roughly speaking(대략적으로 말해서) / frankly speaking(솔직히 말해서) / strictly speaking(엄격하게 말해서) / simply put(간단히 말해서) / considering + 명사(구/절)(~을 고려해 볼 때) / concerning + 명사(구/절)(~에 관하여) / regarding + 명사(구/절)(~에 관하여) / including + 명사(구/절)(~을 포함하여) / depending on + 명사(구/절)(~에 따라서) / based on + 명사(구/절)(~에 근거해 볼 때) / judging from + 명사(구/절)(~로 판단해 보면) / **compared with / to + 명사(구/절) (~와 비교하면)** / talking/speaking of + 명사(구/절)(~말인데) / granting/granted + that절(가령 ~이라 하더라도) / seeing + that절(~인 것으로 보아) / supposing/assuming + that절(만약 ~이라면) / Provided (that) ~ = Providing (that) ~ (~라면) / Given + that절(~을 고려하면)

7 〈주격 관계대명사 which의 계속적 용법〉: 관계대명사 that 사용 불가

		주격 관계대명사절		
선행사	콤마(,)	which	주어	동사
movable office	계속적 용법	주격 관계대명사		allows

7 〈5형식 불완전 타동사의 목적격 보어〉: 수동태 전환 시, 2형식 문장(be p.p. + to R)

주어	불완전 타동사	목적어	목적격 보어
–	advise / **allow** / ask / assume / beg / bring / cause / command / compel / condition / decide / design / drive / enable / encourage / expect / forbid / force / inspire / instruct / intend / invite / lead / like / motivate / order / permit / persuade / predispose / pressure / proclaim / prod / program / provoke / push / require / teach / tell / train / trust / urge / want / warn / wish 등	–	to 동사원형

어법 & 연결어

The use of portable technologies and personal cloud services [facilitate / **facilitates**] the work of digital nomads across different places. [**Given** / Giving] the knowledge-heavy varieties of digital nomad work, [this / **it**] is of utmost importance for such workers to maintain a large, [**stored** / storing] collection of information. By transferring their relevant information to cloud storage, [which / **where**] it [can access / **can be accessed**] anywhere with an Internet connection, digital nomads can maintain the necessary knowledge base without the struggle of packing, storing, and [carry / **carrying**] more things. They accomplish work across various devices, and portable devices provide [it / **them**] with the flexibility to work from different spaces or [**while** / during] in transit. (   ), digital nomads use cloud services to share information or collaborate on a document with clients or peers. This kind of active communication with others often holds the work process back, [resulted / **resulting**] [**in** / from] unsatisfactory working conditions [**compared** / comparing] to traditional office work. [Thorough / **Through**] these services and devices, digital nomads assemble a kind of movable office, [what / **which**] allows them [reaching / **to reach**] their materials from anywhere.

전국 2020학년도 4월 고3 36번	제목	인간의 진화 과정
	주제	혈통 변화는 가지들로 발전했고, 그 가지 중 오늘날 살아남은 것이 우리 인간이다.
글의 순서	논리	통념 · 진실

	지문	해석	단어 & 숙어
1 통념	{Because humans are now the most abundant mammal (on the planet)}, / it is somewhat hard / (to imagine us ever going extinct).	인간은 현재 지구에서 가장 많은 포유동물이기 때문에 우리가 언젠가 멸종되는 것을 상상하기란 다소 어렵다.	abundant 풍부한 mammal 포유동물 planet 행성, 지구 (= earth) somewhat 다소, 좀 imagine O O·C(-ing) (5) ~가 …하는 것을 상상하다 ever 언젠가 go extinct 멸종되다
2	(A) Many branches broke off / (from each other) / and developed branches / (of their own), / instead.	(A) 대신에 많은 가지들이 서로로부터 갈라졌고 그들만의 가지들로 발전했다.	branch (나뭇)가지 break off 갈라지다 each other 서로 develop 발전하다 of one's own 자기 자신의 instead 대신에
3	There were (at least) / three or four different species (of hominids) / (living simultaneously) / (for most of the past five million years).	지난 오백만 년 대부분 동안 동시에 살고 있는 다른 진화 인류 모체가 된 사람이나 동물의 종들이 최소 서넛 있었다.	at least 적어도 species 종 hominid 인류, 인류의 조상 (진화 인류의 모체가 된 사람이나 동물) simultaneously 동시에 past 지난 million 백(100)만
4 TS	(Of all these branches), / only one survived / (until today): / ours.	이 모든 가지들 중에서 오직 하나, 즉 우리(의 가지)만이 오늘날까지 살아남았다.	survive 살아남다 until ~까지 ours 우리의 것
5 진실	(B) However, / that is exactly / (what almost happened) — many times, / in fact.	(B) 하지만, 바로 그것은 사실 여러 번 일어날 뻔했던 일이다.	exactly 꼭, 바로 almost 거의 happen 일어나다[되다] many times 여러 번 in fact 사실
6	(From the fossil record) / and (from DNA analysis), / we can tell / {that our ancestors (nearly) went extinct, and their population shrunk / (to very small numbers) / (countless times)}.	화석 기록과 DNA 분석으로부터 우리는 우리의 조상이 거의 멸종될 뻔했으며 셀 수 없이 여러 번 그들의 인구가 매우 작은 수로 줄었다는 것을 알 수 있다.	fossil 화석 record 기록 DNA 디엔에이(유전자의 본체) (= deoxyribonucleic acid) analysis 분석 tell 알다 ancestor 조상 nearly 거의 population 인구수 shrink 줄어들다 countless 셀 수 없이 많은
7	(C) In addition, / there are many lineages / (of hominids) / {that (did) go extinct}.	(C) 게다가 정말로 멸종한 진화 인류 모체가 된 사람이나 동물의 혈통들이 많이 있다.	in addition 게다가 lineage 혈통 go extinct 멸종되다
8	[Since the split / {between our ancestors and those (of the chimps)}], / our lineage / has not been a single line of gradual change.	우리 조상과 침팬지 조상 사이의 분리 이래로 우리의 혈통은 점진적으로 변화한 단일한 계통이 아니었다.	since ~ 이래로, ~ 이후로 split 분리 between A and B A와 B사이에 chimp 침팬지 (= chimpanzee) single 단일한 gradual 점진적인 change 변화
9	Evolution never works / (that way).	진화는 결코 그런 방식으로 작용하지 않는다.	evolution 진화 work 작용하다 that way 그와 같이

36 주어진 글 다음에 이어질 글의 순서로 가장 적절한 것을 고르시오.
[50%]

① (A)-(C)-(B)　　　② (B)-(A)-(C)
③ (B)-(C)-(A)　　　④ (C)-(A)-(B)
⑤ (C)-(B)-(A)

정답 | ③

해설 | **1**에서는 인간의 멸종은 상상하기 어렵다 했지만, **5**에서는 However과 함께 실제로 그것이 여러 번 일어날 뻔했다는 대조적인 내용을 제시하므로 주어진 글 다음에 (B)가 이어진다.
6에서 인간이 멸종될 뻔했다고 했고, **7**에서 in addition과 함께 실제로 멸종한 혈통을 언급하며 추가적인 내용을 제시하므로 (B) 다음에 (C)가 이어진다.
8, **9**에서 혈통 변화는 단일한 계통으로 진화하지 않는다고 했고, **2**에서 instead와 함께 그것은 많은 가지로 변화하며 진화했다고 했으므로 (C) 다음에 (A)가 이어진다.

문법

1 3 5 〈혼동 어휘〉

	대명사	형용사	부사
most	대부분의 것들[사람들]	대부분의	가장
almost	–	–	거의
mostly	–	–	주로, 일반적으로

1 〈가주어, 진주어 구문〉

가주어	동사	진주어
It (this, that, there 사용 불가)	–	that + 주어 + 동사 (완전한 절)
		to 동사원형
		동명사
		의문사 + 주어 + 동사 (간접의문문)
		if/whether + 주어 + 동사
It	is	to imagine

1 〈imagine 동사의 쓰임〉 : 5형식일 경우

imagine	목적어	목적격 보어
		as + 보어
		(to be) + 보어
		현재분사(능동)
		과거분사(수동)

3 7 〈There/Here is 도치구문〉

긍정문	There (Here)	is	단수 주어	~이 있다 (여기에 ~이 있다)
		are	복수 주어	
부정문	There (Here)	is no	단수 주어	~이 없다 (여기에 ~이 없다)
		are no	복수 주어	

3 〈주격 관계대명사 + be동사 생략〉 : three or four different species of hominids [(which/that were) living(현재분사)] : 현재분사가 앞에 있는 선행사를 후치 수식하고 있는 경우

5 〈관계대명사 what〉 : 주격 관계대명사 what절이 불완전 자동사 is의 주격 보어로 사용되는 경우 / 선행사가 필요한 관계대명사 that과 which 사용 불가

주격 관계대명사절 : 명사절 (is의 주격 보어)			
~~선행사~~	주격 관계대명사	~~주어~~	동사
	what		happened

6 〈what vs. that〉

	관계대명사 (불완전한 문장)	접속사 (완전한 문장)
what	○ 선행사를 포함하고 있기 때문에 what 앞에 선행사 불필요	×
that	○ that 앞에 선행사 필요	○

6 〈접미사 less〉 : 부정의 의미가 아니라 긍정의 의미를 가지는 단어

단어	뜻
countless	셀 수 없이 많은
priceless	값을 매길 수 없는, 매우 귀중한
numberless	셀 수 없이 많은, 무수한
innumerable	셀 수 없이 많은, 무수한
invaluable	값을 헤아릴 수 없는, 매우 귀중한

7 〈주격 관계대명사절의 수의 일치〉 : 선행사를 포함하고 있는 관계대명사 what 사용 불가

	주격 관계대명사절		
선행사	주격 관계대명사	~~주어~~	동사
many lineages of hominids	that		did go

8 〈since 용법〉

종속접속사	시간	~이래 (죽), ~한 때부터 내내
	이유	~이므로, ~이니까
전치사	시간	~이래 (죽), ~부터 (내내)
부사	시간	(그때)이래 (죽), 그 뒤[후] 줄곧

			주절	
since	명사,	주어	동사	
~한 이래로 (전치사)			현재완료	have/has p.p.
			과거완료	had p.p.

9 〈부사적 대격〉 : 전치사가 없는 부사구 : (in) that way 저런 식으로

	부사적 대격	
(전치사) 생략 가능	한정사	명사
(at, in, on, by)	this, that, last, next, every, each, one, some, any, all 등	시간
(in, to)		방법/방향
(for, by)		거리/기간
(in, for, like, of)		기타 표현

어법 & 연결어

[Because / Because of] humans are now the [most / almost] abundant mammal on the planet, [this / it] is somewhat [hard / hardly] to imagine us ever [to go / going] extinct. (　　　), that is exactly [that / what] [most / almost] happened — many times, (　　　). From the fossil record and from DNA analysis, we can tell [what / that] our ancestors [near / nearly] went extinct, and their population shrunk to very small numbers countless times. (　　　), there [is / are] many lineages of hominids [that / what] did [go / to go] extinct. Since the split between our ancestors [or / and] those of the chimps, our lineage has not been a single line of gradual change. Evolution never works that way. Many branches broke off from each other and developed branches of their own, (　　　). There [was / were] at least three or four different species of hominids [lived / living] [simultaneous / simultaneously] for [almost / most] of the past five million years. Of all these branches, only one survived until today: ours.

제목	호밀이 재배되는 작물이 된 과정
주제	호밀은 끈질긴 생명력으로 재배되는 작물이 되었다.
글의 순서	논리 · 원인 · 결과

	지문	해석	단어 & 숙어
1	We are sure / {that some plants / (such as wheat or barley) / were perfect / (for the needs of the first farmers) / and (among the first) / (to be chosen for domestication)}.	우리는 밀 또는 보리와 같은 몇몇 작물들이 최초의 농부들의 필요에 완벽했고 재배를 위해 선택된 최초의 작물에 속했다는 것을 확신한다.	be sure (that) S V ~을 확신하다 / such as ~와 같은 / wheat 밀 / barley 보리 / perfect for ~에 안성맞춤인 / farmer 농부 / among ~ 중에서 / choose 선택하다 (choose - chose - chosen - choosing) / domestication 재배
2	(Along with those grains), / however, / farmers selected / their toughest weeds / {without noticing (they were there)}.	그러나 그 곡물과 함께 농부들은 그것들이 그곳에 있는 것을 눈치채지 못한 채 그들에게 가장 끈질긴 잡초를 선택했다.	along with ~와 함께 / grain 곡물 / select 선택하다 / tough 끈질긴 / weed 잡초 / without ~없이 / notice 눈치채다, 알아채다
3	(A) {Having arrived in regions / (with colder winters or poorer soils)}, / rye proved / its strength / {by producing more and better crops / (than the wheat and barley) / (it had attached itself to)}, / and (in a short time) / it replaced them.	(A) 더 추운 겨울 또는 척박한 토양을 가진 지역에 도달했을 때, 호밀은 자신이 들러붙었었던 밀과 보리보다 더 많이 그리고 더 나은 작물을 생산함으로써 강인함을 증명했고 짧은 시간에 그것들(밀과 보리)을 대신했다.	arrive in ~에 도달하다, 도착하다 / region 지역 / poor (토지가) 메마른, 불모의 / soil 토양 / rye 호밀 / prove 입증하다 / strength 강인함 / produce 생산하다 / crop 작물 / attach A to B A를 B에 붙이다 / replace 대신하다
4 TS	Rye / had become a domesticated plant.	호밀은 재배되는 작물이 되었다.	domesticated 재배되는 / plant 작물
5 결과	(B) That / would not have been an easy task, / and as a result, / rye / became one of the main weeds.	(B) 그것은 쉬운 일이 아니었을 것이고, 결과적으로 호밀은 주요 잡초 중 하나가 되었다.	task 일 / as a result 그 결과 / main 주요한
6	(When wheat and barley cultivation was expanded), / rye went along for the ride, / also (expanding / its own distribution area).	밀과 보리 경작이 확장되었을 때, 호밀도 함께 그 무리에 합류하여 그 자신의 분포 지역을 확장했다.	cultivation 경작 / expand 확장시키다 / go along for the ride 무리에 합류하다 / distribution 분포 / area 지역, 영역
7	(C) That / is {where the history of rye begins, / (in the unenviable role of weeds)}.	(C) 그것이 잡초의 부러워할 것 없는 역할에서 호밀의 역사가 시작된 상황이다.	begin 시작하다 / unenviable 부러워할 것 없는 / role 역할
8 원인	{Since the ancestors of rye were very similar / (to wheat and barley), / (to eliminate them)}, / the ancient populations (of the Fertile Crescent) / would have had to carefully search / their seeds / (for invaders).	호밀의 선조는 밀, 보리와 매우 유사했기 때문에 그것들을 제거하기 위해서 비옥한 초승달 지대의 고대 주민들은 침입자를 찾기 위해 그것들의 씨앗을 신중히 찾아야만 했을 것이다.	since ~ 때문에 / ancestor 조상. 선조 / be similar to ~와 비슷하다 / eliminate 제거하다 / ancient 고대의 / population 주민 / Fertile Crescent 비옥한 초승달 지대 (Nile강과 Tigris강과 페르시아만을 연결하는 고대 농업 지대) / carefully 신중히, 주의하여 / search A for B B를 찾기 위해 A를 수색하다 / invader 침입자

37 주어진 글 다음에 이어질 글의 순서로 가장 적절한 것을 고르시오.

[3점] [35%]

① (A)-(C)-(B) ② (B)-(A)-(C) ③ (B)-(C)-(A)
④ (C)-(A)-(B) ⑤ (C)-(B)-(A)

정답 | ⑤

해설 | 7에서 That은 2의 내용을 가리키고, 그것을 설명하고 있으므로 주어진 글 다음에 (C)가 이어진다.

5에서 That은 8의 씨앗을 신중히 찾는 일을 가리키고 그 결과를 설명하므로 (C) 다음에 (B)가 이어진다.

6에서 호밀이 분포 지역을 확장했다고 했고, 3에서 그 결과 겨울이나 척박한 토양에 도달한 상황을 설명하므로 (B) 다음에 (A)가 이어진다.

문법

1 〈what vs. that〉

	관계대명사 (불완전한 문장)	접속사 (완전한 문장)
what	○ 선행사를 포함하고 있기 때문에 what 앞에 선행사 불필요	×
that	○ that 앞에 선행사 필요	○

1 〈between vs. among〉

전치사	between	~ 사이에	둘 사이	혼용
	among		셋 이상	

1 〈to R의 태와 시제〉 : to be chosen

태	능동태	to R
	수동태	to be p.p.
시제	단순시제 : 본동사 시제와 동일	to R
	완료시제 : 본동사 시제보다 한 시제 앞선 시제	to have p.p.
	완료수동	to have been p.p.

2 〈목적격 종속접속사 that 생략〉 : 동명사의 목적어로 사용된 경우 / 관계대명사 what 사용 불가

	종속절 (명사절: 목적어) (완전한 절)		
동명사	목적격 종속접속사	주어	동사
noticing	(that) 생략 가능 (~하는 것을)	they	were

3 〈분사의 태/시제〉 : Having arrived = As[When] it had arrived

분사의 종류	조합	해석	태		시제	
			능동	수동	단순	완료
현재분사(능동)	동사 + 형용사	~하는	-ing	(being) p.p	-ing	having p.p
과거분사(수동)		~되는				

3 〈목적격 관계대명사 that〉 : 전치사의 목적어가 없는 경우 / 선행사를 포함하고 있는 관계대명사 what 사용 불가

	목적격 관계대명사절					
선행사	목적격 관계대명사	주어	동사	목적어	전치사	~~목적어~~
the ~ barley	(that) 생략 가능	it	had attached	itself	to	

3 〈대명사 vs. 재귀대명사〉

		주어와 다름	주어와 동일
주어	~	대명사	재귀대명사
it		it	itself

6 〈extend / expend / expand〉

동사	뜻
extend	(손·발 등을) 뻗다, 뻗치다, (기간을) 늘이다, (범위·영토 등을) 넓히다
expend	(시간·노력 등을) 들이다, 소비하다, 쓰다
expand	(정도·크기·용적 등을) 넓히다, 펼치다, (토론 등을) 전개시키다

6 〈expanding ~〉 : 〈분사구문〉이 문미에 있는 경우 (능동)

6 〈소유격을 강조하는 표현〉 : '소유격 + own(~ 자신의) + 명사'

	own은 소유격대명사 강조		
현재분사	소유격	own	명사
expanding	its	own	distribution area

7 〈간접의문문〉 : 의문사가 있는 경우

	〈간접의문문〉: 불완전 자동사의 주격 보어 (완전한 문장)		
동사	의문사	주어	동사
is	where	the history of rye	begins

8 〈since 용법〉

종속접속사	시간	~이래(죽), ~한 때부터 내내
	이유	~이므로, ~이니까
전치사	시간	~이래(죽), ~부터(내내)
부사	시간	(그때)이래(죽), 그 뒤[후] 줄 곧

8 〈to가 전치사인 경우〉 : be similar to + (동)명사

8 〈분리부정사〉 : to carefully search

부정사		원형부정사	동사원형	
	to부정사	to	동사원형	
	분리부정사	to	부사	동사원형
			~~형용사~~	

어법 & 연결어

We are sure [**what** / that] some plants such as wheat or barley [was / **were**] perfect for the needs of the first farmers and among the first [to choose / **to be chosen**] for domestication. Along with those grains, (   ), farmers selected their toughest weeds without noticing [that / **what**] they were there. That is [**where** / what] the history of rye begins, in the unenviable role of weeds. Since the ancestors of rye were very similar to wheat and barley, to eliminate [it / **them**], the ancient populations of the Fertile Crescent would have had to [careful / **carefully**] search their seeds for invaders. That would not have been an easy task, and (   ), rye became one of the main weeds. When wheat and barley cultivation was [**expanded** / expended], rye went along for the ride, also [expanded / **expanding**] [**its** / their] own distribution area. [Arrived / **Having arrived**] in regions with colder winters or poorer soils, rye proved its strength by [production / **producing**] more and better crops than the wheat and barley [that / **what**] it [attached / **had attached**] [it / **itself**] to, and in a [short / **shortly**] time it replaced them. Rye had become a [domesticating / **domesticated**] plant.

	지문	해석	단어 & 숙어
1	(In today's food chain), / customer feedback can, / however, / be used / (by the processor or retailer) / (to develop product standards) / {which can (then) be passed back / (to the producer) / (as a future production requirement)}.	하지만 오늘날의 식품 유통에서 소비자 피드백은 생산자에게 미래의 생산 요구 조건으로 추후 다시 전달될 수 있는 제품 표준을 개발하기 위해 가공업자 혹은 소매업자에 의해 사용될 수 있다.	food chain 식품 유통 processor 가공업자 retailer 소매상 product standard 제품 표준(기준) pass A to B A를 B에 전달하다 (수동태 시, A be passed to B) producer 생산자 production 생산
2	(In a market situation), / the two-way exchange (of information) / is important / (to both customer and producer).	시장 상황에서 양방향의 정보 교환은 소비자와 생산자 둘 다에게 중요하다.	market situation 시장 상황, 시황 two-way 양방향의, 쌍방의 exchange 교환 both A and B A와 B 둘 다
3	(①) The simplest pathway / — direct selling to a customer / — is the most useful / (for a producer) / (for obtaining feedback) / (concerning a product and production method).	가장 단순한 경로는 소비자에게 직접 판매하는 것으로, 제품과 생산 방식에 관한 피드백을 얻는 데 있어 생산자에게 가장 유용하다.	pathway 경로 direct 직접적인 sell 판매하다 useful 유용한 obtain 얻다 concerning ~에 관한 product 제품 method 방법
4	(②) This pathway / is not available / (to producers) / (supplying today's food chains) / {which (typically) pass through several intermediates / (buyers, processors, wholesalers, retailers)} / (before reaching the customer).	소비자에게 도달하기 전에 일반적으로 여러 중개자(구매자, 가공업자, 도매업자, 소매업자)를 거치는 오늘날의 식품 유통에서 공급을 담당하는 생산자들에게는 이 경로가 이용이 불가능하다.	pathway 경로 available to ~가[에게] 이용 가능한 supply 공급하다 typically 일반적으로 pass through 거쳐 가다 intermediate 중개자 processor 가공업자 wholesaler 도매업자 retailer 소매업자
5	(③) Moreover, / {because there are (relatively) few processors and retailers}, / (each handling a high volume of goods), / the provision of feedback / (from customers to individual producers) / (on their particular goods) / is impractical.	더욱이 상대적으로 적은 수의 가공업자와 소매업자가 존재하며, 이들 각자가 많은 양의 상품을 취급하기 때문에, 소비자로부터 각각의 생산자에게 이르는 그들의 특정 상품에 관한 피드백의 제공은 실제적이지 않다.	moreover 더욱이 relatively 상대적으로 few 소수의, 적은 handle 취급[거래]하다 high volume of 다량의 goods 상품 provision 제공 individual 개인의 producer 생산자 particular 특정한 impractical 실제적이지 않는
6 TS	(④) Thus, / information exchange / (on this pathway) / can become a one-way flow / (from customer to retailer / processor to producer) / (rather than the two-way exchange) / (observed via direct selling).	따라서 이 경로에서의 정보 교환은 직접 판매를 통해 관찰되는 양방향 (정보) 교환이라기보다는 소비자로부터 소매업자 혹은 가공업자로, 그리고 생산자로 이어지는 일방적 흐름이 될 수 있다.	thus 따라서 exchange 교환 one-way 일방적인 from A to B to C A에서 B로 그리고 C로 A rather than B B라기 보다는 A observe 관찰하다 via ~을 거쳐
7	(⑤) This change diminishes / the role of producers / (in the food chain), / (undermining their autonomy) / and {limiting opportunities / (for innovation and experimentation) / (with new products or approaches)}.	이러한 변화는 식품 유통에서 생산자들의 역할을 감소시키고 그들의 자율성을 약화시키며 새로운 제품이나 접근법에 대한 혁신과 실험의 기회를 제한한다.	diminish 감소시키다 role 역할 undermine 약화시키다 autonomy 자율성 limit 제한하다 opportunity 기회 innovation 혁신 experimentation 실험 approach 접근

38 글의 흐름으로 보아, 주어진 문장이 들어가기에 가장 적절한 곳을 고르시오. [33%]

정답 | ④

해설 | **5**에서는 피드백 제공은 실제적이지 않다고 했고, 주어진 문장에서는 however과 함께 소비자 피드백이 가공업자나 소매업자에 의해 사용될 수 있다고 했으며, **6**에서는 Thus와 함께 이러한 정보의 흐름을 설명하고 있으므로 주어진 문장은 (④)에 들어가는 것이 가장 적절하다.

문법

1 **4** 〈주격 관계대명사〉: 선행사를 포함하고 있는 관계대명사 what 사용 불가

선행사	주격 관계대명사절		
	주격 관계대명사	주어	동사
product standards	which	~~주어~~	can be passed
food chains			pass

2 〈상관접속사〉: 병렬구조

종류			뜻
not		but	A가 아니라 B다 (= B, not A)
not only		but also	A뿐만 아니라 B도 (= B as well as A)
either	A	or	A와 B 둘 중 하나
neither		nor	A와 B 둘 다 아닌
both		**and**	A와 B 둘 다

3 〈혼동 어휘〉

	대명사	형용사	부사
most	대부분의 것들[사람들]	대부분의	**가장**
almost	–	–	거의
mostly	–	–	주로, 일반적으로

4 **6** 〈주격 관계대명사 + be동사 생략〉

–	생략 가능	
명사 (선행사)	(주격 관계대명사 + be동사)	현재분사(-ing) – 능동 (~하고 있는, ~하는)
		과거분사(p.p.) – 수동 (~되어진, ~당한)
		명사
		형용사(구) (~하는, ~할)
		부사
		전치사구
producers	(who/that are)	supplying
the two-way exchange	(which/that is)	observed

4 〈혼동 어휘〉

through	전치사	~을 통하여
throughout	전치사	(장소) ~의 도처에, (시간) ~ 동안, ~ 내내
	부사	도처에, 완전히, 철저하게
though	접속사	비록 ~일지라도
thorough	형용사	철저한, 완전한

5 〈원인/이유: ~ 때문에〉

	because of	
전치사	due to	
	for	+ (동)명사 / 명사 상당어구
	on account of	
	owing to	
	thanks to	
종속접속사	as	
	because	+ 주어 + 동사 ~
	now (that)	
	since	

5 〈There/Here is 도치구문〉

긍정문	**There** (Here)	is	단수 주어	~이 있다 (여기에 ~이 있다)
		are	복수 주어	
부정문	There (Here)	is no	단수 주어	~이 없다 (여기에 ~이 없다)
		are no	복수 주어	

5 〈few / a few / a little / little〉

수	**few**	거의 없는 (부정)	+ 복수명사 + 복수동사
	a few	약간 (긍정)	
양	a little	약간 (긍정)	+ 단수명사 + 단수동사
	little	거의 없는 (부정)	

5 **7** 〈each handling ~ / undermining ~ / limiting ~〉: 〈분사구문〉이 문미에 있는 경우 (능동)

어법 & 연결어

In a market situation, the two-way exchange of information is important to [either / **both**] customer and producer. The simplest pathway — direct selling to a customer — is the [**most** / almost] useful for a producer for [obtain / **obtaining**] feedback [**concerning** / concerned] a product and production method. This pathway is not available to producers [supplied / **supplying**] today's food chains [**which** / what] typically pass [thorough / **through**] several intermediates (buyers, processors, wholesalers, retailers) before reaching the customer. (   ), [because / **because of**] there [**is** / are] relatively [**little** / few] processors and retailers, each [handled / **handling**] a [high / **highly**] volume of goods, the provision of feedback from customers to individual producers on their particular goods [**is** / are] impractical. In today's food chain, customer feedback can, (   ), [use / **be used**] by the processor or retailer to develop product standards [**which** / what] can then [pass / **be passed**] back to the producer as a future production requirement. (   ), information exchange on this pathway can become a one-way flow from customer to retailer / processor to producer rather than the two-way exchange [observing / **observed**] via direct selling. This change diminishes the role of producers in the food chain, [**undermining** / undermined] their autonomy and [limits / **limiting**] opportunities for innovation and experimentation with new products or approaches.

	제목	박테리아들이 공간을 다루는 방법
	주제	박테리아는 이전 상황과 지금 상황이 어떤지를 등록하고 비교하여 공간을 파악하고 헤엄친다.
	논리	문제점 · 해결책

	지문	해석	단어 & 숙어
1	The bacterium will swim / (in a straight line) / {as long as the chemicals / (it senses) / seem better now / than those (it sensed) / (a moment ago)}. 박테리아는 헤엄칠 것이다 / 직선으로 / 화학 물질들이 / 자신이 감지하는 / 지금 더 '나은' 것 같다면 / 자신이 감지했던 것들 보다 / 조금 전에	박테리아는 자신이 지금 감지하는 화학 물질들이 자신이 조금 전 감지했던 것들보다 더 '나은' 것 같다면, 직선으로 헤엄칠 것이다.	bacterium 박테리아 (복수형 = bacteria) straight line 직선 as long as ～하는 한은, ～하는 동안은, ～하기만 하면 chemical 화학 물질 sense 감지하다 seem ～인 것 같다[듯하다] a moment ago 방금, 이제 막
2	A bacterium / is so small / {that its sensors (alone) can give / it no indication of the direction / (that a good or bad chemical is coming from)}. 박테리아는 / 매우 작아서 / 자신의 센서들만으로는 줄 수 없다 / 자기에게 방향에 대해 알려 / 좋거나 나쁜 화학 물질이 나오고 있는	박테리아는 매우 작아서 자신의 센서들만으로는 좋거나 나쁜 화학 물질이 나오고 있는 방향에 대해 자기에게 알려 줄 수 없다.	so 형/부 (that) S V 너무 ～해서 그 결과 ～하다 sensor 센서, 감지기 alone 단독으로, ～만으로 indication 표시, 암시 direction 방향 come from ～에서 나오다
3	(①) (To overcome this problem), / the bacterium uses / time / (to help it deal with space). 이러한 문제를 극복하기 위해서 / 박테리아는 이용한다 / 시간을 / 자신이 공간을 다루도록 돕기 위해	이러한 문제를 극복하기 위해서 박테리아는 자신이 공간을 다루도록 돕기 위해 시간을 이용한다.	overcome 극복하다 deal with 다루다 space 공간
4	(②) The bacterium is not interested / [in {how much of a chemical is present / (at any given moment)}], / but rather / {in (whether that concentration is increasing or decreasing)}. 그 세포는 관심이 없고 / 하나의 화학 물질이 얼마나 많이 존재하는지에는 / 어느 주어진 순간에 / 오히려 / 그 농도가 증가하고 있는지 혹은 감소하고 있는지에 관심이 있다	그 세포는 어느 주어진 순간에 하나의 화학 물질이 얼마나 많이 존재하는지에는 관심이 없고, 오히려 그 농도가 증가하고 있는지 혹은 감소하고 있는지에 관심이 있다.	be interested in ～에 관심이 있다 present 존재하는 at any given moment 어느 (특정한) 때, 순간 rather 오히려 whether ～인지 어떤지 concentration 농도 increase 증가하다 decrease 감소하다
5 문제점	(③) After all, / {if the bacterium swam / (in a straight line)} / (simply) / {because the concentration (of a desirable chemical) was high}, / it might travel / (away from chemical nirvana), / not (toward it), / {depending on the direction / (it's pointing)}. 결국 / 만약 그 세포가 헤엄친다면 / 직선으로 / 하나의 / 바람직한 화학 물질의 농도가 높다는 이유만으로 / 그것은 이동할지도 모른다 / 화학적 극락에서 멀어지게 / 화학적 극락을 향해서가 아니라 / 방향에 따라 / 자신이 향하는	결국 만약 그 세포가 하나의 바람직한 화학 물질의 농도가 높다는 이유만으로 직선으로 헤엄친다면, 그것은 자신이 향하는 방향에 따라 화학적 극락을 향해서가 아니라, 그것(화학적 극락)에서 멀어지게 이동할지도 모른다.	after all 결국에 simply because ～이라는 이유만으로 concentration 집중 desirable 바람직한 travel 이동하다 away from ～에서 떠나서 nirvana 극락 B, not A A가 아니라 B (= not A but B) toward ～을 향하여 depending on ～에 따라 direction 방향 point 향하다
6 TS 해결책	(④) The bacterium / solves this problem / (in an ingenious manner): / (as it senses its world), / one mechanism registers / {what conditions are like (right now)}, / and another (mechanism) records / {how things were (a few moments ago)}. 박테리아는 / 이 문제를 해결하는데 / 독창적인 방법으로 / 그것이 자신의 세상을 감지할 때 / 하나의 기제는 등록하고 / 지금 당장 상황이 어떤지를 / 또 다른 기제는 기록한다 / 상황이 어땠는지를 / 조금 전에	박테리아는 이 문제를 독창적인 방법으로 해결하는데, 그것이 자신의 세상을 감지할 때 하나의 기제는 지금 당장 상황이 어떤지를 등록하고, 또 다른 기제는 조금 전에 상황이 어땠는지를 기록한다.	solve a problem 문제를 풀다 ingenious 독창적인 manner 방법 as ～할 때 mechanism 기제 register 등록하다 what ~ like 어떠한지 condition 상황 right now 지금 당장 record 기록하다
7	(⑤) (If not), / it's preferable / (to change course). 그렇지 않면 / 선호될 수 있다 / 경로를 바꾸는 것이	그렇지 않다면, 경로를 바꾸는 것이 선호될 수 있다.	if not 그렇지 않다면 preferable 더 좋은, 선호되는 course 경로

39 글의 흐름으로 보아, 주어진 문장이 들어가기에 가장 적절한 곳을 고르시오. [3점] [19%]

정답 | ⑤

해설 | 6에서 박테리아는 이전 상황과 지금 상황을 등록한다고 했고, 주어진 문장에서 박테리아는 그 둘을 비교하여 헤엄친다고 했으며, 7에서 반대 경우를 제시하고 있으므로 주어진 문장은 (⑤)에 들어가는 것이 가장 적절하다.

문법

1 2 3 4 5 6 〈명사의 복수형〉: 외래어 복수(um/on → a)

단수	복수	뜻
datum	data	자료
medium	media	중간, 매체
bacterium	bacteria	박테리아
memorandum	memoranda	비망록, 메모
phenomenon	phenomena	현상, 사건
criterion	criteria	기준, 표준

1 5 〈목적격 관계대명사 that〉: 타동사의 목적어가 없는 경우 / 선행사를 포함하고 있는 관계대명사 what 사용 불가

선행사	목적격 관계대명사절			
	목적격 관계대명사	주어	타동사	~~목적어~~
the chemicals	(that) 생략 가능	it	senses	
those		it	sensed	
the direction		it	is pointing	

2 〈원인과 결과를 동시에 나타내는 표현〉: '너무 ~해서 그 결과 …하다' (**종속접속사 that** 생략 가능)

〈원인〉: 너무 ~해서			〈결과〉: 그 결과 …하다		
so	형용사	(a(n) + 명사)	(that)	주어	동사
such	(a(n))	형용사	명사	that	주어	동사

2 〈what vs. that〉

	관계대명사 (불완전한 문장)	접속사 (완전한 문장)
what	○ 선행사를 포함하고 있기 때문에 what 앞에 선행사 불필요	×
that	○ that 앞에 선행사 필요	○

2 〈목적격 관계대명사 that 생략〉: 전치사의 목적어가 없는 경우 / 선행사를 포함하고 있는 관계대명사 what 사용 불가

선행사	목적격 관계대명사절				
	목적격 관계대명사	주어	동사	전치사	~~목적어~~
the direction	(that) 생략 가능	a ~ chemical	is coming	from	

4 〈간접의문문〉: 의문사 how가 있는 경우

〈간접의문문〉: 전치사의 목적어			
전치사	의문사	주어	동사
in	how	much of a chemical	is

4 〈의문사가 없는 간접의문문〉: if/whether(의문사 대용어 : ~인지 아닌지) + 주어 + 동사 〈if/whether/that 구별법〉; that 사용 불가

			if	whether	that
명사절		주어 자리	×	○	○
	목적어 자리	타동사의 목적어	○	○	○
		전치사의 목적어	×	○	○
		보어 자리	×	○	○
		진주어 자리	○	○	○
부사절	동사 수식		○	○	○
형용사절	명사 수식		×	×	○
간접의문문	S / O / C		○	○	×
–	–	–	if ~ or not (o) if or not (x)	whether or not (o) whether ~ or not (o)	×

6 〈how / what ~ like〉

how	사람의 감정, 건강상태 등 변하는 것에 대해 물을 때
	대상의 경험이나 반응을 묻고자 할 때
what ~ like	성격이나 외모 등 변하지 않는 것에 대해 말할 때

6 〈간접의문문〉: 의문사가 있는 경우

〈간접의문문〉: 타동사의 목적어 (완전한 문장)			
타동사	의문사	주어	동사
registers	what	conditions	are
records	how	things	were

7 〈가주어, 진주어 구문〉: it(가주어) ~ to change(진주어)

어법 & 연결어

A bacterium is so small [**what** / **that**] its sensors [**alone** / **lonely**] can give [**it** / **them**] no indication of the direction [**what** / **that**] a good or bad chemical is coming from. To overcome this problem, the bacterium uses time to help it [**deal** / **dealing**] with space. The bacterium is not [**interested** / **interesting**] in how much of a chemical is present at any [**giving** / **given**] moment, but rather in [**whether** / **if**] that concentration is increasing or decreasing. (   ), if the bacterium swam in a straight line simply [**because** / **because of**] the concentration of a desirable chemical was [**high** / **highly**], it might travel away from chemical nirvana, not toward it, [**depended** / **depending**] on the direction [**that** / **what**] it's pointing. The bacterium solves this problem in an ingenious manner: as it senses its world, one mechanism registers [**that** / **what**] conditions are [**like** / **alike**] right now, and [**the other** / **another**] records [**how things were** / **how were things**] [**a little** / **a few**] moments ago. The bacterium will swim in a straight line as long as the chemicals [**that** / **what**] it senses seem better now than those [**that** / **what**] it sensed a moment ago. If not, [**this's** / **it's**] preferable to change course.

	지문	해석	단어 & 숙어
1 연구	A few scientists / (from Duke University and University College London) / decided / [to find out / {what happens / (inside our brains)}] / (when we lie).	듀크 대학과 런던 대학의 몇몇 과학자들이 우리가 거짓말을 할 때 우리의 뇌 안에서 무슨 일이 일어나는지 알아내기로 결정했다.	a few 몇몇의 decide to R ~을 결정하다 find out ~을 알아내다 happen 일이 일어나다 inside ~의 내부에[로]
2	They put / people (into an fMRI machine) / and had them play a game / {where they lied (to their partner)}.	그들은 사람들을 기능적 자기 공명 영상(fMRI) 기계에 넣고 그 사람들로 하여금 자신의 파트너에게 거짓말을 하는 게임을 하게 했다.	fMRI 기능적 자기공명 영상법 (= functional magnetic resonance imaging) (혈류와 관련된 변화를 감지하여 뇌 활동을 측정하는 기술)
3	{The first time (people told a lie)}, / the amygdala / weighed in.	사람들이 처음 거짓말을 했을 때 편도체가 관여했다.	amygdala 편도체 weigh in 관여하다
4	It released / chemicals / (that give us that familiar fear), / that sinking sense of guilt / (we get) / (when we lie).	그것은 우리에게 그 익숙한 공포감, 우리가 거짓말을 할 때 갖게 되는 그 무거운 죄책감을 주는 화학 물질을 분비했다.	release 방출하다 chemical 화학 물질 fear 두려움, 공포감 sinking 가라앉는 sense of guilt 죄책감, 죄의식
5	But / (then) / the researchers / went one step further.	그러나 그때 연구자들은 한 단계 더 나아갔다.	go one step further 한 단계 나아가다
6	They rewarded / people / (for lying).	그들은 사람들에게 거짓말에 대한 보상을 주었다.	reward A for B A에게 B에 대해 보상해주다
7	They gave / them a small monetary reward / (for deceiving their partner) / [without them {knowing / (they'd been lied to)}].	그들은 파트너가 자신이 속았다는 점을 모르게 속인 것에 대해 그들에게 작은 금전적 보상을 주었다.	monetary 화폐의 a reward for ~에 대한 보답 deceive 속이다 without knowing ~을 모르고서
8 원인	{Once people started / (getting rewarded) / (for lying and not getting caught)}, / that amygdala-driven sense of guilt / started to fade.	일단 사람들이 거짓말을 하고 들통나지 않은 것에 대해 보상을 받기 시작하자, 그 편도체에 의해 유발된 죄책감이 사라지기 시작했다.	once 일단 ~하자마자 get caught 들통나다 drive ~하게 내몰다 (drive - drove - driven - driving) fade 사라지다
9	Interestingly, / it faded / (most) (markedly) / {when the lie would hurt someone else / but help the person / (telling it)}.	흥미롭게도 그것은 거짓말이 누군가에게는 해가 되지만 그것을 말하는 사람에게 도움이 될 때 가장 현저하게 사라졌다.	interestingly 흥미롭게 markedly 두드러지게 hurt 해를 끼치다 someone else 어떤 다른 사람
10 결과	So / people started / (telling bigger and bigger lies).	따라서 사람들은 점점 더 큰 거짓말을 하기 시작했다.	so 따라서
11	(Despite being small / at the beginning), / engagement (in dishonest acts) / may trigger a process / {that leads to larger acts of dishonesty / (later on)}.	처음에는 작음에도 불구하고, 부정직한 행위를 하는 것은 이후에 더 큰 부정직한 행위로 이어지는 과정을 유발할 수 있다.	engagement 참여 dishonest 부정직한 trigger 유발하다 lead to ~로 이어지다 dishonesty 부정직 later on 나중에
12 TS	The experiment (above) / suggests / [that (when people receive / a (A) for lying), / their brain chemistry changes, / (affecting their sense of guilt) / and { (B) engagement / (in bigger lies)}].	위 실험은 사람들이 거짓말을 하는 것에 대한 (A) 상을 받으면 그들의 뇌 화학 작용이 변화하고 그들의 죄책감에 영향을 주고 더 큰 거짓말을 하도록 (B) 촉진한다는 것을 보여 준다.	experiment 실험 above 위[앞]에서 말한 suggest 시사하다 receive 받다 prize 상, 상품 chemistry 화학 affect 영향을 미치다 facilitate 촉진[조장]하다

98

40 다음 글의 내용을 한 문장으로 요약하고자 한다. 빈칸 (A), (B)에 들어갈 말로 가장 적절한 것은? [50%]

	(A)		(B)
①	prize	……	facilitating
②	prize	……	preventing
③	benefit	……	hindering
④	penalty	……	encouraging
⑤	penalty	……	inhibiting

정답 | ①

해설 | ① 보상 – 촉진하는

6에서 실험자들이 거짓말하는 사람들에게 '보상'을 주었다고 했으므로 (A)에는 prize가 적절하다.

그에 대한 결과로 11에서 더 큰 부정적 행동을 '유발했다고' 했으므로 (B)에는 facilitating이 적절하다.

② 보상 – 예방하는

③ 이익 – 숨기는

④ 벌금 – 격려하는

⑤ 벌금 – 억제하는

문법

1 〈목적어 자리에 to부정사를 취하는 완전 타동사〉 : afford / agree / ask / attempt / care / choose / claim / dare / **decide** / demand / desire / determine / elect / expect / fail / guarantee / hope / intend / learn / manage / need / offer / plan / pretend / promise / refuse / resolve / seek / threaten / volunteer / want / wish 등

1 〈간접의문문〉 : 의문대명사 what이 있는 경우

	〈간접의문문〉 : 타동사의 목적어	
타동사	의문대명사	동사
find out	what	happens

1 2 4 6 7 8 〈lie / lay / lie〉

원형	과거	과거분사	현재분사	뜻
lie	lay	lain	lying	vi. 눕다, ~에 놓여 있다
lay	laid	laid	laying	vt. 눕히다, 알을 낳다
lie	lied	lied	lying	**vi. 거짓말하다**

2 3 〈관계부사〉 : 관계부사절은 완전한 문장이 나오고, 선행사와 관계부사는 서로 같이 사용할 수도 있고 둘 중 하나는 생략할 수도 있다.

용도	선행사	관계부사	전치사 + 관계대명사
시간	**the time**	when	in/at/on + which
장소	the place (= **game**)	**where**	in/at/on + which
이유	the reason	why	for which
방법	(the way)	how	in which
	the way how는 같이 사용 못함 the way, the way in which, the way that은 사용 가능 (how 대신에 사용되는 that은 관계부사 대용이라고 함)		

4 11 〈주격 관계대명사 that절〉 : 선행사를 포함하고 있는 관계대명사 what 사용 불가

	주격 관계대명사절		
선행사	주격 관계대명사	주어	동사
chemicals	that	~~주어~~	give
a process			leads

4 〈동격〉 : A(명사), B(명사) (B라는 A)

동격 (B라는 A)		
명사(A)	,(콤마)	명사(B)
that familiar fear		that sinking sense of guilt we get when we lie

4 〈목적격 관계대명사 that〉 : 타동사의 목적어가 없는 경우 / 선행사를 포함하고 있는 관계대명사 what 사용 불가

	목적격 관계대명사절			
선행사	목적격 관계대명사	주어	타동사	~~목적어~~
sense of guilt	(that) 생략 가능	we	get	

7 〈with/without 부대상황〉

without	목적어	목적격 보어		
~하지 않고, ~하지 않은 채로		형용사(구)		
		부사(구)		
		전치사구		
		분사	현재분사 (-ing)	능동 (목적어가 목적격 보어를 ~하고 있는, ~하는)
			과거분사 (p.p.)	수동 (목적어가 목적격 보어에게 ~당하는, ~되어진)
(without)	them	knowing		

9 〈주격 관계대명사 + be동사 생략〉 : the person (who/that was) telling(현재분사) : 현재분사가 명사를 뒤에서 후치 수식하는 경우

11 〈불규칙적으로 변화하는 중요 형용사와 부사〉

원급	비교급	뜻	최상급	뜻	의미
late	**later**	나중에	latest	최근의	시간
	latter	후자의	last	최후의	순서

12 〈affecting ~〉 : 〈분사구문〉이 문미에 있는 경우 (능동)

어법 & 연결어

[A little / **A few**] scientists from Duke University and University College London decided [finding / **to find**] out [**what** / that] happens inside our brains [which / **when**] we lie. They put people into an fMRI machine and had them [**play** / played] a game [**where** / which] they lied to their partner. The first time [**when** / which] people told a lie, the amygdala weighed in. It released chemicals [what / **that**] give us that familiar fear, that sinking sense of guilt [**that** / what] we get when we lie. (   ) then the researchers went one step [farther / **further**]. They rewarded people for lying. They gave them a small monetary reward for [deception / **deceiving**] their partner without them [to know / **knowing**] [**what** / that] they'd [lied / **been lied**] to. Once people started getting [**rewarded** / rewarding] for lying and not getting [to catch / **caught**], that amygdala-driven sense of guilt started to fade. (   ), it faded [**almost** / most] markedly when the lie would hurt someone else but help the person [to tell / **telling**] it. (   ) people started telling bigger and bigger lies. [**While** / Despite] being small at the beginning, engagement in dishonest acts may trigger a process [**that** / what] leads to larger acts of dishonesty [**later** / latter] on.

→ The experiment above suggests [what / **that**] when people receive a prize for lying, their brain chemistry changes, [affected / **affecting**] their sense of guilt and [**facilitating** / facilitated] engagement in bigger lies.

제목	바다의 깊이에 따른 산소 함량	
주제	바닷속 깊이에 따라 산소의 양은 균등하지 않다.	
논리	비교 · 대조	

	지문	해석	단어 & 숙어
1	Life (in the earth's oceans) / (simply) would not exist / 　S　　　　　　　　　　　　　　　　V 지구의 바다 생물은　　　　　　전혀 존재할 수 없을 것이다 (without the presence of dissolved oxygen). 　　　　　　　　　　　　　　　p.p. 　　용해되어 있는 산소의 존재 없이는	지구의 바다 생물은 용해되어 있는 산소의 존재 없이는 전혀 존재할 수 없을 것이다.	life 생물 ocean 바다 simply (부정문에서) 전혀, 절대로 exist 존재하다 without ~없이 presence 존재 dissolve 용해시키다 oxygen 산소
2 TS	This life-giving substance is not, / however, / distributed / 　　　〈현재분사〉　　S　　　　　　　　　　　　　　V〈수동태〉 이 생명을 부여하는 물질은 있지 않다　　　하지만　　　분포되어 (evenly) / (with (a) depth) / (in the oceans). 　균등하게　　　깊이에 따라　　　　바닷속	하지만 이 생명을 부여하는 물질은 바닷속 깊이에 따라 균등하게 분포되어 있지 않다.	life-giving 생명[생기]을 주는 substance 물질 however 하지만 distribute 분포하다 evenly 균등하게 depth 깊이
3	Oxygen levels / are (typically) high / (in a thin surface layer) 　　S　　　　　V　　　　　　S·C 산소 수치는　　　일반적으로 높다　　　　얕은 표층에서 / (10-20 metres deep). 　　10~20미터 깊이의	10~20미터 깊이의 얕은 표층에서 산소 수치는 일반적으로 높다.	level 수치 typically 일반적으로 thin 얇은 surface 표면 layer 층 metre 미터(길이의 단위, 100센티미터) (= meter) deep 깊이(의)
4	Here / oxygen (from the atmosphere) / can freely diffuse / 　　　　　S₁　　　　　　　　　　　　　V₁ 여기에서는　　　산소가 대기로부터의　　　자유롭게 퍼지며 (into the seawater), / plus / there is plenty of floating plant 　　　　　　　　　　　　　V₂　　〈현재분사〉 　해수 속으로　　　게다가　　　많은 부유 식물들이 존재한다 life / (producing oxygen) / (through photosynthesis). 　S₂　〈현재분사〉　O 　　　산소를 생산하는　　　광합성을 통해	여기에서는 대기로부터의 산소가 자유롭게 해수 속으로 퍼지며, 게다가 광합성을 통해 산소를 생산하는 많은 부유 식물들이 존재한다.	atmosphere 대기 freely 자유롭게 diffuse 퍼지다 seawater 바닷물 plus 게다가 plenty of 많은 floating plant life 부유 식물 produce 생산하다 through ~을 통하여 photosynthesis 광합성
5	Oxygen concentration / (then) decreases (rapidly) / (with 　　S　　　　　　　　　　　V₁ 산소 농도는　　　　　이후 급격히 줄어들고　　　깊어질수록 depth) / and reaches very low levels, / (sometimes) / (close 　　　　　V₂　〈부사〉〈형용사〉　O 　　　　매우 낮은 수치에 도달한다　　　　때로는 to zero), / (at depths of around 200-1,000 metres). 　0에 가까운　　　　대략 200~1000미터의 깊이에서	산소 농도는 이후 깊어질수록 급격히 줄어들고 대략 200~1000미터의 깊이에서 때로는 0에 가까운 매우 낮은 수치에 도달한다.	concentration 농도 decrease 감소 rapidly 빠르게 reach 도달하다 low 낮은 sometimes 때때로 close to 아주 가까이에서 around 대략
6	This region is referred to / as the oxygen (b) minimum zone. 　S　　　V〈수동태〉　　　　　　　S·C 이 구간은 일컬어진다　　　　산소 극소 대역이라고	이 구간은 산소 극소 대역이라고 일컬어진다.	region 지역 refer to A as B (5) A를 B라고 언급하다[말하다] (수동태 시, A be referred to as B) oxygen minimum zone 산소 극소 대역 (보통 해양 800 ~ 1,000m의 호흡 및 부식작용이 크게 일어나는 수심구역)
7	This zone is created / (by the low rates of oxygen) / (diffusing 　S　　　V〈수동태〉　　　　　　　　　　　　　〈현재분사〉 이 대역은 형성되고　　　산소의 낮은 비율에 의해 down from the surface layer of the ocean), / (combined 　　　　　　　　　　　　　　　　　　p.p. 　바다의 표층에서 아래로 퍼져 가는 with the high rates of consumption of oxygen) / (by 　　　　　　　　　　　　　　　　　　( ) : 〈분사구문〉 decaying organic matter) / (that sinks from the surface / 　〈현재분사〉　O〈선행사〉　〈주·관〉　V₁ 　부패하고 있는 유기물에 의한　　　표면에서 가라앉아 and accumulates at these depths). 　　　V₂ 　이 깊이에 축적된 높은 산소 소비율과 결합된다	이 대역은 바다의 표층에서 아래로 퍼져 가는 산소의 낮은 비율에 의해 형성되고, 표면에서 가라앉아 이 깊이에 축적된 부패하고 있는 유기물에 의한 높은 산소 소비율과 결합된다.	create 형성하다, 만들다 rate 비율 combine A with B A를 B와 결합하다 (수동태 시, A be combined with B) consumption 소비 by + 동명사 ~함으로써 decay 부패하다 organic matter 유기물 sink 가라앉다 accumulate 축적하다

문법

3 7 〈high / highly〉

high	형용사	높은
	부사	높게
	명사	높은 곳
highly	부사	매우 (= very)

3 5 〈미국식 영어 vs. 영국식 영어〉 : 철자 차이

미국식 영어	영국식 영어
center	centre
theater	theatre
fiber	fibre
liter	litre
metre	meter
tire	tyre

4 〈There/Here is 도치구문〉

긍정문	There (Here)	is	단수 주어	~이 있다 (여기에 ~이 있다)
		are	복수 주어	
부정문	There (Here)	is no	단수 주어	~이 없다 (여기에 ~이 없다)
		are no	복수 주어	

4 5 7 〈주격 관계대명사 + be동사 생략〉

–	생략 가능	
명사 (선행사)	(주격 관계대명사 + be동사)	현재분사(-ing) – 능동 (~하고 있는, ~하는)
		과거분사(p.p.) – 수동 (~되어진, ~당한)
		명사
		형용사(구) (~하는, ~할)
		부사
		전치사구
life	(which/that is)	producing
levels	(which are)	close
oxygen	(which/that is)	diffusing

4 〈혼동 어휘〉

through	전치사	~을 통하여
throughout	전치사	(장소) ~의 도처에, (시간) ~ 동안, ~ 내내
	부사	도처에, 완전히, 철저하게
though	접속사	비록 ~일지라도
thorough	형용사	철저한, 완전한

5 〈to가 전치사로 사용된 경우〉

to가 전치사로 사용될 경우에는 to 뒤에 (동)명사가 나오고, to부정사로 사용될 경우에는 그 뒤에 동사원형을 사용한다.

전치사 to + (동)명사
a change to(~로의 변화) / a connection to(~에 대한 관계) / adapt to(~에 적응하다) / add up to(결국 ~이 되다) / akin to(~에 유사한) / a solution to(~에 해답) / access to(~에 대한 접근) / adjust to(~에 적응하다) / an answer to(~에 대한 답) / apply to(~에 적용되다) / approach to(~에의 접근) / as opposed to(~에 반대하는) / aspect to(~에 대한 측면) / be close to(~와 가까운, 근접한) / be equal to(~할 능력이 있다) / be equivalent to(~에 상당하다/맞먹다) / belong to(~에 속해 있다) / be opposed to(~에 반대하다) / be similar to(~와 유사하다) / conform to(~에 부합되다) / come close to(거의 ~하게 되다) / commit to(~에 전념[헌신]하다) / contribute to(~에 공헌하다) / critical to(~에 매우 중요한) / devote[dedicate] A to B(A를 B에 바치다) / equivalent to(~와 같음, 상응함) / happen to((어떤 일이) ~에게 일어나다[생기다], ~이 …게 되다) / in addition to(~에 덧붙여) / in relation to(~와 관련하여) / lead to(~로 이어지다) / listen to(~을 듣다) / look forward to(~을 기대하다) / make an objection to(~에 반대하다) / move on to(~로 옮기다[이동하다]) / object to(~에 반대하다) / open to(~에게 공개된) / pay attention to(~에 주의를 기울이다) / point to(~을 가리키다) / prior to(~ 이전의) / reaction to(~에 대한 반응) / related to(~와 관련된) / relation to(~의 관계) / receptive to(~을 잘 받아들이는) / report to(~에게 보고하다) / resistant to(~에 대해 저항하는) / respond to(~에 응답/대응하다) / return to(~로 되돌아가다) / sensitive to(~에 민감한) / switch to(~으로 바꾸다) / talk to(~에게 말을 걸다) / the journey to(~로 가는 여정) / the key to(~의 핵심) / vulnerable to(~에 상처 입기 쉬운) / What do you say to ~?(~하는 것이 어때?) / when it comes to(~에 관해서 말하자면) / with a view to(~할 목적으로)

6 〈5형식 불완전 타동사의 목적격 보어〉 : 수동태 전환 시, 2형식 문장(be p.p. + as 보어)

주어	불완전 타동사	목적어	목적격 보어
–	accept / achieve / announce / characterize / cite / consider / count / deem / define / describe / disguise / identify / interpret / look at / look upon / perceive / praise / present / read / reckon / refer to / recognize / regard / remember / respect / see / speak of / think of / train / treat / use / view / visualize 등	–	as 보어

7 〈combined ~〉 : 〈분사구문〉이 문미에 있는 경우 (수동)

7 〈주격 관계대명사절의 수의 일치〉 : 선행사를 포함하고 있는 관계대명사 what 사용 불가

	주격 관계대명사절		
선행사	주격 관계대명사	주어	동사
matter	that		~~sink ~ accumulate~~
			sinks ~ accumulates

	지문	해석	단어 & 숙어
8	(Beneath this zone), / oxygen content / (c) increases (again) / (with depth). 〈전치사〉 S V 이 대역 아래에서는 　산소의 함량이 　다시 증가한다 깊이에 따라	이 대역 아래에서는 산소의 함량이 깊이에 따라 다시 증가한다.	beneath 아래에, 바로 밑에 zone 지대, 지역, 지구 oxygen content 산소 함유량 increase 증가하다
9	The deep oceans contain / quite high levels of oxygen, / S V O 이 깊은 바다는 포함한다 　꽤 높은 산소 수치를 {though not generally as high / as (in the surface layer)}. 〈종·접〉 S·C 〈as 형/부원급 as…〉 비록 일반적으로 높지는 않지만 　표층에서만큼	이 깊은 바다는 비록 일반적으로 표층에서만큼 높지는 않지만 그래도 꽤 높은 산소 수치를 포함한다.	ocean 바다 contain 포함하다 quite 꽤, 상당히 though 비록 ~일지라도 generally 일반적으로 as A as B B만큼 A한
10	The higher levels (of oxygen) (in the deep oceans) / reflect S V 높아진 산소 수치는 　깊은 바다에서의 (in part) / the origin (of deep-ocean seawater masses), / O 〈선행사〉 일부를 반영하는데 　다량의 심해수의 출처의 {which are derived (from cold, oxygen-rich seawater) / (in 〈주·관〉 V〈수동태〉 그것은 차갑고 산소가 풍부한 해수로부터 나온 것이다 the surface of polar oceans)}. 극지방 바다 표면의	깊은 바다에서의 높아진 산소 수치는 다량의 심해수의 출처를 일부 반영하는데, 그것은 극지방 바다 표면의 차갑고 산소가 풍부한 해수로부터 나온 것이다.	reflect 반영하다 in part 부분적으로는 origin 출처, 기원 mass 다량 be derived from ~에서 나오다 rich 풍부한 surface 표면 polar ocean 남극 해양
11	That seawater sinks / (rapidly) (down), / {(thereby) / (d) S V 그 해수는 가라앉고 　아래로 빠르게 　따라서 exhausting its oxygen content}. 〔 〕〈분사구문〉 〈현재분사〉 O 그 산소 함량을 소진한다	그 해수는 아래로 빠르게 가라앉고, 따라서 그 산소 함량을 소진한다(→보존한다).	sink 가라앉다 rapidly 빠르게 thereby 따라서 exhaust 소모하다 preserve 보존하다
12	As well, / {compared to life / (in near-surface waters)}, / 〔 〕〈무[비]인칭 독립분사구문〉 p.p. 또한 　생물과 비교했을 때 　표면에 가까운 해수에서의 organisms / (in the deep ocean) / are (comparatively) scarce S V1 S·C 생명체가 　깊은 바다에는 　비교적 드물며 / and have low metabolic rates. V2 O 낮은 대사율을 갖고 있다	또한 표면에 가까운 해수에서의 생물과 비교했을 때 깊은 바다에는 생명체가 비교적 드물며 낮은 대사율을 갖고 있다.	as well 또한 compared to ~와 비교하여 near-surface 지표면 가까이의 organism 생명체 comparatively 비교적 scarce 드문 metabolic 신진대사의 rate 비율
13	These organisms / therefore / consume / (e) little of the S V O 이러한 생명체는 　따라서 　소비한다 available oxygen. 이용 가능한 산소 중 소량을	따라서 이러한 생명체는 이용 가능한 산소 중 소량을 소비한다.	therefore 따라서 consume 소비하다 available 이용 가능한

문법

9 〈high / highly〉

high	형용사	높은
	부사	높게
	명사	높은 곳
highly	부사	매우 (= very)

9 〈양보/대조〉

종속접속사	though	+ 주어 + 동사	비록 ~일지라도
	although		
	even though		
	even if		
	as		
	while		반면에
	whereas		
전치사	in spite of	+ 명사 / 명사 상당어구	~에도 불구하고
	despite		
	for all		

9 〈동등[원급]비교〉: B만큼 A한

지시부사				접속사/유사관계대명사
as	형용사	원급	as
	부사		
	~~highly~~		
	~~high~~		

9 〈생략〉: 주절의 주어와 종속절의 주어와 같을 시 종속절의 '주어 + be동사'는 생략 가능

주절		종속절 → 분사구문		
주어	동사	종속접속사〈그대로 사용하면 의미 강조〉	(주어 + be동사)〈주절의 주어와 같을 경우 생략 가능〉	-ing(현재분사)
				p.p.(과거분사)
				형용사
				명사
The ~ oceans	contain	though	(they are)	high

10 〈주격 관계대명사 which의 계속적 용법〉: 관계대명사 that 사용 불가

선행사	콤마(,)	주격 관계대명사절		
		which	~~주어~~	동사
masses	계속적 용법	주격 관계대명사		are derived

10 〈관계대명사의 해석 용법〉

제한적 용법	선행사	(콤마 없음)	관계대명사 ~
		형용사절로 관계대명사절이 선행사를 수식함 (~하는)	

계속적 용법	선행사	,(콤마 있음)	관계대명사 ~
		: 대등접속사 + 대명사(선행사)로 바꿔서 해석함 (and, but, because, if 등) 〈주의 사항〉 관계대명사 that은 계속적 용법으로 사용할 수 없음	

*관계대명사 that은 바로 앞에 선행사가 있을 경우 계속적 용법으로 사용할 수 없다. 하지만 선행사와 관계대명사 that 사이에 삽입절이 낀 상태에서 콤마(,)가 있다면 사용할 수 있다. 또한 관계대명사 which는 선행사를 단어, 구, 절, 문장 전체를 가질 수 있는데 이때 구, 절, 문장 전체는 단수 취급을 하기 때문에 동사는 단수형으로 사용해야 한다.

11 〈exhausting ~〉: 〈분사구문〉이 문미에 있는 경우 (능동)

12 〈무[비]인칭 독립분사구문〉: 분사구문에서 주어가 you, they, we 등과 같이 막연한 일반일 경우 / 부사절의 주어와 주절의 주어가 다르더라도 이를 생략하는 것

무(비)인칭 독립분사구문	해석
generally speaking	일반적으로 말해서
roughly speaking	대략적으로 말해서
frankly speaking	솔직히 말해서
strictly speaking	엄격하게 말해서
simply put	간단히 말해서
considering + 명사(구/절)	~을 고려해 볼 때
concerning + 명사(구/절)	~에 관하여
regarding + 명사(구/절)	~에 관하여
including + 명사(구/절)	~을 포함하여
depending on + 명사(구/절)	~에 따라서
based on + 명사(구/절)	~에 근거해 볼 때
judging from + 명사(구/절)	~로 판단해 보면
compared with / to + 명사(구/절)	**~와 비교하면**
talking/speaking of + 명사(구/절)	~말인데
granting/granted + that절	가령 ~이라 하더라도
seeing + that절	~인 것으로 보아
supposing/assuming + that절	만약 ~이라면
Provided (that) ~ = Providing (that) ~	~라면
Given + that절	~을 고려하면

[41~42] 다음 글을 읽고, 물음에 답하시오.

41 윗글의 제목으로 가장 적절한 것은? [44%]

① Is Oxygen Content Consistent Through Marine Layers?
② Climate Change: The Ocean Is Running out of Oxygen
③ How to Calculate Oxygen Concentration in Seawater
④ What Happens When the Oceans Lack Oxygen?
⑤ Seasonal Variability of Ocean Oxygen Levels

42 밑줄 친 (a)~(e) 중에서 문맥상 낱말의 쓰임이 적절하지 <u>않은</u> 것은? [3점] [42%]

① (a)   ② (b)   ③ (c)   ④ (d)   ⑤ (e)

정답 | ①, ④

41 해설 | ① 산소 내용물은 해양 층을 통해서 일관되는가?: ❷에서 바다 깊이에 따라 산소 함량이 다르다고 했고, 글 전체에서 이에 관해 설명하고 있으므로 정답으로 적절하다.

② 기후 변화: 바다가 산소가 고갈되고 있다: 기후 변화에 관한 내용은 없다.

③ 어떻게 산소의 농도를 바닷물에서 계산하는가: 산소 농도 계산에 관한 내용은 없다.

④ 바다가 산소가 부족할 때 무슨 일이 벌어지는가?: 산소 부족에 따른 결과에 관한 내용은 없다.

⑤ 바다의 산소의 수준의 계절에 따른 변화: 깊이에 따른 산소 변화를 설명하고 있지 계절에 따른 변화에 관한 내용은 없다.

42 해설 | ① ❸, ❺, ❽ 등 글 전체에서 깊이에 따른 산소 함량에 관해 설명하므로 depth는 적절하다.

② ❺에서 산소 농도가 0에 가까울 정도로 낮다고 했으므로 minimum은 적절하다.

③ ❾에서 산소 농도가 꽤 높다고 했으므로 increases는 적절하다.

④ ❾에서 산소 농도가 꽤 높다고 했으므로 산소 함량이 보존되는 것이지, 소진한다는 뜻의 exhausting은 적절하지 않다. exhausting → preserving

⑤ ❾에서 산소 농도가 꽤 높다고 했으므로 산소 소비량이 적음을 알 수 있으므로 little은 적절하다.

어법 & 연결어

Life in the earth's oceans [**simple / simply**] would not exist without the presence of [**dissolved / dissolving**] oxygen. This life-giving substance is not, (   ), [**distributing / distributed**] evenly with depth in the oceans. Oxygen levels are typically [**high / highly**] in a thin surface layer 10-20 metres deep. Here oxygen from the atmosphere can freely diffuse into the seawater, plus there [**is / are**] plenty of floating plant life [**produced / producing**] oxygen [**thorough / through**] photosynthesis. Oxygen concentration then decreases rapidly with depth and reaches very low levels, sometimes close to zero, at depths of around 200-1,000 metres. This region [**refers / is referred**] to as the oxygen minimum zone. This zone [**is created / creates**] by the low rates of oxygen [**diffused / diffusing**] down from the surface layer of the ocean, [**combined / combining**] with the [**high / highly**] rates of consumption of oxygen by decaying organic matter [**what / that**] sinks from the surface and [**accumulate / accumulates**] at these depths. Beneath this zone, oxygen content increases again with depth. The deep oceans contain quite [**high / highly**] levels of oxygen, [**despite / though**] not [**general / generally**] as [**high / highly**] as in the surface layer. The higher levels of oxygen in the deep oceans [**reflect / reflects**] in part the origin of deep-ocean seawater masses, which [**derive / are derived**] from cold, oxygen-rich seawater in the surface of polar oceans. That seawater sinks rapidly down, thereby preserving [**its / their**] oxygen content. (   ), [**comparing / compared**] to life in near-surface waters, organisms in the deep ocean are [**competitively / comparatively**] scarce and have low metabolic rates. These organisms (   ) consume [**few / little**] of the available oxygen.

	지문	해석	단어 & 숙어

1	(A) Every May / was the entrance examination period / (for
	    S V S·C
	  매년 5월은 입학시험 기간이었다
	a famous art school).
	   한 유명한 예술 학교의
		(A) 매년 5월은 한 유명한 예술 학교의 입학시험 기간이었다.	May 5월
			entrance examination 입학[입사] 시험
			period 기간
			famous 유명한

2	(On the first day's sketch test), / Professor Wells noticed /
	                                     S V
	     첫날의 스케치 시험에서 Wells 교수는 알아차렸다
	great potential / (in a boy) / (named Jack).
	    O p.p. S·C
	  큰 잠재력을 소년에게서 Jack이라는 이름의
		첫날의 스케치 시험에서 Wells 교수는 Jack이라는 이름의 소년에게서 큰 잠재력을 알아차렸다.	professor 교수
			notice 알아차리다
			potential 잠재력

3	(During the second day's color test), / (when (a) he walked
	  〈전치사〉 O 〈종·접〉 S V
	   둘째 날의 채색화 시험에서 그(Wells 교수)가 그 소년을 지나갈 때
	past the boy), / something (special) / caught his attention.
	            S 〈형용사〉 V O
	             원가 특별한 것이 그의 주의를 끌었다
		둘째 날의 채색화 시험에서, 그(Wells 교수)가 그 소년을 지나갈 때 뭔가 특별한 것이 그의 주의를 끌었다.	during ~ 동안, ~ (때)에
			walk past ~을 지나치다
			catch 잡다, 주의를 끌다 (catch – caught – caught – catching)
			catch one's attention ~의 관심[주의]을 사로잡다

4	Every paint was labeled, / and there was a small piece of
	   S₁ V₁〈수동태〉 V₂ S₂
	  모든 물감에 라벨이 붙어 있었고 작은 종잇조각이 있었다
	paper / {written (in the boy's half-hidden paint box)}: /
	          p.p. p.p.
	  그 소년의 반쯤 숨겨진 물감통 안에 쓰여진
	apples are red, / pears are bright yellow.
	  S₁ V₁ S·C S₂ V₂ S·C
	  '사과는 빨갛다 배는 밝은 노란색'이다라고
		모든 물감에 라벨이 붙어 있었고 그 소년의 반쯤 숨겨진 물감통 안에 '사과는 빨갛다, 배는 밝은 노란색이다.'라고 쓰여진 작은 종잇조각이 있었다.	label ~에 라벨을[표를] 붙이다
			a piece of 하나의 ~, 한 조각의 ~
			paint box 그림물감 상자[통]
			pear 배
			bright yellow 밝은 노랑

5	This talented student / must be color blind!
	    p.p. S V S·C
	  이 재능 있는 학생은 분명 색맹이다!
		이 재능 있는 학생은 분명 색맹이다!	talented 재능이 있는
			color blind 색맹

6	(B) The room was full of / paintings and sculptures.
	     S V O₁ O₂
	   그 방은 가득 차 있었다 그림과 조각으로
		(B) 그 방은 그림과 조각으로 가득 차 있었다.	be full of ~로 가득 차다
			(= be filled with)
			painting 그림
			sculpture 조각

7	Professor Wells said, / "(Once), / my dream / was to be a
	        S V S V
	  Wells 교수는 말했다 "한때 내 꿈은
	basketball player."
	      S·C
	  농구 선수가 되는 것이었네."라고
		Wells 교수는 "한때 내 꿈은 농구 선수가 되는 것이었다네."라고 말했다.	once 한때

8	Jack / was puzzled. S V S·C Jack은 어리둥절했다	Jack은 어리둥절했다.	puzzled 어리둥절하는, 얼떨떨한 (= baffled)

문법

1 4 〈주어와 동사의 수의 일치〉: each/every/any + 단수명사 + 단수동사

2 4 〈주격 관계대명사 + be동사 생략〉

–	생략 가능	
명사 (선행사)	(주격 관계대명사 + be동사)	현재분사(-ing) – 능동 (~하고 있는, ~하는)
		과거분사(p.p.) – 수동 (~되어진, ~당한)
		명사
		형용사(구) (~하는, ~할)
		부사
		전치사구
a boy	(who/that was)	named
paper	(which/that was)	written

2 〈5형식에서 불완전 타동사의 목적격 보어 자리에 명사가 나오는 경우〉: 수동태 시, be p.p. 명사(구/절)

주어	불완전 타동사	목적어	목적격 보어	5형식
	appoint		명사(구/절)	
	call		형용사	
	choose			
	create			
	declare			
	elect			
	make			
	name			
	vote			

3 〈시간 (~ 동안)〉

전치사	during	+ 명사 / 명사 상당어구
종속접속사	while	+ 주어 + 동사

3 〈형용사의 후치 수식〉: something special

후치 수식	-thing	+ 형용사	○
	-body		
	-one		
전치 수식	형용사 +	-thing	×
		-body	
		-one	

4 〈There/Here is 도치구문〉

긍정문	There (Here)	is	단수 주어	~이 있다 (여기에 ~이 있다)
		are	복수 주어	
부정문	There (Here)	is no	단수 주어	~이 없다 (여기에 ~이 없다)
		are no	복수 주어	

8 〈감정과 관련된 완전 타동사〉: 동사가 분사화되어 주격/목적격 보어 자리에 나올 때 일반적인 구별법

주어	동사	주격 보어(S·C)
사람		과거분사(p.p.) – 수동 (~되어진, ~당한)
사물		현재분사(-ing) – 능동 (~하고 있는, ~하는)
Jack	was	puzzled

8 〈감정(Feeling, Emotion)을 표현하는 동사〉

기쁨	please 기쁘게 하다 / excite 흥분시키다 / thrill 감동시키다, 오싹 하게하다, (자동사: 감동하다, 오싹하다) / satisfy 만족시키다 / content 만족시키다
놀람	surprise 놀라게 하다 / astonish 깜짝 놀라게 하다 / amaze 놀라게 하다 / stun 망연자실하게 하다 / startle 펄쩍 뛰게 하다
흥미	interest 관심을 갖게 하다 / concern 걱정시키다
감동	impress 감동시키다 / touch 감동시키다 / move 감동시키다
당황, 창피	embarrass 당황하게 하다 / confuse 난처하게 하다, 혼동시키다 / puzzle 어찌할 바를 모르다 / bewilder 갈피를 못 잡게 하다
짜증	bother 귀찮게 하다 / annoy 성가시게 하다 / irritate 짜증나게 하다 / upset ~의 마음을 뒤흔들어 놓다 / disturb 방해하다
실망	disappoint 실망시키다 / depress 의기소침하게 하다 / dismay 어쩔 줄 모르게 하다
두려움	frighten 오싹하게 하다 / terrify 무섭게 하다 / scare 겁을 주다 (자동사 가능)

	지문	해석	단어 & 숙어
9	"Why did you stop / (playing basketball)?" S V 〈동명사〉 O "교수님은 왜 그만두셨어요 농구하는 것을"	"교수님은 왜 농구하는 것을 그만두셨어요?"	stop O(-ing) ~하는 것을 멈추다, 그만두다
10	Wells (gently) rolled up / his left trouser leg / — (b) his left S V O S Wells 교수는 조용히 걷어 올렸고 자신의 왼쪽 바짓단을 그(Wells 교수)의 왼쪽 다리는 leg / was an artificial limb. V S·C 의족이었다	Wells 교수는 조용히 자신의 왼쪽 바짓단을 걷어 올렸고, 그(Wells 교수)의 왼쪽 다리는 의족이었다.	gently 조용히 roll up 걷어 올리다 trouser leg 바짓단 artificial limb 의족
11	"(Even if we cannot realize / our original dream), / we will 〈종·접〉 S V O "우리가 이루지 못한다 하더라도 우리의 원래 꿈을 (eventually) open / another door (to our dreams)." / Wells V O S 결국 열게 될 거란다" 우리의 꿈들로 가는 다른 문을 Wells 교수는 told / Jack to close his eyes / and touch a sculpture, / and V O O·C₁ (to) O·C₂ 말했고 Jack에게 눈을 감고 조각 작품을 만져 보라고 Jack did so. S V Jack은 그렇게 했다	"우리가 우리의 원래 꿈을 이루지 못한다 하더라도, 결국 우리의 꿈들로 가는 다른 문을 열게 될 거란다." Wells 교수는 Jack에게 눈을 감고 조각 작품을 만져 보라고 말했고, Jack은 그렇게 했다.	even if (비록) ~할지라도 realize (목표 등을) 실현[달성]하다, 이루다 original 원래의 eventually 결국 another 또 다른 close one's eyes 눈을 감다 touch 만지다 sculpture 조각품
12	"An artist's hands / are a second pair of eyes. / Try to see S V S·C V "예술가의 손은 또 다른 한 쌍의 눈이란다 그것으로도 '보도록' with them / (as well)." O 노력해 보렴 또한"	"예술가의 손은 또 다른 한 쌍의 눈이란다. 그것으로도 '보도록' 노력해 보렴."	artist 예술가 second 또 하나의 (= another) a pair of 한 쌍의 ~ try O(to R) ~하려고 노력하다 as well 또한, 역시
13	(C) (After that day), / Professor Wells never saw / Jack / S V O 그날 이후 Wells 교수는 보지 못했다 Jack을 (again). 다시는	(C) 그날 이후, Wells 교수는 Jack을 다시는 보지 못했다.	
14	〈It be ~ that ⋯ 강조구문〉 It was (not until six years later) / {that he saw a report / S V 〈종·접〉 S V O 6년이 지나서야 비로소 그는 기사를 보았다 (in the newspaper) / (about a recent exhibition of modern 신문에서 최근 현대 미술 전시회에 대한 art)}.	6년이 지나서야 비로소 그는 신문에서 최근 현대 미술 전시회에 대한 기사를 보았다.	not until ~이후에야 비로소 report 기사, 보도 newspaper 신문 recent 최근의 exhibition 전시회 modern art 현대 미술
15	The article said / "This young sculptor was unable to attend S V S V 그 기사에는 이렇게 쓰여 있었다 '이 젊은 조각가는 다닐 수 없었다 / art school / (due to his color blindness). O 〈전치사〉 O 예술 학교에 색맹 때문에	그 기사에는 이렇게 쓰여 있었다 '이 젊은 조각가는 색맹 때문에 예술 학교에 다닐 수 없었다.	article 기사 sculptor 조각가 be unable to R ~할 능력이 없다 attend ~에 다니다 due to ~ 때문에 color blindness 색맹
16	But / (with inspiration) / (shared by a mentor), / (c) he 〈선행사〉 p.p. S 하지만 영감을 받아 멘토가 공유해 준 replaced / the eyes / (that could not distinguish colors) / V₁ O〈선행사〉 〈주·관〉 V O 그(Jack)는 대신했고 눈을 색을 구별할 수 없었던 (with his own hands) / and has become a star / (in the field V₂〈현재완료〉 S·C 자신의 손으로 유명해졌다 조각 분야에서 of sculpture).	하지만 멘토가 공유해 준 영감을 받아 그(Jack)는 색을 구별할 수 없었던 눈을 자신의 손으로 대신했고, 조각 분야에서 유명해졌다.'	inspiration 영감 share 공유하다 mentor 멘토 (경험 없는 사람에게 오랜 기간에 걸쳐 조언과 도움을 베풀어 주는 유경험자·선배) replace A with B A를 B로 치환하다 distinguish (between) A from B A와 B를 구별하다 in the field of ~의 분야에서

문법

9 〈stop 동사의 쓰임〉

stop	목적어	3형식
	to 동사원형	~하기 위해서 멈추다
	동명사	~하는 것을 멈추다

9 〈play 동사의 쓰임〉

play	~~관사~~	운동경기	~하고 놀다
	관사(the)	악기	~을 연주하다

11 another 또 다른 하나 (나머지 있음) / the other 그 나머지 (나머지 없음)

11 〈5형식 불완전 타동사의 목적격 보어〉: 수동태 전환 시, 2형식 문장(be p.p. + to R)

주어	불완전 타동사	목적어	목적격 보어
-	advise / allow / ask / assign / assume / beg / bring / cause / command / compel / condition / decide / design / drive / enable / encourage / expect / forbid / force / inspire / instruct / intend / invite / lead / like / motivate / order / permit / persuade / predispose / pressure / proclaim / prod / program / provoke / push / require / teach / **tell** /train / trust / urge / want / warn / wish 등	-	to 동사원형

12 〈직접명령문〉: Try

직접명령문	긍정문	동사원형	~해라
		Please + 동사원형	~해 주세요
	부정문	Don't + 동사원형	~하지 마라
		Never + 동사원형	

14 〈시간 강조 표현〉: 〈not until 구문〉 B하고 나서야 비로소 A하다

(not 대신에 never 사용 시 의미 강조, until 대신에 till 사용 가능)

not	A	until	B
not until	B	, A (도치)	
It be	**not until B**	**that**	A (정치)

14 〈It be A that B 강조구문〉: B한 것은 바로 A이다

It	be 동사	강조하고 싶은 말	that (관계대명사/종속접속사) (경우에 따라 아래처럼 바꿔 사용 가능)	
~~This That There~~	시제에 따라 달라짐	주어 목적어 보어 부사(구, 절) 〈동사는 사용 불가〉	관계대명사	who
				whom
				which
			관계부사	when
				where
It	was	~	that ~	

14 〈불규칙적으로 변화하는 중요 형용사와 부사〉

원급	비교급	뜻	최상급	뜻	의미
late	**later**	**나중에**	latest	최근의	시간
	latter	후자의	last	최후의	순서

14 16 〈what vs. that〉

	관계대명사 (불완전한 문장)	접속사 (완전한 문장)
what	○ 선행사를 포함하고 있기 때문에 what 앞에 선행사 불필요	×
that	○ that 앞에 선행사 필요	○

15 〈3형식 구조를 가지는 타동사 뒤에 전치사를 사용할 수 없는 경우〉: *예외 : attend(자동사) to (~을 처리하다) / enter(자동사) into (일/사업을 시작하다)

주어	타동사	전치사	목적어
	resemble	~~with~~	
	marry	~~with~~	
	mention	~~about~~	
	discuss	~~about~~	
	attend	~~to~~	
	enter	~~into~~	
	reach	~~at~~	

15 〈원인/이유 : ~ 때문에〉

전치사	because of	+ (동)명사 / 명사 상당어구
	due to	
	for	
	on account of	
	owing to	
	thanks to	
종속접속사	as	+ 주어 + 동사 ~
	because	
	now (that)	
	since	

16 〈주격 관계대명사 + be동사 생략〉: inspiration (which/that was) shared(과거분사) : 과거분사가 앞에 있는 명사를 후치 수식하는 경우

16 〈주격 관계대명사절의 수의 일치〉: 선행사를 포함하고 있는 관계대명사 what 사용 불가

		주격 관계대명사절		
선행사	주격 관계대명사	~~주어~~	동사
the eyes	that		could not distinguish

16 〈구별/구분〉: A와 B를 구별하다

tell	A	from	B
separate			
know			
discern	(between) A	from	B
differentiate			
distinguish			
discriminate			

16 〈become 동사의 쓰임〉

become	주격 보어	2형식
	명사	(~으로) 되다
	형용사	
	과거분사	
	목적어	3형식
	명사	어울리다, 잘 맞다 (진행형/수동태 불가)

16 〈be / get / become 구별〉

동사	용법
be	주어가 어떤 상태인지 표현
get	주어가 겪고 있는 상태의 변화를 표현
become	주어가 변화를 겪고 어떻게 되었는지 변화의 결과 표현

	지문	해석	단어 & 숙어
17	The sculptor was Jack. S　V　S·C 그 조각가는 Jack이었다	그 조각가는 Jack이었다.	
18	(D) (After the art school announced / the list of newly- 〈종·접〉　　S　　　　V 그 예술 학교가 발표한 후　　신입생 명단을 admitted students), / Professor Wells found / Jack / {looking S　　　　V　O　〈현재분사〉 Wells 교수는 발견했다　Jack이 (longingly) through the school gate}. 〔 〕: O·C 학교 정문 사이로 간절히 보고 있음을	(D) 그 예술 학교가 신입생 명단을 발표한 후, Wells 교수는 Jack이 학교 정문 사이로 간절히 보고 있음을 발견했다.	announce 발표하다 list 명단 newly-admitted student 신입생 look through ~을 (빠르게) 살펴[훑어]보다 longingly 간절히 gate 문, 정문, 대문
19	〈It be ~ that … 강조구문〉 It was the same boy / {who had captured (d) his attention / S　V　S·C〈선행사〉　〈주·관〉　V〈과거완료〉　O 그는 바로 그 학생이었다　　그(Wells 교수)의 관심을 사로잡았던 (on the test)}. 시험에서	그는 시험에서 그(Wells 교수)의 관심을 사로잡았던 바로 그 학생이었다.	capture 사로잡다 attention 관심
20	Wells greeted him. / "I'm Professor Wells, / and I teach oil S　V　O　S　V　S·C　S　V Wells 교수는 인사했다　　"나는 Wells 교수이고　　유화를 가르친단다 painting / here." O 여기서."라고	Wells 교수는 "나는 Wells 교수이고 여기서 유화를 가르친단다."라고 인사했다.	greet 인사하다 oil painting 유화
21	"My name / is Jack," / replied the boy, / "and I / was S　V　S·C　V　S　S "제 이름은　　Jack이에요　　Jack이 대답했다　　그리고　입학시험에서 rejected." V〈수동태〉 떨어졌어요."라고	"제 이름은 Jack이에요. 그리고 입학시험에서 떨어졌어요."라고 Jack이 대답했다.	reply 대답하다 reject 거절하다
22	{ }: 〈분사구문〉　( ): O {Seeing / (that the boy was heartbroken)}, / (e) he invited / 〈현재분사〉　〈종·접〉　S　V〈수동태〉　S　V 보고　　그 소년이 상심해 있는 것을　　그(Wells 교수)는 초대했다 him / (to a small workshop of his own). O　자신의 작은 작업실로	그 소년이 상심해 있는 것을 보고 그(Wells 교수)는 자신의 작은 작업실로 그를 초대했다.	heartbroken 상심한 invite 초대하다 workshop 작업장 of one's own 자기 소유의

문법

18 〈find / found〉

원형	과거	과거분사	현재분사	뜻
find	**found**	found	finding	v. 발견하다, 알다
found	founded	founded	founding	v. 설립하다

18 〈5형식 구조에서 find 동사의 쓰임〉

find	목적어	목적격 보어
(경험하여) 알다, 깨닫다, 인지(認知)하다, (시험해 보고) 알다		**현재분사(-ing) – 능동 (~하고 있는, ~하는)**
		과거분사(p.p.) – 수동 (~되어진, ~당한)
		(to be) 형용사, 명사
		형용사
		to do
		R

18 〈look at/over/in/out/for〉

look	at	~을 쳐다보다
	after	~을 돌보다
	over	~을 대충 훑어보다[살펴보다] (= watch)
	through	**~을 (빠르게) 살펴[훑어]보다**
	in	~을 들여다보다, 조사[검토]하다
	out	~을 내다보다, 조심하다
	for	~을 찾다, 구하다, 바라다

18 〈혼동 어휘〉

through	전치사	**~을 통하여**
throughout	전치사	(장소) ~의 도처에, (시간) ~ 동안, ~ 내내
	부사	도처에, 완전히, 철저하게
though	접속사	비록 ~일지라도
thorough	형용사	철저한, 완전한

19 〈It be A that B 강조구문〉 : B한 것은 바로 A이다

It	be 동사	강조하고 싶은 말	that (관계대명사 / 종속접속사) (경우에 따라 아래처럼 바꿔 사용 가능)	
This That There	시제에 따 라 달라짐	주어 목적어 보어 부사(구, 절) 〈동사는 사용 불가〉	관계대명사	**who**
				whom
				which
			관계부사	when
				where
It	was	~	who ~	

22 〈Seeing ~〉 : 〈분사구문〉이 문두에 있는 경우 (능동) (= As[When] he saw ~,)

22 〈what vs. that〉

	관계대명사 (불완전한 문장)	접속사 (완전한 문장)
what	○ 선행사를 포함하고 있기 때문에 what 앞에 선행사 불필요	×
that	○ that 앞에 선행사 필요	○

[43~45] 다음 글을 읽고, 물음에 답하시오.

43 주어진 글 (A)에 이어질 내용을 순서에 맞게 배열한 것으로 가장 적절한 것은? [68%]

① (B)-(D)-(C)
② (C)-(B)-(D)
③ (C)-(D)-(B)
④ (D)-(B)-(C)
⑤ (D)-(C)-(B)

44 밑줄 친 (a)~(e) 중에서 가리키는 대상이 나머지 넷과 다른 것은? [61%]

① (a) ② (b) ③ (c) ④ (d) ⑤ (e)

45 윗글의 Wells 교수에 관한 내용으로 적절하지 않은 것은? [67%] [3점] [42%]

① 입학시험에서 한 소년의 잠재력을 알아차렸다.
② 한때 농구 선수를 꿈꿨다.
③ 눈을 감고 조각 작품을 만져 보았다.
④ 현대 미술 전시회에 대한 신문기사를 읽었다.
⑤ 예술 학교에서 유화를 가르친다.

정답 | ④, ③, ③

43 해설 | 1을 통해 (A)는 예술 학교의 입학시험 시기임을 알 수 있고, 18에서 입학시험 후 명단 발표가 난 상황이 제시되므로 (A) 다음에 (D)가 이어진다.

22에서 교수는 작업실로 Jack을 초대했고, 6에서 the room은 작업실을 가리키며 초대된 이후의 내용이 제시되므로 (D) 다음에 (B)가 이어진다.

23에서 that day는 (B)에서 작업실에 초대되었을 때를 가리키고 (C)에서 그 이후 조각가로 성공한 내용이 제시되므로 (B) 다음에 (C)가 이어진다.

44 해설 | ① Wells 교수를 지칭한다.
② Wells 교수를 지칭한다.
③ Jack을 지칭한다.
④ Wells 교수를 지칭한다.
⑤ Wells 교수를 지칭한다.

45 해설 | ① 2에 제시되어 있다.
② 7에 제시되어 있다.
③ 11에서 조각 작품을 만진 것은 Jack이므로 적절하지 않다.
④ 14에 제시되어 있다.
⑤ 20에 제시되어 있다.

어법 & 연결어

Every May was the entrance examination period for a famous art school. On the first day's sketch test, Professor Wells noticed great potential in a boy [naming / **named**] Jack. [During / **While**] the second day's color test, when he walked past the boy, [something special / **special something**] caught his attention. Every paint [labeled / **was labeled**], and there [was / **were**] a small piece of paper [writing / **written**] in the boy's half-hidden paint box: *apples are red, pears are bright yellow*. This [talenting / **talented**] student must be color [blindly / **blind**]! After the art school announced the list of newly-admitted students, Professor Wells [**found** / founded] Jack [**looking** / looked] longingly [thorough / **through**] the school gate. It was the same boy who [captured / **had captured**] his attention on the test. Wells greeted him. "I'm Professor Wells, and I teach oil painting here." "My name is Jack," replied the boy, "and I [rejected / **was rejected**]." [**Seeing** / Seen] [what / **that**] the boy was heartbroken, he invited him to a small workshop of his own. The room was [filled / **full**] of paintings and sculptures. Professor Wells said, "Once, my dream was to be a basketball player." Jack was [puzzling / **puzzled**]. "Why did you stop [**playing** / to play] basketball?" Wells gently rolled up his left trouser leg — his left leg was an artificial limb. "[As if / **Even if**] we cannot realize our original dream, we will eventually open [another / **the other**] door to our dreams." Wells told Jack [closing / **to close**] his eyes and [**touched** / touch] a sculpture, and Jack [**did** / was] so. "An artist's hands are a second pair of eyes. [Try / **Trying**] [seeing / **to see**] with them as well." After that day, Professor Wells never saw Jack again. It was not until six years [**later** / latter] [what / **that**] he saw a report in the newspaper about a recent exhibition of modern art. The article said "This young sculptor was unable to [**attend** / attend to] art school [**because** / due to] his color blindness. (   ) with inspiration [sharing / **shared**] by a mentor, he replaced the eyes [**that** / what] could not distinguish colors with his own hands and [has / **had**] become a star in the field of sculpture. The sculptor was Jack.

ABSOLUTE

앱 솔 루 티

2020학년도

7월

고3 전국연합 학력평가

제목	학교 개교를 위한 기부	
주제	학교를 개교할 계획을 실행하기 위한 기부를 요청한다.	
글의 목적	논리	문제점·해결책

	지문	해석	단어 & 숙어
1	Dear Ms. Martinez, Ms. Martinez 귀하	Ms. Martinez 귀하	dear ~에게[께], ~ 귀하 Ms. (여성이 미혼(Miss)인지 기혼 (Mrs.)인지 모를 때 성·성명에 붙여) ~ 씨, ~ 님
2	We are planning / to open a school / (for the underprivileged students) / (of the locality) / (at Norristown). 저희는 계획을 세우고 있습니다 학교를 개교할 소외계층 학생들을 위해 인근 Norristown에	저희는 인근 소외계층 학생들을 위해 Norristown에 학교를 개교할 계획을 세우고 있습니다.	plan to R ~할 작정이다 open a school 개교하다 underprivileged 소외계층의 locality 인근, 장소, 현장
3	(As a non-profit organization), / the school will be run / 비영리 단체로서 그 학교는 운영될 것입니다 (only) (on your contributions and resources) / (as gifts) / (to the children) / (we hope to help). 당신의 기부금과 자원만으로 선물로서의 아이들에게 주는 우리가 돕고자 하는	비영리 단체로서, 그 학교는 우리가 돕고자 하는 아이들에게 주는 선물로서의 당신의 기부금과 자원만으로 운영될 것입니다.	as ~로(서) non-profit 비영리적인 organization 조직, 단체, 구조 run ~을 경영하다, 관리하다 (run – ran – run – running) only 오직, ~만으로 contribution (원인) 제공, 기여, 기부, 기고, 분담금 resource 수단, 기지(-s), 자원, 소질; 자원을 제공하다 gift 선물 hope to R ~하기를 희망하다
4	Our outline (of the school) / is (at a primitive stage) / 학교에 대한 저희의 윤곽은 현재 초기 단계에 있으며 (currently), / and its execution and extension / are (hugely) 그것의 실행과 확장은 크게 달려 있습니다 dependent / (on your donations). 당신의 기부에	학교에 대한 저희의 윤곽은 현재 초기 단계에 있으며, 그것의 실행과 확장은 당신의 기부에 크게 달려 있습니다.	outline 윤곽, 개요 primitive 원시의, 초기의, 미개의; 원시인 stage 단계 currently 현재, 지금 execution 실행, 수행, 처형 extension 확장, 연장, 범위 be dependent on ~에 의존하다 hugely 크게, 아주 donation 기부
5 문제점	These children / (that we hope to help) / are often seen 이 아이들은 우리가 돕기를 희망하는 일하는 모습이 자주 목격됩니다 working / (in factories and cafes) / (due to their family's 공장과 카페에서 가족의 재정난 때문에 financial difficulties).	우리가 돕기를 희망하는 이 아이들은 가족의 재정난 때문에 공장과 카페에서 일하는 모습이 자주 목격됩니다.	often 자주, 종종 see O O·C(-ing) (5) ~이 …하는 것을 보다, 목격하다 (수동태 시, be seen S·C(-ing)) factory 공장 due to ~ 때문에 financial 재정의 difficulty 어려움, 곤란
6	It is a great disappointment / {that such a young population 참으로 실망스러운 일입니다 우리 지역사회의 그런 어린 아이들이 (of our community) / is wasted / and cannot see the light of 능력을 발휘하지 못하고 교육의 빛을 보지 못하는 것은 education}.	우리 지역사회의 그런 어린 아이들이 능력을 발휘하지 못하고 교육의 빛을 보지 못하는 것은 참으로 실망스러운 일입니다.	disappointment 실망(감), 낙담 such 그런, 그 정도의 young 어린 population 인구(수), 개체 수 community 지역사회 waste 낭비[허비]하다 education 교육
7 TS 해결책	(Kindly) look at / our plan / (on our website www. 부디 보시고 저희 계획을 저희 웹사이트 www.dreamproject.com에서 dreamproject.com) / and donate (at your convenience). 편하신 대로 기부하십시오	부디 저희 웹사이트 www.dreamproject. com에서 저희 계획을 보시고 편하신 대로 기부하십시오.	kindly 부디 (~해 주시오), 진심으로 (cordially, heartily) look at ~을 (자세히) 살피다 plan 계획 donate 기부하다 at one's convenience ~가 편할 때
8	We hope / {that you will be a part (of our project)} / and 저희는 희망하며 당신이 우리의 프로젝트의 일원이 되기를 look forward to further support and encouragement. 더 많은 지지와 격려를 기대합니다	저희는 당신이 우리의 프로젝트의 일원이 되기를 희망하며 더 많은 지지와 격려를 기대합니다.	look forward to ~을 고대하다 further 더 (많은) support 지지, 후원 encouragement 격려, 장려, 조장
9	Sincerely, Doris Middleton Doris Middleton 드림	Doris Middleton 드림	sincerely ~ 드림, ~ 올림

18 다음 글의 목적으로 가장 적절한 것은? [84%]

① 학교 설립 절차에 대해 문의하려고
② 학교 개교를 위한 기부를 요청하려고
③ 신설된 학교의 신입생 모집을 안내하려고
④ 장학금 수혜 대상자 선정 결과를 통지하려고
⑤ 지역 내 아동을 위한 교육 프로그램을 홍보하려고

정답 | ②

해설 | ① 학교 설립 절차에 관한 내용은 없다.
② 2에서 학교를 개교할 계획을 세웠다고 했고, 7에서 기부를 요청하고 있으므로 정답으로 적절하다.
③ 2에서 학교를 개교할 계획이 있다고 했지, 아직 학교가 신설되지는 않았으므로 적절하지 않다.
④ 장학금에 관한 내용은 없다.
⑤ 지역 내 아동을 위한 계획은 맞지만, 글의 주된 목적은 7에 드러난 바와 같이 기부를 요청하는 것이므로 교육 프로그램의 홍보를 글의 목적으로 보는 것은 적절하지 않다.

문법

2 3 5 〈목적어 자리에 to부정사를 취하는 완전 타동사〉

주어	완전 타동사	목적어
–	afford / agree / ask / attempt / care / choose / claim / dare / decide / demand / desire / determine / elect / expect / fail / guarantee / **hope** / intend / learn / manage / need / offer / **plan** / pretend / promise / refuse / resolve / seek / threaten / volunteer / want / wish 등	to 동사원형

3 5 〈목적격 관계대명사 that 생략〉 : 타동사 help의 목적어가 없는 경우 / 선행사를 포함하고 있는 관계대명사 what 사용 불가

선행사	목적격 관계대명사절			
	목적격 관계대명사	주어	동사	목적어
the children	(that) 생략 가능	we	hope	to help ~~목적어~~
These children	(that) 생략 가능	we	hope	to help ~~목적어~~

4 〈혼동 어휘〉

동사		명사	
extend	(손·발 등을) 뻗다, 뻗치다, (기간을) 늘이다, (범위·영토 등을) 넓히다	**extension**	확장, 연장
expend	(시간·노력 등을) 들이다, 소비하다, 쓰다	expense	돈, 비용
expand	(정도·크기·용적 등을) 넓히다, 펼치다, (토론 등을) 전개시키다	expansion	팽창, 확장

5 〈지각동사의 수동태〉 : 능동태일 경우에는 목적격 보어 자리에 to부정사를 사용할 수 없지만, 수동태일 경우에는 주격 보어 자리에 to부정사를 사용할 수 있음
: **are seen working** (지각동사의 종류 : see / watch / look at / behold / (over) hear / listen to / feel / observe / perceive / notice / imagine)

지각동사	목적어	목적격 보어
		동사원형/현재분사/과거분사
		~~to부정사~~

주어	be p.p.	주격 보어
		현재분사/to부정사

6 〈가주어, 진주어 구문〉

가주어	동사	진주어
It (this, that, there 사용 불가)	–	**that + 주어 + 동사 (완전한 절)**
		to 동사원형
		동명사
		의문사 + 주어 + 동사 (간접의문문)
		if/whether + 주어 + 동사
It	is	that절

6 〈관사의 위치〉

so / how / too / as	형용사	a / an	명사
such / what / many / quite / rather / half	a / an	형용사	명사

8 〈hope 동사의 쓰임〉 : 종속절에 있는 동사를 미래형으로 사용하여 '~을 희망하다' 라는 의미를 지님.

주어	hope	〈종속절〉: 목적어		
		목적격 종속접속사	주어	will R
주어	hope	(that) 생략 가능		미래 동사

8 〈what vs. that〉

	관계대명사 (불완전한 문장)	접속사 (완전한 문장)
what	○ 선행사를 포함하고 있기 때문에 what 앞에 선행사 불필요	×
that	○ that 앞에 선행사 필요	○

8 〈far 용법〉

	비교급	뜻	최상급	뜻	의미
far	farther	거리가 먼	farthest	가장 먼	거리
	further	정도가 더한	furthest	가장 먼	정도

어법 & 연결어

Dear Ms. Martinez,

We are planning [opening / **to open**] a school for the [**underprivileged** / underprivileging] students of the locality at Norristown. As a non-profit organization, the school [will run / **will be run**] only on your contributions and resources as gifts to the children [**that** / what] we hope [**to help** / helping]. Our outline of the school is at a primitive stage [current / **currently**], and its execution and extension [**is** / are] hugely [**dependent** / dependently] on your donations. These children [what / **that**] we hope [helping / **to help**] are often seen [worked / **working**] in factories and cafes [**because** / due to] their family's financial difficulties. It is a great disappointment [**that** / what] such a young population of our community [wastes / **is wasted**] and cannot see the light of education. [Kind / **Kindly**] look at our plan on our website www.dreamproject.com and donate at your convenience. We hope [what / **that**] you [are / **will be**] a part of our project and look forward to [farther / **further**] support and encouragement.

Sincerely,

Doris Middleton

#	지문	해석	단어 & 숙어
1	The hotel lobby / was(was) elegant and well lit. S / V S·C₁ S·C₂⟨p.p.⟩ 호텔 로비는 / 품격 있고 조명이 잘 되어 있었다	호텔 로비는 품격 있고 조명이 잘 되어 있었다.	lobby 로비, (현관의) 홀 (= foyer) elegant 품격 있는 well lit 환하게 밝은, 조명이 좋은
2	Good, / light brown wood work and stainless steel. S·C⟨were⟩(도치) S₁ S₂ 연갈색 목조와 철조도 훌륭했다	연갈색 목조와 철조도 훌륭했다.	light brown 연한 갈색 wood work 목조공예 stainless steel 철조
3	A short metro carriage runs / (through this place) / (carrying executives). S V ⟨현재분사⟩ O ⟨분사구문⟩ 짧은 열차가 달린다 / 이곳을 지나 / 임원들을 태우고	짧은 열차가 임원들을 태우고 이곳을 지나 달린다.	metro 지하철, 열차 carriage 마차, 객차, 탈것, 운송 run through 달려서 통과하고 있다 carry 태우다, 나르다 executive 집행의, 경영의; 임원
4	I am well dressed / (in a charcoal colour suit) / (with a matching tie and black shoes). S V⟨수동태⟩ ⟨현재분사⟩ 나는 잘 차려입고 / 짙은 회색의 정장을 / 그에 어울리는 넥타이를 매고 검정 구두를 신고 있다	나는 짙은 회색의 정장을 잘 차려입고 그에 어울리는 넥타이를 매고 검정 구두를 신고 있다.	be dressed in ~의 옷을 입다 charcoal 짙은 회색 suit 정장 matching 어울리는 tie 넥타이
5	I feel great / [thinking / {I am fitted out (to charm any crowd)}]. S V S·C ⟨현재분사⟩⟨분사구문⟩ ⟨종·접 that⟩S V⟨수동태⟩ O 나는 기분이 매우 좋다 / 생각하니 / 어떠한 군중도 매료시킬 준비가 되어 있다고	나는 어떠한 군중도 매료시킬 준비가 되어 있다고 생각하니 기분이 매우 좋다.	fit A out A를 갖추다 (= equip) (수동태 시, A be fitted out) charm ~의 마음을 사로잡다 crowd 사람들, 군중
6	But / I forget / (where I've left my briefcase and laptop). S V ⟨의문사⟩ S V⟨현재완료⟩ O₁ O₂ ( ):O⟨간·의⟩ 하지만 / 나는 잊고 있다 / 내 서류 가방과 노트북을 어디에 두었는지	하지만 나는 내 서류 가방과 노트북을 어디에 두었는지 잊고 있다.	leave ~을 두고 오다[가다] briefcase 서류가방 laptop 노트북
7	I stop the metro / and tell them / {that I need to check / (for my bag) / (in their glass bag carriage)}. S V₁ O V₂ I·O ⟨종·접⟩ S V O ( ):D·O 나는 열차를 멈추고 / 그들에게 말한다 / 확인할 필요가 있다고 / 내 가방이 있는지 / 가방을 두는 유리창이 있는 객차에	나는 열차를 멈추고 그들에게 가방을 두는 유리창이 있는 객차에 내 가방이 있는지 확인할 필요가 있다고 말한다.	tell I·O D·O(that S V) (4) ~에게 …라고 말하다 need to R ~할 필요가 있다 check for ~을 확인하다 glass 유리로 된
8	I find / all sorts of bags / (except mine). S V O ⟨전치사⟩ ⟨소유대명사⟩ 나는 보인다 / 온갖 종류의 가방이 / 내 것을 제외한	내 것을 제외한 온갖 종류의 가방이 보인다.	all sorts of 모든 종류의, 많은 except ~을 제외하고 mine 나의 것 (소유대명사)
9	I doubt / {whether I have brought it / (with me) / (to this country) / (at all)}. S V ⟨의문사 대용어⟩ S V⟨현재완료⟩ O { }:O⟨간·의⟩ 나는 의심스럽다 / 내가 그것을 가져오긴 했는지 / 나와 함께 / 이 나라에 / 조금이라도	나는 내가 그것을 이 나라에 가져오긴 했는지 의심스럽다.	doubt 의심하다 whether ~인지 어떠한지 bring A to B A를 B로 이끌다 bring 가져오다 (bring – brought – brought – bringing) at all 조금이라도
10	{Mr. nice guy / (that I am)}, / I don't like / (to keep others waiting). (Being)⟨분사구문⟩ ⟨선행사⟩ ⟨보격 관계대명사⟩ S V O O·C⟨현재분사⟩ ( ):O 멋진 남자 / 나는 이기에 / 좋아하지 않는다 / 다른 사람들을 기다리게 하는 것을	나는 멋진 남자이기에, 다른 사람들을 기다리게 하는 것을 좋아하지 않는다.	Mr. nice guy 아주 (착하고) 좋은 남자 keep O O·C(-ing) (5) ~가 (계속) …하게 하다
11	I let / the metro move / {which moves quickly / and is (almost) (out of sight)} / [when I realise / {that one (of my expensive shoes) / is missing}]! S V O⟨선행사⟩ O·C ⟨주·관⟩ V₁ V₂ ⟨종·접⟩ ⟨종·접⟩ V S·C⟨현재분사⟩ 내가 가게 하여 / 열차를 / 그것이 빠르게 움직여 / 시야에서 거의 사라질 때 / 나는 깨닫는다 / 내 값비싼 신발 중 한 짝이 / 없어졌다는 것을!	내가 열차를 가게 하여 그것이 빠르게 움직여 시야에서 거의 사라질 때 나는 내 값비싼 신발 중 한 짝이 없어졌다는 것을 깨닫는다!	let O O·C(R) (5) ~가 …하도록 하다 out of sight 시야에서 벗어난 realize 깨닫다 (= realise) expensive 비싼 missing 없어진, 분실된
12	I must have left it / (in the cabin) / (while looking for the bag) / and the metro has left. S₁ V₁ O ⟨종·접⟩⟨현재분사⟩ ( ):⟨부사구문⟩ S₂ V₂⟨현재완료⟩ 나는 그것을 두었음이 틀림없고 / 객실 안에 / 가방을 찾는 동안 / 열차는 떠나버렸다	가방을 찾는 동안 나는 그것을 객실 안에 두었음이 틀림없고 열차는 떠나버렸다.	must have p.p. ~했음에 틀림없다 (과거 사실에 대한 강한 추측) cabin 객실 while ~하는 동안 look for ~을 찾다
13	I feel / myself blushing. S V O O·C⟨현재분사⟩ 나는 느낀다 / 얼굴이 빨갛게 달아오르는 것을	나는 얼굴이 빨갛게 달아오르는 것을 느낀다.	feel O O·C(-ing) (5) ~가 …하는 것을 느끼다 blush 얼굴이 빨개진

19 다음 글에 드러난 'I'의 심경 변화로 가장 적절한 것은? [78%]

① nervous → relieved

② delighted → bored

③ curious → disappointed

④ surprised → indifferent

⑤ satisfied → embarrassed

정답 | ⑤

해설 | ① 불안한 → 편안한: 글에 드러난 'I'의 심경 변화와 정반대이므로 적절하지 않다.

② 기뻐하는 → 지루한: 지루한 심경은 드러나지 않으므로 적절하지 않다.

③ 호기심 있는 → 실망스러운: 호기심 있어 하는 심경은 드러나지 않으므로 적절하지 않다.

④ 놀라운 → 무관심한: 무관심한 심경은 드러나지 않으므로 적절하지 않다.

⑤ 만족스러운 → 당혹스러운: 5에서 만족스러운 심경이 드러나며, 6의 But 이후로 9, 13에서와 같이 당혹스러운 심경이 드러나므로 정답으로 적절하다.

문법

2 〈보어 문두 도치〉: 보어가 문장 맨 앞으로 나가면 주어와 동사의 위치는 서로 바뀐다.

주격 보어	동사	주어
Good	(were) 생략	light brown wood work and stainless steel

3 〈혼동 어휘〉

through	전치사	~을 통하여
throughout	전치사	(장소) ~의 도처에, (시간) ~ 동안, ~ 내내
	부사	도처에, 완전히, 철저하게
though	접속사	~에도 불구하고
thorough	형용사	철저한, 완전한

3 〈carrying ~〉: 〈분사구문〉이 문미에 있는 경우 (능동) (= as it carries[is carrying])

4 〈미국식 영어 vs. 영국식 영어〉: 철자 차이

미국식 영어	영국식 영어	미국식 영어	영국식 영어
color	**colour**	neighbor	neighbour
behavior	behaviour	harbor	harbour
favor	favour	honor	honour
labor	labour	humor	humour

5 〈thinking ~〉: 〈분사구문〉이 문미에 있는 경우 (능동) (= as I think[am thinking])

5 〈목적격 종속접속사 that 생략〉: 관계대명사 what 사용 불가

	종속절 (명사절: 목적어) (완전한 절)		
현재분사	목적격 종속접속사	주어	동사
thinking	(that) 생략 가능 (~하는 것을)	I	am fitted out

6 〈간접의문문〉: 의문사가 있는 경우

	〈간접의문문〉: 완전 타동사의 목적어 (완전한 문장)			
완전 타동사	의문사	주어	동사	목적어
forget	where	I	have left	my ~

7 11 〈what vs. that〉

	관계대명사 (불완전한 문장)	접속사 (완전한 문장)
what	○ 선행사를 포함하고 있기 때문에 what 앞에 선행사 불필요	×
that	○ that 앞에 선행사 필요	○

8 〈except 쓰임〉: ~을 제외하고 (= but, save)

전치사	**except + 목적격 대명사**
	except + (동)명사
접속사	except + (that) + 주어 + 동사
타동사	except + 목적어 + from + (동)명사

9 〈간접의문문〉: 의문사가 없는 경우 / whether 대신에 if 사용 가능하지만, that 사용 불가

	〈간접의문문〉: 완전 타동사의 목적어 (완전한 문장)			
완전 타동사	의문사 대용어	주어	동사	목적어
doubt	whether	I	have brought	it

9 〈at all 쓰임〉

긍정문	여하튼, 어쨌든 간에
부정문	조금도/전혀 ~아니다
의문문	조금이라도, 도대체, 이왕이면
조건문	적어도, 조금이라도

10 〈분사구문 : Being 생략〉: [(Being) Mr. nice guy that I am], I don't like ~ : [ ]은 분사구문으로 의미상의 주어 Mr. nice guy(독립분사구문) 앞에 Being이 생략되어 있다.

10 〈보격 관계대명사 that 생략〉

	보격 관계대명사절			
명사(선행사)	보격 관계대명사	주어	불완전 자동사	~~주격보어~~
Mr. nice guy	(that) 생략 가능	I	am	

10 〈keep 동사의 쓰임〉

keep	(목적어)	**현재분사 (-ing)**	(~가) …하는 것을 유지하다
	(목적어)	from 동명사 (-ing)	(~가) …하는 것을 막다

11 〈사역동사〉: let/have/make + 목적어 + 목적격 보어(동사원형)

11 〈주격 관계대명사절의 수의 일치〉: 선행사를 포함하고 있는 관계대명사 what 사용 불가

	주격 관계대명사절		
선행사	주격 관계대명사	~~주어~~	동사
the metro	which		moves/is

13 〈feel 지각동사〉: feel + 목적어 + 목적격 보어(현재분사)

어법 & 연결어

The hotel lobby was elegant and well [lighting / lit]. Good, light brown wood work and stainless steel. A [short / shortly] metro carriage runs [thorough / through] this place [carried / carrying] executives. I am well [dressed / dressing] in a charcoal colour suit with a [matched / matching] tie and black shoes. I feel great thinking [that / what] I am [fitted / fitting] out to charm any crowd. (   ) I forget [where have I left / where I've left] my briefcase and laptop. I stop the metro and tell them [that / what] I need to check for my bag in their glass bag carriage. I [find / found] all sorts of bags except [me / mine]. I doubt [that / whether] I have brought [it / them] with me to this country at all. Mr. nice guy that I am, I don't like to keep others [waited / waiting]. I let the metro [move / to move] [what / which] moves quickly and [am / is] [most / almost] out of sight when I realise [that / what] one of my expensive shoes is missing! I [must have left / should have left] [it / them] in the cabin [during / while] looking for the bag and the metro has left. I feel myself [blushed / blushing].

	제목	어떤 사람과 사귀는 것이 좋을까?
	주제	상황이 더 나아지기를 원하는 사람들과 사귀어야 한다.
글의 주장	논리	질문·답변

	지문	해석	단어 & 숙어
1	Here's something / (to consider): V S 고려해야 할 것이 있다	고려해야 할 것이 있다.	consider 고려하다
2 질문	[If you have a friend / {whose friendship you wouldn't 〈종·접〉 S V O 〈소·관〉 〈명사〉 S V 만일 여러분이 친구가 있다면 사귀라고 추천하지 않을 recommend / (to your sister, or your father, or your son)}], / 여러분의 여자 형제, 아버지, 혹은 아들에게 why would you have / such a friend / (for yourself)? S V O 왜 여러분은 두는가 그런 친구를 자신을 위해	만일 여러분이 여러분의 여자 형제, 아버지, 혹은 아들에게 사귀라고 추천하지 않을 친구가 있다면, 왜 여러분은 자신을 위해 그런 친구를 두는가?	friendship 교우 관계, 우정 recommend 추천하다, 권고하다, 권장하다 such 그러한, 그런 for oneself 자기를 위하여
3 답변	You might say: / out of loyalty. S V 아마도 여러분은 이렇게 말할 것이다 신의 때문이라고	아마도 여러분은 이렇게 말할 것이다. 신의 때문이라고.	out of (원인·동기)에서 loyalty 충성(도), 신의
4	Well, / loyalty is not identical / (to stupidity). S V S·C 글쎄 신의는 같지 않다 어리석음과	글쎄, 신의는 어리석음과 같지 않다.	identical to ~와 동일한 stupidity 어리석음
5	Loyalty must be negotiated, / (fairly and honestly). S V(수동태) 신의는 협상되어야 한다 공정하고 정직하게	신의는 공정하고 정직하게 협상되어야 한다.	negotiate 협상하다 fairly 공정(타당)하게 honestly 솔직하게, 정직하게
6	Friendship / is a reciprocal arrangement. S V S·C 우정은 상호 합의이다	우정은 상호 합의이다.	reciprocal 상호 간의 arrangement 합의, 협의
7	You are not (morally) obliged / (to support someone) / (who S V(수동태) O(선행사) 〈주·관〉 여러분은 도덕적으로 의무가 없다 누군가를 지지할 is making the world a worse place). V(현재진행) O O·C 더 나쁜 곳으로 세상을 만들고 있는	여러분은 세상을 더 나쁜 곳으로 만들고 있는 누군가를 도덕적으로 지지할 의무가 없다.	morally 도덕적으로 be obliged[compelled, forced] to R 하는 수 없이 ~하다 support 지지하다 make O O·C(형용사/명사) (5) ~을 …한 상태로 만들다 worse 더 나쁜 (bad - worse - worst)
8	(It is 생략) (Quite) the opposite. 〈부사〉 S·C 완전히 정반대이다	완전히 정반대이다.	quite 완전히, 전적으로 (= completely) opposite 반대(되는 사람[것]); 반대의
9 TS	You should choose / people / {who want things to be S V O(선행사) 〈주·관〉 V O O·C 여러분은 선택해야 한다 사람들을 상황이 더 나아지기를 원하는 better, / (not worse)}. 더 나빠지는 것이 아니라	여러분은 상황이 더 나빠지는 것이 아니라 더 나아지기를 원하는 사람들을 선택해야 한다.	want O O·C(to R) (5) ~가 …하는 것을 원하다 B, not A A가 아니라 B (= not A but B)
10	It's a good thing, / (not a selfish thing), / {(to choose 〈가S〉 V S·C 좋은 일이다 이기적인 일이 아니라 사람을 고르는 것은 people) / (who are good for you)}. O(선행사) 〈주·관〉 V S·C { }: 〈진S〉 여러분에게 좋은	여러분에게 좋은 사람을 고르는 것은 이기적인 일이 아니라 좋은 일이다.	it's a good thing to R ~하는 것은 상식적이다, ~하는 것은 현명한 일이다 selfish 이기적인 choose 고르다 be good for ~에 좋다
11	It's appropriate and praiseworthy / (to associate with 〈가S〉 V S·C₁ S·C₂ 적절하고 칭찬할 만한 일이다 사람들과 사귀는 것은 ( ): 〈진S〉 people) / (whose lives would be improved) / (if they saw 〈선행사〉 〈소·관〉 〈명사〉 V(수동태) 〈종·접〉 S V 자신의 삶도 개선될 your life improve). O O·C 만약 그들이 여러분의 삶이 개선되는 것을 본다면	여러분의 삶이 개선되는 것을 보면 자신의 삶도 개선될 사람들과 사귀는 것은 적절하고 칭찬할 만한 일이다.	appropriate 적절한, 적합한, 타당한 praiseworthy 칭찬할 만한 associate with ~와 어울리다, 관련시키다 life 삶, 인생 improve 향상[개선]시키다, 향상하다 see O O·C(R) (5) ~가 …하는 것을 보다

20 다음 글에서 필자가 주장하는 바로 가장 적절한 것은? [79%]

① 더 나은 삶과 세상을 지향하는 사람과 사귀어야 한다.
② 부모는 자녀와 교우 관계에 대해 자주 대화해야 한다.
③ 우정을 지키려면 변함없는 신의를 보여줘야 한다.
④ 원만한 인간관계를 위해 이기적인 태도를 버려야 한다.
⑤ 가족의 의사결정은 모든 구성원의 합의로 이루어져야 한다.

정답 | ①

해설 | ① **9**에서 상황이 나아지기를 원하는 사람들과 사귀라고 했으므로 정답으로 적절하다.
② 부모와 자녀의 대화에 관한 내용은 없다.
③ 변함없는 신의에 관한 내용은 없다.
④ 이기적인 태도를 버려야 한다는 내용은 없다.
⑤ 가족의 의사결정에 관한 내용은 없다.

문법

2 11 〈소유격 관계대명사 whose〉 : 관계대명사 who, which, that, what 사용 불가

선행사	소유격 관계대명사	소유격	명사	주어	동사
			소유격 관계대명사절		
a friend	whose		friendship	you	wouldn't recommend
people	whose		lives		would be improved

2 11 〈소유격 관계대명사〉 : whose

> 선행사 + 접속사 + 소유격 + 명사 + 동사 ~
> = 선행사 + 접속사 + the + 명사 + of + 대명사 + 동사 ~
> = **선행사 + whose + 명사 + 동사 ~**
> = **선행사 + whose + 명사 + 주어 + 동사 ~**
> = 선행사 + of which + the + 명사 + 동사 ~
> = 선행사 + the + 명사 + of which + 동사 ~

2 〈관사의 위치〉

so / how / too / as	형용사	a / an	명사
such / what / many / quite / rather / half	a / an	형용사	명사

7 〈목적격 보어 자리에 to부정사를 사용하는 불완전 타동사〉 : 수동태 전환 시, 2형식 문장(be p.p. + to R)

주어	불완전 타동사	목적어	목적격 보어
–	advise / allow / ask / assign / assume / beg / bring / cause / command / compel / condition / decide / design / drive / enable / encourage / expect / forbid / force / inspire / instruct / intend / invite / lead / like / motivate / **oblige** / order / permit / persuade / predispose / prepare / pressure / proclaim / prod / program / provoke / push / require / teach / tell / train / trust / urge / want / warn / wish 등	–	to 동사원형

7 9 10 〈주격 관계대명사 who절〉 : 선행사를 포함하고 있는 관계대명사 what 사용 불가

선행사	주격 관계대명사	주어	동사
		주격 관계대명사절	
someone	who		is making
people	who		want
people	who		are

7 〈make 상태동사〉 : 수동태 시, be made + 주격 보어(형용사/명사)

make	목적어	목적격 보어	해석
상태동사	명사 / 명사 상당어구	형용사	~가 …한 상태로 만들다
		명사	

9 〈want 동사의 쓰임〉

주어	want	목적어 (to R)		주어가 ~하는 것을 원한다	3형식
		목적어	**목적격 보어 (to R)**	주어는 목적어가 ~하는 것을 원한다	**5형식**

10 11 〈가주어, 진주어 구문〉

가주어	동사	진주어
It (this, that, there 사용 불가)	–	that + 주어 + 동사 (완전한 절)
		to 동사원형
		동명사
		의문사 + 주어 + 동사 (간접의문문)
		if/whether + 주어 + 동사
It	is	to choose
It	is	to associate

10 〈be good at / be good for〉

be	good	at	~을 잘한다, ~에 능숙하다
		for	~에 좋다

11 〈지각동사〉

지각동사	목적어	목적격 보어
see	보다	〈목적어와 목적격 보어의 관계가 능동일 때〉 **동사원형(R) – 완료** 현재분사(-ing) – 진행, 순간, 찰나, 계속 〈목적어와 목적격 보어의 관계가 수동일 때〉 과거분사(p.p.) 〈to부정사는 불가〉 : 수동태 문장 전환 시 가능
watch		
look at		
behold		
(over)hear	듣다	–
listen to		
feel	느끼다	
observe	관찰하다	
perceive	인식하다	
notice		
saw	your life	improve

어법 & 연결어

[Here's / Here're] something to consider: If you have a friend [whose / that] friendship you wouldn't recommend to your sister, or your father, or your son, why would you have such a friend for [your / yourself]? You might say: out of loyalty. Well, loyalty is not identical to stupidity. Loyalty [must negotiate / must be negotiated], fairly and honestly. Friendship is a reciprocal arrangement. You are not morally [obliging / obliged] to support someone who [is made / is making] the world a worse place. Quite the opposite. You should choose people who [want / wants] things to be better, not worse. [That's / It's] a good thing, not a selfish thing, to choose people who are good [at / for] you. [It's / There's] appropriate and praiseworthy to associate with people [that / whose] lives would be improved if they saw your life [improve / to improve].

	제목	자신에게 올바른 이야기
	주제	자신에게 올바른 이야기를 하는 것, 즉 스스로 판단하는 삶을 살아라.
밑줄 의미	논리	강조, 인용

	지문	해석	단어 & 숙어
1	(In recent years) / I've come [to see / {that, (amazingly), / the key (to almost all of our problems) / is *faulty storytelling*}], / [because it's storytelling / {that *drives* the way / (we gather and spend our energy)}].	최근 몇 년간 나는 놀랍게도 우리의 문제 중 거의 모든 것에 대한 실마리가 '잘못된 스토리텔링'이라는 것을 알게 되었는데, 이는 우리가 우리의 에너지를 모으고 소비하는 방식을 '추진하는' 것이 바로 스토리텔링이기 때문이다.	come to R ~하게 되다 amazingly (문장 전체를 수식하여) 놀랍게도 key 실마리, 비결 faulty 결점이 있는, 잘못된 storytelling 이야기하기 drive 추진시키다 gather 모으다 spend 소비하다
2	I believe / [that stories / — {not the ones (people tell us) but the ones (we tell ourselves)} / — determine nothing less / (than our personal and professional destinies)].	나는 이야기, 즉 사람들이 우리에게 말하는 이야기가 아닌 우리가 우리 자신에게 말하는 이야기가 우리의 개인적, 직업적 운명만큼이나 중요한 것을 결정한다고 믿는다.	not A but B A가 아니라 B determine 결정하다 nothing less than 다름 아닌 바로[그야말로] personal 개인적인 professional 전문적인 destiny 운명
3	And / the most important story / {you will ever tell / (about yourself)} / is the story / {you tell (to yourself)}.	그리고 여러분이 자신에 대해 말할 가장 중요한 이야기는 여러분이 여러분 자신'에게' 말하는 이야기이다.	important 중요한
4	So, / you'd better examine / your story, / (especially) this one / {that's (supposedly) the most familiar (of all)}.	그러니 여러분은 여러분의 이야기, '특히' 아마도 모든 것 중 가장 친숙한 이 이야기를 살펴보는 것이 좋을 것이다.	had better + R ~하는 것이 좋다 examine 검사[조사]하다 especially 특히 supposedly 아마도 familiar 친숙한
5 인용	"The most erroneous stories / are those / {(we think) we know best / — and therefore never scrutinize or question}," / said paleontologist Stephen Jay Gould.	"가장 잘못된 이야기는 우리가 가장 잘 안다고 생각하는, 그리고 그로 말미암아 절대 면밀히 조사하거나 의문을 품지 않는 이야기이다."라고 고생물학자 Stephen Jay Gould가 말했다.	erroneous 잘못된, 틀린 therefore 그러므로, 그 때문에 scrutinize 면밀히 조사하다 paleontologist 고생물학자
6	Participate (in your story) / (rather than observing it from afar); / make sure / {it's a story / (that compels you)}.	여러분의 이야기를 멀리서 관찰하기보다는 그것에 참여해라. 반드시 그것이 여러분으로 하여금 따르게 하는 이야기이도록 확실히 해라.	from afar (아주) 멀리서 make sure (that) S V ~을 확실하게 하다 compel 강요[강제]하다, (필요에 따라) ~하게 만들다
7 TS	Tell / yourself the right story / — the rightness / {of which only *you* can (really) determine}.	여러분 자신에게 올바른 이야기를 해라. 그리고 그것의 올바름은 오직 '여러분'만이 실제로 결정할 수 있다.	tell I·O D·O (4) ~에게 …을 말하다 right 올바른, 옳은 rightness 올바름, 정의 really 실제로
8	{If you're (finally) living / the story / (you want)}, / then it needn't / — (it shouldn't and won't) / — be an ordinary one.	만일 여러분이 마침내 여러분이 원하는 이야기를 살고 있다면, 그것은 평범한 것이 될 필요가 없으며, 그렇게 되어서도 안 되고 되지도 않을 것이다.	finally 마침내 (= eventually) ordinary 일상적인, 평범한, 보통의
9	It / can and will be extraordinary.	그것은 비범할 수 있고 또 그렇게 될 것이다.	extraordinary 비상한, 비범한, 특파의, 임시의
10	After all, / you're not just the author (of your story) / but also its main character, the hero.	결국, 여러분은 여러분 이야기의 작가일 뿐만 아니라 또한 그 주인공이자 영웅이다.	after all (예상과 달리) 마침내, 결국, 어쨌든 not just A but also B A뿐만 아니라 B 또한 main character 주인공
11	Heroes / are never ordinary.	영웅은 절대 평범하지 않다.	never 절대[결코] ~ 않다

21 밑줄 친 faulty storytelling이 다음 글에서 의미하는 바로 가장 적절한 것은? [3점] [41%]

① failing to live a self-determined life
② obsessing over the regrets of the past
③ not thinking we are the same as others
④ attributing someone else's faults to ourselves
⑤ speaking ill of others by creating a false story

정답 | ①

해설 | ① 스스로 판단하는 삶을 사는 것을 실패하기: **5**에서 잘못된 이야기는 면밀히 조사하거나, 의문을 품지 않는 이야기라고 했고, **7**에서 올바른 이야기는 오직 자신만이 스스로 결정하는 이야기라고 했으므로, 잘못된 이야기를 스스로 판단하는 삶을 사는 것을 실패하는 것을 의미한다고 보는 게 정답으로 적절하다.
② 과거의 후회에 대해서 굉장히 집착하기: 과거의 후회에 관한 내용은 없다.
③ 우리는 다른 사람과 같다는 생각을 하지 않기: 자신을 타인과 비교하는 내용은 없다.
④ 누군가의 잘못을 우리 탓으로 돌리기: 남의 잘못을 우리 탓으로 돌린다는 내용은 없다.
⑤ 거짓된 이야기를 만들어서 다른 사람에 대해서 나쁘게 이야기하기: 거짓된 이야기에 관한 내용은 없으므로 적절하지 않다.

문법

1 2 〈what vs. that〉

	관계대명사 (불완전한 문장)	접속사 (완전한 문장)
what	○ 선행사를 포함하고 있기 때문에 what 앞에 선행사 불필요	×
that	○ that 앞에 선행사 필요	○

1 〈It be A that B 강조구문〉: B한 것은 바로 A이다

It	be 동사	강조하고 싶은 말	that (관계대명사 / 종속접속사) (경우에 따라 아래처럼 바꿔 사용 가능)	
This That There	시제에 따라 달라짐	주어 목적어 보어 부사(구, 절) 〈동사는 사용 불가〉	관계대명사	who
				whom
				which
			관계부사	when
				where
It	is	storytelling	that ~	

1 〈관계부사〉: 관계부사절은 완전한 문장이 나오고, 선행사와 관계부사는 서로 같이 사용할 수도 있고 둘 중 하나를 생략할 수도 있다.

용도	선행사	관계부사	전치사 + 관계대명사
시간	the time	when	in/at/on + which
장소	the place	where	in/at/on + which
이유	the reason	why	for which
	(the way)	how	in which
방법	**the way how는 같이 사용 못함** the way, the way in which, the way that은 사용 가능 (how 대신에 사용되는 that은 관계부사 대용어라고 함)		

2 〈목적격 관계대명사 that 생략〉: 수여동사 tell의 직접목적어가 없는 경우 / 선행사를 포함하고 있는 관계대명사 what 사용 불가

	목적격 관계대명사절				
선행사	목적격 관계대명사	주어	수여동사	간접목적어	직접목적어
the ones	(that) 생략 가능	people	tell	us	
the ones		we	tell	ourselves	

3 8 〈목적격 관계대명사 that〉: 타동사의 목적어가 없는 경우 / 선행사를 포함하고 있는 관계대명사 what 사용 불가

	목적격 관계대명사절			
선행사	목적격 관계대명사	주어	타동사	목적어
~ story	(that) 생략 가능	you	will tell	
the story		you	tell	
the story		you	want	

4 6 〈주격 관계대명사 that절〉: 선행사를 포함하고 있는 관계대명사 what 사용 불가

	주격 관계대명사절		
선행사	주격 관계대명사	주어	동사
this one	that		is
a story	that		compels

4 10 〈동격〉: A(명사), B(명사) (B라는 A)

	동격 (B라는 A)	
명사(A)	,(콤마)	명사(B)
your story		this one
its main character		the hero

5 〈삽입〉: 목적격 관계대명사 which/that절 안에 '주어 + 동사'가 삽입되어 있는 경우

	목적격 관계대명사절					
선행사	목적격 관계대명사	주어	동사	주어	동사	목적어
those	(which/that)	we	think	we	know	
		〈삽입절〉				

7 〈전치사 + 관계대명사〉: of which

선행사	~	목적어	전치사	목적격 관계대명사	주어	동사
the right story		the rightness	of	which	you	can determine
= and the rightness of it only you can determine						
= whose rightness only you can determine						
= and its rightness only you can determine						

어법 & 연결어

In recent years I've come to see [what / that], amazingly, the key to [most / almost] all of our problems *is faulty storytelling*, [because / because of] it's storytelling [what / that] *drives* the way [how / that] we gather and spend our energy. I believe [that / what] stories — not the ones [that / what] people tell us but the ones [that / what] we tell [us / ourselves] — [determine / determines] nothing less than our personal and professional destinies. (　　) the [most / almost] important story [that / what] you will ever tell about [your / youself] is the story [what / that] you tell *to* [you / yourself]. (　　), you'd better [examine / to examine] your story, *especially* this one [what's / that's] supposedly the [most / almost] familiar of all. "The [most / almost] erroneous stories are those [that / what] we think we know best — and (　　) never scrutinize or question," said paleontologist Stephen Jay Gould. Participate in your story rather than observing [it / them] from afar; make sure [that / what] it's a story that [compel / compels] you. [Tell / To tell] [you / yourself] the right story — the rightness [which / of which] only *you* can really determine. If you're finally living the story [that / what] you want, then it needn't — it shouldn't and won't — [is / be] an ordinary one. It can and will be extraordinary. (　　), you're not just the author of your story but also its main character, the hero. Heroes are never ordinary.

	제목	필요가 창의성 발현의 필수 조건일까?
	주제	필요가 없어도 창의적인 과정이 시작될 수 있다.
글의 요지	논리	통념·진실, 예시

	지문	해석	단어 & 숙어
1 통념	A question can be raised / (about the basic notion) / {that sensitivity (to problems) / is critical / (in setting the creative process) (in motion)}. 의문이 제기될 수 있다 / 기본적인 생각에 대해 / 문제에 대한 민감성이 / 중요하다는 / 창의적인 과정이 시작되는 데 있어서	창의적인 과정이 시작되는 데 있어서 문제에 대한 민감성이 중요하다는 기본적인 생각에 대해 의문이 제기될 수 있다.	raise a question 의문을 제기하다 basic 기본적인 notion 개념, 생각, 관념 sensitivity to ~에 대해 민감함 critical 중요한 creative 창의적인 process 과정 set[put] A in motion A를 움직이게 하다 (수동태 시, A be set[put] in motion)
2	It is (no doubt) true / {that many people are motivated / (to carry out creative activities)} / (because of problems) / {they sense / (in their personal or professional environments)}. 의심할 바가 없다 / 많은 사람들이 동기를 부여받는다는 것은 / 창의적인 활동을 수행하도록 / 문제 때문에 / 그들이 감지하는 / 자신의 개인적 또는 직업적인 환경에서	많은 사람들이 자신의 개인적 또는 직업적인 환경에서 감지한 문제 때문에 창의적인 활동을 수행하도록 동기를 부여받는다는 것은 의심할 바가 없다.	no doubt 의심할 여지없이, 틀림없이 motivate O O·C(to R) (5) ~가 …하도록 동기부여 시키다 (수동태 시, be motivated S·C(to R)) carry out 수행하다 activity 활동 sense 감지[탐지]하다 personal 개인적인 professional 전문적인 environment 환경
3 TS 진실	However, / there is historical evidence / {that the creative process / can be set (in motion) / (without necessity), / (even) (in the domain of invention)}. 하지만 / 역사적인 증거가 있다 / 창의적인 과정이 / 시작될 수 있다는 / 필요라는 것이 없이도 / 발명의 영역에서조차	하지만, 발명의 영역에서조차, 필요라는 것이 없이도 창의적인 과정이 시작될 수 있다는 역사적인 증거가 있다.	historical 역사적, 역사상의 evidence 증거, 징후 necessity 필요(성) domain 영역 invention 발명
4 예시	As one example, / consider the invention / (of the airplane). 한 사례로 / 발명을 생각해 보라 / 비행기의	한 사례로, 비행기의 발명을 생각해 보라.	consider 생각하다
5	(At the end of the nineteenth century) / a number of research projects / were underway / {whose purpose was the invention / (of a flying machine)}. 19세기 말에 / 많은 연구 프로젝트가 / 진행 중이었다 / 발명을 목적으로 하는 / 항공기	19세기 말에 항공기 발명을 목적으로 하는 많은 연구 프로젝트가 진행 중이었다.	at the end of ~의 말에 a number of 많은, 다수의 research 연구 underway 진행 중인 purpose 목적 flying machine 비행기
6	At that time, / there was no need / (for such a machine); / (only gradually), / (after the Wright brothers were successful) / (in inventing the airplane), / did the broader implications (of that invention) / become apparent. 그 당시에는 / 필요가 없었고 / 그러한 기계에 대한 / 그저 서서히 / 라이트 형제가 성공한 이후에야 / 비행기를 발명하는 데 / 그 발명의 더 광범위한 영향이 / 분명해졌다	그 당시에는, 그러한 기계에 대한 필요가 없었고, 그저 서서히, 라이트 형제가 비행기를 발명하는 데 성공한 이후에야, 그 발명의 더 광범위한 영향이 분명해졌다.	at that time 그 당시에 machine 기계 only 그저 gradually 서서히, 점차 successful 성공적인 invent 발명하다 broad 광범위한 implication 영향 apparent 분명한
7	So / the driving force / (behind the invention of the airplane) / seems not to have been necessity: / There was no need / (to fly); / people (simply) wanted to. 따라서 / 원동력은 / 비행기 발명 뒤에 있는 / 필요가 아니었던 것으로 보인다 / 즉, '필요'가 있었던 것이 아니라 / 날아야 할 / 사람들이 단지 '그렇게 하기를 원했던' 것이다	따라서 비행기 발명 뒤에 있는 원동력은 필요가 아니었던 것으로 보인다. 즉, 날아야 할 '필요'가 있었던 것이 아니라, 사람들이 단지 '그렇게 하기를 원했던' 것이다.	driving force 주요 요인, 원동력, 추진력 behind ~의 뒤에 seem to R ~처럼 보이다 necessity 필요

22 다음 글의 요지로 가장 적절한 것은? [76%]

① 논리적 사고는 창의력 발휘를 저해한다.
② 필요는 창의성 발현을 위한 필수 조건이 아니다.
③ 다양한 경험이 반드시 발명에 유익한 것은 아니다.
④ 문제 해결 능력은 문제에 대한 민감성에서 비롯된다.
⑤ 창의적 산출물을 만들기 위해 지식의 축적이 필요하다.

정답 | ②

해설 | ① 논리적 사고에 관한 내용은 없으므로 적절하지 않다.
② **3**, **6**에서 필요 없이도 창의성이 발현될 수 있다고 했으므로 정답으로 적절하다.
③ 다양한 경험에 관한 내용은 없으므로 적절하지 않다.
④ **1**에서 이에 대해 의문을 제기했으므로 적절하지 않다.
⑤ 지식의 축적에 관한 내용은 없으므로 적절하지 않다.

문법

1 〈rise / raise / arise〉

원형	과거	과거분사	현재분사	뜻
rise	rose	risen	rising	vi. 오르다, 일어나다
raise	raised	**raised**	raising	vt. 올리다, 기르다
arise	arose	arisen	arising	vi. 발생하다, 기인하다

1 3 〈동격의 종속접속사 that〉 : 'the + 추상명사(notion/evidence) + that' (~이라는 생각/증거)

1 2 3 〈what vs. that〉

	관계대명사 (불완전한 문장)	접속사 (완전한 문장)
what	○ 선행사를 포함하고 있기 때문에 what 앞에 선행사 불필요	×
that	○ that 앞에 선행사 필요	○

2 〈가주어, 진주어 구문〉

가주어	동사	진주어
It (this, that, there 사용 불가)	–	**that + 주어 + 동사 (완전한 절)**
		to 동사원형
		동명사
		의문사 + 주어 + 동사 (간접의문문)
		if/whether + 주어 + 동사
It	is	that절

2 〈5형식 불완전 타동사의 목적격 보어〉 : 수동태 전환 시, 2형식 문장(be p.p. + to R)

주어	불완전 타동사	목적어	목적격 보어
–	advise / allow / ask / assume / beg / bring / cause / command / compel / condition / decide / design / drive / enable / encourage / expect / forbid / fit / force / inspire / instruct / intend / invite / lead / like / **motivate** / order / permit / persuade / predispose / pressure / proclaim / prod / program / provoke / push / require / stimulate / teach / tell / train / trust / urge / want / warn / wish 등	–	to 동사원형

2 〈목적격 관계대명사 that〉 : 타동사의 목적어가 없는 경우 / 선행사를 포함하고 있는 관계대명사 what 사용 불가

	목적격 관계대명사절			
선행사	목적격 관계대명사	주어	타동사	~~목적어~~
problems	(that) 생략 가능	they	sense	

5 〈주어와 동사의 수의 일치〉 : the number of (~의 수) / a number of (많은 ~)

the	number	of	복수명사	+ 단수동사
a	**number**	**of**	복수명사	+ 복수동사

5 〈소유격 관계대명사〉 : whose

선행사 + 접속사 + 소유격 + 명사 + 동사 ~
= 선행사 + 접속사 + the + 명사 + of + 대명사 + 동사 ~
= **선행사 + whose + 명사 + 동사 ~**
= 선행사 + of which + the + 명사 + 동사 ~
= 선행사 + the + 명사 + of which + 동사 ~

6 〈부정어구 문두 도치〉

부정어(구)	도치		
Never / Seldom / Rarely / Scarcely / Hardly / No / **Only** / Little / Few / Nor 등	조동사	주어	동사원형
	have/has/had	주어	p.p.
	do/does/**did**	**주어**	**동사원형**
	be동사	주어	–
only gradually	did	the ~ implications	become

7 〈to R의 부정〉 : not/never to R : seems **not to have been**

7 〈to부정사의 태와 시제〉

태	능동태	to R
	수동태	to be p.p.
시제	단순시제 : 본동사 시제와 동일	to R
	완료시제 : 본동사 시제보다 한 시제 앞선 시제	**to have p.p.**
	완료수동	to have been p.p.

7 〈대부정사 to〉 : There was no need to fly; people simply wanted **to(= to fly)**.

어법 & 연결어

A question [can raise / **can be raised**] about the basic notion [which / **that**] sensitivity to problems is critical in setting the creative process in motion. [**It** / This] is no doubt true [what / **that**] many people [motivate / **are motivated**] to carry out creative activities [because / **because of**] problems [**that** / what] they sense in their personal or professional environments. (   ), there [**is** / are] historical evidence [which / **that**] the creative process [can set / **can be set**] in motion without necessity, even in the domain of invention. As one example, [consider / **considering**] the invention of the airplane. At the end of the nineteenth century [the number of / **a number of**] research projects were underway [that / **whose**] purpose was the invention of a flying machine. (   ), there [**was** / were] no need for such a machine; only gradually, after the Wright brothers were [successive / **successful**] in [invention / **inventing**] the airplane, [were / **did**] the broader implications of that invention become [**apparent** / apparently]. (   ) the driving force behind the invention of the airplane seems not [to be / **to have been**] necessity: There [**was** / were] no *need* to fly; people simply *wanted to*.

	제목	애완동물을 풀어주는 행위의 문제점
	주제	원치 않는다는 이유로 애완동물을 자유롭게 풀어주지 말아라.
글의 주제	논리	문제점, 열거, 통념·진실

	지문	해석	단어 & 숙어
1	Pet owners / (sometimes) tire of their animals / or become overwhelmed / (by caring for a large number of pets or a difficult pet). 애완동물 주인들은 / 자신의 동물에 때로로 싫증이 나기도 하고 / 어쩔 줄 몰라 하기도 한다 / 까다로운 애완동물이나 많은 수의 애완동물을 돌보는 것에 의해	애완동물 주인들은 때때로 자신의 동물에 싫증이 나기도 하고, 많은 수의 애완동물이나 까다로운 애완동물을 돌보는 것에 의해 어쩔 줄 몰라 하기도 한다.	pet owner 애완동물 주인 sometimes 때때로, 종종 tire of ~에 싫증이 나다 overwhelmed 압도된 care for ~을 돌보다 a large number of 수많은 ~, 다수의 ~ difficult 까다로운
2 문제점	{Rather than face the stress / (of turning the pet in) / (to a shelter)}, / owners drive pets far / (from their home range) / and abandon them. 스트레스를 직면하기보다는 / 애완동물을 들여보내는 / 보호소에 / 주인들은 운전해 가서 / 거주 범위로부터 멀리 떨어진 곳으로 / 그것들을 버린다	주인들은 애완동물을 보호소에 들여보내는 스트레스를 직면하기보다는, 그것들을 거주 범위로부터 멀리 떨어진 곳으로 운전해 가서 버린다.	rather than A, B A보다 오히려 B face 직면하다 turn A in to B A를 B에 들여보내다 shelter 피신처, 보호소 far from ~에서 멀리 range 범위 abandon 버리다
3 TS 진실	Some people believe / [the animal has a better chance / (to survive) / {roaming free / (than at a shelter)}], / (a false belief) / (formed) / (to salve the pet abandoner's conscience). 어떤 사람들은 믿는데 / 그 동물이 가능성이 더 크다고 / 생존할 / 자유롭게 돌아다닐 때 / 보호소에서보다 / 이는 잘못된 믿음이다 / 형성된 / 애완동물을 버린 사람의 죄책감을 덜기 위해	어떤 사람들은 그 동물이 보호소에서보다 자유롭게 돌아다닐 때 생존할 가능성이 더 크다고 믿는데, 이는 애완동물을 버린 사람의 죄책감을 덜기 위해 형성된 잘못된 믿음이다.	have a chance to R ~할 가능성이 있다 survive 생존하다, 살아남다 roam 돌아다니다, 배회하다 free 자유롭게 false belief 잘못된 믿음 form 형성되다 salve one's conscience ~의 죄책감을 덜다 abandoner 유기자
4	(Releasing your pet), / (whether a cat, rabbit, or bearded dragon), / is not the answer. 여러분의 애완동물을 풀어주는 것이 / 고양이든 토끼든 턱수염도마뱀이든 / 정답은 아니다	고양이든 토끼든 턱수염도마뱀이든, 여러분의 애완동물을 풀어주는 것이 정답은 아니다.	release 풀어주다 whether A or B A 이든 B 이든 bearded dragon 턱수염도마뱀
5	Typically, / people report / roaming dogs / (for pickup) / (by animal control authorities), / {who take the dog / (to the local shelter)}. 일반적으로 / 사람들은 신고하고 / 방랑하는 개들을 / 거두어가도록 / 동물 관리 당국이 / 그 당국은 그 개를 데려간다 / 지역 보호소로	일반적으로, 사람들은 방랑하는 개들을 동물 관리 당국이 거두어가도록 신고하고, 그 당국은 그 개를 지역 보호소로 데려간다.	typically 일반적으로 report 신고하다 pickup 습득물 control 관리 authority 당국, 기관 take A to B A를 B로 가져가다 local 지역(의)
6	Cats and exotic or unusual animals, / (unless confined to a small area), / are not usually discovered or reported. 고양이와 이국적이거나 특이한 동물은 / 좁은 지역에 국한되어 있지 않는 한 / 대개 발견되지 않거나 신고되지 않는다	좁은 지역에 국한되어 있지 않는 한, 고양이와 이국적이거나 특이한 동물은 대개 발견되지 않거나 신고되지 않는다.	exotic 이국적인 unusual 특이한 unless ~하지 않는 한 (= if ~ not) confine A to B A를 B에 한정하다 [가두다] (수동태 시, A be confined to B)
7 열거1	Released pets / (not captured and sheltered) / suffer / (from weather, wild predators, and a lack of adequate food). 풀려난 애완동물들은 / 포획되지 않고 보호받지 않은 / 고통받는다 / 날씨, 야생 포식자, 그리고 적절한 먹이의 부족으로	포획되지 않고 보호받지 않은 풀려난 애완동물들은 날씨, 야생 포식자, 그리고 적절한 먹이의 부족으로 고통받는다.	capture 포획하다 suffer from ~로 고통 받다 wild 야생의 predator 포식자, 포식동물, 약탈자 lack of ~의 결핍, 부족 adequate 적절한
8 열거2	Some pets / die a difficult death. 어떤 애완동물들은 / 힘든 죽음을 맞이한다	어떤 애완동물들은 힘든 죽음을 맞이한다.	die a death 죽음을 맞이하다
9 열거2	Other released pets / survive and breed / (successfully). 다른 풀려 애완동물들은 / 살아남아 번식한다 / 성공적으로	다른 풀려난 애완동물들은 살아남아 성공적으로 번식한다.	other 다른 breed 번식하다 successfully 성공적으로
10	In these cases, / the survivor pets become / an invasive species / and the environment suffers. 이러한 경우에 / 생존한 애완동물들은 되어 / 침입종이 / 환경이 고통받는다	이러한 경우에, 생존한 애완동물들은 침입종이 되어 환경이 고통받는다.	case 경우 survivor 생존자 invasive 침입하는 species (분류상의) 종(種) environment 환경 suffer 고통받다

23 다음 글의 주제로 가장 적절한 것은? [43%]

① struggles of wild animals to survive in nature

② importance of expanding shelters for released pets

③ why pet owners should not set unwanted pets free

④ how to prevent pet owners from abandoning their pets

⑤ conditions essential to maintaining pets' physical health

정답 | ③

해설 | ① 자연에서 살아남기 위한 야생동물의 분투: 야생동물의 생존에 관한 내용은 없다.

② 풀려난 애완동물을 위해서 보금자리를 확대하는 것의 중요성: 애완동물을 풀어주는 행위의 문제점은 제시되었지만, 보금자리 확대에 관한 내용은 없다.

③ 원치 않는 애완동물을 자유롭게 풀어 줘서는 안 되는 이유: **2**에 제시된 애완동물을 풀어주는 행위의 문제점이 **7**, **8**, **10**에 드러나므로 정답으로 적절하다.

④ 애완동물을 기르는 주인들이 애완동물을 버리지 못하게 막는 방법: 애완동물을 버리지 못하게 하는 방법에 관한 내용은 없다.

⑤ 애완동물의 신체적인 건강을 유지하는 것에 필수적인 조건들: 애완동물의 건강에 관한 내용은 없다.

문법

1 〈감정과 관련된 완전 타동사〉: 동사가 분사화되어 주격/목적격 보어 자리에 나올 때 일반적인 구별법

주어	동사	주격 보어(S·C)
사람		**과거분사(p.p.)** – 수동 (~되어진, ~당한)
사물		현재분사(-ing) – 능동 (~하고 있는, ~하는)
Pet owners	become	overwhelmed

3 〈목적격 종속접속사 that 생략〉: 완전 타동사의 목적어로 사용된 경우 / 관계대명사 what 사용 불가

완전 타동사	종속절 (명사절: 목적어) (완전한 절)		
	목적격 종속접속사	주어	동사
believe	(that) 생략 가능 (~하는 것을)	the animal	has

3 〈roaming ~〉: 〈분사구문〉이 문미에 있는 경우 (능동) (= as it roams free)

3 **7** 〈주격 관계대명사 + be동사 생략〉

–	생략 가능	
		현재분사 – 능동 (~하고 있는, ~하는)
		과거분사 – 수동 (~되어진, ~당한)
명사 (선행사)	(주격 관계대명사 + be동사)	명사
		형용사(구) (~하는, ~할)
		부사
		전치사구
a false belief	(which/that is)	formed
pets	(which/that are)	captured and sheltered

5 〈주격 관계대명사절〉: 계속적 용법으로는 that 사용 불가함 (= **and they** take the dog to the local shelter)

		주격 관계대명사절		
선행사	콤마(,)	주격 관계대명사	주어	동사
authorities	계속적 용법	who	✗	take

6 〈분사구문 : 문중〉

	종속절(→ 분사구문)			
주어	종속접속사 〈그대로 사용하면 의미 강조〉	(주어 + be동사) 〈주절의 주어와 같을 경우 생략 가능〉	현재분사	동사
			과거분사	
			형용사	
			명사	
Cats ~ animals	unless	(they are)	confined	are ~

8 〈동족목적어〉: 자동사가 타동사처럼 쓰여 뒤에 목적어를 가지는 경우

1. 동사의 어원과 동족목적어의 어원이 동일한 경우

자동사	목적어	해석
sleep	a deep sleep	깊은 잠을 자다
dream	a happy dream	행복한 꿈을 꾸다
live	a life	인생을 살다
die	**a death**	**죽음을 맞이하다**
laugh	a laugh	웃다
smile	a bright smile	환한 미소를 짓다

2. 동사의 의미와 동족목적어가 비슷한 경우

자동사	목적어	해석
run	a race	경주를 하다
fight	a fierce battle	격렬한 싸움을 하다

어법 & 연결어

Pet owners sometimes tire of their animals or become [**overwhelming / overwhelmed**] by caring for a large number of pets or a difficult pet. Rather than face the stress of turning the pet in to a shelter, owners drive pets far from their home range and abandon them. Some people believe [**that / what**] the animal has a [**good / better**] chance to survive [**roaming / roamed**] free than at a shelter, a false belief [**formed / forming**] to salve the pet abandoner's conscience. [**Release / Releasing**] your pet, [**whether / if**] a cat, rabbit, or bearded dragon, is not the answer. (   ), people report [**to roam / roaming**] dogs for pickup by animal control authorities, who [**take / takes**] the dog to the local shelter. Cats and exotic or unusual animals, [**unless / if**] [**confining / confined**] to a small area, [**is / are**] not usually discovered or reported. Released pets not captured and sheltered [**suffer / suffered**] from weather, wild predators, and a lack of adequate food. Some pets die a difficult death. Other released pets survive and breed successfully. (   ), the survivor pets become an invasive species and the environment suffers.

제목	국경이 희미해진다고 사람들 사이의 갈등이 줄어들까?	
주제	국경이 희미해지면서, 사람들은 다른 집단들을 분리하고, 부정적인 반응을 보인다.	
글의 제목	논리	원인·결과

	지문	해석	단어 & 숙어
1	The borderless-world thesis / has been (vigorously) criticized S　　　　　　　　　　　V〈현재완료수동〉 국경 없는 세계라는 논제는　　　　　격렬하게 비난받아 왔다 / (by many geographers) / (on the grounds) / (that it 　　　　　　　　　　　　　　　〈추상명사〉　　　　〈종·접〉 S 많은 지리학자로부터　　　　　이유로　　= 〈동격〉 presents a simplistic and idealized vision of globalization). V　〈형용사〉　　　　p.p.　　　　　O 그것이 굉장히 단순하고 이상화된 세계화에 대한 비전을 제시한다는	국경 없는 세계라는 논제는 세계화에 대한 굉장히 단순하고 이상화된 비전을 제시한다는 이유로 많은 지리학자로부터 격렬하게 비난받아왔다.	border-less 국경 없는 thesis 논제 vigorously 필사적으로, 힘차게 criticize 비난하다 geographer 지리학자 on the grounds that S V ~ ~라는 근거[이유]로 present 제시하다 simplistic 지나치게 단순화한 idealized 이상화된 globalization 세계화
2 원인	It appears / {that the more territorial borders fall apart, 〈가S〉　　　　〈종·접〉〈the 비교급 ~, the 비교급 …〉 보인다　　　　　　영토 경계가 허물어질수록 / the more various groups (around the world) cling / (to S　　　　　　　　　　　V 세계 각지의 다양한 집단이 고착하는 것으로 place, nation, and religion) / (as markers of their identity)}. 장소, 국가, 종교에　　　　　그들의 정체성의 표시로	영토 경계가 더 많이 허물어질수록 세계 각지의 다양한 집단이 그들의 정체성의 표시로 장소, 국가, 종교에 더욱 집착하는 것으로 보인다.	It appears (to me) that S V 분명히 ~인 것 같다, ~이 명백해지다 the 비교급 ~, the 비교급 … ~하면 할수록 더 …하다 territorial 영토의 border 경계 fall apart 무너지다 various 다양한 cling to ~에 집착하다, ~을 고수하다 nation 국가 religion 종교 marker 표시, 표지 identity 정체(성)
3 TS 결과	In other words, / the reduction / (in capacity of territorial 　　　　　　　　　S 즉　　　　　　　감소는　　　　영토 경계 능력의 borders) / (to separate and defend against others) / (often) 　　　　다른 집단으로부터 분리하고 방어하는 elicits adverse reactions / (in numerous populations). V　　　O 부정적인 반응을 종종 일으킨다　　수많은 집단에서	즉, 다른 집단들을 분리하고 그들로부터 방어하는 영토 경계 능력의 감소는 종종 수많은 집단에서 부정적인 반응을 일으킨다.	in other words 즉, 다시 말해서 reduction 감소 capacity 능력 separate 분리하다 defend against ~으로부터 지키다 elicit (정보·반응을 어렵게) 끌어내다 adverse 부정적인 reaction 반응 numerous 수많은, 다수의 population 집단[사람들]
4	Difference / (between people and places) / may be (socially) S₁　　　〈between A and B〉 차이는　　사람과 장소의　　　사회적으로 형성될 수 있지만 constructed / (through the erection of boundaries), / but V₁ 　　　　　경계를 세움으로써 this does not mean / {that it is not deeply internalized / (by S₂　　V₂　　　〈종·접〉 S　　　　　V〈수동태〉 그렇다고 해서 뜻은 아니다　　이것이 깊이 내면화되지 않는다는 the members of a society)}. { } O 한 사회의 구성원들에 의해	사람과 장소의 차이는 경계를 세움으로써 사회적으로 형성될 수 있지만, 그렇다고 해서 이것이 한 사회의 구성원들에 의해 깊이 내면화되지 않는다는 뜻은 아니다.	difference 차이 (↔ similarity) between A and B A와 B 사이에 socially 사회적으로 construct 건설하다, 구성[조립]하다 erection 건립 boundary 경계(선) mean ~라는 뜻[의미]이다 deeply 깊이[크게] internalize (사상, 태도 등을) 내면화하다
5	So far, / the consumption-dominated rhetoric / (of 　　　　　　　　　p.p.　　　　　S 지금까지　　　소비 중심의 담화는 globalization) / has done little to uncouple / the feeling (of 　　　　　　V　　　　　　　　　　O〈선행사〉 세계화에 대한　분리하는 데 거의 도움이 되지 않았다　차이의 느낌을 difference) / {that borders create / (from the formation of 　　　　　　〈목·관〉 S　　V 　　　　　　국경이 만들어내는　　사람들의 영토 정체성 형성으로부터 people's territorial identities)}.	지금까지, 세계화에 대한 소비 중심의 담화는 국경이 만들어내는 차이의 느낌을 사람들의 영토 정체성 형성으로부터 분리하는 데 거의 도움이 되지 않았다.	so far 지금까지 consumption-dominated 소비에 지배된, 소비 중심의 rhetoric 담화 do little to R ~하는 데 실패하다 uncouple A from B A를 B로부터 분리하다[연결을 풀다] create 창조하다 formation 형성, 생성, (특정한) 대형

24 다음 글의 제목으로 가장 적절한 것은? [36%]

① Recognizing Differences: The Beginning of Mutual Respect

② Do Fading Borders Lead to Less Division Among People?

③ A Borderless World: The Key to Global Well-Being

④ Ethnic Identities: Just the Remains of the Past

⑤ How Territories Form and What Defines Them

정답 | ②

해설 | ① 차이를 인식하는 것: 상호 간에 존중의 시작: 차이 인식에 관한 내용은 없다.

② 희미해져 가는 국경들이 사람들 사이에 더 적은 분화를 이끄는가: **3**에서 국경 없는 세계가 사람들 사이의 분화를 일으킬 수 있다고 했으므로 정답으로 적절하다.

③ 국경 없는 세계: 지구적 행복에 대한 열쇠: 글에서 국경 없는 세계를 부정적으로 보고 있으므로 적절하지 않다.

④ 민족적인 정체성: 단지 과거의 유산: 민족의 정체성을 과거의 유산으로 단정 짓는 내용은 없다.

⑤ 영토가 형성되는 방식과 그들을 정의하는 것: 영토의 형성과 정의에 관한 내용은 없다.

문법

1 〈동격의 that〉: ~라는 A (관계대명사 which/what 사용 불가)

추상명사 (A)	종속절 (명사절 - 완전한 문장)		
	종속접속사	주어	동사
answer / belief / chance / claim / conclusion / dream / evidence / extent / fact / faith / feeling / **grounds** / hope / idea / likelihood / message / need / news / notion / pledge / point / position / possibility / promise / proposal / question / recognition / reply / request / result / saying / sense / statement / suggestion / testament / theory / view / wickedness 등	(that) 생략 가능	–	–
the grounds	that	it	presents

2 〈가주어, 진주어 구문〉

가주어	동사	진주어
It (this, that, there 사용 불가)	–	**that + 주어 + 동사 (완전한 절)**
		to 동사원형
		동명사
		의문사 + 주어 + 동사 (간접의문문)
		if/whether + 주어 + 동사
it	appears	that절

2 〈appear 동사의 쓰임〉: ~처럼 보이다

appear	주격 보어 자리
	that절
	to R
	분사
	(to be) 보어
	as + 보어

2 〈the 비교급 ~, the 비교급 …〉: ~하면 할수록, 더 …하다

the	비교급	~,	the	비교급	…
	-er/more			-er/more	
	more			more	

2 〈to가 전치사인 경우〉: cling to + (동)명사 (~에 집착하다)

3 〈for vs. against〉

전치사	for	찬성	~을 지지하여, ~에 편들어
	against	반대	~에 반대하여[맞서]

4 〈혼동 어휘〉

through	전치사	~을 통하여
throughout	전치사	(장소) ~의 도처에, (시간) ~ 동안, ~ 내내
	부사	도처에, 완전히, 철저하게
though	접속사	~에도 불구하고
thorough	형용사	철저한, 완전한

4 5 〈what vs. that〉

	관계대명사 (불완전한 문장)	접속사 (완전한 문장)
what	○ 선행사를 포함하고 있기 때문에 what 앞에 선행사 불필요	×
that	○ that 앞에 선행사 필요	○

5 〈few / a few / a little / little〉

수	few	거의 없는 (부정)	+ 복수명사 + 복수동사
	a few	약간 (긍정)	
양	a little	약간 (긍정)	+ 단수명사 + 단수동사
	little	거의 없는 (부정)	

5 〈목적격 관계대명사 that〉: 타동사의 목적어가 없는 경우 / 선행사를 포함하고 있는 관계대명사 what 사용 불가

	목적격 관계대명사절			
선행사	목적격 관계대명사	주어	타동사	~~목적어~~
the feeling	(that) 생략 가능	borders	create	

어법 & 연결어

The borderless-world thesis has been vigorously [**criticizing** / **criticized**] by many geographers on the grounds [**that** / **which**] it presents a simplistic and [**idealizes** / **idealized**] vision of globalization. It appears [**that** / **what**] the more territorial borders fall apart, the more various groups around the world [**cling** / **clings**] to place, nation, and religion as markers of their identity. (   ), the reduction in capacity of territorial borders to separate and defend [**for** / **against**] others often elicits adverse reactions in numerous populations. Difference between people [**and** / **or**] places may be socially [**constructing** / **constructed**] [**through** / **thorough**] the erection of boundaries, but this does not mean [**what** / **that**] it is not deeply [**internalizing** / **internalized**] by the members of a society. (   ), the consumption-dominated rhetoric of globalization has done [**little** / **few**] to uncouple the feeling of difference [**what** / **that**] borders create from the formation of people's territorial identities.

	지문	해석	단어 & 숙어
1	Metacognition (simply) means / "thinking (about thinking)," / and it is one (of the main distinctions) / {between the human brain and that (of other species)}.	메타인지는 단순히 "생각에 대해 생각하는 것"을 의미하며, 그것은 인간의 두뇌와 다른 종의 두뇌 간의 주요 차이점 중 하나이다.	metacognition 상위 인지 (인지적 행동에 대한 통제) simply 단순히 mean O(-ing) ~을 의미하다 one of + 복수명사 ~(들) 중에 하나 main 주요한 distinction 차이(점) between A and B A와 B 사이의 species 종
2 결과	Our ability / {to stand high on a ladder / (above our normal thinking processes) / and ① evaluate / (why we are thinking) / (as we are thinking)} / is an evolutionary marvel.	우리의 통상적인 사고 과정 위에 있는 사다리에 높이 서서 왜 우리가 지금 생각하고 있는 것처럼 생각하고 있는지 평가할 수 있는 우리의 능력은 진화론적으로 놀라운 일이다.	ability 능력 stand 서 있다 ladder 사다리 above ~보다 위에 normal 보통의, 통상적인 thinking process 사고 과정 evaluate 평가하다 as ~처럼 evolutionary 진화론적인 marvel 놀라운 일, 경이
3 원인	We have this ability / {② because (the most recently) developed part / (of the human brain) / — (the prefrontal cortex) / — enables self-reflective, abstract thought}.	우리는 이 능력을 가지고 있는데, 인간 두뇌의 가장 최근에 발달한 부분인 전두엽 피질이 자기 성찰적이고 추상적인 사고를 가능하게 하기 때문이다.	recently 최근에 developed 발달한 prefrontal 전두엽 cortex 피질 enable 가능하게 하다 self-reflective 자기 성찰적인 abstract 추상적인 thought 사고
4	We can think / (about ourselves) / (as if we are not part of ③ ourselves).	우리는 우리가 우리 자신의 일부가 아닌 것처럼 우리 자신에 대해 생각할 수 있다.	think about ~에 관해 생각하다 as if 마치 ~인 것처럼 be part of ~의 일부분이다
5 연구	Research (on primate behavior) / indicates / (that even our closest cousins, the chimpanzees, / ④ lacking this ability) / ([although they possess some self-reflective abilities), / (like being able to identify themselves) / (in a mirror) / {instead of thinking / (the reflection is another chimp)}]).	영장류의 행동에 대한 연구는 우리의 가장 가까운 사촌인 침팬지조차도 (거울에 비친 모습을 다른 침팬지라고 생각하는 대신 거울 속의 자기 자신을 알아볼 수 있는 것과 같이, 그들이 약간의 자기 성찰적인 능력을 가지고 있기는 하지만) 이 능력이 결여되어 있음을 보여 준다.	research on ~에 대한 연구 primate 영장류 behavior 행동 indicate 보여주다, 나타내다 closest 가장 가까운 cousin 사촌, 친척 lack 부족하다 although ~이긴 하지만 possess 소유하다, ~의 마음을 사로잡다 be able to R ~할 수 있다 identify 알아보다 mirror 거울 instead of ~ 대신에 reflection 성찰, 숙고 (= reflexion) chimpanzee 침팬지 (= chimp)
6 TS	The ability / is a double-edged sword, / 〈because [while it allows us to evaluate / {why we are thinking / (⑤ what we are thinking)}], / it (also) puts us in touch / (with difficult existential questions) / (that can easily become obsessions)〉.	그 능력은 양날의 칼인데, 왜냐하면 그것은 우리로 하여금 우리가 생각하고 있는 것을 왜 생각하고 있는지 평가할 수 있게 해주는 한편, 또한 우리로 하여금 쉽게 강박 관념이 될 수 있는 어려운 실존적 질문들과 접촉하게 하기 때문이다.	double-edged 양날의, 이중의 while 반면에 allow O O·C(to R) (5) ~가 …하도록 허용하다 evaluate 평가하다 put A in touch with B A를 B와 접촉하게 하다 existential 실존주의적인 obsession 강박 관념

29 다음 글의 밑줄 친 부분 중, 어법상 틀린 것은? [3점] [45%]

정답 | ④

해설 | ① 병렬구조, 공통관계: 대등접속사 and는 to stand와 밑줄 친 evaluate를 병렬구조로 이어준다. 물론 evaluate 앞에 to가 생략되어 있다.

② 종속접속사 vs. 전치사: '~ 때문에(원인/이유)'를 의미하는 종속접속사는 because이고 전치사는 because of인데, 이 문장에서는 '주어와 동사' 즉 '절'이 나왔기 때문에 종속접속사 because가 어법상 올바르다.

③ 대명사 vs. 재귀대명사: 전자는 주어와 다르고 후자는 주어와 같다. 여기에서는 주어 we와 동일인이기에 us가 아니라 ourselves가 어법상 올바르다.

④ 동사 vs. 준동사: 종속접속사 that이 이끄는 종속절에서 동사가 필요하기에 준동사 lacking을 동사 lack으로 고쳐야 어법상 올바르다.

⑤ 목적격 관계대명사 what vs. that[which]: 전자는 선행사가 없고 뒤 문장이 불완전한데 비해 관계대명사로 사용된 that이나 which는 뒤 문장이 불완전하지만 선행사가 반드시 있어야 한다. 이 문장에서는 동사 are thinking의 목적어가 없어 불완전한 문장이 나오지만 선행사가 없기에 that이나 which가 아니라 what을 사용해야 어법상 올바르다.

문법

2 〈high / highly〉

high	형용사	높은
	부사	높게
	명사	높은 곳
highly	부사	매우 (= very)

2 〈공통관계〉: A가 공통

A	(X + Y)	=	AX + AY
A	(X + Y + Z + α)	=	AX + AY + AZ + Aα
(X + Y)	A	=	XA + YA
A	(X + Y + Z)	=	AX + AY + AZ
to	(stand + evaluate)	=	to stand and (to) evaluate

2 6 〈간접의문문〉: 의문사가 있는 경우

	〈간접의문문〉: 완전 타동사의 목적어		
완전 타동사	that	주어	동사
evaluate	why	we	are thinking

4 5 〈대명사 vs. 재귀대명사〉

		주어와 다름	주어와 동일
주어	~	대명사	재귀대명사
we		us	**ourselves**
they		them	**themselves**

4 〈even vs. as〉

	even though	+ 주어 + 동사	비록 ~일지라도	양보/대조
종속접속사	even if			
	as though		마치 ~처럼	가정법
	as if			

5 6 〈what vs. that〉

	관계대명사 (불완전한 문장)	접속사 (완전한 문장)
what	○ 선행사를 포함하고 있기 때문에 what 앞에 선행사 불필요	×
that	○ that 앞에 선행사 필요	○

5 〈동격〉: A(명사), B(명사) (A가 주어, B라는 A)

동격 (B라는 A)		
명사(A)	,(콤마)	명사(구/절)(B)
our closest cousins		the chimpanzees

5 another 또 다른 하나 (나머지 있음) / the other 그 나머지 (나머지 없음)

6 〈목적격 보어 자리에 to부정사를 사용하는 불완전 타동사〉: 수동태 전환 시, 2형식 문장(be p.p. + to R)

주어	불완전 타동사	목적어	목적격 보어
–	advise / **allow** / ask / assign / assume / beg / bring / cause / command / compel / condition / decide / design / drive / enable / encourage / expect / forbid / force / inspire / instruct / intend / invite / lead / like / motivate / oblige / order / permit / persuade / predispose / prepare / pressure / proclaim / prod / program / provoke / push / require / teach / tell / train / trust / urge / want / warn / wish 등	–	to 동사원형

6 〈주격 관계대명사 that절〉: 선행사를 포함하고 있는 관계대명사 what 사용 불가

	주격 관계대명사절		
선행사	주격 관계대명사	~~주어~~	동사
questions	that		can become

어법 & 연결어

Metacognition simply means "thinking about thinking," and it is one of the main distinctions between the human brain [or / and] [that / those] of other species. Our ability to stand [high / highly] on a ladder above our normal thinking processes and evaluate [why are we thinking / why we are thinking] as we are thinking [is / are] an evolutionary marvel. We have this ability [because / because of] the [most / almost] recently developed part of the human brain — the prefrontal cortex — [enable / enables] self-reflective, abstract thought. We can think about ourselves [as if / even if] we are not part of [us / ourselves]. Research on primate behavior indicates [that / what] even our closest cousins, the chimpanzees, lack this ability ([despite / although] they possess some self-reflective abilities, [like / alike] being able to identify [them / themselves] in a mirror instead of thinking the reflection is [the other / another] chimp). The ability is a double-edged sword, [because / because of] [during / while] it allows us [to evaluate / evaluating] why we are thinking [that / what] we are thinking, it also puts us in touch with difficult existential questions [that / what] can easily become obsessions.

	제목	인구과잉과 기근의 원인이 무엇일까?
	주제	인구과잉과 기근은 개별 가구의 이익과 사회 전체의 이익 간의 불일치로 초래된다.
어휘 추론	논리	예시, 원인·결과

	지문	해석	단어 & 숙어
1 예시	(At a time) / {when concerns (about overpopulation and famine) were reaching / their highest peak}, / Garrett Hardin did not blame / these problems (on human ①ignorance) / — a failure / (to take note of dwindling per capita food supplies), / for example.	인구과잉과 기근에 대한 우려가 최고조에 달하고 있던 시기에 Garrett Hardin은 이러한 문제들을, 예를 들어 줄어드는 1인당 식량 공급을 주목하지 못한 것과 같은 인간의 무지 탓으로 돌리지 않았다.	concern 우려, 걱정 overpopulation 인구과잉 famine 기근, 기아, 굶주림 reach a peak 절정에 달하다 blame A on B A를 B의 탓으로 돌리다 ignorance 무시, 무지 failure 실패 take note of ~에 주목[주의]하다 dwindling 줄어드는 per capita 1인당 supplies 저장품, 물품, 공급품
2 TS	Instead, / his explanation focused / (on the discrepancy) / {between the ②interests (of individual households) / and those (of society) (as a whole)}.	대신, 그의 설명은 개별 가구의 이익과 사회 전체의 이익 간의 불일치에 초점을 두었다.	instead 대신 explanation 설명 focus on ~에 집중하다, ~에 초점을 맞추다 a discrepancy between A and B A와 B사이의 불일치 interests 이익 individual 개인의, 개별적인 household 가구, 가정 as a whole 전체로서
3 예시	{To understand excessive reproduction / (as a tragedy of the commons)}, / bear in mind / {that a typical household stands to gain / (from bringing another child into the world)} / — (in terms of the net contributions) / (he or she makes to ③household earnings), / for example.	과도한 번식을 공유지의 비극으로 이해하려면, 예를 들어 아이가 가정 수익에 가져오는 순이익의 측면에서, 전형적인 가정은 또 다른 아이를 세상에 낳음으로써 이익을 얻을 것이라는 점을 기억하라.	excessive 과도한 reproduction 번식 a tragedy of the commons 공유지의 비극 bear in mind that S V ~을 명심하다 typical 전형적인 stand to R ~할 것 같다, ~할 입장이다 gain from ~로부터 얻다 bring A into B B로 A를 가지고 오다 in terms of ~의 관점에서 net contribution 순수익, 순기여도 earnings 수익, 소득
4	But / ⟨while parents can be counted on / [to assess / {how the well-being (of their household) is affected / (by additional offspring)}]⟩, / they ④overvalue other impacts (of population growth), / {such as diminished per capita food supplies / (for other people)}.	하지만 부모들은 비록 그들 가정의 행복이 추가된 자식에 의해 어떻게 영향을 받는지 분명히 평가를 하겠지만, 그들은 다른 사람들의 1인당 식량 공급 감소와 같은 인구 증가의 다른 영향을 과대평가한다(→간과한다).	while ~할지라도 count on A A를 믿다, 확신하다 (수동태 시, A be counted on) assess 평가하다 well-being 행복, 복지, 안녕 be affected by ~에 영향을 받다 additional 추가적인, 추가의 offspring 새끼(들), 자식 overvalue 과대평가하다 overlook 간과하다 impact 영향, 충격; 영향[충격]을 주다 population growth 인구 증가 such as ~와 같은 diminish 감소하다, 줄이다, 약화시키다
5 원인	In other words, / the costs (of reproduction) / are (largely) ⑤shared, / {rather than being shouldered / (entirely) / (by individual households)}.	다시 말해, 번식에 드는 비용은 개별 가구에게 전적으로 떠맡겨지는 것이 아니라 대부분 공유된다.	in other words 다시 말해서 largely 크게, 대체로 share 공유하다 A rather than B B보다 오히려 A shoulder (책임을) 짊어지다 entirely 완전히, 전적으로
6 결과	As a result, / reproduction / is excessive.	그 결과 지나친 번식이 일어난다.	as a result 그 결과 excessive 지나친, 과도한

30 다음 글의 밑줄 친 부분 중, 문맥상 낱말의 쓰임이 적절하지 <u>않은</u> 것은? [56%]

정답 | ④

해설 | ① **1** 내에서 인구과잉과 기근의 원인을 가리키므로 부정적인 뜻의 ignorance는 적절하다.

② **2** 에서 인구과잉의 원인을 이익에 초점을 맞추고 있으므로 interests는 적절하다.

③ **3** 내에서 가정은 아이를 낳음으로써 이익을 얻으므로 household는 적절하다.

④ **2** 에서 인구과잉과 기근의 원인은 개별 가구와 사회 전체의 이익 간의 불일치라고 했으므로 **4** 내에서 개별 가구의 이익을 평가했다면, 사회 전체의 이익은 간과하는 것이 적절하다. 즉, 과대평가를 뜻하는 overvalue는 적절하지 않다. overvalue → overlook

⑤ **5** 내에서 rather와 함께 비용이 개별 가구에 떠맡겨지지 않는다고 했으므로, 사회 전체에 공유된다는 shared는 적절하다.

문법

1 ⟨관계부사⟩ : 관계부사절은 완전한 문장이 나오고, 선행사와 관계부사는 서로 같이 사용할 수도 있고 둘 중 하나는 생략할 수도 있다.

용도	선행사	관계부사	전치사 + 관계대명사
시간	**the time**	**when**	in/at/on + which
장소	the place	where	in/at/on + which
이유	the reason	why	for which
방법	(the way)	how	in which
방법	the way how는 같이 사용 못함 the way, the way in which, the way that은 사용 가능 (how 대신에 사용되는 that은 관계부사 대용어라고 함)		

3 ⟨직접명령문⟩ : bear

직접명령문	긍정문	동사원형	~해라
		Please + 동사원형	~해 주세요
	부정문	Don't + 동사원형	~하지 마라
		Never + 동사원형	~하지 마라

3 ⟨what vs. that⟩

	관계대명사 (불완전한 문장)	접속사 (완전한 문장)
what	○ 선행사를 포함하고 있기 때문에 what 앞에 선행사 불필요	×
that	○ that 앞에 선행사 필요	○

3 ⟨자동사가 뒤에 to부정사를 사용해 타동사처럼 목적어로 취하는 경우⟩

	불완전 자동사	
주어	aim ~할 작정이다, 목표로 삼다 / appear ~인 듯하다 / arrange 미리 짜다[준비하다], 타협하다, 의논하다; 협정하다 / aspire (~하고 싶다고) 열망하다 / bother 일부러 ~하다, ~하도록 애쓰다 / consent ~하는 것을 동의/승낙하다 / fight ~을 위하여 다투다 / hesitate 주저하다, 망설이다 / hurry 서두르다 / long ~하기를 열망/갈망하다 / prepare ~할 각오/마음의 준비를 하다 / proceed 계속해서 ~하다 / seem ~처럼 보이다, ~인 듯하다 / serve ~의 역할을 하다 / **stand ~할 것 같다, (~할 것 같은) 형세에 있다** / strive ~하려고 노력하다 / struggle (~하려고) 분투[고투]하다, 애쓰다 / tend ~하는 경향이 있다 / yearn 몹시 ~하고 싶다, 열망하다 / wait ~하는 것을 기다리다	to R

3 ⟨목적격 관계대명사 that⟩ : 3형식에서 타동사 makes의 목적어가 없는 경우 / 선행사를 포함하고 있는 관계대명사 what 사용 불가

	목적격 관계대명사절			
선행사	목적격 관계대명사	주어	타동사	~~목적어~~
the net contributions	(that) 생략 가능	he or she	makes	

4 ⟨count on⟩

주어	동사	해석
사람	rely on, depend on, **count on**, bank on, draw on, turn to, resort to	~에 의지[의존]하다
사물		~에 좌우되다, ~에 달려있다

4 ⟨간접의문문⟩ : 의문사 how가 있는 경우

	⟨간접의문문⟩ : 완전 타동사의 목적어		
완전 타동사	의문사	주어	동사
assess	how	the ~ household	is affected

6 ⟨원인/결과를 나타내는 표현⟩

	as a result	
	result in	
	lead to	
	bring about	
	give rise to	
	have an effect on	
	so	
	therefore	
원인	thus	결과
	hence	
	in consequence	
	consequently	
	this[that] is why	
	cause	
	affect	
	trigger	

어법 & 연결어

At a time [which / **when**] concerns about overpopulation and famine [were reached / **were reaching**] their highest peak, Garrett Hardin did not blame these problems on human ignorance — a failure to take note of dwindling per capita food supplies, ( ). ( ), his explanation focused on the discrepancy between the interests of individual households [or / **and**] [those / **that**] of society as a whole. To understand excessive reproduction as a tragedy of the commons, bear in mind [what / **that**] a typical household stands to gain from bringing [another / **the other**] child into the world — in terms of the net contributions he or she makes to household earnings, ( ). ( ) while parents [can count / **can be counted**] on to [access / **assess**] how the well-being of their household [**is affected** / affects] by additional offspring, they overlook other impacts of population growth, such as diminished per capita food supplies for other people. ( ), the costs of reproduction are largely [sharing / **shared**], rather than [**shouldering** / being shouldered] entirely by individual households. ( ), reproduction is excessive.

제목	농업화는 되돌릴 수 없는 과정인가?
주제	농업의 습득과 폐기는 반복적으로 일어나는 적응 전략으로 농업화는 꼭 되돌릴 수 없는 과정은 아니다.
논리	예시, 연구

	지문	해석	단어 & 숙어
1	{Both the acquisition and subsequent rejection (of agriculture)} / are becoming (increasingly) recognized / (as adaptive strategies) / (to local conditions) / {that may have occurred / (repeatedly) / (over the past ten millennia)}.	농업을 습득하는 것과 그 후의 폐기는 지난 10,000년 동안에 걸쳐 반복적으로 일어났을지도 모르는 지역 상황에 대한 적응 전략으로 점차 인식되고 있다.	both A and B A와 B 둘 다 acquisition 습득, 취득, 획득 subsequent 다음의, 그 후의, 뒤이은 rejection 폐기 agriculture 농업 increasingly 점점, 더욱 더 recognize O O·C(as) (5) ~을 …로 인식하다 (수동태 시, be recognized S·C(as)) adaptive 적응하는, 적응할 수 있는 may have p.p. ~이었을지도 모르다 occur 발생하다, 일어나다 millennium 천년
2 예시 연구	For example, / (in a recent study of the Mlabri), / (a modern hunter-gatherer group) / (from northern Thailand), / it was found / {that these people had (previously) been farmers, / but had abandoned agriculture / (about 500 years ago)}.	예를 들어, 태국 북부 출신의 현대 수렵채집 집단인 Mlabri에 대한 최근 연구에서, 이 사람들은 이전에는 농부였지만, 약 500년 전에 농업을 포기한 것으로 밝혀졌다.	recent 최근의 study 연구 Mlabri 므라브리족 (태국과 라오스에 거주하는 소수민족) modern 현대의 hunter-gatherer 수렵채집인 northern 북향의, 북부의 previously 전에, 앞서서 abandon 포기하다
3	This raises / the interesting question / ⟨as to [how many of the diminishing band / (of contemporary hunter-gatherer cultures) / are in fact the descendents (of farmers) / {who have (only) (secondarily) readopted hunter-gathering / (as a more useful lifestyle)}, / (perhaps) / (after suffering from crop failures, dietary deficiencies, or climatic changes)]⟩ .	이것은 감소 중인 현대의 수렵채집 문화 집단들 중 얼마나 많은 수가 실제로는 아마도 흉작, 식량 부족 또는 기후 변화로부터 시달린 후에야 더욱 유익한 생활양식으로서 이차적으로 수렵채집을 다시 채택했던 농부들의 후손이었는가에 대해 흥미로운 문제를 제기한다.	raise a question 의문을 제기하다 as to ~에 대해[대한] diminish 줄어들다 band (함께 어울려 다니는) 무리 contemporary 현대의, 동시대의 in fact 실제로 descendant 후손, 자손 secondarily 두 번째로 readopt 다시 채택하다 useful 유용한 lifestyle 생활방식 perhaps 아마도 suffer from ~로 고통 받다 crop failure 흉작 dietary deficiency 식이 부족 climatic change 기후 변화
4 TS	Therefore, / the process / [of {what may be termed the 'agriculturalization' / (of human societies)}] / was _____, / (at least) (on a local level).	그러므로, 인간 사회의 '농업화'라고 불릴 수 있는 것의 과정은 적어도 국지적인 차원에서 보면 반드시 되돌릴 수 없는 것은 아니었다.	process 과정 term O O·C(명사) (5) ~을 …라고 부르다, 칭하다, 명명하다 (수동태 시, be termed S·C(명사)) agriculturalization 농업화 human society 인간 사회 not necessarily 반드시 ~은 아닌 irreversible 되돌릴 수 없는 at least 적어도 on a level ~ 차원에서, 수준에서
5 예시	Hunter-gatherer cultures (across the world), / (from midwestern Amerindians to !Kung in the African Kalahari), / have adopted / and (subsequently) discarded agriculture, / (possibly) / (on several occasions) / (over their history), / (in response to factors) / (such as game abundance, climatic change), / (and so on).	중서부 아메리카 원주민들로부터 아프리카 칼라하리의 !Kung족(族)에 이르기까지 전 세계의 수렵채집 문화는 풍부한 사냥감, 기후 변화 등과 같은 요인에 대응하여 농업을 아마도 역사상 여러 차례 채택하고 그 후에 폐기했을 것이다.	across the world 온 세계에 from A to B A에서 B까지 !Kung !Kung족(族) Kalahari 칼라하리 (아프리카 남서부의 사막 지대) adopt 채택하다, 선정하다 subsequently 그 후에 discard 버리다, 처분하다 agriculture 농업 possibly 아마 (= perhaps) on several occasions 몇 차례나 in response to ~에 반응[응답]하여 such as ~와 같은 game 사냥감 abundance 풍부, 충만, 다량 and so on 기타 등등

31 다음 빈칸에 들어갈 말로 가장 적절한 것을 고르시오. [3점] [31%]

① not necessarily irreversible
② met with little resistance
③ essential for adaptation
④ started by pure coincidence
⑤ rarely subject to reconsideration

정답 | ①

해설 | ① 반드시 되돌릴 수 없는 것은 아닌: **1**과 **2**, **5**의 예시에서 농업이 폐기될 수 있다고 했으므로 농업화가 반드시 되돌릴 수 없지만은 않다는 것은 정답으로 적절하다.
② 저항을 거의 마주하지 않는: 농업이 폐기될 수 있다고 했으므로 저항을 마주하지 않는다는 것은 적절하지 않다.
③ 적응에 필수적인: 농업이 폐기될 수 있다고 했으므로 필수적이라는 것은 적절하지 않다.
④ 순전한 우연에 의해서 시작된: 농업이 우연에 의해 시작됐다는 내용은 없다.
⑤ 거의 재고의 대상이 아닌: 농업이 재고의 대상이 아니라는 내용은 없다.

문법

1 〈상관접속사〉: 병렬구조 : both A and B + 복수동사

종류		뜻
not	but	A가 아니라 B (= B, not A)
not only	but also	A뿐만 아니라 B도 (= B as well as A)
either	or	A와 B 둘 중 하나
neither	nor	A와 B 둘 다 아닌
both	**and**	**A와 B 둘 다**

(A ... B 열)

1 〈5형식 불완전 타동사의 목적격 보어〉: 수동태 전환 시, 2형식 문장(be p.p. + as 보어)

주어	불완전 타동사	목적어	목적격 보어
–	accept / achieve / announce / characterize / cite / consider / count / deem / define / describe / disguise / identify / interpret / look at / look upon / perceive / praise / present / read / reckon / refer to / **recognize** / regard / remember / respect / see / speak of / think of / train / treat / use / view / visualize 등	–	as 보어

1 5 〈adapt / adopt / adept〉

	adapt	adopt	adept
동사	적응시키다, 개조하다, 개작하다	양자로 삼다, **채택하다**	–
형용사	**adaptive** 적응할 수 있는	adoptive 양자 결연(관계)의	숙련된
명사	adaptation 적응, 순응	adoption 양자, 채용	adeptness 숙련

1 3 〈주격 관계대명사절의 수의 일치〉: 선행사를 포함하고 있는 관계대명사 what 사용 불가

	주격 관계대명사절		
선행사	주격 관계대명사	~~주어~~	동사
local conditions	that		may have occurred
farmers	who		have readopted

2 〈동격〉: A(명사), B(명사) (B라는 A)

동격(B라는 A)		
명사(A)	,(콤마)	명사(B)
the Mlabri		a modern hunter-gatherer group from northern Thailand

2 〈가주어, 진주어 구문〉

가주어	동사	진주어
It (this, that, there 사용 불가)	–	**that + 주어 + 동사 (완전한 절)**
		to 동사원형
		동명사
		의문사 + 주어 + 동사 (간접의문문)
		if/whether + 주어 + 동사
It	was found	that절

2 4 〈what vs. that〉

	관계대명사 (불완전한 문장)	접속사 (완전한 문장)
what	○ 선행사를 포함하고 있기 때문에 what 앞에 선행사 불필요	×
that	○ that 앞에 선행사 필요	○

3 〈rise / raise / arise〉

원형	과거	과거분사	현재분사	뜻
rise	rose	risen	rising	vi. 오르다, 일어나다
raise	raised	raised	raising	vt. 올리다, 기르다
arise	arose	arisen	arising	vi. 발생하다, 기인하다

3 〈간접의문문〉: 의문사가 있는 경우

〈간접의문문〉: 전치사의 목적어			
전치사	의문사	주어	동사
as to	how	many ~ band	are

4 〈주격 관계대명사 what절〉: 선행사가 필요한 주격 관계대명사 that 사용 불가

〈주격 관계대명사절〉: 전치사 of의 목적어			
선행사	주격 관계대명사	~~주어~~	동사
없음	what		may be termed

5 and so on : 기타 등등 (= and so forth, and the like, etc(= et cetera), and the others, and the rest, and others, and what not)

어법 & 연결어

Both the acquisition [or / **and**] subsequent rejection of agriculture [is / **are**] becoming increasingly [**recognized** / recognizing] as adaptive strategies to local conditions [what / **that**] [**may have occurred** / should have occurred] repeatedly over the past ten millennia. ( ), in a recent study of the Mlabri, a modern hunter-gatherer group from northern Thailand, it [found / **was found**] [**that** / what] these people had previously been farmers, but had abandoned agriculture about 500 years ago. This [rises / **raises**] the [**interesting** / interested] question as to how many of the [**diminishing** / diminished] band of contemporary hunter-gatherer cultures are ( ) the descendents of farmers who [**have** / has] only secondarily [**readopted** / readopting] hunter-gathering as a more useful lifestyle, perhaps after suffering from crop failures, dietary deficiencies, or climatic changes. ( ), the process of [that / **what**] [may term / **may be termed**] the 'agriculturalization' of human societies was not necessarily [**irreversible** / irreversibly], at least on a local level. Hunter-gatherer cultures across the world, from midwestern Amerindians to !Kung in the African Kalahari, have adopted and subsequently [discard / **discarded**] agriculture, possibly on several occasions over their history, in response to factors such as game abundance, climatic change, and so on.

	지문	해석	단어 & 숙어
1	(Sometimes) / it seems / {that contemporary art isn't doing / its job / (unless it provokes the question), / 'But is it art?'}	때때로 '그런데 이것이 예술인가?'라는 질문을 불러일으키지 않는다면 현대 예술이 제 역할을 하지 못하는 것처럼 보인다.	sometimes 때때로 It seems that S V ~처럼 보이다 contemporary 현대의 do one's job 임무를 수행하다 unless 만약 ~하지 않는다면 (= if ~ not) provoke 불러일으키다
2	I'm not sure / (the question is worth asking).	나는 그 질문이 물어볼 가치가 있는지 잘 모르겠다.	be sure that S V 틀림없이 ~하다 be worth + -ing ~할 가치가 있다
3 TS 주장	It seems / (to me) / {that the line (between art and not-art) / is never going to be a sharp one}.	나에게는 예술과 예술이 아닌 것 간의 경계가 결코 뚜렷한 것이 될 수 없을 것이라고 생각된다.	It seems to me (that) S V 내가 보기에는 ~하는 것 같다 line 경계 between A and B A와 B 사이에 be going to R ~할 예정이다 sharp 뚜렷한
4	Worse, / {as the various art forms / — (poetry, drama, sculpture, painting, fiction, dance, etc.) / — are so different}, / I'm not sure / (why we should expect / to be able to come up with / _____).	설상가상으로 시, 희곡, 조각, 회화, 소설, 무용, 기타 등등의 다양한 예술 형식은 매우 달라서, 나는 왜 우리가 그것들의 다양함을 표현할 수 있는 단 하나의 정의를 생각해 낼 수 있다고 기대해야 하는지 잘 모르겠다.	worse 더욱 나쁘게 various 다양한 form 형식 poetry (집합적) 시, 운문 sculpture 조각(품), 조소 fiction 소설, 허구 etc. ~ 등[등등] (= et cetera) expect O(to R) ~하기를 기대하다 be able to R ~할 수 있다 come up with 생각해내다, 제시[제안]하다 definition 정의 variety 다양(성)
5 근거	Art / seems to be a paradigmatic example / (of a Wittgensteinian 'family resemblance' concept).	예술은 비트겐슈타인의 '가족 유사성' 개념의 전형적인 예시인 것처럼 보인다.	seem S·C(to be) ~처럼 보이다, ~인 듯하다(것 같다) paradigmatic 전형적인 resemblance 유사성, 닮음 concept 개념
6	Try / {to specify the necessary and sufficient condition / (for something) / (qualifying as art)} / and you'll (always) find / an exception / (to your criteria).	무언가가 예술로서 자격을 갖추기 위한 필요충분조건을 명시하려고 노력해보라, 그러면 여러분은 여러분의 기준에 있어서의 하나의 예외를 항상 발견할 것이다.	try O(to R) ~하려고 노력하다 specify 명시하다 the necessary and sufficient condition 필요충분조건 qualify as ~으로서 자격을 갖추고 있다[얻다] exception 예외(사항), 제외 criteria 기준, 표준 (criterion의 복수형)
7	{If philosophy were to admit / defeat / (in its search) / (for some immutable essence) (of art)}, / it is (hardly) (through lack of trying).	만약 철학이 어떠한 예술의 변치 않는 본질을 찾아내는 데 있어서 실패를 인정한다면, 그것은 시도의 부재 때문일 리는 거의 없다.	philosophy 철학 admit 인정[승인]하다 defeat 실패, 패배 in one's search for ~을 찾는 데 있어서 immutable 변치 않는 essence 본질 hardly 거의 ~없다 through lack of ~이 부족하여
8	Arguably, / we have / very good reasons / [for thinking / {that this has been one (of the biggest wild goose chases) / (in the history of ideas)}].	거의 틀림없이 우리는 이것이 사상의 역사에 있어서 가장 부질없는 시도 중 하나였을 것이라고 생각할 충분한 이유가 있다.	arguably 아마 틀림없이 have (a) reason for[to R] ~의[할] 이유가 있다 one of + 복수명사 ~들 중의 하나 wild goose chase 부질없는 시도[추구], 헛된 노력

32 다음 빈칸에 들어갈 말로 가장 적절한 것을 고르시오. [3점] [34%]

① a detailed guide to tracing the origin of art
② a novel way of perceiving reality through art
③ a single definition that can capture their variety
④ a genre that blends together diverse artistic styles
⑤ a radical idea that challenges the existing art forms

정답 | ③

해설 | ① 예술의 기원을 추적하는 것에 있어서의 상세한 지침서: 예술의 기원에 관한 내용은 없다.
② 예술을 통해 현실을 인식하는 새로운 방식: 현실 인식에 관한 내용은 없다.
③ 그것들의 다양함을 표현할 수 있는 단 하나의 정의: 3 에서 예술과 예술이 아닌 것의 경계는 뚜렷하지 않을 것이라고 했고, 6 에서 예술의 필요충분조건을 명시하려고 하면 예외가 발견될 것이라고 했으므로, 예술의 다양함을 표현하는 단 하나의 정의의 필요성의 의문을 제기한 것은 정답으로 적절하다.
④ 다양한 예술가들의 스타일을 섞는 장르: 스타일을 섞는다는 내용은 없다.
⑤ 현존하는 예술의 형태들의 이의를 제기하는 급진적인 생각: 글에서 예술과 예술이 아닌 것의 경계의 필요성에 이의를 제기하고 있지, 현존하는 예술의 형태에 이의를 제기하고 있지는 않으므로 적절하지 않다.

문법

1 3 〈It seems that ～ 〉: ～처럼 보이다

가주어		진주어		
It	seems	that	주어	동사 ～
This / that / there (×)		완전한 문장		

1 4 8 〈what vs. that〉

	관계대명사 (불완전한 문장)	접속사 (완전한 문장)
what	○ 선행사를 포함하고 있기 때문에 what 앞에 선행사 불필요	×
that	○ that 앞에 선행사 필요	○

2 〈감정 형용사〉: afraid, amazed, angry, annoyed, aware, certain, clear, concerned, disappointed, glad, grateful, happy, nervous, obvious, sorry, **sure**, surprised, worried 등

주어(사람)	be동사	감정 형용사	**(that)**	주어	동사 ～
			(for + 목적격) to R		

2 〈worth 쓰임〉

be	**worth**	(동)명사	～할 가치가 있다, ～할 보람이 있다
	worthy	of	(동)명사	
	worthwhile	to R	

2 〈서술적 형용사〉: 명사 수식 불가, 보어로만 사용

상태 형용사	afraid, alike, alive, alone, amiss, ashamed, asleep, astray, awake, aware 등
감정 형용사	content, fond, glad, ignorant, pleasant, proud, unable, upset, well, **worth** 등

4 〈혼동 어휘〉

poem	(한 편의) 시	복수형: poems
poetry	(집합적) 시집	불가산명사
poet	시인	복수형 : poets

4 etc. (= et cetera) : 기타 등등 (= and so on, and so forth, and the like, and the others, and the rest, and others, and what not)

4 〈목적어 자리에 to부정사를 취하는 완전 타동사〉

주어	완전 타동사	목적어
－	afford / agree / ask / attempt / care / choose / claim / dare / decide / demand / desire / determine / elect / **expect** / fail / guarantee / hope / intend / learn / manage / need / offer / plan / pretend / promise / refuse / resolve / seek / threaten / volunteer / want / wish 등	to 동사원형

4 〈간접의문문〉: 의문사가 있는 경우

	〈간접의문문〉: 형용사의 목적어		
형용사	의문사	주어	동사
sure	why	we	should expect

4 〈주격 관계대명사절의 수의 일치〉: 선행사를 포함하고 있는 관계대명사 what 사용 불가

	주격 관계대명사절		
선행사	주격 관계대명사	~~주어~~	동사
a single definition	that		can capture

6 〈명령문 + 대등접속사〉

명령문	대등접속사				뜻
동사원형 ～	**and**	주어	will	동사원형 ～	～해라 그러면 …할 것이다
동사원형 ～	or	주어	will	동사원형 ～	～해라, 그렇지 않으면 …할 것이다

6 〈주격 관계대명사 + be동사 생략〉: something (that is) qualifying(현재분사) : 현재분사가 명사 뒤에서 후치 수식하는 경우

7 〈가정법 미래〉: 가능성이 거의 없는 미래 가정 if S should 동사원형 ～, / 가능성이 전혀 없는 미래 가정 **if S were to** 동사원형 ～,

7 〈혼동 어휘〉

through	전치사	～을 통하여
throughout	전치사	(장소) ～의 도처에, (시간) ～ 동안, ～ 내내
	부사	도처에, 완전히, 철저하게
though	접속사	～에도 불구하고
thorough	형용사	철저한, 완전한

어법 & 연결어

Sometimes it seems [what / **that**] contemporary art isn't doing its job [**unless** / if] it provokes the question, 'But is it art?' I'm not sure [that / **what**] the question is worth [to ask / **asking**]. It seems to me [what / **that**] the line between art [**or** / and] not-art is never going to be a sharp one. (　　　　), as the various art forms — [**poetry** / poem], drama, sculpture, painting, fiction, dance, etc. — are so different, I'm not sure [**what** / why] we should expect [**to be** / being] able to come up with a single definition [what / **that**] can capture their variety. Art seems to be a paradigmatic example of a Wittgensteinian 'family resemblance' concept. [Try / **Trying**] [to specify / **specifying**] the necessary and sufficient condition for something [qualified / **qualifying**] as art [**and** / or] you'll always [**find** / found] an exception to your criteria. If philosophy were to admit defeat in its search for some immutable essence of art, it [is / **would be**] [**hard** / hardly] [**thorough** / through] lack of trying. (　　　　), we have very good reasons for thinking [**that** / what] this has been one of the biggest wild goose chases in the history of ideas.

제목	권리와 의무의 관계
주제	권리는 그에 상응하는 의무에 대한 공공의 논의에 의해 판단될 수 있다.
논리	예시

	지문	해석	단어 & 숙어
1	Rights / imply obligations, / but obligations need not imply / rights. 권리는 의무를 수반하지만 의무가 수반할 필요는 없다 권리를	권리는 의무를 수반하지만, 의무가 권리를 수반할 필요는 없다.	right 권리 imply 수반하다 obligation 의무, 책임
2	The obligations / (of parents) / (to our children) / go way (beyond their legal rights). 의무는 부모의 우리 자녀에 대한 그들의 법적 권리를 훨씬 넘어선다	우리 자녀에 대한 부모의 의무는 그들의 법적 권리를 훨씬 넘어선다.	go beyond ~을 넘어서다 way (전치사, 부사와 함께 쓰여) 아주 멀리; 큰 차이로, 훨씬 legal right 법적 권리
3 예시	Nor do the duties of rescue need / to be matched (by rights): / we respond / (to a child) / (drowning in a pond) / (because of her plight), / (not her rights). 구조의 의무도 필요가 없다 권리와 일치될 우리는 반응하는 데 아이에 연못에 빠진 이는 아이의 곤경 때문이다 아이의 권리가 아니라	구조의 의무도 권리와 일치될 필요가 없다. 우리는 연못에 빠진 아이에 반응하는 데 이는 아이의 권리가 아니라 아이의 곤경 때문이다.	nor ~도[또한] 아니다[없다] duty 의무 rescue 구조, 구출 match 일치시키다 respond to ~에 반응하다 drown in ~에 빠지다 pond 연못 plight 역경, 곤경 B, not A A가 아니라 B (= not A but B)
4	A society / {that succeeds / (in generating many obligations)} / can be more generous and harmonious / {than one (relying only on rights)}. 사회는 성공한 많은 의무를 창출하는데 더 관대하고 조화로울 수 있다 권리에만 의존하는 사회보다	많은 의무를 창출하는데 성공한 사회는 권리에만 의존하는 사회보다 더 관대하고 조화로울 수 있다.	succeed in ~에서 성공하다 generate 발생시키다, 만들어내다 generous 관대한, 너그러운, 푸짐한 harmonious 조화로운 rely on ~에 의존하다
5 예시	Obligations are (to rights) / {what taxation is (to public spending)} / — the bit (that is demanding). 권리에 대한 의무의 관계는 공공 지출에 대한 과세의 관계와 같으며 그것은 힘든 부분이다	권리에 대한 의무의 관계는 공공 지출에 대한 과세의 관계와 같으며 그것은 힘든 부분이다.	A is to B what C is to D A와 B의 관계는 C와 D의 관계와 같다 taxation 조세, 세제 public spending 공공 지출 bit 부분, 일부 demanding (일이) 힘든, 고된
6	Western electorates have (mostly) learned / [that discussion (of public spending) / must balance its benefits / {against (how it would be financed)}]. 서구의 유권자들은 대부분 알게 되었다 공공 지출에 대한 논의가 공공 지출의 혜택과 균형을 맞춰야 한다는 것을 그것의 자금 조달 방식의	서구의 유권자들은 공공 지출에 대한 논의가 공공 지출의 혜택과 그것의 자금 조달 방식의 균형을 맞춰야 한다는 것을 대부분 알게 되었다.	electorate 유권자 mostly 대부분, 대개 learn 배우다 discussion 논의 balance 균형을 유지하다[잡다] benefit 이익, 이득 finance 자금을 대다
7	Otherwise, / politicians promise / higher spending / (during an election), / and the post-election excess (of spending over revenue) / is resolved (by inflation). 그렇지 않으면 정치인들은 약속하고 더 많은 지출을 선거 기간에 세입보다 많은 선거 후의 초과 지출은 인플레이션에 의해 해결된다	그렇지 않으면 정치인들은 선거 기간에 더 많은 지출을 약속하고 세입보다 많은 선거 후의 초과 지출은 인플레이션에 의해 해결된다.	otherwise 그렇지 않으면 politician 정치가 election 선거 post- (뒤의; 다음의) 의 뜻 (↔ ante-) excess 초과(량), 과도함 revenue 수입, 수익 inflation 인플레이션, 물가 상승 (화폐가치가 하락하여 물가가 전반적·지속적으로 상승하는 경제현상)
8	{Just as new obligations are similar / (to extra revenue)}, / so the creation of rights is similar / (to extra spending). 새로운 의무가 유사하듯이 추가 세입과 권리의 창출은 유사하다 추가 지출과	새로운 의무가 추가 세입과 유사하듯이, 권리의 창출은 추가 지출과 유사하다.	Just as S V ~, so S V … 마치 ~하는 것처럼, 역시 …하다 be similar to ~와 비슷하다 creation 창출
9 TS	The rights / may well be appropriate, / but this can (only) be determined / (by _____). 그 권리는 아마 적절하겠지만 이것은 판단될 수 있다 그에 상응하는 의무에 대한 공공의 논의에 의해서만	그 권리는 아마 적절하겠지만 이것은 그에 상응하는 의무에 대한 공공의 논의에 의해서만 판단될 수 있다.	may well + R ~하는 것도 당연하다 appropriate 적절한 determine 결심[결의]하다 corresponding ~에 해당[상응]하는 (= equivalent)

33 다음 빈칸에 들어갈 말로 가장 적절한 것을 고르시오. [3점] [39%]

① an education about universal voting rights
② an expansion of the scope of private rights
③ a public discussion of the corresponding obligations
④ a consensus as to what constitutes a moral obligation
⑤ a reduction in the burden of complying with obligations

정답 | ③

해설 | ① 보편적인 투표권에 대한 교육: 보편적인 투표에 관한 내용은 없다.
② 개인적 권리의 범위의 확장: 개인적 권리에 관한 내용은 없으므로 적절하지 않다.
③ 그에 상응하는 의무에 대한 공공의 논의: **1**에서 권리는 의무를 수반한다고 했고, **5**, **6**에서 권리는 공공 지출, 의무는 과세에 비유하여, 공공 지출의 논의는 혜택과 자금 조달 방식의 균형을 맞춰야 한다고 했으므로 권리를 상응하는 의무에 대한 공공의 논으로 판단될 수 있다는 것은 정답으로 적절하다.
④ 도덕적인 책임을 구성하는 것으로 합치: 합치에 관한 내용은 없다.
⑤ 의무를 순응하는 짐을 줄이는 것의 감소: 의무를 순응하는 내용은 없다.

문법

3 〈부정어구 문두 도치〉

부정어(구)	도치		
Never / Seldom / Rarely / Scarcely / Hardly / No / Only / Little / Few / **Nor** 등	조동사	주어	동사원형
	have/has/had	주어	p.p.
	do/does/did	**주어**	**동사원형**
	be동사	주어	–
Nor	do	the duties	need

3 〈to부정사의 태와 시제〉 : to be matched

태	능동태	to R
	수동태	**to be p.p.**
시제	단순시제 : 본동사 시제와 동일	to R
	완료시제 : 본동사 시제보다 한 시제 앞선 시제	to have p.p.
	완료수동	to have been p.p.

3 〈to가 전치사인 경우〉 : respond to + (동)명사 (~에 대한 반응하다)

3 4 〈주격 관계대명사 + be동사 생략〉

–	생략할 수 있음	
명사 (선행사)	(주격 관계대명사 + be동사)	현재분사(-ing) – 능동 (~하고 있는, ~하는)
		과거분사(p.p.) – 수동 (~되어진, ~당한)
		명사
		형용사(구) (~하는, ~할)
		부사
		전치사구
a child	(who/that is)	is drowning
one	(which/that is)	relying

4 5 〈주격 관계대명사 that절〉 : 선행사를 포함하고 있는 관계대명사 what 사용 불가

선행사	주격 관계대명사절		
	주격 관계대명사	주어	동사
A society	that	✕	succeeds
the bit	that	✕	is demanding

4 〈rely on〉

주어	동사	해석
사람	**rely on**, depend on, count on, bank on, draw on, turn to, resort to	~에 의지[의존]하다
사물		~에 좌우되다, ~에 달려있다

5 〈관계대명사 what과 관련된 관용적 표현〉

what S be동사	what one is 현재의 인격[성격]
	what one was 과거의 인격[성격]
	what one will be 미래의 인격[성격]
what S have/has	~의 재산
what is called	소위, 이른바, 말하자면
what is better	더욱 좋은 것은, 금상첨화로, 더욱이(긍정문)
what is worse	엎친 데 덮친 격으로, 설상가상으로, 더욱이 (부정문)
what is more	게다가, 더욱이(긍정문/부정문)
A is to B what[as] C is to D	**A와 B의 관계는 C와 D의 관계와 같다**

5 6 〈what vs. that〉

	관계대명사 (불완전한 문장)	접속사 (완전한 문장)
what	○ 선행사를 포함하고 있기 때문에 what 앞에 선행사 불필요	✕
that	○ that 앞에 선행사 필요	○

6 〈혼동 어휘〉

	대명사	형용사	부사
most	대부분의 것들[사람들]	대부분의	가장
almost	–	–	거의
mostly	–	–	주로, 일반적으로

6 〈간접의문문〉 : 의문사가 있는 경우

	〈간접의문문〉 : 전치사의 목적어 (완전한 문장)		
전치사	의문사	주어	동사
against	how	it	would be financed

어법 & 연결어

Rights imply obligations, but obligations need not imply rights. The obligations of parents to our children go way beyond their legal rights. [Or / **Nor**] do the duties of rescue need [to match / **to be matched**] by rights: we respond to a child [**drowning** / drown] in a pond [**because of** / because] her plight, not her rights. A society [**that** / what] succeeds in [generation / **generating**] many obligations can be more generous and harmonious than one [relied / **relying**] only on rights. Obligations are to rights [which / **what**] taxation is to public spending — the bit [what / **that**] is demanding. Western electorates have mostly learned [**that** / what] discussion of public spending must balance [its / **their**] benefits [for / **against**] [**how it would be financed** / how would it be financed]. (   ), politicians promise higher spending [**while** / during] an election, and the post-election excess of spending over revenue [resolves / **is resolved**] by inflation. Just as new obligations are similar to extra revenue, so the creation of rights is similar to extra spending. The rights may well be appropriate, but this can only be [determining / **determined**] by a public discussion of the corresponding obligations.

	지문	해석	단어 & 숙어
1	In the longer term, / (by bringing together / enough data and enough computing power), / the data-giants could hack / the deepest secrets of life, / and then use this knowledge / {not just to make choices (for us) or manipulate us, / but also to re-engineer organic life and to create inorganic life forms}. 장기적으로 볼 때, 충분한 데이터와 충분한 컴퓨팅 능력을 결합시킴으로써, 거대 데이터 기업들은 삶의 가장 깊숙한 비밀들을 해킹할 수 있고 이 지식을 우리를 위해 선택을 하거나 우리를 조종할 뿐만 아니라 유기적 생명을 재설계하고 비유기적 생명체를 창조하기 위해 사용할 수 있다.	장기적으로 볼 때, 충분한 데이터와 충분한 컴퓨팅 능력을 결합시킴으로써, 거대 데이터 기업들은 삶의 가장 깊숙한 비밀들을 해킹할 수 있고, 이 지식을 우리를 위해 선택을 하거나 우리를 조종할 뿐만 아니라 유기적 생명을 재설계하고 비유기적 생명체를 창조하기 위해 사용할 수 있다.	in the long term 장기적으로 by + -ing ~함으로써 bring together ~을 긁어 모으다, 묶다, 합치다 enough 충분한 computing power 연산력 data-giants 거대 데이터 기업 hack 해킹하다, 난도질하다 secret 비밀 knowledge 지식 not just A but also B A뿐만 아니라 B 또한 make a choice 선택하다 manipulate 조작하다, 조종하다 re-engineer 재설계하다 organic 유기농의, 유기체의, 생물의 create 창조[창작/창출]하다 inorganic 비유기적 life form 생물 형태
2	(Selling advertisements) / may be necessary / (to sustain the giants) / (in the short term), / but they (often) evaluate / apps, products and companies / {according to the data (they harvest)} / rather than {according to the money (they generate)}. 광고를 판매하는 것은 필요할 수 있지만 거대 기업들을 지탱하기 위해 단기적으로 거대 기업들은 종종 평가한다 앱, 제품, 회사들이 그것들이 수집하는 데이터에 따라 창출하는 돈에 따라서라기보다는	광고를 판매하는 것은 단기적으로 거대 기업들을 지탱하기 위해 필요할 수 있지만, 거대 기업들은 종종 앱, 제품, 회사들이 창출하는 돈에 따라서라기보다는 그것들이 수집하는 데이터에 따라 그것들을 평가한다.	sell 팔다 advertisement 광고 be necessary to R ~에 필요하다 sustain 지속하다, 유지하다 giant 거대 조직[기업] in the short term 단기적으로 evaluate 평가하다 product 제품 company 회사 according to ~에 따라 harvest 수집하다 A rather than B B라기보다는 A generate 창출하다
3	A popular app may lack / a business model / and may (even) lose / money / (in the short term), / but (as long as it sucks data), / it could be worth billions. 인기 있는 앱은 없고 비즈니스 모델이 심지어 잃을 수도 있지만 돈을 단기적으로는 그것이 데이터를 빨아들이는 한 수십억의 가치가 있을 수 있다	인기 있는 앱은 비즈니스 모델이 없고 단기적으로는 심지어 돈을 잃을 수도 있지만 그것이 데이터를 빨아들이는 한 수십억의 가치가 있을 수 있다.	popular 인기 있는 lack 부족하다, ~이 없다 lose money ~으로 손해를 보다 as long as ~하는 동안은, ~하는 한 suck 빨아들이다 be worth ~ ~의 가치가 있다 billions 수십억
4	{Even if you don't know / how to cash in / (on the data) / (today)}, / it is worth having it / {because it might hold the key / (to controlling and shaping life) / (in the future)}. 심지어 여러분이 모른다 할지라도 어떻게 돈을 벌지 데이터로 오늘날 그것을 보유할 가치가 있다 데이터가 열쇠를 쥐고 있지도 모르기 때문에 삶을 통제하고 형성할 수 있는 미래에	심지어 여러분이 오늘날 데이터로 어떻게 돈을 벌지 모른다 할지라도, 데이터가 미래에 삶을 통제하고 형성할 수 있는 열쇠를 쥐고 있지도 모르기 때문에 그것을 보유할 가치가 있다.	even if (심지어/설사) ~이라고 할지라도 cash in on ~으로 (돈을) 벌다 be worth -ing ~할 가치가 있다 have[hold] the key to[of] + (동)명사 ~을 좌우하다, ~의 열쇠를 쥐다 control 통제하다 shape 형성하다 in the future 장차, 미래에
5 TS	I don't know / (for certain) / {that the data-giants (explicitly) think (about it) / (in such terms)}, / but their actions indicate / (that they _____). 나는 알지 못하지만 확실히 거대 데이터 기업들이 데이터에 대해 명시적으로 생각하는지 그러한 관점에서 그들의 행동은 보여 준다 그들이 데이터의 축적을 단지 돈보다 더 중요하게 여긴다는 것을	나는 거대 데이터 기업들이 데이터에 대해 그러한 관점에서 명시적으로 생각하는지 확실히 알지 못하지만, 그들의 행동은 그들이 데이터의 축적을 단지 돈보다 더 중요하게 여긴다는 것을 보여준다.	for certain 틀림없이[확실히] explicitly 명시적으로, 분명하게 think about ~에 관해 생각하다 terms 관점, 조건 action 행동, 조치 indicate 보여주다 value 가치있게 여기다 accumulation 축적 mere 단지 ~에 불과한, 단순한 cent 센트(100분의 1달러나 유로)

34 다음 빈칸에 들어갈 말로 가장 적절한 것을 고르시오. [3점] [33%]

① acknowledge the need for the democratization of data

② underestimate the long-term effects of short-term losses

③ treat data as a by-product of operations, not a valuable asset

④ focus only on the return they can make on selling advertisements

⑤ value the accumulation of data more than mere dollars and cents

정답 | ⑤

해설 | ① 데이터 민주화에 대한 필요를 인정하다: 데이터 민주화에 관한 내용은 없다.

② 단기적으로 생기는 손실의 장기적인 영향력을 과소평가하다: **3**에서 단기적으로 손실이 있더라도 장기적으로 데이터가 가치 있다고 했으므로 과소평가했다는 것은 적절하지 않다.

③ 가치 있는 자산이 아닌 운영의 부산물로 데이터를 취급하다: 글 전체에서 데이터를 가치 있는 자산으로 취급하므로 적절하지 않다.

④ 그들이 광고를 판매하는 것에 있어서 만들 수 있는 수익에만 집중을 하다: **2**에서 광고의 수익보다 데이터 축적에 집중하고 있으므로 적절하지 않다.

⑤ 데이터의 축적을 단지 돈보다 더 중요하게 여긴다: 글 전체에서 데이터 축적의 중요성을 강조하고 있고, **2**, **3**에서 기업이 데이터의 축적을 돈보다도 중요하게 여긴다고 했으므로 정답으로 적절하다.

문법

1 〈not only A but also B〉: A뿐만 아니라 B도

not only = **just** = simply = merely = alone	~	but 주어 also 동사	~	
		but 주어 + 동사		(as well)
		;(세미콜론) 주어 + 동사		as well
		,(콤마) 주어 + 동사		as well
		.(마침표) 주어 + 동사		as well
= B as well as A (주어는 B)				

2 〈동명사 주어〉: Selling ~ may be

주어가 될 수 있는 것들		주어와 동사의 수의 일치
단어	명사	명사와 대명사에 따라 동사의 단/복수 결정
	대명사	
구	to부정사구	단수동사 *모든 구와 절은 단수 취급
	동명사구	
절	that절	
	what절	
	whether절	
	의문사절	
	복합 관계대명사절	

2 〈목적격 관계대명사 that〉: 타동사의 목적어가 없는 경우 / 선행사를 포함하고 있는 관계대명사 what 사용 불가

	목적격 관계대명사절			
선행사	목적격 관계대명사	주어	타동사	목적어
the data	(that) 생략 가능	they	harvest	
the money		they	generate	

3 **4** 〈worth의 쓰임〉: 전치사적 형용사

be	**worth**		(동)명사	~할 가치가 있다, ~할 보람이 있다
	worthy	of	(동)명사	
	worthwhile		to R	

4 〈양보/대조〉

종속접속사	though	+ 주어 + 동사	비록 ~일지라도
	although		
	even though		
	even if		
	as		
	while		반면에
	whereas		
전치사	in spite of	+ 명사 / 명사 상당어구	~에도 불구하고
	despite		
	for all		

4 〈간접의문문〉: 〈의문사 to 동사원형〉 = 의문사 + 주어 + should + 동사원형

타동사	목적어		
don't know	〈간접의문문〉:명사절		
	의문사	to	동사원형
	how	to	cash

4 〈to가 전치사인 경우〉: the key to + (동)명사

5 〈목적격 종속접속사 that 생략〉: 완전 타동사의 목적어로 사용된 경우 / 관계대명사 what 사용 불가

	종속절(명사절: 목적어) (완전한 절)		
완전 타동사	목적격 종속접속사	주어	동사
don't know	(that) 생략 가능 (~하는 것을)	the data-giants	think
indicate		they	value

5 〈what vs. that〉

	관계대명사 (불완전한 문장)	접속사 (완전한 문장)
what	○ 선행사를 포함하고 있기 때문에 what 앞에 선행사 불필요	×
that	○ that 앞에 선행사 필요	○

어법 & 연결어

In the longer term, by bringing together enough data and enough computing power, the data-giants could hack the deepest secrets of life, and then [**use** / using] this knowledge not just to make choices for us or manipulate us, but also to re-engineer organic life and [creating / **to create**] inorganic life forms. Selling advertisements may be necessary to sustain the giants in the [**short** / shortly] term, but they often evaluate apps, products and companies [**according to** / according as] the data [**that** / what] they harvest rather than [**according to** / according as] the money [**that** / what] they generate. A popular app may lack a business model and may even lose money in the [**short** / shortly] term, but as long as it sucks data, it could be [**worth** / worthy] billions. [As if / **Even if**] you don't know how to cash in on the data today, it is worth [**having** / to have] [**it** / them] [because / **because of**] it might hold the key to controlling and [shape / **shaping**] life in the future. I don't know for certain [**that** / what] the data-giants explicitly think about [**it** / them] in such terms, but their actions indicate [what / **that**] they value the accumulation of data more than mere dollars and cents.

제목	사람 간의 논쟁에서의 긍정적인 특징
주제	논쟁의 긍정적인 특징은 자신들의 믿음을 충분히 강하다고 느끼는 두 사람 간의 언쟁으로 구성되어 있다는 것이다.
논리	강조

지문 / 해석 / 단어 & 숙어

1

Argument / is "reason giving", / {trying to convince others 〔 〕: 〈분사구문〉 〈현재분사〉
S V S·C O
논쟁이란 "이유를 대는 것"이다 다른 사람들에게 납득시키려고 노력하면서
/ (of your side of the issue)}.
쟁점에 관한 여러분의 입장을

해석: 논쟁이란 다른 사람들에게 쟁점에 관한 여러분의 입장을 납득시키려고 노력하면서 "이유를 대는 것"이다.

단어: argument 논쟁 / reason 이유 / try O(to R) ~하려고 노력하다 / convince A of B A에게 B를 확신시키다 / side 입장, 태도 / issue 쟁점, 주제

2

One / makes claims / and backs them up.
S V₁ O V₂ O
사람들은 주장을 하고 그것을 뒷받침한다

해석: 사람들은 주장을 하고, 그것을 뒷받침한다.

단어: make a claim 주장하다 / back A up A를 지지하다

3

The arguer tries / {to get others to "recognize the rightness"
S V O O·C
논쟁자는 노력한다 다른 사람들이 "정당성을 인정"하도록 하기 위해
/ (of his or her beliefs or actions)}. 〔 〕: O
자신의 믿음이나 행동의

해석: 논쟁자는 다른 사람들이 자신의 믿음이나 행동의 "정당성을 인정"하도록 하기 위해 노력한다.

단어: arguer 논쟁자 / get O O·C(to R) (5) ~가 …하도록 하다 / recognize 인정하다 / rightness 정당성 / belief 믿음 / action 행동

4

① Interpersonal argumentation, / then, / has a place / (in
S V O
사람 간의 논쟁은 그렇기에 존재한다
our everyday conflicts and negotiations).
우리의 일상적인 갈등이나 협상에

해석: 그렇기에, 사람 간의 논쟁은 우리의 일상적인 갈등이나 협상에 존재한다.

단어: interpersonal 사람 간의 / argumentation 논쟁 / then 그렇기에 / have a place 위치를 차지하다, 존재하다 / conflict 갈등 / negotiation 협상

5 TS

② One / (of the positive features) / (of interpersonal
S
한 가지는 긍정적인 특징 중 사람 간의 논쟁에서
arguments) / is {that they are comprised (of exchanges)} /
V 〈종·접〉 S V〈수동태〉 〔 〕: S·C
그것이 언쟁으로 구성되어 있다는 것이다
[between two people / (who feel powerful) / {enough to set
〈선행사〉 〈주·관〉 V S·C
두 사람 간의 강하다고 느끼는 이유를 제시할 수 있을 만큼 충분히
forth reasons / (for their beliefs)}].
자신들의 믿음에 대한

해석: 사람 간의 논쟁에서 긍정적인 특징 중 한 가지는 그것이 자신들의 믿음에 대한 이유를 제시할 수 있을 만큼 충분히 강하다고 느끼는 두 사람 간의 언쟁으로 구성되어 있다는 것이다.

단어: one of + 복수명사 ~들 중에 하나 / positive 긍정적인 / feature 특징 / be comprised of ~으로 구성되다 / exchange 교환 / between ~ 사이의 / set A forth A를 제시하다

6

③ That's {why one person reveals / a sense of superiority / 〔 〕: S·C
S V 〈의문사〉 S₁ V₁ O
그것이 한 사람이 드러내는 이유이다 우월감을
and the other ends up / (realizing his or her inferiority)}.
S₂ V₂ O 〔 〕: O
〈동명사〉
그리고 다른 한 사람은 결국 하게 되는 자신의 열등감을 깨닫게

해석: (그것이 한 사람이 우월감을 드러내는 동안 다른 한 사람은 자신의 열등감을 깨닫게 되는 이유이다.)

단어: reveal 드러내다 / a sense of superiority 우월감 / end up (by) + -ing 결국 ~하게 되다 / realize 깨닫다 / inferiority 열등함

7

④ (If two people are arguing), / it is {because they are
〈종·접〉 S V S V 〈종·접〉 S
만일 두 사람이 논쟁하고 있다면 균형을 이루고 있기 때문이다
balanced / enough (in power) / (or (in their desire) / (to
V〈수동태〉
힘에 있어서 충분히 욕구에 있어서
reestablish a power balance)) / to proceed}.
O
혹은 힘의 균형을 회복하려는 (논쟁을) 이어나가게 하는

해석: 만일 두 사람이 논쟁하고 있다면, 그것은 그들이 (논쟁을) 이어나가게 하는 힘에 있어서(혹은 힘의 균형을 회복하려는 욕구에 있어서) 충분히 균형을 이루고 있기 때문이다.

단어: argue 논쟁[논의]하다 / balanced 균형이 잡힌 / desire 욕구 / reestablish 회복하다 / proceed 진행하다, 이어가다

8

⑤ Lack (of argument), / in fact, / may show / [that one (of 〔 〕: O
S V 〈종·접〉 S
논쟁의 결여는 사실 나타낼 수 있다
the parties) feels / so powerless / {that he or she avoids /
V 〈so ~ that …〉 S·C 〈종·접〉 S V
당사자 중의 한 명이 느껴서 너무나 무력함을 그 또는 그녀가 직접 상대하기를
engaging (directly) / (with the other)}].
O〈동명사〉
피한다는 것을 상대방과

해석: 사실, 논쟁의 결여는 당사자 중의 한 명이 너무나 무력함을 느껴서 그 또는 그녀가 상대방과 직접 상대하기를 피한다는 것을 나타낼 수 있다.

단어: lack 부족, 결여 / in fact 사실 / party 당사자 / so 형/부 (that) S V 너무 ~해서 그 결과 … 하다 / powerless 힘없는, 무력한 (= helpless) / avoid O(-ing) ~하기를 피하다 / engage with ~와 상대하다, 논쟁하다 / directly 직접적으로

35 다음 글에서 전체 흐름과 관계 없는 문장은? [56%]

정답 | ③

해설 | 글에서는 논쟁의 의미와 논쟁의 긍정적인 특징을 이야기하고 있고, 논쟁에서 두 사람은 균형을 이루고 있다고 했지만, ③에서는 한 사람은 우월감을, 한 사람은 열등감을 깨닫는다고 했으므로 글의 전체 흐름에 관계없는 문장이다.

문법

1 trying ~ : 〈분사구문〉이 문미에 있는 경우 (능동) (= as it tries ~)

1 〈3형식에서 동사에 따라 전치사가 달라지는 경우〉: 확신/통지 동사

주어	완전 타동사	목적어	전치사	목적어
	inform			
	accuse			
	advise			
	assure		of	
	convince			
	remind			
	tell			

2 〈이어동사〉

타동사	명사	부사	○
타동사	부사	명사	○
타동사	대명사	부사	**○**
타동사	부사	대명사	×
backs	up	them	×

3 〈get 동사의 쓰임〉: 5형식일 경우

get	목적어	목적격 보어	5형식	목적어와 목적격 보어와의 관계
		형용사	~을 …의 상태가 되게 하다	
		현재분사	~을 …의 상태가 되게 하다	능동
		to 동사원형	**(남에게) …시키다**	
		과거분사	(물건을) …하게 하다	수동

5 8 〈one of + 복수명사 + 단수동사 : ~ 중의 하나〉

one (주어 : 단수)	of	복수명사	단수동사
One		features	is
one		parties	feels

5 8 〈what vs. that〉

	관계대명사 (불완전한 문장)	접속사 (완전한 문장)
what	○ 선행사를 포함하고 있기 때문에 what 앞에 선행사 불필요	×
that	○ that 앞에 선행사 필요	**○**

5 〈be comprised of〉

be	composed	of	~로 구성되다
	comprised		
	made up		
	= consist of		

5 〈주격 관계대명사절의 수의 일치〉: 선행사를 포함하고 있는 관계대명사 what 사용 불가

	주격 관계대명사절		
선행사	주격 관계대명사	~~주어~~	동사
two people	who		~~feels~~
			feel

5 7 〈enough 수식〉: powerful enough to set forth / balanced enough in power ~ to proceed

전치 수식	enough	명사
후치 수식	명사	enough
	형용사/부사/동사	enough
		enough for (동)명사
		enough to 동사원형

6 another 또 다른 하나 (나머지 있음) / the other 그 나머지 (나머지 없음)

6 〈end up 용법〉

	(by)	동명사	결국 ~하게 되다
end up	in	장소/상황	결국 ~에 있게 되다
	as/with	명사	결국 ~로 끝나다
	형용사	–	결국 ~한 상태에 이르다

8 〈원인과 결과를 동시에 나타내는 표현〉: '너무 ~해서 그 결과 …하다' (종속접속사 that 생략 가능)

〈원인〉: 너무 ~해서			〈결과〉: 그 결과 …하다		
so	형용사	(a(n) + 명사)	**(that)**	주어	동사
such	(a(n))	형용사 명사	that	주어	동사

8 〈목적어 자리에 동명사를 취하는 완전 타동사〉

주어	완전 타동사	목적어
–	admit / **avoid** / consider / delay / deny / enjoy / escape / experience / finish / give up / imagine / include / involve / mind / mute / practice / put off / quit / recommend / replace / report / risk 등	-ing (동명사)

8 〈감각동사〉

감각동사	주격 보어	
feel, look, seem, sound, taste, appear, smell	형용사 (현재분사 / 과거분사)	
	명사	
	like (전치사)	(that) + 주어 + 동사
		(동)명사
	~~alike~~	
	~~likely~~	

어법 & 연결어

Argument is "reason giving", trying [**convincing / to convince**] others of your side of the issue. One makes claims and [backs up them / **backs them up**]. The arguer tries [**to get** / getting] others to "recognize the rightness" of his or her beliefs or actions. Interpersonal argumentation, (   ), has a place in our everyday conflicts and negotiations. One of the positive features of interpersonal arguments [**is** / are] [that / **what**] they [comprise / **are comprised**] of exchanges between two people who [feel / **feels**] [enough powerful / **powerful enough**] to set forth reasons for their beliefs. That's [**why** / because] one person reveals a sense of superiority and [**the other** / another] ends up [to realize / **realizing**] his or her inferiority. If two people are arguing, it is [**why** / because] they [balance / **are balanced**] enough in power (or in their desire to reestablish a power balance) to proceed. Lack of argument, (   ), may show [what / **that**] one of the parties [feel / **feels**] so powerless [what / **that**] he or she avoids [engaging / **to engage**] directly with [**the other** / another].

제목	당 분자가 가열되면 갈색으로 변하는 이유는 무엇일까?
주제	당 분자는 탄소의 존재로 인해 가열되면 갈색으로 변한다.
논리	순서

1

지문
The reason / {why any sugar molecule / — (whether in cocoa bean or pan or anywhere else) / — turns brown} / (when heated) / is to do with the presence of carbon.

S 〈관·부〉 S 〈whether A or B〉
이유는 당 분자가
cocoa bean or pan or anywhere else
카카오 열매 안이나 냄비 안, 혹은 어디에 있든
V S·C
갈색으로 변하는
( ):〈분사구문〉
〈종·접〉 p.p. V
가열되었을 때 탄소의 존재와 관련이 있다

해석
카카오 열매 안이나 냄비 안, 혹은 어디에 있든, 당 분자가 가열되었을 때 갈색으로 변하는 이유는 탄소의 존재와 관련이 있다.

단어 & 숙어
sugar molecule 당 분자
whether A or B A이든지 B이든지
cocoa bean 카카오 열매
pan 냄비
anywhere else 다른 어느 곳에도
heat 가열하다
be to do with ~와 관계[연관]가 있다
presence 존재
carbon 탄소

2 순서3

지문
(A) Further roasting will turn / some of the sugar (into pure carbon) / (double bonds all round), / (which creates / a burnt flavor and a dark-brown color).

S V O
로스팅을 더 하는 것은 바꿀 것이다 일부의 당을 순수 탄소로
〈선행사〉 〈주·관〉 V
(사방에 이중 결합이 있는) 그리고 그것은 만들어낸다
p.p. O₁ 〈형용사〉 O₂
탄 맛과 진갈색을

해석
(A)더 로스팅하면 일부의 당이 (사방에 이중 결합이 있는) 순수 탄소가 되는데, 그것은 탄 맛과 진갈색을 만들어낸다.

단어 & 숙어
further (정도·범위가) 한층 나아가서, 더욱 깊이
roasting 굽기
turn A into B A를 B로 바꾸다
some of ~의 일부
pure 순수한, 순전한
double bond 이중 결합
all round 사방에
create 만들어내다
burnt flavor 탄 맛
burn 불에 타다, 태우다 (burn – burnt – burnt – burning)

3 순서4

지문
Complete roasting / results (in charcoal): / all of the sugar / has become carbon, / (which is black).

S V S
완전히 로스팅하면 숯이 된다 즉 모든 당이
V〈현재완료〉 S·C〈선행사〉 〈주·관〉 V S·C
탄소가 되고 검은색이 된다

해석
완전히 로스팅하면 숯이 된다. 즉 모든 당이 탄소가 되고, 검은색이 된다.

단어 & 숙어
complete 완전한
result in 결과적으로 ~이 되다
charcoal 숯

4 순서2

지문
(B) On the whole, / it is the carbon-rich molecules / (that are larger), / so these get left behind, / and (within these) / there is a structure / (called a carbon-carbon double bond).

〈It be ~ that …〉
S₁ V₁ S·C〈선행사〉 〈주·관〉
대체로 탄소가 풍부한 분자라서
V S·C S₂ V₂ S·C
더 큰 것이 이것이 남게 되고 이 안에는
V₃ S₃ p.p. S·C
구조가 있다 탄소탄소 이중 결합이라고 불리는

해석
(B)대체로, 더 큰 것이 탄소가 풍부한 분자라서, 이것이 남게 되고, 이 안에는 탄소탄소 이중 결합이라고 불리는 구조가 있다.

단어 & 숙어
on the whole 대체로
rich 풍부한
get S·C(p.p.) ~ 상태로 되다, ~ 당하다
leave behind ~을 뒤에 남기다
within ~ 내부에, ~ 안에
structure 구조, 조직
call O O·C(명사) (5) ~을 …라고 부르다 (수동태 시, be called S·C(명사))
bond 결합

5

지문
This chemical structure absorbs / light.

S V O
이 화학 구조는 흡수한다 빛을

해석
이 화학 구조는 빛을 흡수한다.

단어 & 숙어
chemical structure 화학 구조
absorb 흡수하다

6

지문
(In small amounts) / it gives / the caramelizing sugar a yellow-brown color.

S V 〈현재분사〉 I·O
적은 양일 때 그것은 띠게 한다 캐러멜화된 당에 황갈색을
D·O

해석
적은 양일 때 그것은 캐러멜화된 당에 황갈색을 띠게 한다.

단어 & 숙어
amount 양 (= quantity)
give I·O D·O (4) ~에게 …을 주다
caramelize 캐러멜로 만들다[되다] (설탕을 많이 넣은 음식물을 갈색으로 변하게 될 때까지 뜨겁게 열을 가해 특유의 향내가 나오게 하는 것) (= caramelise)
yellow-brown 황갈색

7

지문
(C) Sugars are carbohydrates, / [which is {to say / (that they are made / of carbon ("carbo-"), hydrogen ("hydr-"), and oxygen ("-ate") atoms)}].

S V S·C 〈주·관〉 V 〈종·접〉 S
당은 탄수화물인데 이것은 의미한다
V〈수동태〉 ( ):O
당이 이루어졌다는 것을 탄소("carbo-"), 수소("hydr-") 그리고 산소("-ate") 원자로
[ ]:S·C

해석
(C)당은 탄수화물인데, 이것은 당이 탄소("carbo-"), 수소("hydr-") 그리고 산소("-ate") 원자로 이루어졌다는 것을 의미한다.

단어 & 숙어
carbohydrate 탄수화물
be made of ~로 구성되다, 만들어지다
hydrogen 수소
oxygen 산소
atom 원자

8 순서1

지문
(When heated), / these long molecules disintegrate / (into smaller units), / {some of which are so small / (that they evaporate) / (which accounts for the lovely smell)}.

〈종·접〉 p.p. S V
가열되었을 때 이 긴 분자는 분해되고
〈수량형용사 + 관·대〉 V S·C 〈종·접〉 S
더 작은 단위로 이 중 일부는 너무 작아서
V 〈주·관〉 V
증발한다 (이것은 좋은 냄새가 나는 이유를 설명해 준다)
〈so ~ that …〉

해석
가열되었을 때, 이 긴 분자는 더 작은 단위로 분해되고, 이 중 일부는 너무 작아서 증발한다(이것은 좋은 냄새가 나는 이유를 설명해 준다).

단어 & 숙어
disintegrate 분해되다, 붕괴시키다 (= fall apart)
unit 단위
so 형/부 (that) S V 너무 ~해서 그 결과 …하다
evaporate 증발하다[시키다]
account for 설명하다

36 주어진 글 다음에 이어질 글의 순서로 가장 적절한 것을 고르시오.

[3점] [49%]

① (A)-(C)-(B) ② (B)-(A)-(C) ③ (B)-(C)-(A)

④ (C)-(A)-(B) ⑤ (C)-(B)-(A)

정답 | ⑤

해설 | 주어진 글에서 당 분자가 가열되었을 때 갈색으로 변하는 이유가 탄소 때문이라고 했고, **7**, **8**에서 당 분자의 구성을 설명하고, 가열되었을 때 상황을 제시하고 있으므로 주어진 글 다음에 (C)가 이어진다.

8에서 당 분자가 가열되어, 작은 단위로 분해되는 상황이 제시되고, (B)에서는 가열된 후 당 분자가 황갈색을 띠는 과정을 설명하므로 (C) 다음에 (B)가 이어진다.

6에서 당이 황갈색을 띠는 상황을 제시되었고, **2**, **3**에서 로스팅 정도에 따라 진갈색과 검은색을 띠기도 한다고 했으므로 (B) 다음에 (A)가 이어진다.

문법

1 **〈관계부사〉**: 관계부사절은 완전한 문장이 나오고, 선행사와 관계부사는 서로 같이 사용할 수도 있고 둘 중 하나는 생략할 수도 있다.

용도	선행사	관계부사	전치사 + 관계대명사
시간	the time	when	in/at/on + which
장소	the place	where	in/at/on + which
이유	**the reason**	**why**	for which
방법	(the way)	how	in which
방법	the way how는 같이 사용 못함 the way, the way in which, the way that은 사용 가능 (that은 관계부사 대신 사용가능하고 이를 관계부사 대용어라고 함)		

1 **〈whether의 용법〉**

종류			명사절	부사절
whether	(or not)	주어	동사	~인지 아닌지	~든지 말든지, ~하든 말든, ~인지 아닌지
whether	주어	동사	(or not)		
whether	**A**	**or**	**B**		A이거나 B

1 8 **〈생략〉**: 주절의 주어와 종속절의 주어와 같을 시 종속절의 '주어 + be동사'는 생략 가능 : when (it is) heated(과거분사) / when (they are) heated

2 **〈전치사 into를 사용하는 3형식 완전 타동사〉**

	완전 타동사	A	into	B
변화 · 추이 · 결과	**turn**, change, put, make, translate			
이동 · 변화	cast, fall, lay, put, throw, thrust, divide, split, break			
기타	persuade, bribe, flatter, backmail, coerce, deceive, seduce, entrap			

2 3 7 **〈주격 관계대명사 which의 계속적 용법〉**: 관계대명사 that 사용 불가 / which = and it[this/that]

		주격 관계대명사절		
선행사	콤마(,)	주격 관계대명사	주어	동사
pure carbon	계속적 용법	which		creates
carbon		which		is
앞 문장 전체		which		is

3 **〈result from/in 차이점〉**

원인	**result**	**in**	결과	(어떠한) 원인으로 (어떠한) 결과가 생기다
결과	result	from	원인	(어떠한) 결과는 (어떠한) 원인으로부터 발생하다

4 **〈It be A that B 강조구문〉**: B한 것은 바로 A이다

It	be 동사	강조하고 싶은 말	that (경우에 따라 아래처럼 바꿔 사용 가능)	
This That There	시제에 따라 달라짐	주어 목적어 보어 부사(구/절)	관계대명사	who
				whom
				which
		〈동사는 사용 불가〉	관계부사	when
				where
It	is	the ~ molecules	that	

4 **〈주격 관계대명사 + be동사 생략〉**: a structure (which/that is) called(과거분사)
: 과거분사가 앞에 있는 명사를 후치 수식하는 경우

7 **〈be made 용법〉**

			of	물리적 변화	
be	made		from	화학적 변화	~로 구성되다, ~로 만들어지다
			into	식품, 음료 제품	
			out of	다른 제품	
			with	재료	

8 **〈수량형용사 + 관계대명사〉**: 관계대명사 자리에 대명사 사용 불가

수량형용사	관계대명사
none of, neither of, any of, either of, **some of**, many of, most of, much of, few of, half of, each of, one of, two of, all of, several of, a number of, both of	whom(사람) **which(사물)** whose(소유)

8 **〈원인과 결과를 동시에 나타내는 표현〉**: '너무 ~해서 그 결과 …하다' (종속접속사 that 생략 가능)

〈원인〉: 너무 ~해서				〈결과〉: 그 결과 …하다		
so	형용사	(a(n) + 명사)		**(that)**	주어	동사
such	(a(n))	형용사	명사	that	주어	동사

어법 & 연결어

The reason [which / why] any sugar molecule — [whether / if] in cocoa bean or pan or anywhere else — turns brown when [heating / heated] is to do with the presence of carbon. Sugars are carbohydrates, which [is / are] to say [that / what] they are made [from / of] carbon ("carbo-"), hydrogen ("hydr-"), and oxygen ("-ate") atoms. When [heating / heated], these long molecules disintegrate into smaller units, some of [them / which] are so small [that / what] they evaporate (which [account / accounts] for the lovely smell). (   ), it is the carbon-rich molecules [what / that] are larger, so these get [left / to leave] behind, and within these there [is / are] a structure [called / calling] a carbon-carbon double bond. This chemical structure absorbs light. In small amounts it gives the caramelizing sugar a yellow-brown color. [Farther / Further] roasting will turn some of the sugar into pure carbon (double bonds all round), which [create / creates] a [burning / burnt] flavor and a dark-brown color. [Compete / Complete] roasting results [in / from] charcoal: all of the sugar has become carbon, [what / which] is black.

전국 2020학년도 7월 고3 37번	제목	오랑우탄 개체 수의 감소
	주제	현존하는 오랑우탄은 밀레니엄 전환기에 인지된 것보다 수천 마리나 더 많지만, 사실 전체 개체 수는 지난 75년간 약 80% 감소했다.
글의 순서	논리	원인·결과

	지문	해석	단어 & 숙어
1	(In the 1980s and '90s), / some conservationists predicted / {that orangutans would go extinct / (in the wild) / (within 20 or 30 years)}. ( ): O 1980년대와 90년대에 / 일부 환경보호 활동가들은 예측했다 / 오랑우탄이 멸종할 것으로 / 야생에서 / 20년 혹은 30년 이내에	1980년대와 90년대에, 일부 환경보호 활동가들은 오랑우탄이 20년 혹은 30년 이내에 야생에서 멸종할 것으로 예측했다.	conservationist 자연보호론자 predict 예측하다 orangutan 오랑우탄 go extinct 멸종되다 wild 야생 within (특정한 기간) 이내에[안에]
2 결과1	Fortunately / that didn't happen. 다행히 / 그런 일은 발생하지 않았다	다행히 그런 일은 발생하지 않았다.	fortunately 다행히도 happen 발생하다
3	Many thousands more orangutans / are now known / to exist / {than were recognized / (at the turn of the millennium)}. 수천 마리나 더 많은 오랑우탄이 / 알려져 있다 / 현존하는 것으로 / 인지된 것보다 / 밀레니엄의 전환기에	밀레니엄의 전환기에 인지된 것보다 수천 마리나 더 많은 오랑우탄이 현존하는 것으로 알려져 있다.	exist 존재하다 recognize 인지하다 at the turn 전환기에 millennium 천년
4 TS 결과2	(A) In fact, / the overall population (of orangutans) / has fallen / (by at least 80 percent) / (in the past 75 years). 사실 / 전체 오랑우탄 개체 수는 / 감소했다 / 적어도 80퍼센트 / 지난 75년간	(A) 사실, 전체 오랑우탄 개체 수는 지난 75년간 적어도 80퍼센트 감소했다.	in fact 사실 overall 전체의 population 개체 수 fall 떨어지다, 하락하다 (fall – fell – fallen – falling) (↔ rise) at least 적어도
5	It's indicative / (of the difficulty) / (of orangutan research) / [that scientist Erik Meijaard is willing to say / only {that between 40,000 and 100,000 live / (on Borneo)}]. ( ): O [ ]: 〈진S〉 시사한다 / 어려움을 / 오랑우탄 연구의 / 과학자인 Erik Meijaard가 말하는 것을 개의치 않는 것은 / 40,000마리에서 100,000마리 사이의 오랑우탄이 살고 있다고만 / 보르네오섬에	과학자인 Erik Meijaard가 40,000마리에서 100,000마리 사이의 오랑우탄이 보르네오섬에 살고 있다고만 말하는 것을 개의치 않는 것은 오랑우탄 연구의 어려움을 시사한다.	indicative of ~에 관해 나타내는 difficulty of ~의 어려움 research 연구 be willing to R 기꺼이 ~하다 between A and B A와 B 사이의 live on ~에서 살다
6	Conservationists (on Sumatra) / estimate / (that only 14,000 survive there). ( ): O 수마트라섬의 환경보호 활동가들은 / 추측한다 / 단지 14,000마리만 그곳에서 생존하고 있다고	수마트라섬의 환경보호 활동가들은 단지 14,000마리만 그곳에서 생존하고 있다고 추측한다.	estimate 추정하다 survive 생존하다
7	(B) This doesn't mean / {that all is well (in the orangutans' world)}. ( ): O 이것은 의미가 아니다 / 오랑우탄의 세계에서 아무 문제가 없다는	(B) 이것은 오랑우탄의 세계에서 아무 문제가 없다는 의미가 아니다.	mean 의미하다 (mean – meant – meant – meaning) all is well 아무 문제없다, 다 괜찮다
8 원인1	The higher figures come / {thanks to improved survey methods and the discovery / (of previously unknown populations)}, / {not (because the actual numbers have increased)}. 〈B, not A = not A but B〉 더 높은 그 수치는 나온 것이다 / 향상된 조사 기법들과 발견된 덕분에 / 이전에 알려지지 않았던 개체들이 / 실제 개체 수가 증가했기 때문이 아니라	더 높은 그 수치는 실제 개체 수가 증가했기 때문이 아니라, 향상된 조사 기법들과 이전에 알려지지 않았던 개체들이 발견된 덕분에 나온 것이다.	figure 수치, 숫자 thanks to ~의 덕분에, ~ 때문에 improved 향상된 survey method 조사 방법 discovery 발견 previously 이전에 unknown 알려지지 않은 population 개체(수) B, not A A가 아니라 B (= not A but B) increase 증가하다
9 원인2	(C) Much of this loss has been driven / [by habitat destruction / (from logging) / and the rapid spread / (of vast plantations) / (of oil palm), / the fruit / {of which is sold / (to make oil)} / {used (in cooking) and (in many food products)}]. 이러한 감소의 상당 부분은 초래되었다 / 서식지 파괴와 / 벌목으로 인한 / 급속도로 널리 퍼진 것 때문에 / 광대한 재배 농장이 / 기름야자나무의 / 열매를 맺는 / 판매되는 / 기름을 만들기 위해 / 요리 및 많은 식품에 사용되는	(C) 이러한 감소의 상당 부분은 벌목으로 인한 서식지 파괴와 요리 및 많은 식품에 사용되는 기름을 만들기 위해 판매되는 열매를 맺는 기름야자나무의 광대한 재배 농장이 급속도로 널리 퍼진 것 때문에 초래되었다.	loss 감소 drive ~한 상태로 만들다 habitat destruction 서식지 파괴 logging 벌목 rapid 빠른, 신속한 spread 확산, 유포, 보급 vast 광대한, 거대한, 막대한 plantation 농장 oil palm 기름야자나무 fruit 열매 food product 식품

37 주어진 글 다음에 이어질 글의 순서로 가장 적절한 것을 고르시오.

[60%]

① (A)-(C)-(B) ② (B)-(A)-(C) ③ (B)-(C)-(A)
④ (C)-(A)-(B) ⑤ (C)-(B)-(A)

정답 | ②

해설 | 7에서 This는 2에서 오랑우탄이 멸종되지 않은 것을 가리키고, 그 원인을 설명하므로 주어진 글 다음에 (B)가 이어진다.

4에서 오랑우탄의 전체 개체 수는 사실 대폭 줄어들었다고 하며, 오랑우탄 세계에 아무 문제가 없다는 것이 아니라는 (B)의 내용을 보충 설명하므로 (B) 다음에 (A)가 이어진다.

9의 this loss는 (A)의 오랑우탄 개체 수의 감소를 가리키며, 그 원인을 설명하므로 (A) 다음에 (C)가 이어진다.

문법

1 5 6 7 〈목적격 종속접속사 that 생략〉 : 완전 타동사의 목적어로 사용된 경우 / 관계대명사 what 사용 불가

완전 타동사	종속절(명사절: 목적어)(완전한 절)		
	목적격 종속접속사	주어	동사
predicted	(that) 생략 가능 (~하는 것을)	orangutans	would go
say		between ~ 100,000	live
estimate		only 14,000	survive
mean		all	is

1 5 6 7 〈what vs. that〉

	관계대명사(불완전한 문장)	접속사(완전한 문장)
what	○ 선행사를 포함하고 있기 때문에 what 앞에 선행사 불필요	×
that	○ that 앞에 선행사 필요	○

5 〈가주어, 진주어 구문〉

가주어	동사	진주어
It (this, that, there 사용 불가)	–	**that + 주어 + 동사 (완전한 절)**
		to 동사원형
		동명사
		의문사 + 주어 + 동사 (간접의문문)
		if/whether + 주어 + 동사
It	is	that ~

8 〈원인/이유 : ~ 때문에〉

전치사	because of	+ (동)명사 / 명사 상당어구
	due to	
	for	
	on account of	
	owing to	
	thanks to	
종속접속사	as	+ 주어 + 동사 ~
	because	
	now (that)	
	since	

9 〈of which 용법〉

선행사 + 접속사 + 소유격 + 명사 + 동사 ~
= 선행사 + 접속사 + the + 명사 + of + 대명사 + 동사 ~
= 선행사 + whose + 명사 + 동사 ~
= 선행사 + of which + the + 명사 + 동사 ~
= 선행사 + **the + 명사 + of which + 동사 ~**

9 〈관계대명사의 해석용법〉 : , the fruit **of which** is sold = , **and** the fruit of **it** is sold

제한적 용법	선행사	(콤마 없음)	관계대명사 ~
			형용사절로 관계대명사절이 선행사를 수식함 (~하는)

계속적 용법	선행사	.(콤마 있음)	관계대명사 ~
			대등접속사 + 대명사(선행사)로 바꿔서 해석함 (and, but, because, if 등) 〈주의 사항〉 관계대명사 that은 계속적 용법으로 사용할 수 없음

*관계대명사 that은 바로 앞에 선행사가 있을 경우 계속적 용법으로 사용할 수 없다. 하지만 선행사와 관계대명사 that 사이에 삽입절이 낀 상태에서 콤마(,)가 있다면 사용할 수 있다. 또한 관계대명사 which는 선행사를 단어, 구, 절, 문장 전체를 가질 수 있는데 이때 구, 절, 문장 전체는 단수 취급을 하기 때문에 동사는 단수형으로 사용해야 한다.

9 〈주격 관계대명사 + be동사 생략〉

–	생략할 수 있음	
명사 (선행사)	(주격 관계대명사 + be동사)	현재분사(-ing) – 능동 (~하고 있는, ~하는)
		과거분사(p.p.) – 수동 (~되어진, ~당한)
		명사
		형용사(구) (~하는, ~할)
		부사
		전치사구
oil	(which/that is)	used

어법 & 연결어

In the 1980s and 90s, some conservationists predicted [**what / that**] orangutans would go extinct in the wild within 20 or 30 years. (   ) that didn't happen. Many thousands more orangutans are now [**knowing / known**] to exist than [**recognized / were recognized**] at the turn of the millennium. This doesn't mean [**that / what**] all is well in the orangutans' world. The higher figures come thanks to [**improving / improved**] survey methods and the discovery of [**previous / previously**] unknown populations, not [**because / because of**] the actual numbers have increased. (   ), the overall population of orangutans has fallen by at least 80 percent in the past 75 years. It's indicative of the difficulty of orangutan research [**what / that**] scientist Erik Meijaard is willing to say only that between 40,000 [**or / and**] 100,000 live on Borneo. Conservationists on Sumatra estimate [**what / that**] only 14,000 survive there. Much of this loss [**has driven / has been driven**] by habitat destruction from logging and the rapid spread of vast plantations of oil palm, the fruit of [**what / which**] [**is sold / sells**] to make oil [**used / using**] in cooking and in many food products.

	제목	진실을 말하는 사람과 거짓말하는 사람들의 차이
	주제	진실을 말하는 사람은 거짓말하는 사람들보다 세부 내용을 더 말하고, 감정에 대해서는 덜 이야기한다.
문장 삽입	논리	비교·대조, 원인·결과

	지문	해석	단어 & 숙어
1 원인	That is [because / (when you recall a real memory), / you begin / {to reexperience some of the emotion / (from that event)}].	그것은 당신이 실제 기억을 떠올리면, 당신은 일어났던 일에서 느꼈던 감정을 일부 다시 경험하기 시작하기 때문이다.	recall 기억해 내다 begin O(-ing/to R) ~하기 시작하다 reexperience 재경험하다 some of ~의 일부 emotion 감정 event 사건, 일
2 TS	There are several broad differences / (in the way) / (that liars and truth tellers discuss events).	거짓말하는 사람들과 진실을 말하는 사람들이 일어난 일들에 관해 이야기하는 방식에는 몇 가지 큰 차이가 있다.	broad 큰 difference 차이점 in the way that S V ~라는 방식에서 liar 거짓말쟁이 discuss 말하다, 논하다
3	One difference / is {that liars say less / (overall) / (than truth tellers)}.	한 가지 차이점은 전반적으로 거짓말하는 사람들이 진실을 말하는 사람들보다 말을 덜 한다는 것이다.	less 덜, 더 적게 overall 전반적으로
4	(If you are telling the truth), / the details / {of (what happened)} / are obvious.	만약 당신이 진실을 말하고 있다면, 일어난 일의 세부 내용은 분명하다.	tell the truth 사실대로 말하다 detail 세부 (항목) happen 일이 일어나다 obvious 분명한, 명백한
5	(①) (If you are lying), / it is not easy / (to conjure up lots of details).	만약 당신이 거짓말을 하고 있다면, 많은 세부 내용을 떠올리기가 쉽지 않다.	lie 거짓말하다 (lie – lied – lied – lying) conjure up ~을 떠올리다 lots of 수많은
6	(②) Interestingly, / truth tellers talk less / (about their emotions) / (than liars do).	흥미롭게도, 진실을 말하는 사람들은 거짓말하는 사람보다 그들의 감정에 대해 '덜' 이야기한다.	interestingly 흥미롭게도 talk about ~에 대해 이야기하다 emotion 감정
7 결과	(③) As a result, / that emotion / feels obvious / (to you) / (and would be obvious / (to anyone) / (watching you)).	그 결과, 그 감정은 당신에게 분명하게 느껴진다(그리고 당신을 보는 누구에게라도 분명할 것이다).	as a result 그 결과 anyone 누구든지, 모든 사람
8	(④) (If you are lying), / though, / you don't (really) experience / that emotion, / so you describe / it / (instead).	하지만 만약 당신이 거짓말을 하고 있다면, 그 감정을 실제로 경험하지 못하고 있으므로 대신에 그 감정을 묘사하게 된다.	though 하지만, 그러나 (= however) describe 묘사하다 instead ~대신에
9	(⑤) Truth tellers (also) talk / (about themselves) / (more than liars), / {because people (telling the truth) / are more focused / (on their own memories) / than liars are} / (who are also thinking / [about {how their story is being perceived (by others)}]).	진실을 말하는 사람들은 또한 거짓말하는 사람보다 자기 자신에 대해 더 많이 이야기하는데 그 이유는 진실을 말하는 사람들은 거짓말하는 사람들보다 자신의 기억에 더 집중하기 때문이다(그들은 또한 그들의 이야기가 다른 사람들에 의해 어떻게 인식되고 있는지에 대해 생각한다).	focus on ~에 집중하다 think about ~에 관해 생각하다 perceive 인식하다, 지각하다

38 글의 흐름으로 보아, 주어진 문장이 들어가기에 가장 적절한 곳을 고르시오. [3점] [51%]

정답 | ③

해설 | 주어진 문장에서 That은 **6**의 내용을 가리키며 그 원인을 설명하고 있고, **7**에서는 그 결과를 설명하고 있으므로 주어진 문장은 (③)에 들어가는 것이 가장 적절하다.

문법

1 ⟨This/That/It is because vs. This/That/It is why⟩

This/That/It	is	because	주어	동사~
결과			원인	

This/That/It	is	why	주어	동사~
원인			결과	

1 ⟨3형식에서 목적어 자리에 to R / -ing 둘 다 사용 가능⟩

주어	완전 타동사	목적어
-	begin(~을 시작하다) / cease(~을 중단하다) / continue(~을 계속하다) / dislike(~을 싫어하다) / hate(~을 싫어하다) / like(~을 좋아하다) / love(~을 사랑하다) / neglect(~하는 것을 소홀히 하다) / prefer(~쪽을 좋아하다) / start(~을 시작하다)	to R / -ing (의미 차이 없음)

2 ⟨혼동하기 쉬운 단어⟩

	명사	형용사	부사	동사
board	널빤지, 판	–	–	탑승하다
broad	(손, 발 등) 넓은 부분, 손바닥	넓은, 큰, 광대한	충분히, 완전히	–

2 ⟨관계부사⟩ : 관계부사절은 완전한 문장이 나오고, 선행사와 관계부사는 서로 같이 사용할 수도 있고 둘 중 하나는 생략할 수도 있다.

용도	선행사	관계부사	전치사 + 관계대명사
시간	the time	when	in/at/on + which
장소	the place	where	in/at/on + which
이유	the reason	why	for which
방법	(the way)	how	in which
	the way how는 같이 사용 못함 the way, the way in which, the way that은 사용 가능 (how 대신에 사용되는 that은 관계부사 대용어라고 함)		

3 ⟨what vs. that⟩

	관계대명사 (불완전한 문장)	접속사 (완전한 문장)
what	○ 선행사를 포함하고 있기 때문에 what 앞에 선행사 불필요	×
that	○ that 앞에 선행사 필요	○

4 ⟨주격 관계대명사 what절⟩ : 선행사가 필요한 주격 관계대명사 that 사용 불가

	⟨주격 관계대명사절⟩ : 전치사 of의 목적어		
선행사	주격 관계대명사	~~주어~~	동사
없음	what		happened

5 ⟨가주어, 진주어 구문⟩

가주어	동사	진주어
It (this, that, there 사용 불가)	–	that + 주어 + 동사 (완전한 절)
		to 동사원형
		동명사
		의문사 + 주어 + 동사 (간접의문문)
		if/whether + 주어 + 동사
it	is	to conjure

6 **9** ⟨대동사⟩ : 동사(구)를 대신하는 말 do(= talk about their emotions) / than liars are(= are focused on their own memories)

동사		대동사
be		**be**
조동사	→	조동사
일반동사		**do/does/did**

7 **9** ⟨주격 관계대명사 + be동사 생략⟩ : anyone [(who/that is) watching] / people [(who/that are) telling] : (현재분사가 명사를 뒤에서 후치 수식하는 경우)

9 ⟨대명사 vs. 재귀대명사⟩

		목적어와 다름	목적어와 동일
주어	~	대명사	재귀대명사
Truth tellers		them	**themselves**

9 ⟨소유격을 강조하는 표현⟩ : '소유격 + own(~ 자신의) + 명사'

own은 소유격대명사 강조			
전치사	소유격	own	명사
on	their	own	memories

9 ⟨주격 관계대명사절의 수의 일치⟩ : 선행사를 포함하고 있는 관계대명사 what 사용 불가

	주격 관계대명사절		
선행사	주격 관계대명사	~~주어~~	동사
liars	who		~~is~~
			are

9 ⟨간접의문문⟩ : 의문사가 있는 경우

	⟨간접의문문⟩ : 완전 타동사의 목적어 (완전한 문장)		
전치사	의문사	주어	동사
about	how	their story	is being perceived

어법 & 연결어

There [is / are] several [broad / board] differences in the way [how / that] liars and truth tellers discuss events. One difference is [that / what] liars say less overall than truth tellers. If you are telling the truth, the details of [that / what] happened are obvious. If you are [laying / lying], [it / this] is not easy to conjure up lots of details. ( ), truth tellers talk *less* about their emotions than liars [are / do]. That is [because / why] when you recall a real memory, you begin to reexperience some of the emotion from that event. ( ), that emotion feels [obvious / obviously] to you (and would be obvious to anyone [watched / watching] you). If you are lying, ( ), you don't really experience that emotion, so you describe [it / them] instead. Truth tellers also talk about [them / themselves] more than liars, [because / because of] people [telling / told] the truth are more [focusing / focused] on their own memories than liars are (who [is / are] also thinking about how their story [is perceiving / is being perceived] by others).

	지문	해석	단어 & 숙어
1 원인2	But / new weapons / (like the atlatl (a spearthrower) and the bow) / (effectively) stored / muscle-generated energy, / [which meant / {that hunters could kill big game / (without big biceps and robust skeletons)}].	하지만 atlatl(투창기)과 활과 같은 새로운 무기는 근육으로 생성되는 에너지를 효과적으로 비축했는데, 이것은 사냥꾼들이 큰 이두박근과 튼튼한 골격 없이도 큰 사냥감을 잡을 수 있다는 것을 의미했다.	weapon 무기 atlatl 창 발사기 bow 활 store 저장[비축]하다 muscle 근육 generate 생성하다 mean 의미하다 (mean –meant – meant – meaning) big game 대형 사냥감 biceps 이두박근(二頭膊筋) robust 튼튼한 skeleton 골격, 뼈대, 해골
2	Geographic expansion / (which placed us / (in new environments)) / and cultural innovation (both) changed / the selective pressures / (humans experienced).	(우리를 새로운 환경에 놓이게 하는)지리적 확장과 문화적 혁신 모두 인간이 경험하는 선택압을 변화시켰다.	geographic 지리적인, 지리학적인 expansion 확대, 확장, 팽창 place 두다 environment 환경 cultural 문화적인 innovation 혁신 both 둘 다, 모두 selective pressure 선택압(자연 선택에 영향을 끼치는 환경 요인)
3 TS	The payoff (of many traits) / changed, / and so did optimal life strategy.	많은 특징들의 이점이 변했고, 그래서 최적의 생존 전략도 변했다.	payoff 이익 trait 특징 optimal 최적의 life strategy 생존 전략
4 예시 원인1	(①) For example, / {when humans hunted big game / (100,000 years ago)}, / they relied (on close-in attacks) / (with thrusting spears).	예를 들어, 인간이 10만 년 전에 큰 사냥감을 사냥했을 때, 그들은 가까운 거리에서 창으로 찌르는 공격에 의존했다.	rely on ~에 의존[의지]하다 close-in 가까운 거리의, 인접한 attack 공격 thrust 찌르다 spear 창
5 결과1	(②) Such attacks were (highly) dangerous / and (physically) demanding, / so (in those days), / hunters had to be (heavily) muscled / and have thick bones.	그러한 공격은 매우 위험하고 신체적으로 힘들어서 그 당시에 사냥꾼들은 근육이 많아야 했고 굵은 뼈를 가져야 했다.	such 그러한 dangerous 위험한 physically 신체적으로 demanding 힘든 in those days 그때(당시)는 have to R ~해야만 한다 heavily (양·정도가) 심하게[아주 많이] muscle 근육을 단단하게 하다 thick 굵은
6	(③) That kind of body had / its disadvantages / — (if nothing else), / it required more food / — but / (on the whole), / it was the best solution / (in that situation).	그러한 신체는 단점을 가지고 있었는데, 다른 것은 몰라도, 그것은 더 많은 식량을 필요로 했지만, 전체적으로 그것은 그 상황에서 최고의 해결책이었다.	disadvantage 단점, 불리한 점 if nothing else 다른 것은 몰라도 require 필요[요구]하다 on the whole 전체적으로 solution 해결(책) situation 상황
7 결과2	(④) (Once that happened), / (lightly) built people, / (who were better runners / and did not need as much food), / became (competitively) superior.	그렇게 되자, 더 잘 달리고 그렇게 많은 식량을 필요로 하지 않는 가벼운 체구의 사람들은 경쟁적으로 우위에 있게 되었다.	lightly 가볍게 built (사람·몸의) 구조가 ~한 as much A (as B) (B만큼) A한 competitively 경쟁적으로 superior 우수한
8	(⑤) A heavy build / was yesterday's solution: / {expensive, / but (no longer) necessary}.	큰 체구는 비용이 많이 들기만 하고 더 이상 필요하지 않은 과거의 해결책이었다.	a heavy build 육중한[단단한] 체격 expensive 돈이 많이 드는 (↔ inexpensive) no longer 더 이상 ~아닌[하지 않는] necessary 필요한

39 글의 흐름으로 보아, 주어진 문장이 들어가기에 가장 적절한 곳을 고르시오. [51%]

정답 | ④

해설 | **4**, **5**, **6**은 창을 직접 찌르는 사냥의 단점을 이야기하고, 주어진 문장에서는 But 과 함께 투창기와 활을 이용한 사냥의 장점이라는 대조적인 내용을 제시하며, **7**에 서 that은 주어진 문장의 내용을 가리키고, 그 결과를 제시하므로 주어진 문장은 (④) 에 들어가는 것이 가장 적절하다.

문법

1 〈주격 관계대명사 which의 계속적 용법〉: 관계대명사 that 사용 불가

		주격 관계대명사 who절		
선행사	콤마(,)	주격 관계대명사	~~주어~~	동사
앞 문장 전체	계속적 용법	which		meant

1 〈what vs. that〉

	관계대명사 (불완전한 문장)	접속사 (완전한 문장)
what	○ 선행사를 포함하고 있기 때문에 what 앞에 선행사 불필요	×
that	○ that 앞에 선행사 필요	○

2 〈혼동 어휘〉

동사		명사	
extend	(손·발 등을) 뻗다, 뻗치다, (기간을) 늘이다, (범위·영토 등을) 넓히다	extension	확장, 연장
expend	(시간·노력 등을) 들이다, 소비하다, 쓰다	expense	돈, 비용
expand	(정도·크기·용적 등을) 넓히다, 펼치다, (토론 등을) 전개시키다	expansion	팽창, 확장

2 〈주격 관계대명사 which절〉: 선행사를 포함하고 있는 관계대명사 what 사용 불가

	주격 관계대명사절		
선행사	주격 관계대명사	~~주어~~	동사
Geographic expansion	which		placed

2 〈목적격 관계대명사 that〉: 타동사의 목적어가 없는 경우 / 선행사를 포함하고 있는 관계대명사 what 사용 불가

	목적격 관계대명사절			
선행사	목적격 관계대명사	주어	타동사	~~목적어~~
the selective pressures	(that) 생략 가능	humans	experienced	

3 〈so + (대)동사 + 주어〉: 도치

		도치		
주어	동사	so	did	optimal ~
The payoff	changed	역시 ~하다	대동사	주어
			= changed	

3 〈so, neither 문두 도치〉: 역시 ~이다/아니다

	의미	구조			어순
긍정문	역시 ~이다	주어	동사	, too	정치
		So	(대)동사	주어	도치
부정문	역시 ~ 아니다	주어	동사 + not	, either	정치
		Neither	(대)동사	주어	도치

4 〈과거 시점 부사〉

과거년도, **ago**, before, yesterday, last, 의문사 when, then	+ 과거동사

4 〈rely on〉

주어	동사	해석
사람	**rely on**, depend on, count on, bank on, draw on, turn to, resort to	~에 의지[의존]하다
사물		~에 좌우되다, ~에 달려있다

5 〈to R의 태와 시제〉

태	능동태	to R
	수동태	**to be p.p.**
시제	단순시제 : 본동사 시제와 동일	to R
	완료시제 : 본동사 시제보다 한 시제 앞선 시제	to have p.p.
	완료수동	to have been p.p.

7 〈주격 관계대명사절〉: 계속적 용법으로 주어(선행사)와 본동사 사이에 삽입되어 있는 경우, 계속적 용법으로는 that 사용 불가

		주격 관계대명사절 : 삽입				
선행사 (주어)	콤마(,)	주격 관계 대명사	~~주어~~	동사	콤마(,)	동사
people	계속적 용법	who		were	,	became

7 〈as much A as B〉: B만큼 A한

				생략	
as	much	food	as	big biceps and robust skeletons	needed

8 〈전체부정〉

	no more = not ~ anymore	그 이상 ~하지 않다
no = not any	nobody = not ~ anybody	아무도 ~않다[없다]
	nothing = not ~ anything	결코 ~하지 않은
	no longer = not ~ any longer	이젠 ~않다

어법 & 연결어

Geographic expansion (which placed us in new environments) and cultural innovation [**either** / **both**] changed the selective pressures humans experienced. The payoff of many traits changed, and so [**did** / **was**] optimal life strategy. ( ), when humans hunted big game 100,000 years ago, they relied on close-in attacks with thrusting spears. Such attacks were [**high** / **highly**] dangerous and [**physical** / **physically**] demanding, so in those days, hunters had to be heavily [**muscled** / **muscling**] and [**have** / **had**] thick bones. That kind of body had [**its** / **their**] disadvantages — if nothing else, it required more food — but on the whole, it was the best solution in that situation. ( ) new weapons [**like** / **alike**] the atlatl (a spearthrower) and the bow [**effective** / **effectively**] stored muscle-generated energy, [**what** / **which**] meant [**that** / **what**] hunters could kill big game without big biceps and robust skeletons. Once that happened, [**light** / **lightly**] [**built** / **building**] people, who were better runners and did not need as much food, became [**competitive** / **competitively**] superior. A heavy build was yesterday's solution: expensive, but no longer necessary.

	제목	자유로운 쥐는 우리에 갇힌 동료에게 어떻게 행동할까?
	주제	자유로운 쥐는 동료가 우리에 갇혀있을 때, 초콜릿 먹는 것을 미루면서까지 동료를 구해주려는 경향을 보인다.
문단 요약	논리	실험

	지문	해석	단어 & 숙어
1 실험	(In 2010) / scientists conducted / a rat experiment. 2010년에　과학자들이 했다　쥐 실험을	2010년에 과학자들이 쥐 실험을 했다.	conduct an experiment 실험을 수행하다
2	They locked a rat / (in a tiny cage), / placed the cage / (within a much larger cell) / and allowed / another rat to roam (freely) / (through that cell). 그들은 쥐 한 마리를 가두고　작은 우리 안에　그 우리를 두고는　훨씬 더 큰 방 안에　허락했다　또 다른 쥐가 자유롭게 돌아다닐 수 있게　그 방을	그들은 쥐 한 마리를 작은 우리 안에 가두고, 그 우리를 훨씬 더 큰 방 안에 두고는 또 다른 쥐가 그 방을 자유롭게 돌아다닐 수 있게 했다.	lock A in B A를 B에 가두다 tiny 아주 작은 cage 우리 place (어느 위치에) 두다 within ~ 속에, ~ 안에 cell 작은 방 allow O O·C(to R) (5) ~가 …하도록[가능하게] 하다 roam 배회하다
3	The caged rat gave out / distress signals, / {which caused / the free rat (also) to exhibit signs / (of anxiety and stress)}. 우리에 갇힌 쥐는 내보냈는데　조난 신호를　이것은 했다　자유로운 쥐도 징후를 보이게　불안과 스트레스의	우리에 갇힌 쥐는 조난 신호를 내보냈는데, 이것은 자유로운 쥐도 불안과 스트레스의 징후를 보이게 했다.	caged 우리에 갇힌 give out 내보내다, 발산하다 distress signal 조난 신호 cause O O·C(to R) (5) ~가 …하도록 야기하다 exhibit 보여주다 anxiety 불안
4	In most cases, / the free rat proceeded / (to help her trapped companion), / and (after several attempts) / (usually) succeeded / (in opening the cage / and liberating the prisoner). 대개의 경우　자유로운 쥐는 결국 시작했고　갇힌 동료를 돕는 것을　그리고 몇 번의 시도 후에　대개 성공했다　우리를 열고　갇힌 쥐를 풀어주는 데	대개의 경우, 자유로운 쥐는 결국 갇힌 동료를 도왔고, 몇 번의 시도 후에, 대개 우리를 열고 갇힌 쥐를 풀어주는 데 성공했다.	in most cases 대부분의 경우 proceed to R ~하기 시작하다, 이어 계속 ~하다 trap 덫에 가두다 companion 동료 several (몇)몇의 attempt 시도 succeed in ~에 성공하다 liberate 해방시키다 prisoner 재소자, 붙잡힌[자유를 빼앗긴] 사람[동물]
5	The researchers (then) repeated / the experiment, / {this time placing chocolate / (in the cell)}. 그리고 나서 연구원들이 반복했다　실험을　이번에는 초콜릿을 놓고　방 안에	그리고 나서 이번에는 연구원들이 방 안에 초콜릿을 놓고 실험을 반복했다.	researcher 연구원 repeat 반복하다 this time 이번(만)은
6	The free rat / (now) had to choose / {between either liberating the prisoner, / or enjoying the chocolate (all) (by herself)}. 자유로운 쥐는　이제 선택해야만 했다　갇힌 쥐를 풀어주거나　자기 혼자 초콜릿을 먹는 것 사이에서	자유로운 쥐는 이제 갇힌 쥐를 풀어주거나 자기 혼자 초콜릿을 먹는 것 사이에서 선택해야만 했다.	have to R ~해야만 한다 choose between ~ 중에서 선택하다 either A or B A이거나 B인 enjoy (술·음식 따위를)를 들다, 만끽하다 by oneself 홀로, 저절로
7	Many rats preferred / (to first free their companion / and share the chocolate) / (though a few behaved / (more selfishly), / {proving / (perhaps) / (that some rats are meaner than others)}). 많은 쥐가 택했다　먼저 동료를 풀어주고 나서　초콜릿을 나눠 먹는 것을　하지만 몇 마리의 쥐가 행동했고　더 이기적으로　증명했다　아마도　어떤 쥐들이 더 인색하다는 것을 다른 쥐들보다	많은 쥐가 먼저 동료를 풀어주고 나서, 초콜릿을 나눠 먹는 것을 택했다(하지만 몇 마리의 쥐가 더 이기적으로 행동했고, 이는 아마도 어떤 쥐들이 다른 쥐들보다 더 인색하다는 것을 증명했다).	prefer O(to R) ~을 더 좋아하다 free ~을 석방[해방]하다 (= set free) companion 동료, 친구 share 함께 나누다, 공유하다 though (비록) ~일지라도 a few 소수의 사람[것] behave 행동하다 selfishly 이기적으로 prove 입증하다, 증명하다 perhaps 아마도 mean 인색한 (↔ generous)
8 TS	(In a series of experiments), / {when the free rats witnessed / their fellow / (in a state of _____(A)_____) / (in a cage)}, / they tended (to rescue their companion), / {even _____(B)_____ (eating chocolate)}. 일련의 실험에서　자유로운 쥐들이 목격했을 때　자신의 동료가　고통의 상태에 있는 것을　우리에 갇힌　그들은 자신의 동료를 구해주려는 경향이 있었다　심지어 초콜릿을 먹는 것을 미루면서	[요약문] 일련의 실험에서, 자유로운 쥐들이 우리에 갇힌 자신의 동료가 (A)고통의 상태에 있는 것을 목격했을 때, 그들은 심지어 초콜릿을 먹는 것을 (B)미루면서, 자신의 동료를 구해주려는 경향이 있었다.	a series of 일련의 witness 목격하다 fellow 동료 state 상태 anguish 고통, 괴로움 tend to R ~하는 경향이 있다 rescue 구조하다 delay O(-ing) ~하는 것을 미루다

40 다음 글의 내용을 한 문장으로 요약하고자 한다. 빈칸 (A), (B)에 들어갈 말로 가장 적절한 것은? [48%]

	(A)		(B)
①	anguish	......	delaying
②	anguish	......	prioritizing
③	excitement	......	prioritizing
④	boredom	......	rejecting
⑤	boredom	......	delaying

정답 | ①

해설 | ① 고통 – 지연하는 : ②에서 쥐 한 마리는 작은 우리에 가두었으므로 (A)에는 동료가 고통에 처해있다는 anguish가 적절하다.

⑦에서 많은 쥐가 동료를 풀어주고 초콜릿을 나누어 먹었다고 했으므로, (B)에는 초콜릿 먹는 것을 미뤘다는 delaying이 적절하다.

② 고통 – 우선시하는

③ 흥분 – 우선시하는

④ 지루함 – 거부하는

⑤ 지루함 – 지연하는

문법

1 〈과거 시점 부사〉

과거년도, ago, before, yesterday, last, 의문사 when, then	+ 과거동사

2 〈비교급 vs. 원급 강조〉

비교급 강조 표현		원급 강조 표현
훨씬 ~한	**much,** even, still, by far, far, a lot, lots, a great deal	very, so, quite, really, extremely, too
조금 더 ~한	a little, slightly, a bit	

2 3 〈목적격 보어 자리에 to부정사를 사용하는 불완전 타동사〉: 수동태 전환 시, 2형식 문장(be p.p. + to R)

주어	불완전 타동사	목적어	목적격 보어
–	advise / **allow** / ask / assign / assume / beg / bring / **cause** / command / compel / condition / decide / design / drive / enable / encourage / expect / forbid / force / inspire / instruct / intend / invite / lead / like / motivate / oblige / order / permit / persuade / predispose / prepare / pressure / proclaim / prod / program / provoke / push / require / teach / tell / train / trust / urge / want / warn / wish 등	–	to 동사원형

2 another 또 다른 하나 (나머지 있음) / the other 그 나머지 (나머지 없음)

3 〈주격 관계대명사절〉: 계속적 용법으로는 that 사용 불가, 구/절/문장 전체는 단수 취급

		주격 관계대명사절		
선행사	콤마(,)	주격 관계대명사	~~주어~~	동사
distress signals	계속적 용법	which		caused

4 8 〈to부정사를 취하는 자동사〉

주어	불완전 자동사	
–	aim / appear / arrange / bother / consent / fight / hesitate / hurry / long / prepare / **proceed** / seem / serve / strive / struggle / **tend** / yearn / wait 등	to 동사원형

5 〈placing ~〉: 〈분사구문〉이 문미에 있는 경우 (능동) [= and this time (the researchers) placed]

6 〈상관접속사〉: 병렬구조

종류			뜻
not		but	A가 아니라 B (= B, not A)
not only		but also	A뿐만 아니라 B도 (= B as well as A)
either	A	**or**	B	**A와 B 둘 중 하나**
neither		nor	A와 B 둘 다 아닌
both		and	A와 B 둘 다

7 〈prefer 동사의 쓰임〉: ~하는 것을 더 선호하다

	목적어 자리
prefer	동명사
	to 동사원형
	that 주어 + 동사
	목적어 + to (동)명사

7 〈분리부정사〉: to first free

부정사	원형부정사	동사원형	
	to부정사	to	동사원형
	분리부정사	to	부사	동사원형
			~~형용사~~	

7 〈proving ~〉: 〈분사구문〉이 문미에 있는 경우 (능동) (= and it[this/that] proved)

7 〈목적격 종속접속사 that : 생략 가능〉: proving **(that)** some rats are ~

8 〈delaying ~〉: 〈분사구문〉이 문미에 있는 경우 (능동) (= as they even delayed eating chocolate)

8 〈목적어 자리에 동명사를 취하는 완전 타동사〉

주어	완전 타동사	목적어
–	admit / avoid / consider / **delay** / deny / enjoy / escape / experience / finish / give up / imagine / include / involve / mind / mute / practice / put off / quit / recommend / replace / report / risk 등	-ing (동명사)

어법 & 연결어

In 2010 scientists conducted a rat experiment. They locked a rat in a tiny cage, placed the cage within a [**very** / much] larger cell and allowed [another / **the other**] rat to roam freely [thorough / **through**] that cell. The [**caged** / caging] rat gave out distress signals, [**which** / what] caused the free rat also [exhibiting / **to exhibit**] signs of anxiety and stress. In [most / **almost**] cases, the free rat proceeded [helping / **to help**] her [**trapped** / trapping] companion, and after several attempts usually succeeded in opening the cage and [liberated / **liberating**] the prisoner. The researchers then repeated the experiment, this time [**placing** / placed] chocolate in the cell. The free rat now had to choose between either liberating the prisoner, or [enjoy / **enjoying**] the chocolate all by [her / **herself**]. Many rats preferred to first free their companion and [share / **shared**] the chocolate ([**though** / despite] [a few / **a little**] behaved more selfishly, proving perhaps [what / **that**] some rats are meaner than others).

→ In a series of experiments, when the free rats witnessed their fellow in a [**state** / statue] of anguish in a cage, they tended [rescuing / **to rescue**] their companion, even [delayed / **delaying**] [to eat / **eating**] chocolate.

	지문	해석	단어 & 숙어
1	Culture / is a (uniquely) human form / (of adaptation). S V 〈부사〉 〈형용사〉 S·C 문화는 인간의 독특한 형식이다 적응의	문화는 인간의 독특한 적응 형식이다.	culture 문화 uniquely 독특하게 form 형식 adaptation 적응
2 TS 열거	Some theorists view / it as a body of knowledge / [that S V O O·C〈선행사〉 〈주·관〉 일부 이론가들은 본다 그것(문화)을 일체의 지식이라고 developed / {to provide *accurate* information (to people)} V O 〈선행사〉 발전된 사람들에게 '정확한' 정보를 제공하기 위해 / {that helps / them (a)(adjust to the many demands 〈주·관〉 V O (to) 도와주는 그들을 삶의 많은 요구에 적응하도록 of life)}], / {whether that means / (obtaining food and ( ): O·C S V 〈동명사〉 O { }: 〈분사구문〉 그것이 의미하든 식량과 안식처를 얻는 것을 shelter)}, / {defending (against rival out groups), / (and so ( ): O 〈현재분사〉 경쟁 관계에 있는 외집단으로부터 방어하는 것을 의미하든 on)}. 그 밖에 다른 것을 의미하든	일부 이론가들은 그것(문화)을 삶의 많은 요구에 적응하도록, 그것이 식량과 안식처를 얻는 것을 의미하든, 경쟁 관계에 있는 외(外)집단으로부터 방어하는 것을 의미하든, 그밖에 다른 것을 의미하든, 도와주는 '정확한' 정보를 사람들에게 제공하기 위해 발전된 일체의 지식이라 본다.	theorist 이론가, 공론가 view O O·C(as) (5) ~을 …로 간주하다 a body of 대부분의 ~ provide A to B A를 B에게 제공하다 accurate 정확한, 정밀한 (↔ inaccurate) help O O·C((to) R) ~가 …하도록 돕다 adjust to ~에 맞추다, ~에 적응하다 whether ~하든 말든 mean O(-ing) ~하는 것을 의미하다 obtain 얻다 shelter 안식처 defend against ~으로부터 지키다 rival 경쟁자 out group 외집단 and so on 기타 등등
3	Culture (also) tells us / [how groups of people work S V I·O 〈의문사〉 S V 문화는 또한 우리에게 말해 준다 집단의 사람들이 어떻게 협력하는지 together / {to achieve (mutually) beneficial goals}], / and 〈부사〉 〈형용사〉 O 상호 이익이 되는 목표를 달성하기 위해 (how to live our lives) / (so that others will like and accept 〈의문사〉 ( ): D·O₂〈간·의〉 〈종·접〉 S V₁ V₂ 우리의 삶을 사는 방법을 그리고 다른 사람들이 좋아하고 우리를 받아들이고 us) / — {and (maybe) even fall in love with us}. O V O 어쩌면 심지어 우리와 사랑에 빠지도록	문화는 또한 집단의 사람들이 상호 이익이 되는 목표를 달성하기 위해 어떻게 협력하는지, 그리고 다른 사람들이 우리를 좋아하고 받아들이고 어쩌면 심지어 우리와 사랑에 빠지도록 우리의 삶을 사는 방법을 우리에게 말해 준다.	tell I·O D·O (4) ~에게 …을 말하다 work together 함께 일하다 achieve 달성하다 mutually 상호 간에, 서로 beneficial 유익한, 이로운 goal 목표 (= aim) live a life 인생을 살다 so that ~하기 위해서 accept 받아들이다 maybe 어쩌면, 아마 (= perhaps) even 심지어 fall in love with ~와 사랑에 빠지다
4	So / {if adaptation (to physical and social environments) 〈종·접〉 S 그러므로 〈선행사〉 만약 물리적 환경과 사회적 환경에 대한 적응이 / were all / (that cultures were designed to (b) facilitate)}, V S·C 〈목·관〉 S 〈수동태〉 S·C 모든 것이라면 문화가 촉진하도록 고안된 / (perhaps) / cultures would (always) strive / (toward an S V 아마도 문화는 애써 나아가려고 할 것이다 accurate understanding of the world). 항상 세계를 정확하게 이해하는 방향으로	그러므로 만약 문화가 물리적 환경과 사회적 환경에 대한 적응을 촉진하도록 고안된 것이라면, 아마도 문화는 항상 세계를 정확하게 이해하는 방향으로 애써 나아가려고 할 것이다.	adaptation 적응 physical 물리적인 environment 환경 design O O·C(to R) (5) ~가 …하도록 설계하다 (수동태 시, be designed S·C(to R)) facilitate 촉진[조장]하다 perhaps 아마도 always 항상 strive 노력하다, 애쓰다 toward ~을 향하여 understanding 이해
5	However, / adaptation (to the metaphysical environment) / S 하지만 형이상학적 환경에의 적응은 suggests / {that people do not live / (by truth and accuracy) V 〈종·접〉 S V 시사한다 사람들이 살지 않는다는 것을 진실과 정확성에 따라서만 (alone)}.	하지만 형이상학적 환경에의 적응은 사람들이 진실과 정확성에 따라서만 살지 않는다는 것을 시사한다.	metaphysical 형이상학의 suggest 시사하다 accuracy 정확(성), 정확도 alone 홀로, 단독으로, 다만
6	(Sometimes) / it is more adaptive / (for cultural worldviews) 〈가S〉 V S·C 〈의S〉 때때로 [ ]: 〈진S〉 더 적응을 돕는다 문화에 기반을 둔 세계관이 / {to (c) reveal the truth (about life) / and our role (in it)}. O₁ O₂ 삶에 대한 진실을 드러내는 것이 그 안에서의 우리의 역할을	때때로 문화에 기반을 둔 세계관이 삶에 대한 진실과 그 안에서의 우리의 역할을 드러내는(→ 왜곡하는) 것이 더 적응을 돕는다.	sometimes 때때로 adaptive 적응할 수 있는 worldview 세계관, 세계 인식 reveal 밝히다 distort 비틀다, 왜곡하다 role 역할

문법

1 4 5 6 〈adapt / adopt / adept〉

	adapt	adopt	adept
동사	적응시키다, 개조하다, 개작하다	양자로 삼다, 채택하다	–
형용사	**adaptive** 적응할 수 있는	adoptive 양자 결연(관계)의	숙련된
명사	**adaptation** 적응, 순응	adoption 양자, 채용	adeptness 숙련

2 〈5형식 불완전 타동사의 목적격 보어〉: 수동태 전환 시, 2형식 문장(be p.p. + as 보어)

주어	불완전 타동사	목적어	목적격 보어
–	accept / achieve / announce / characterize / cite / consider / count / deem / define / describe / disguise / identify / interpret / look at / look upon / perceive / praise / present / read / reckon / refer to / recognize / regard / remember / respect / see / speak of / think of / train / treat / use / **view** / visualize 등	–	as 보어

2 〈주격 관계대명사절의 수의 일치〉: 선행사를 포함하고 있는 관계대명사 what 사용 불가

	주격 관계대명사절		
선행사(주어)	주격 관계대명사	~~주어~~	동사
knowledge	that		developed
information	that		helps

2 〈help 동사의 쓰임〉

help		목적어	3형식
		(to) R	
help (준사역동사)	목적어	목적격 보어	5형식
		(to) R	

2 〈whether의 용법〉

종류				명사절	부사절
whether	**(or not)**	**주어**	**동사**	~인지 아닌지	~든지 말든지, ~하든 말든, ~인지 아닌지
	주어	동사	(or not)		
	A	or	B	A이거나 B	

2 〈mean 동사의 쓰임〉

mean	목적어	3형식
	동명사	**의미하다**
	to 동사원형	~할 작정이다

2 〈defending ~〉: 〈분사구문〉이 문미에 있는 경우 (능동)

2 〈for vs. against〉

전치사	for	찬성	~을 지지하여, ~에 편들어
	against	반대	~에 반대하여(맞서)

2 and so on: 기타 등등 (= and so forth, and the like, etc. (= et cetera), and the others, and the rest, and others, and what not)

3 〈간접의문문〉: 〈의문사 to R〉 = 의문사 + 주어 + should + R

수여동사	간접목적어	직접목적어		
tells	us	〈간접의문문〉:명사절		
		의문사	주어	동사
		how	groups of people	work
		how	to	live

3 〈동족목적어〉: 자동사가 타동사처럼 쓰여 뒤에 목적어를 가지는 경우

1. 동사의 어원과 동족목적어의 어원이 동일한 경우

자동사	목적어	해석
sleep	a deep sleep	깊은 잠을 자다
dream	a happy dream	행복한 꿈을 꾸다
live	**a life**	**인생을 살다**
smile	a bright smile	환한 미소를 짓다

2. 동사의 의미와 동족목적어가 비슷한 경우

자동사	목적어	해석
run	a race	경주를 하다
fight	a fierce battle	격렬한 싸움을 하다

3 〈~하기 위해서〉: (긍정문)

주어	동사	목적		
		so that	주어	may/can/**will** 동사원형
		in order that	주어	may/can/**will** 동사원형
		in order to 동사원형		
		so as to 동사원형		
		to 동사원형		

4 〈가정법 과거〉: 현재 사실에 대한 반대를 가정할 때 사용한다. (만약 ~한다면, ~할 텐데.): 종속절과 주절은 서로 자리가 바뀌어도 무관

	종속절		주절	
(Even) If	주어	동사	주어	동사
		과거형 동사		조동사 과거형 (**would**/should/could/might + **동사원형**)
		were		
		were not[weren't]		
		were to 동사원형		
		조동사 과거형 (would/should/could/might + 동사원형)		
		(주어 + be동사) 현재분사/과거분사		

4 5 〈what vs. that〉

	관계대명사 (불완전한 문장)	접속사 (완전한 문장)
what	○ 선행사를 포함하고 있기 때문에 what 앞에 선행사 불필요	×
that	○ that 앞에 선행사 필요	○

4 〈목적격 보어 자리에 to부정사를 사용하는 불완전 타동사〉: 수동태 전환 시, 2형식 문장(be p.p. + to R)

주어	불완전 타동사	목적어	목적격 보어
–	advise / allow / ask / assign / assume / beg / bring / cause / command / compel / condition / decide / **design** / drive / enable / encourage / expect / forbid / force / inspire / instruct / intend / invite / lead / like / motivate / oblige / order / permit / persuade / predispose / prepare / pressure / proclaim / prod / program / provoke / push / require / teach / tell / train / trust / urge / want / warn / wish 등	–	to 동사원형

6 〈가주어 it, 의미상의 주어, 진주어(to R) 구문〉

가주어	동사	의미상의 주어	진주어
It (this, that, there 사용 불가)		for + 목적격	to 동사원형
it	is	for cultural worldviews	to reveal

지문	해석	단어 & 숙어
7 Some things (about life) / are too (emotionally) (d) devastating / (to face head on), / (such as the inevitability of death).	죽음의 필연성과 같은 삶에 대한 어떤 것들은 정면으로 맞서기에는 너무 정서적으로 충격적이다.	too 형/부 to R 너무 ~해서 …할 수 없다 devastating 파괴적인 face 직면하다 head on 정면으로, 똑바로 such as ~와 같은 inevitability 필연성
8 TS {Because overwhelming fear can get in the way / (of many types of adaptive action)}, / it (sometimes) is adaptive / (for cultures) / [to provide "rose-colored glasses" / {with which to understand reality and our place / (in it)}].	압도적인 공포는 많은 종류의 적응 작용에 방해가 될 수 있으므로, 문화가 현실과 그 안에서 우리의 위치를 이해할 수 있게 하기 위해 "낙관적 견해"를 제공하는 것은 때때로 적응을 돕는다.	overwhelming 압도적인 fear 공포 get in the way of ~에 방해가 되다 a type of 일종의 ~ action 작용, 효과 provide 제공하다 rose-colored 장밋빛의[희망적인], 낙관적인 reality 현실 place 위치
9 (From the existential perspective), / the adaptive utility / (of accurate worldviews) / is tempered / (by the adaptive value) / (of anxiety-buffering (e) illusions).	실존적 관점에서, 정밀한 세계관의 적응적 효용은 불안감을 완화하는 환상의 적응적 가치에 의해 경감된다.	existential 실존적인 perspective 관점 utility 효용, 유용 temper 경감하다 value 가치 anxiety 불안 buffering 완화하는 illusion 환상

문법

7 ⟨so ~ that 주어 can't 동사원형 vs. too ~ to 동사원형⟩ : (= Some things about life are **so** emotionally devastating **that** people **cannot face** them ~.)

too	형용사/부사			**to 동사원형**	
so	형용사/부사	as	not	to 동사원형	
so	형용사/부사	that	주어	can't	동사원형
너무[아주] ~해서			… 할 수 없다		

8 ⟨원인/이유: ~ 때문에⟩

	because of	
전치사	due to	+ (동)명사 / 명사 상당어구
	for	
	on account of	
	owing to	
	thanks to	
종속접속사	as	+ 주어 + 동사 ~
	because	
	now (that)	
	since	

8 9 ⟨adapt / adopt / adept⟩

	adapt	adopt	adept
동사	적응시키다, 개조하다, 개작하다	양자로 삼다, 채택하다	–
형용사	**adaptive** 적응할 수 있는	adoptive 양자 결연(관계)의	숙련된
명사	adaptation 적응, 순응	adoption 양자, 채용	adeptness 숙련

8 ⟨가주어 it, 의미상의 주어, 진주어 (to R) 구문⟩

가주어	동사	의미상의 주어	진주어
It (this, that, there 사용 불가)		for + 목적격	to 동사원형
it	is	for cultures	to provide

8 ⟨공급/제공⟩ : 목적어 사람과 사물의 순서가 바뀌면 전치사 with 대신에 to/for로 변경

주어	완전 타동사	목적어	전치사	목적어
	supply			
	fill	사람	**with**	사물
	furnish	↕	↕	↕
	present	사물	to/for	사람
	provide			

[41~42] 다음 글을 읽고, 물음에 답하시오.

41 윗글의 제목으로 가장 적절한 것은? [58%]

① Culture Offers Us a Dual-Function Lens for Adaptation

② How the Obsession with Accuracy Harms Our Mind

③ Cultural Diversity: The Key to Human Prosperity

④ Adaptation: A Major Cause of Emotional Stress

⑤ Face Up to Reality for a Healthy Social Life!

42 밑줄 친 (a)~(e) 중에서 문맥상 낱말의 쓰임이 적절하지 <u>않은</u> 것은? [42%]

① (a)　② (b)　③ (c)　④ (d)　⑤ (e)

정답 | ①, ③

41 해설 | ① 문화는 적응에 대해서 두 가지 기능을 가진 렌즈를 우리에게 제공한다 : 글에서 인간의 독특한 적응 형식인 문화에 대해 **5**의 However 앞에는 정확한 정보를 제공한다는 내용이, 뒤에는 낙관적 견해를 제공한다는 내용이 제시되므로 문화가 두 가지 기능을 가진 렌즈를 제공한다는 것은 정답으로 적절하다.

② 정확성과 함께 집착이 우리 마음을 어떻게 해치는가: 집착에 관한 내용은 없다.

③ 문화적 다양성: 인간의 번영의 열쇠 : 문화적 다양성에 관한 내용은 없다.

④ 적응: 정서적인 스트레스의 주요한 원인: 정서적인 스트레스에 관한 내용은 없다.

⑤ 건강한 사회적인 삶을 위해 현실에 맞서자! : 현실에 맞선다는 내용은 없다.

42 해설 | ① **1**에서 문화는 인간의 독특한 적응 형식이라고 했으므로, 문화가 '적응'을 돕는다는 adjust는 적절하다.

② **2**에서 문화가 적응을 돕는다고 했으므로, 적응을 촉진한다는 facilitate는 적절하다.

③ **5**에서 진실과 정확성에 따라서만 살지 않는다고 했으므로, 삶의 진실과 우리의 역할을 왜곡한다는 것이 적절하다. 즉, 드러낸다는 뜻의 reveal은 적절하지 않다. reveal → distort

④ **8**에서 압도적인 공포를 부정적으로 묘사했으므로, 파괴적이라는 뜻의 devastating은 적절하다.

⑤ **6**에서 삶의 진실과 우리의 역할을 왜곡한다고 했으므로, 환상을 뜻하는 illusions는 적절하다.

어법 & 연결어

Culture is a [unique / **uniquely**] human form of [**adaptation** / adoption]. Some theorists view [**it** / them] as a body of knowledge [what / **that**] developed to provide *accurate* information to people [what / **that**] [**help** / helps] them [**adjust** / adjusting] to the many demands of life, [**whether** / whatever] that means [obtaining / **to obtain**] food and shelter, [**defend** / defending] [for / **against**] rival out groups, and so on. Culture also tells us how groups of people work together to achieve [mutual / **mutually**] beneficial goals, and how to live our lives so that others will like and accept us — and maybe even fall in love with us. (　　) if [**adaptation** / adoption] to physical and social environments were all [what / **that**] cultures [designed / **were designed**] to facilitate, perhaps cultures would always strive toward an accurate understanding of the world. (　　　　　), [**adaptation** / adoption] to the metaphysical environment suggests [what / **that**] people do not live by truth and accuracy [**alone** / lonely]. Sometimes it is more [**adaptive** / adoptive] for cultural worldviews to distort the truth about life and our role in [**it** / them]. Some things about life are too emotionally [devastated / **devastating**] to face head on, such as the inevitability of death. [**Because** / Because of] [**overwhelming** / overwhelmed] fear can get in the way of many types of [**adaptive** / adoptive] action, it sometimes is [adoptive / **adaptive**] for cultures to provide "rose-colored glasses" [which / **with which**] to understand reality and our place in [**it** / them]. From the existential perspective, the [adoptive / **adaptive**] utility of accurate worldviews [tempers / **is tempered**] by the [adoptive / **adaptive**] value of anxiety-buffering illusions.

	제목	비행기에서 아기 돌보는 것을 도와준 'I'
	주제	'I'는 비행기에서 두 아기를 돌보는 어머니를 도와주었다.
	논리	이야기

	지문	해석	단어 & 숙어
1	(A) People were gathering / (in the boarding area) / (for the cross-country flight) / (from Chicago to Portland). S V〈과거진행〉 사람들이 모여들고 있었다　탑승 구역에 국토횡단 비행기를 타기 위해　시카고에서 포틀랜드로 가는	(A) 시카고에서 포틀랜드로 가는 국토횡단 비행기를 타기 위해 사람들이 탑승 구역에 모여들고 있었다.	gather 모이다 boarding area 탑승 구역 cross-country 국토를 횡단하는 flight 비행기 from A to B A에서 B까지
2	Southwest Airlines has / open seating. S V O Southwest Airlines는 가지고 있다　개방형 좌석을	Southwest Airlines는 개방형 좌석을 가지고 있다.	open seating 개방형 좌석
3	I wanted / to be early in line / (for my boarding section) / so I could get a choice seat / (near the front). S₁ V₁ O 나는 원했다　일찍 줄을 서는 것을　나의 탑승 섹션에 S₂ V₂ O 선택 좌석을 얻기 위해　앞쪽 근처	앞쪽 근처 선택 좌석을 얻기 위해 나의 탑승 섹션에 일찍 줄을 서고 싶었다.	want O(to R) ~하기(를) 원하다 be in line 줄을 서다 section 부분, 부문, 구획 get[take, secure] a seat 좌석을 잡다 near ~ 가까이에 front 앞쪽
4	It was (then) {I noticed the young mother / (with (a) her toddler and infant)}. 〈It be ~ that …〉 (that) S V S V O 그때였다　내가 알아차린 것은 그 젊은 어머니가 그녀의 아이와 아기를 데리고 있는 것을	그 젊은 어머니가 그녀의 아이와 아기를 데리고 있는 것을 내가 알아차린 것은 그때였다.	then 그때 notice 알아차리다 toddler 아장아장 걷는 아기, 유아 infant 유아
5	"Nobody is going to want / to sit / (next to that wiggly boy)," / I thought / (to myself). S V O "아무도 싫어 하지 않을 거야　앉고　저 꼼지락거리는 남자 아이 옆에" S V 나는 생각했다　속으로	"아무도 저 꼼지락거리는 남자 아이 옆에 앉고 싶어 하지 않을 거야," 나는 속으로 생각했다.	nobody 아무도 ~않다 (= no one) next to ~ 옆에 wiggly 꼼지락거리는 think to oneself 속으로 생각하다
6	"I'm traveling (alone). / I could do it. / I might (even) be able to help / the lady." S V〈현재진행〉 S V O S V "나는 혼자 여행하고 있어　내가 그걸 할 수 있어　나는 도울 수 있을지도 몰라 V O 그 엄마를"	"나는 혼자 여행하고 있어. 내가 그걸 할 수 있어. 나는 그 엄마를 도울 수 있을지도 몰라."	travel 여행하다 alone 혼자 be able to R ~할 수 있다
7	(B) (Then) / it was my turn / {to play little games (with her)}. 〈비S〉 V S·C O 그땐　나의 차례였다　간단한 게임을 할　그녀와	(B) 그땐 내가 그녀와 간단한 게임을 할 차례였다.	turn 차례 play a game 게임을 하다
8	How easy it was / (to entertain this contented baby)! S·C 〈가S〉 V ( )〈진S〉 p.p. O 얼마나 쉬운 일이었는지　이 만족스러워하는 아기를 즐겁게 해주는 것은!	이 만족스러워하는 아기를 즐겁게 해주는 것은 얼마나 쉬운 일이었는지!	entertain 즐겁게 하다 contented ~에 만족한 (↔ discontented)
9	I offered / {to help the children / (into their stroller) / (on the jet way)}, / but the mother assured / {(b) she could manage / (quite) (well) (on her own)}. S₁ V₁ O 나는 제안했지만　아이들을 도와주겠다고　유모차에 태울 수 있도록 S₂ V₂ 〈종·접 that〉 S V 이동식 탑승교에서　그 어머니는 장담했다　해낼 수 있다고 그녀 혼자서 패 잘　{ }:O	나는 이동식 탑승교에서 아이들을 유모차에 태울 수 있도록 도와주겠다고 제안했지만, 그 어머니는 그녀 혼자서 꽤 잘 해낼 수 있다고 장담했다.	offer O(to R) ~하려고 하다, 시도하다 stroller 유모차 jet way (승객이 타고 내리도록 비행기에 연결되는) 이동식 탑승교 (= air bridge) assure 확인하다, 보증하다 manage 해내다 quite 꽤 on one's own 혼자, 혼자 힘으로

문법

① ③ 〈혼동하기 쉬운 단어〉

	명사	형용사	부사	동사
board	널빤지, 판	–	–	**탑승하다**
broad	(손, 발 등) 넓은 부분, 손바닥	넓은, 광대한	충분히, 완전히	–

③ ⑤ 〈want 동사의 쓰임〉

주어	want	목적어 (to R)		주어가 ~하는 것을 원하다	3형식
		목적어	목적격 보어 (to R)	주어는 목적어가 ~하는 것을 원하다	5형식

③ 〈near / nearby / nearly〉

	부사	형용사	전치사	동사
near	(거리/시간상으로) 가까이, 거의	(거리/시간상으로) 가까운	**(거리상으로) ~에서 가까이** (숫자 앞에 쓰여) 거의[약]	(시간/거리상으로) 가까워지다[다가오다], ~에 접근하다
nearby	인근에, 가까운 곳에, 거의, 대략; 간신히, 가까스로, 밀접하게, 면밀하게	(주로 명사 앞에 씀) 인근의, 가까운 곳의	–	–
nearly	거의	–	–	–

④ 〈It be ~ (that) … 강조구문〉 : …한 것은 바로 ~이다

It	be 동사	강조하고 싶은 말	that (관계대명사 / 종속접속사) (경우에 따라 아래처럼 바꿔 사용 가능)	
This That There	시제에 따라 달라짐	주어 목적어 보어 부사(구/절) 〈동사는 사용 불가〉	관계대명사	who
				whom
				which
			관계부사	when
				where
It	was	then	(that) ~	

⑤ 〈부분부정/전체부정/이중부정〉

부분부정	not, never	+	all(모두), always(항상), necessarily(필연적으로), entirely(전적으로), altogether(완전히), exactly(정확히), totally(전체적으로), absolutely(절대적으로), completely(완전히), wholly(완전히)	
전체부정	not any one (= none) (모두 ~이 아니다)			
	no + 명사 (어느 누구도 ~않다)			
	not ~ either (= neither) (둘 다 ~이 아니다)			
	not + anything (= nothing) (아무것도[단 하나도] (~아니다/없다))			
	not + ever (= never) (결코 ~이 아니다)			
	not anywhere (= nowhere)			
	no = not any	no more = not ~ anymore		
		nobody = not ~ anybody		
		nothing = not ~ anything		
		no longer = not ~ any longer		
이중부정	부정어	+	nothing	
			refuse, lack, against, un-(부정접두사)으로 시작하는 단어	
			without, but (= that ~ not), but (= except), (= if ~ not)	

⑤ 〈대명사 vs. 재귀대명사〉

		주어와 다름	주어와 동일
주어	~	대명사	재귀대명사
I		me	**myself**

⑤ 〈재귀대명사의 관용적 표현〉

help oneself to ~	~을 마음껏 먹다
enjoy oneself	즐기다
in spite of oneself	자신도 모르게
in itself	그것 자체가
beside oneself	제정신이 아닌
by oneself	홀로
to oneself	**혼자**
of oneself	저절로, 제 스스로
for oneself	스스로
of itself	저절로
between ourselves	우리끼리 얘긴데
make oneself understood	~와 의사소통하다

⑥ 〈alone vs. lonely〉

	형용사	서술적 형용사	부사
alone	(명사/대명사 바로 뒤에서 수식하여) ~ 혼자, ~만으로도	혼자의, 고독한	혼자, 홀로
lonely	고독한, 고립된, 외로운	–	–

⑦ 〈부사 vs. 접속부사〉

시간	**Then**	주어	동사		
	When	주어	동사 ,	주어	동사 ~
장소	There	주어	동사		
	Where	주어	동사 ,	주어	동사 ~

⑦ 〈비인칭주어 it〉 : 문장의 형식을 갖추기 위해 주어자리에 사용되지만 의미는 없음

비인칭주어 it	시간	날짜	요일	달, 월	연도
	날씨	계절	밝기	명암	거리
	막연한 사정·상황·부정(不定)				

⑧ 〈감탄문 어순〉

How	✕	형용사/부사	✕	(주어)	(동사)!
What	(a/an)	(형용사)	명사	(주어)	(동사)!

⑧ 〈가주어, 진주어 구문〉

가주어	동사	진주어
It (this, that, there 사용 불가)	–	that + 주어 + 동사 (완전한 절)
		to 동사원형
		동명사
		의문사 + 주어 + 동사 (간접의문문)
		if/whether + 주어 + 동사
it	was	to entertain

지문	해석	단어 & 숙어
10 (In the terminal) / stood / a young father / {waiting / (for 〈도치〉 V S 〈현재분사〉 터미널에서는 서 있었다 한 젊은 아버지가 기다리며 his family) / (to return) / (from baby's first visit to far away 〈의S〉 자신의 가족이 돌아오길 멀리 사는 조부모에게 갔던 아기의 첫 방문으로부터 grandparents)}. 그 세 명 옆의	터미널에서는 한 젊은 아버지가 멀리 사는 조부모를 처음 방문한 아기를 데리고 돌아오는 자신의 가족을 기다리며 서 있었다.	terminal 터미널, 종착역 stand 서 있다 (stand – stood – stood – standing) wait for A to R A가 ~하기를 기다리다 return from ~로부터 돌아오다 a visit to ~로의 방문 far away 멀리 떨어진
11 He was (easily) identified / (from his wife's description). S 〈부사〉 V〈수동태〉 그를 쉽게 알아보았다 그의 아내의 묘사로 인해	그의 아내의 묘사로 인해 그를 쉽게 알아보았다.	identify 알아보다 description 묘사
12 (As I passed him) / I smiled / and lifted up a prayer / (for 〈종·접〉S V O S V₁ V₂ O 그를 지나칠 때 나는 미소를 지었고 기도를 올렸다 God's blessing) / (on this lovely young family). 신의 축복을 기원하는 이 사랑스러운 젊은 가족에 대해	그를 지나칠 때 나는 미소를 지었고 이 사랑스러운 젊은 가족에 대해 신의 축복을 기원하는 기도를 올렸다.	as ~할 때 pass 지나가다 lift up a prayer for ~을 위해 기도를 올리다 blessing 축복
13 (C) Sure enough, / no one had chosen / the aisle seat / (by S V〈과거완료〉 O 아니나 다를까 선택한 사람은 아무도 없었다 통로 좌석을 the threesome). 그 세 명 옆의	(C) 아니나 다를까, 그 세 명 옆의 통로 좌석을 선택한 사람은 아무도 없었다.	sure enough 물론, 말할 것도 없이 aisle seat 통로 좌석 threesome 3[삼]인조
14 "May I sit here?" / I requested. S V S V "여기 앉아도 될까요" 나는 물었다	"여기 앉아도 될까요? 나는 물었다.	request 요청[간청]하다 (= ask)
15 We exchanged / a few pleasantries / [after which I suggested S V V 〈전치사 + 관·대〉 S V 우리는 주고 받았다(should) 몇 가지 즐거운 이야기를 그 후 나는 제안했다 / {that she let / me (hold her sleeping darling)}] / {while she 〈종·접〉 S V O 〈현재분사〉 O ( ):O·C 〈종·접〉 S 내가 그녀의 잠든 아기를 안아주겠다고 ( ):O attended (to the wiggly one)}. V 그녀가 꼼지락거리는 아이를 돌보는 동안	우리는 몇 가지 즐거운 이야기를 주고받았는데, 나는 그 후 그녀가 꼼지락거리는 아이를 돌보는 동안 내가 그녀의 잠든 아기를 안아 주겠다고 했다.	exchange 주고받다 pleasantry 농담, 농지거리 suggest 제안하다 let O O·C(R) (5) ~가 ⋯하도록 허용하다 hold (손·팔 등을) 잡고[쥐고, 받치고, 안고] 있다 darling 가장 사랑하는[귀여워하는] 사람 while ~하는 동안 attend to ~을 돌보다
16 (c) Her treasure / was (gratefully) handed over. S 〈부사〉 V〈수동태〉 그녀의 보물이 기꺼이 넘겨졌다	그녀의 보물이 기꺼이 넘겨졌다.	treasure 보물 gratefully 기꺼이 hand A over A를 넘기다 (수동태시, A be handed over)
17 The little boy was well-behaved, / but (was)(constantly) moving. S V₁ S·C V₂〈과거진행〉 어린 남자 아이는 얌전했지만 끊임없이 움직였다	어린 남자 아이는 얌전했지만, 끊임없이 움직였다.	well-behaved 얌전한 constantly 지속적으로, 끊임없이

문법

10 〈부사구 문두 도치〉: 부사구의 종류에는 장소/방법/시간이 있는데, 장소와 관련된 부사가 문두에 위치하면 도치가 될 때, 도치는 선택적이고, 일반 동사라고 해도 do/does/did를 사용할 수 없음

부사구	동사	주어
In the terminal	stood	a young father

10 〈분사구문 : 문미〉: 주절과 분사구문의 위치가 서로 바뀌어도 무관

주절		종속절(→ 분사구문)			
주어	동사	종속접속사	주어	동사: 상황에 맞게 아래처럼 바뀜	
		〈그대로 사용하면 의미강조〉	(주절의 주어와 같으면 생략하고, 다르면 주격으로 사용함)	(being) (having been) 생략 가능	**-ing(현재분사)**
					p.p.(과거분사)
					형용사
					명사
a young father	stood	–	–	–	waiting

10 〈to부정사의 의미상 주어〉: for his family

주어	동사 ~	to R
		주체가 주어

주어	동사 ~	**for + 목적격**	to R
		의미상의 주어	주체가 주어가 아니기 때문에 의미상의 주어가 필요

13 〈enough 수식〉

전치 수식	enough	명사
후치 수식	명사	enough
	형용사/부사/동사	**enough**
		enough for (동)명사
		enough to R

15 〈few / a few / a little / little〉

수	few	거의 없는 (부정)	+ 복수명사 + 복수동사
	a few	약간 (긍정)	
양	a little	약간 (긍정)	+ 단수명사 + 단수동사
	little	거의 없는 (부정)	

15 〈전치사 + 관계대명사 vs. 관계대명사〉: after which

관계부사와 같기 때문에 뒤 문장이 완전한 문장이 나온다. 전치사는 맨 뒤로 보낼 수 있는데 이때 전치사의 목적어가 없기 때문에 관계대명사절은 불완전하다.

선행사	전치사 + 관계대명사 = 관계부사	주어	동사		완전한 문장
	관계대명사	주어	동사	전치사 ~~목적어~~	불완전한 문장

15 〈what vs. that〉

	관계대명사 (불완전한 문장)	접속사 (완전한 문장)
what	○ 선행사를 포함하고 있기 때문에 what 앞에 선행사 불필요	×
that	○ that 앞에 선행사 필요	○

15 〈조동사 should의 용법〉: 주장/명령/요구/제안 동사

주절		종속절 : 명사절 (타동사의 목적어)		
주어	타동사	종속접속사 (that)	주어	동사
주장	insist, argue	당위성일 경우		(should) 동사원형
요구/요청/부탁	require, demand, ask, desire, request, stipulate, move, beg, mandate			
명령	command, order			
충고	advise, urge			
결정	agree, decide, decree, determine	일반적 사실인 경우		시제 일치 또는 예외
소망	wish, pray, prefer			
제안/권장	**suggest**, propose, recommend			

15 〈사역동사〉: 목적어와 목적격 보어의 관계가 능동일 경우

주어	사역동사	목적어	목적격 보어
	have		동사원형
	let		
	make		

15 시간 (~ 동안)

전치사	during	+ 명사 / 명사 상당어구
종속접속사	**while**	+ 주어 + 동사

15 〈3형식 구조를 가지는 타동사 뒤에 전치사를 사용할 수 없는 경우〉: 예외 : **attend**(자동사) **to** (~에 주의하다, 돌보다, 처리하다) / enter(자동사) into (일/사업을 시작하다)

주어	타동사	전치사	목적어
	resemble	~~with~~	
	marry	~~with~~	
	mention	~~about~~	
	discuss	~~about~~	
	attend	~~to~~	
	enter	~~into~~	
	reach	~~at~~	

15 〈attend 동사의 쓰임〉

타동사	attend	–	참석하다, 수반되다, 동행하다, 시중들다, 유의하다
자동사	**attend**	**to**	**~에 주의하다, 돌보다, 처리하다**
	attend	(up)on	~의 시중들다/돌보다

	지문	해석	단어 & 숙어
18	{If she had had to hold / the baby / (on (d) her lap) / and 〈종·접〉 S V₁〈과거완료〉 O (to) 만약 그녀가 올려놓아야 했다면 아기를 그녀의 무릎 위에 entertain the wiggly one} / it / would have been (much) more V₂ O S V 〈강조〉 그리고 꼼지락거리는 아이를 즐겁게 해주어야 했다면 그것은 훨씬 더 어려웠을 것이다 difficult. S·C	만약 그녀가 아기를 그녀의 무릎 위에 올려놓고 꼼지락거리는 아이를 즐겁게 해주어야 했다면 그것은 훨씬 더 어려웠을 것이다.	have to R ~해야 한다 hold A on B A를 B 위에 두다 lap 무릎 entertain 즐겁게 하다 would have p.p. ~했을 것이다 difficult 어려운
19	(D) I (mentally) recalled / some of my own journeys / S 〈부사〉 V O 나는 마음속으로 떠올렸는데 몇 번의 나의 여행을 (with wiggly ones) / (on my lap), / (especially) / {the day 〈선행사〉〈관·부 when〉 꼼지락거리는 아이들을 올려놓고 갔던 내 무릎 위에 특히 (my own toddler cried)} / {the entire trip (from Chicago to S V 내 아이가 울었던 날은 시카고에서 플로리다까지 가는 여행 내내 Florida)}, / {which was something (of a nightmare)}. 〈주·관〉 V S·C 악몽과도 같았다	(D)나는 내 무릎 위에 꼼지락거리는 아이들을 올려놓고 갔던 몇 번의 나의 여행을 마음속으로 떠올렸는데, 특히 내 아이가 시카고에서 플로리다까지 가는 여행 내내 울었던 날은 악몽과도 같았다.	mentally 마음속으로 recall 상기시키다 journey 여행 especially 특히 toddler 아장아장 걷는 아이, 유아 entire 전체의, 온 (= whole) from A to B A에서 B까지 nightmare 악몽
20	(At least) / neither (of these children) was crying / or being S V₁〈과거진행〉 V₂〈과거진행〉 적어도 이 아이들 중 누구도 울거나 힘들게 굴지 difficult. S·C 않았다	적어도 이 아이들 중 누구도 울거나 힘들게 굴지 않았다.	at least 적어도 neither of ~의 어느 쪽도 아니다
21	The sleeping baby / seemed to get heavier / (as time went 〈현재분사〉 S V S·C 〈종·접〉 S 잠자는 아기는 무거워지는 것 같았다 시간이 지날수록 on). (was)	잠자는 아기는 시간이 지날수록 무거워지는 것 같았다.	seem S·C(to R) (~하는 것으로) 생각되다, 느껴지다, 여겨지다 get + 비교급 점점 ~해지다 as time goes on 시간이 계속 흘러서
22	The book / (I had planned to read) / remained / (in my bag) S〈선행사〉 S V〈과거완료〉 V 책은 내가 읽으려고 계획했던 그대로 있었다 가방에 / (under the seat). 좌석 밑의	내가 읽으려고 계획했던 책은 좌석 밑의 가방에 그대로 있었다.	plan to R ~할 것을 계획하다 remain 계속[여전히] ~이다
23	Sleepiness overtook / me / (for a short while). S V O 졸음이 엄습했다 나에게 잠시	잠시 나에게 졸음이 엄습했다.	overtake 엄습하다, 압도하다 for a (short) while 잠깐, 잠시 동안
24	Then / we could see / the snow on Mt. Hood, / and I knew / S₁ V₁ O S₂ V₂ 그때 우리는 볼 수 있었다 Hood산의 눈을 그리고 나는 알았다 {the flight would (soon) end}. { }:O 〈종·접 that〉 S V 비행이 곧 끝날 것을	그때 우리는 Hood 산에 쌓인 눈을 볼 수 있었고, 나는 비행이 곧 끝날 것을 알았다.	flight 비행 soon 곧 end 끝나다
25	Finally / the wiggly one slept. S V 마침내 꼼지락거리는 아이가 잠들었다	마침내 꼼지락거리는 아이가 잠들었다.	finally 마침내 sleep 잠자다 (sleep - slept - slept - sleeping)
26	The baby sister had slept / all the way / (across the country). S V〈과거완료〉 O 그 여자 아기는 잠을 잤다 내내 국토를 가로지르는	그 여자 아기는 국토를 가로지르는 내내 잠을 잤다.	all the way 내내 across ~을 가로질러
27	(Now) / (e) she opened / her big blue eyes / and smiled (at S V₁ O V₂ 이제 그녀는 뜨고 커다란 푸른 눈을 나에게 미소 지었다 me), / (unafraid). ( ): 분사구문 두려움 없이	이제 그녀는 커다란 푸른 눈을 뜨고 두려움 없이 나에게 미소 지었다.	open one's eyes 눈을 뜨다 smile at ~을 보고 미소짓다 unafraid 두려워하지 않는

문법

18 〈가정법 과거완료〉: 과거 사실의 반대되는 일을 가정

조건절 (만약 ~ 했다면)	주절 (~ 했을 것이다)
If + 주어 + had p.p. ~,	주어 + would/should/could/might + have p.p.

18 〈비교급 vs. 원급 강조〉

	비교급 강조 표현	원급 강조 표현
훨씬 ~한	**much,** even, still, by far, far, a lot, lots, a great deal	very, so, quite, really, extremely, too
조금 더 ~한	a little, slightly, a bit	

19 〈소유격을 강조하는 표현〉: '소유격 + own(~ 자신의) + 명사'

own은 소유격대명사 강조			
전치사	소유격	own	명사
of	my	own	journeys

19 〈관계부사〉: 관계부사절은 완전한 문장이 나오고, 선행사와 관계부사는 서로 같이 사용할 수도 있고 둘 중 하나는 생략할 수도 있다.

용도	선행사	관계부사	전치사 + 관계대명사
시간	the time (= the day)	**when**	in/at/on + which
장소	the place	where	in/at/on + which
이유	the reason	why	for which
방법	(the way)	how	in which
방법	the way how는 같이 사용 못함 the way, the way in which, the way that은 사용 가능 (how 대신에 사용되는 that은 관계부사 대용이라고 함)		

19 〈부사적 대격〉: 전치사가 없는 부사구 (the day / the entire trip)

부사적 대격			
(전치사) 생략 가능	한정사	명사	예시
(at, in, on, during 등)	this, that, **the,** last, next, every, each, one, some, any, all 등	시간	(in) this morning / (on) next Sunday / (at) last night / (at) what time / (by) 17 years old
(for)		방법/방향	(in) that way / (in) the opposite direction / (to) this way
(in)		거리/기간	(for) 10km / (by) 10m wide / (by) 10 inches / (for) three years
(in, for, like)		기타 표현	(in) Korean style / (for) several times / (like) cats and dogs / I'm sorry (for) that S V / I'm afraid (of) that S V

19 〈주격 관계대명사절〉: 계속적 용법으로는 that 사용 불가 (, which was ~ = **and it[this/that]** was ~)

선행사	콤마(,)	주격 관계대명사절		
		주격 관계대명사	~~주어~~	동사
앞 문장	계속적 용법	which		was

20 〈neither 용법〉

형용사	[단수명사를 수식하여] (양자 중의) 어느 ~도 …아니다[않다]
대명사	**(양자 중의) 어느 쪽도 …아니다[않다]** **주어의 경우, 정확하게는 단수 취급한다.** 다만 《구어》에서는 복수 취급을 하는 경우가 있으며, 특히 neither of ~의 형태일 때 그 경향이 두드러진다. neither는 both에 대응하는 부정어이기 때문에 3자 이상의 부정에는 none을 씀
부사	[neither ~ nor …로 상관접속사적으로 써서] ~도 …도 아니다[않다]
	[부정을 포함하는 문장이나 절 뒤에서] ~도 또한 …않다[아니다]
접속사	또한 …하지 않다 (= nor, nor yet)

20 〈공통관계〉: A가 공통

A	(X + Y)	=	AX + AY
A	(X + Y + Z + α)	=	AX + AY + AZ + Aα
(X + Y)	A	=	XA + YA
A	(X + Y + Z)	=	AX + AY + AZ
was	crying + being	=	was crying or (was) being

21 〈seem 동사의 쓰임〉

주어	seem	주격 보어	2형식
		(to be) 보어	~처럼 보이다, 보기에 ~하다; ~인 듯하다 [것 같다], ~인 것처럼 생각되다
		to R	

22 〈목적격 관계대명사 that〉: 타동사의 목적어가 없는 경우 / 선행사를 포함하고 있는 관계대명사 what 사용 불가

목적격 관계대명사절				
선행사	목적격 관계대명사	주어	타동사	~~목적어~~
The book	(that) 생략 가능	I	had planned to read	

22 〈목적어 자리에 to부정사를 취하는 완전 타동사〉

주어	완전 타동사	목적어
–	afford / agree / ask / attempt / care / choose / claim / dare / decide / demand / desire / determine / elect / expect / fail / guarantee / hope / intend / learn / manage / need / offer / **plan** / pretend / promise / refuse / resolve / seek / threaten / volunteer / want / wish 등	to 동사원형

23 〈short / shortly〉

	형용사	부사
short	짧은, 부족한	짧게
shortly	–	즉시

24 〈부사 vs. 접속부사〉

시간	**Then**	주어	동사		
	When	주어	동사 ,	주어	동사 ~
장소	There	주어	동사		
	Where	주어	동사 ,	주어	동사 ~

24 〈목적격 종속접속사 that 생략〉: 완전 타동사의 목적어로 사용된 경우 / 관계대명사 what 사용 불가

종속절 (명사절: 목적어) (완전한 절)			
완전 타동사	목적격 종속접속사	주어	동사
knew	(that) 생략 가능 (~하는 것을)	the flight	would end

27 〈분사구문, 생략〉: 주절의 주어와 종속절의 주어와 같을 시 종속절의 '주어 + be동사'는 생략 가능

주절		종속절→분사구문		
주어	동사	종속접속사 〈그대로 사용하면 의미 강조〉	(주어 + be동사) 〈주절의 주어와 같을 경우 생략 가능〉	-ing(현재분사) p.p.(과거분사) **형용사** 명사
she	opened	(as)	(she was)	unafraid

[43~45] 다음 글을 읽고, 물음에 답하시오.

43 주어진 글 (A)에 이어질 내용을 순서에 맞게 배열한 것으로 가장 적절한 것은? [70%]

① (B)-(D)-(C)　　　　② (C)-(B)-(D)

③ (C)-(D)-(B)　　　　④ (D)-(B)-(C)

⑤ (D)-(C)-(B)

44 밑줄 친 (a)~(e) 중에서 가리키는 대상이 나머지 넷과 다른 것은? [61%]

① (a)　　② (b)　　③ (c)　　④ (d)　　⑤ (e)

45 윗글의 'I'에 관한 내용으로 적절하지 않은 것은? [77%]

① 앞쪽 근처 좌석을 얻기 위해 일찍 줄을 서고 싶었다.
② 터미널에서 아이들의 아버지를 쉽게 알아보았다.
③ 아이들의 어머니에게 자고 있는 아이를 안아주겠다고 했다.
④ 자신의 아이가 여행 내내 울었던 경험이 있다.
⑤ 읽으려고 계획했던 책을 비행기 안에서 다 읽었다.

정답 | ③, ⑤, ⑤

43 해설 | 5에서 아무도 아이 옆에 앉고 싶지 않을 거라는 '나'의 생각이 13에서 확인되므로 (A) 다음에 (C)가 이어진다.

15에서 '나'는 아이 돌보는 것을 도와준다고 했고, 19에서 과거 여행 중 꼼지락거리는 아이를 돌보았던 경험을 떠올리고 있으므로 (C) 다음에 (D)가 이어진다.

7의 Then은 27의 내용을 가리키며, 그 이후 상황을 제시하므로 (D) 다음에 (B)가 이어진다.

44 해설 | ① the young mother를 지칭한다.
② the young mother를 지칭한다.
③ the young mother를 지칭한다.
④ the young mother를 지칭한다.
⑤ the baby sister를 지칭한다.

45 해설 | ① 3에 제시되어 있다.
② 11에 제시되어 있다.
③ 15에 제시되어 있다.
④ 19에 제시되어 있다.
⑤ 22에서 읽으려고 계획했던 책은 가방에 그대로 있었다고 했으므로 적절하지 않다.

어법 & 연결어

People were [**gathered** / **gathering**] in the boarding area for the cross-country flight from Chicago to Portland. Southwest Airlines has open seating. I wanted to be early in line for my boarding section so I could get a choice seat [**nearly** / **near**] the front. It was then I noticed the young mother with her toddler and infant. "Nobody is going to want to [**sit** / **seat**] next to that wiggly boy," I thought to [**me** / **myself**]. "I'm traveling [**alone** / **lonely**]. I could do it. I might even be able to help the lady." [**Enough sure** / **Sure enough**], no one [**has chosen** / **had chosen**] the aisle seat by the threesome. "May I sit here?" I requested. We exchanged [**a few** / **a little**] pleasantries [**which** / **after which**] I suggested [**what** / **that**] she let me [**hold** / **held**] her sleeping darling [**during** / **while**] she [**attended** / **attended to**] the wiggly one. Her treasure was gratefully handed over. The little boy was well-behaved, but constantly [**moved** / **moving**]. If she [**had** / **had had**] to hold the baby on her lap and [**entertain** / **entertained**] the wiggly one it would have been [**much** / **very**] more difficult. I mentally recalled some of my own journeys with wiggly ones on my lap, especially the day my own toddler cried the entire trip from Chicago to Florida, [**what** / **which**] was something of a nightmare. At least [**neither** / **either**] of these children was crying or being difficult. The sleeping baby seemed to get heavier as time went on. The book [**that** / **what**] I [**planned** / **had planned**] [**to read** / **reading**] remained in my bag under the seat. Sleepiness overtook me for a [**short** / **shortly**] while. (　　　　　) we could see the snow on Mt. Hood, and I knew [**that** / **that**] the flight would soon end. (　　　　　) the wiggly one slept. The baby sister had slept all the way across the country. Now she opened her big blue eyes and smiled at me, unafraid. Then it was my turn to play little games with her. How [**it was easy** / **easy it was**] to entertain this [**contented** / **contenting**] baby! I offered [**helping** / **to help**] the children into their stroller on the jet way, but the mother assured [**that** / **what**] she could manage quite well on her own. In the terminal [**did a young father stand** / **stood a young father**] [**waiting** / **waited**] for his family to return from baby's first visit to far away grandparents. He was easily [**identified** / **identifying**] from his wife's description. As I passed him I smiled and lifted up a prayer for God's blessing on this lovely young family.

앱 솔 루 티

ABSOLUTE

2020학년도

10월

고3 전국연합 학력평가

	지문	해석	단어 & 숙어
1	Dear Mr. Collins, Collins씨에게	Collins씨에게.	dear ~에게[께], ~ 귀하
2	I am writing / (on behalf of Green Youth Center). S V〈현재진행〉 저는 쓰고 있습니다　　Green Youth Center를 대표해서	저는 Green Youth Center를 대표해서 쓰고 있습니다.	on behalf of ~을 대신하여, ~을 대표하여
3	We will be conducting / a program / (titled "Arts For All.") S V〈미래진행〉 O (which is) p.p. 우리는 진행할 예정입니다　　프로그램을　　"Arts For All(모두를 위한 미술)"이라는	우리는 "Arts For All(모두를 위한 미술)"이라는 프로그램을 진행할 예정입니다.	conduct ~을 (진행)하다 title 표제를 붙이다
4 원인	This program aims / {to spend time (with young children) / S V ① O 이 프로그램은 목표로 합니다　　　어린 아이들과 함께 시간을 보내는 것을 and provide / an art education program (for them)}. (to) ② O 그리고 제공하는 것을　　　그들을 위한 미술 교육 프로그램을	이 프로그램은 어린 아이들과 함께 시간을 보내고 그들을 위한 미술 교육 프로그램을 제공하는 것을 목표로 합니다.	aim to R ~하고자 하다 spend A with B B와 A(시간)를 보내다 provide A for B B에게 A를 제공하다 education 교육
5 TS 결과	(In line with this), / we would like to ask for your support / S V O 이에 따라　　　우리는 요청하고 싶습니다　　당신의 지원을 (for the program). 이 프로그램에 대한	이에 따라, 우리는 이 프로그램에 대한 당신의 지원을 요청하고 싶습니다.	in line with ~에 따라 would like to R ~하고 싶다, ~하고자 하다 ask for ~을 요구하다 support 지지, 지원
6	We are expecting / 50~80 children (ages 5~8 years) / (as S V〈현재진행〉 O (of) 우리는 예상하고 있습니다　　5~8세 어린이 50~80명을 participants). 참가자로	우리는 5~8세 어린이 50~80명을 참가자로 예상하고 있습니다.	expect 예상하다 participant 참여자, 참가자
7	We would (greatly) appreciate donations / (such as art S V O 우리는 기부에 매우 감사할 것입니다 supplies, picture books, or any other materials) / {that 〈선행사〉 〈주·관〉 미술 용품, 그림책, 또는 다른 자료와 같은 would be beneficial (to children's art education)}. V S·C 아이들의 미술 교육에 도움이 될	우리는 미술 용품, 그림책, 또는 아이들의 미술 교육에 도움이 될 다른 자료와 같은 기부에 매우 감사할 것입니다.	appreciate 감사하다 donation 기부 such as ~와 같은 art supplies 미술용품 any other 다른 어떤, 다른 어느, 어떤 다른, 어느 다른 material 재료, 자료, 물질 beneficial to ~에 유익한, 이로운
8	We (sincerely) thank you / (for your kind consideration) / (in S V O 우리는 진심으로 감사드립니다　　　당신의 친절한 배려에 advance). 미리	우리는 미리 당신의 친절한 배려에 진심으로 감사드립니다.	sincerely 진심으로 thank A for B B에 대해 A에게 고마워하다 consideration 고려 (사항), 배려 in advance 미리, 사전에
9	Best regards, / 안부 전합니다 Rose Sanders, Program Coordinator =〈동격〉 프로그램 진행자 Rose Sanders	안부 전합니다 프로그램 진행자 Rose Sanders	Best regards 최고의 안부; 드림, 배상, 올림 coordinator 진행자

18 다음 글의 목적으로 가장 적절한 것은? [78%]

① 미술 교육 프로그램 운영에 조언을 구하려고
② 신설되는 교육 프로그램에 강사로 초빙하려고
③ 교육 프로그램 참가자에게 준비물을 안내하려고
④ 어린이를 위한 미술 프로그램 개설을 건의하려고
⑤ 미술 교육 프로그램을 위한 물품 기부를 요청하려고

정답 | ⑤

해설 | ① 조언을 구하는 내용은 없다.
② 강사를 초빙한다는 내용은 없다.
③ 준비물에 관한 내용은 없다.
④ 개설을 건의하는 내용은 없다.
⑤ 5, 7 에서 미술 교육 프로그램을 위해 물품 기부를 요청하고 있으므로 정답으로
적절하다.

문법

3 〈주격 관계대명사 + be동사 생략〉

–	생략할 수 있음	
명사 (선행사)	(주격 관계대명사 + be동사)	현재분사(-ing) – 능동 (~하고 있는, ~하는)
		과거분사(p.p.) – 수동 (~되어진, ~당한)
		명사
		형용사(구) (~하는, ~할)
		부사
		전치사구
a program	(which/that is)	titled

4 〈to부정사를 취하는 불완전 자동사〉

주어	불완전 자동사	
–	**aim** / appear / arrange / bother / consent / fight / hesitate / hurry / long / prepare / seem / serve / strive / struggle / tend / yearn / wait 등	to 동사원형

4 공급/제공 : 목적어 사람과 사물의 순서가 바뀌면 전치사 with 대신에 to/for로 변경

주어	완전 타동사	목적어	전치사	목적어
	supply			
	fill	사람	with	사물
	furnish	↕	↕	↕
	present	사물	to/**for**	사람
	provide			

7 〈주격 관계대명사절의 수의 일치〉 : 선행사를 포함하고 있는 관계대명사 what 사용
불가

	주격 관계대명사절		
선행사	주격 관계대명사	~~주어~~	동사
any other materials	that		would be

7 〈what vs. that〉

	관계대명사 (불완전한 문장)	접속사 (완전한 문장)
what	O 선행사를 포함하고 있기 때문에 what 앞에 선행사 불필요	×
that	O that 앞에 선행사 필요	O

8 〈비난/감사/칭찬〉

주어	완전 타동사	목적어	전치사	목적어
	blame			
	criticize			
	thank		for	
	praise			
	punish			
	scold			

9 〈동격〉 : A(명사), B(명사)

동격 (B라는 A)		
명사(A)	, (콤마)	명사(B)
Rose Sanders		Program Coordinator

어법 & 연결어

Dear Mr. Collins,

I am writing on behalf of Green Youth Center. We will be [**conducted** / **conducting**] a program [**titled** / **titling**] "Arts For All." This program aims [**spending** / **to spend**] time with young children and [**provide** / **provides**] an art education program for them. In line with this, we would like to ask for your support for the program. We are expecting 50~80 children ages 5~8 years as participants. We would [**great** / **greatly**] appreciate donations such as art supplies, picture books, or any other materials [**what** / **that**] would be beneficial to children's art education. We [**sincere** / **sincerely**] thank you for your kind consideration in advance.

Best regards,

Rose Sanders, Program Coordinator

	지문	해석	단어 & 숙어
1	Daddy hums / {as he packs our car / (with suitcases and a cooler) / (full of snacks)}. 아빠는 흥얼거리신다 / 우리 차에 채워 넣으면서 / 여행 가방들과 냉장 박스를 / 간식을 가득 채운	아빠는 우리 차에 여행 가방들과 간식을 채운 냉장 박스를 채워 넣으면서 흥얼거리신다.	hum 콧노래를 부르다, (노래를) 흥얼거리다 as ~하면서 pack A with B B로 A를 채우다 suitcase 여행 가방 cooler 냉장고, 냉장 박스 be full of ~로 가득 차다 (= be filled with)
2	We leave / {when the sky is (still) dark (with sleep)}. 우리는 떠난다 / 하늘이 아직 잠으로 캄캄할 때	우리는 하늘이 아직 잠으로 캄캄할 때 떠난다.	leave 떠나다 still 아직, 여전히
3	Sister closes her eyes, / but mine stay wide open. 누나는 눈을 감지만 / 내 눈은 활짝 뜬 채이다	누나는 눈을 감지만, 내 눈은 활짝 뜬 채이다.	close one's eyes 눈을 감다 stay + 형용사 ~한 채로 있다 wide open 활짝 열린
4	"Alan," / Momma says / (after a while), / "you better catch some sleep / (while you can)." ^(had) "Alan" / 엄마가 말씀하신다 / 잠시 후 / "좀 자 두는 것이 좋겠다 / 잘 수 있을 때"라고	"Alan, 잘 수 있을 때 좀 자 두는 것이 좋겠다."라고 엄마가 잠시 후 말씀하신다.	after a while 잠시 후 you (had) better + R 너는 ~하는 것이 좋겠다 catch some sleep 좀 자다
5	I try to rest, / but can't stop smiling. 나는 자려고 노력해 보지만 / 웃음을 참을 수 없다	나는 자려고 노력해 보지만, 웃음을 참을 수 없다.	try to R ~하려고 노력하다, 애쓰다 rest 쉬다, 자다 stop O(-ing) ~하는 것을 멈추다
6	(Soon) / I'll get to see my great-grandma Granny / and hang out with my cousins. ^(to) 곧 / 나는 증조할머니 Granny를 만나고 / 사촌들과 놀게 될 것이다	나는 곧 증조할머니 Granny를 만나고 사촌들과 놀게 될 것이다.	soon 곧 get to R ~하게 되다, ~하기 시작하다 great-grandma 증조할머니 hang out with ~와 시간을 보내다 cousin 사촌, 친척
7	But / (when I look at my hands), / {empty (as the road) / (in front of us)}, / my grin fades. 하지만 / 내 손을 보았을 때 / 길처럼 텅 비어 / 우리 앞에 펼쳐진 / 나의 함박웃음은 사라진다	하지만 내 손을 보았을 때, 우리 앞에 펼쳐진 길처럼 텅 비어, 나의 함박웃음은 사라진다.	look at ~을 보다[살피다] (= examine) empty 텅 빈 as ~처럼 in front of ~의 앞쪽에[앞에] grin (소리 없는) 활짝 웃음 fade 사라지다
8	The anniversary celebration. 기념일 축하 행사	기념일 축하 행사.	anniversary 기념일 celebration 축하
9	I bet / [everyone will bring something / {to share / (except me)}]. 틀림없이 / 모두가 무언가를 가지고 올 것이다 / 나눠 줄 / 나 빼고	틀림없이 나 빼고 모두가 나눠 줄 것을 가지고 올 것이다.	bet 단언하다 bring 가져오다 share 공유하다, 나눠주다 except 제외하고는[외에는] (= apart from)
10	I have nothing (prepared for Granny). 나는 Granny를 위해 준비한 것이 아무것도 없는데	나는 Granny를 위해 준비한 것이 아무 것도 없는데.	prepare ~을 준비하다
11	I'm (suddenly) overwhelmed / (with worries). 나는 갑작스레 휩싸인다 / 걱정에	나는 갑작스레 걱정에 휩싸인다.	suddenly 갑자기 be overwhelmed with ~에 압도되다 worry 걱정거리, 걱정(되는 일)

19 다음 글에 드러난 'I'의 심경 변화로 가장 적절한 것은? [85%]

① scared → relieved
② excited → anxious
③ bored → surprised
④ ashamed → thankful
⑤ amazed → indifferent

정답 | ②

해설 | ① 두려운 → 편안한: 글에서 드러난 'I'의 심경 변화와 정반대이다.
② 흥분된 → 불안한: 5에서 흥분되는 심경이 드러나고, 7의 But 이후로 11에서와 같이 불안한 심경이 드러나므로 정답이다.
③ 지루한 → 놀란: 지루해하는 심경은 드러나지 않는다.
④ 부끄러운 → 고마워하는: 부끄러워하는 심경은 드러나지 않는다.
⑤ 놀란 → 무관심한: 놀라고, 무관심한 심경은 드러나지 않는다.

문법

1 7 10 〈주격 관계대명사 + be동사 생략〉

–	생략할 수 있음	
명사 (선행사)	(주격 관계대명사 + be동사)	현재분사(-ing) – 능동(~하고 있는, ~하는)
		과거분사(p.p.) – 수동(~되어진, ~당한)
		명사
		형용사(구) (~하는, ~할)
		부사
		전치사구
a cooler	(which/that is)	full
my hands	(which are)	empty
nothing	(that is)	prepared

1 〈부사절을 이끄는 종속접속사〉: as 용법

	쓰임	해석
as + 주어 + 동사	시간	~하고 있을 때, ~하자마자, ~하면서
	원인/이유	~ 때문에
	조건	~한다면
	양보	~일지라도
	비교	~보다/만큼
	비례	~함에 따라, ~할수록
	방법/상태	~대로, ~하듯이

4 〈대동사, 생략〉: can (catch some sleep)

5 〈try 동사의 쓰임〉

try	목적어	3형식
	to R	노력하다, 애쓰다 (S의 의지 ○)
	-ing	시험 삼아 한번 해보다 (S의 의지 ×)

5 〈stop 동사의 쓰임〉

stop	부가어/목적어	1형식/3형식
	to 동사원형 (부가어)	~하기 위해서 멈추다 (1형식)
	동명사 (목적어)	~하는 것을 멈추다 (3형식)

6 〈get 동사의 쓰임〉: 2형식일 경우

get	주격 보어	2형식
	과거분사	~당하다, ~의 상태로 되다
	현재분사	~하기 시작하다
	형용사	~의 상태가 되다, ~하기에 이르다
	to do	서서히 ~하게 되다, ~할 기회가 있다, ~할 수가 있다

6 〈hang 동사의 쓰임〉

원형	과거	과거분사	현재분사	뜻
hang	hung	hung	hanging	걸다, 매달리다, 시간을 보내다(hang out)
hang	hanged	hanged	hanging	교수형 시키다

7 〈look 동사의 쓰임〉

	at	~을 쳐다보다
look	after	~을 돌보다
	over	~을 대충 훑어보다[살펴보다] (= watch)
	in	~을 들여다보다, 조사[검토]하다
	into	~을 조사하다
	up	~을 올려다보다
	out	~을 내다보다, 조심하다
	on	구경하다[지켜보다]
	for	~을 찾다, 구하다, 바라다
	around	~을 둘러보다

9 〈목적격 종속접속사 that 생략〉

	종속절 (명사절: 목적어) (완전한 절)		
완전 타동사	목적격 종속접속사	주어	동사
bet	(that) 생략 가능	everyone	will bring

9 〈~을 제외하고 / ~ 외에도〉

전치사	
save	
but	+ (동)명사 / 대명사
except	

어법 & 연결어

Daddy hums as he packs our car with suitcases and a cooler [**full** / filled] of snacks. We leave when the sky is still dark with sleep. Sister closes her eyes, but [**my** / mine] stay wide open. "Alan," Momma says after a while, "you better catch some sleep [during / **while**] you can." I try [**to rest** / resting], but can't stop [to smile / **smiling**]. Soon I'll get to see my great-grandma Granny and [**hang** / hanged] out with my cousins. (   ) when I look at my hands, empty as the road in front of us, my grin fades. The anniversary celebration. I bet [**that** / what] everyone will bring something to share except me. I have nothing [preparing / **prepared**] for Granny. I'm suddenly [**overwhelmed** / overwhelming] with worries.

	지문	해석	단어 & 숙어
1	One (of the funniest things) / (about becoming a boss) / is ⟨that it causes an (awful) lot of people / to forget everything / [they know / {about (how to relate to other people)}]⟩.	상사가 되는 것에 관한 매우 재미있는 사실 중 하나는 이것이 엄청나게 많은 사람들로 하여금 다른 사람들과 관계 맺는 방법에 관하여 그들이 아는 모든 것을 잊게 만든다는 점이다.	one of + 복수명사 ~들 중의 하나 funny 우스운, 재미있는 boss (직장의) 상관, 상사 cause O O·C(to R) (5) ~가 …하도록 야기하다 awful 몹시, 대단히 (= very) forget 잊다 know about ~에 대하여 알고[듣고] 있다 how to R (~하는) 방법 relate to ~와 관계 맺다
2	{If you have a complaint / (about somebody) / (in your personal life)}, / it would never occur (to you) / {to wait for a (formally) scheduled meeting / (to tell them)}.	만일 여러분이 사적인 생활에서 누군가에 대해 불만이 있다면 그들에게 말하기 위해 공식적으로 일정이 잡힌 회의까지 기다리겠다는 생각은 절대 하지 않을 것이다.	a complaint about ~에 대한 불만 personal 개인적인, 사적인 never 절대 ~ 않다 occur to ~에게 (생각이) 떠오르다 wait for ~을 기다리다 formally 공식적으로 scheduled 예정된
3 문제점	Yet, / management has been bureaucratized / (to the point) / {that we throw away effective strategies / (of everyday communication)}.	그러나 경영진은 우리가 일상적 소통의 효율적인 전략들을 내버리는 정도까지 관료화되었다.	yet 그러나 management 관리, 경영(진) bureaucratize 관료 체제로 하다, 관료화하다 throw away 버리다 effective 효과적인 (↔ ineffective) strategy 전략 everyday 일상적인 communication 소통
4 TS 해결책	Don't let the formal processes / (like annual performance reviews) / take over.	연례 업무 평가와 같은 형식적인 절차들이 더 중요해지도록 만들지 마라.	let O O·C(R) (5) ~가 …하도록 하다 formal 형식적인 process 과정, 절차 annual 매년의, 연례의 performance review 업무 평가 take over 점령하다, 우세해지다
5	They are meant / [to reinforce, not substitute, / {what we do (every day)}].	그것들은 우리가 매일 하는 것을 대체하기 위한 것이 아니라 보강하기 위한 것이다.	mean O(to R) ~을 의도하다 (수동태 시, be meant to R) reinforce 강화하다, 보강하다 B, not A A가 아니라 B (= not A but B) substitute 대체하다 every day 매일
6	You'd never let the fact / {that you go to the dentist for a cleaning / (a couple times) (a year)} / [prevent you {from brushing your teeth (every day)}].	1년에 몇 차례 (이를) 깨끗하게 하러 치과에 간다는 사실이 여러분이 매일 이를 닦지 않게 만들지는 않을 것이다.	go to the dentist 치과에 (치료 받으러) 가다 cleaning 청소 prevent A from -ing A가 ~하는 것을 막다 brush one's teeth 양치질하다

20 다음 글에서 필자가 주장하는 바로 가장 적절한 것은? [77%]

① 정확하고 구체적으로 직원들에게 피드백을 제공하라.
② 업무에 대한 동료의 건전한 비판을 겸허히 수용하라.
③ 직원 결속을 위해 회사 내 비공식적 모임을 활성화하라.
④ 직장에서 상사에게 이의를 제기할 때는 격식을 존중하라.
⑤ 절차에만 의존하지 말고 부하 직원들과 일상적으로 소통하라.

정답 | ⑤

해설 | ① 피드백 제공에 관한 내용은 없다.
② 동료의 비판에 관한 내용은 없다.
③ 비공식적 모임에 관한 내용은 없다.
④ 격식을 존중하라는 내용은 없다.
⑤ **3**, **4**에서 형식적인 절차만을 중요히 하지 말고, 일상적인 소통을 하라고 했으므로 정답으로 적절하다.

문법

1 〈one of + 복수명사 + 단수동사 : ~ 중의 하나〉

one (주어 : 단수)	of	복수명사	단수동사
One		things	is

1 3 5 6 〈what vs. that〉

	관계대명사 (불완전한 문장)	접속사 (완전한 문장)
what	○ 선행사를 포함하고 있기 때문에 what 앞에 선행사 불필요	×
that	○ that 앞에 선행사 필요	○

1 〈5형식 불완전 타동사의 목적격 보어〉: 수동태 전환 시, 2형식 문장(be p.p. + to R)

주어	불완전 타동사	목적어	목적격 보어
–	advise / allow / ask / assume / beg / bring / **cause** / command / compel / condition / decide / design / drive / enable / encourage / expect / forbid / force / inspire / instruct / intend / invite / lead / like / motivate / order / permit / persuade / predispose / pressure / proclaim / prod / program / provoke / push / require / teach / tell / train / trust / urge / want / warn / wish 등	–	to 동사원형

1 〈목적격 관계대명사 that〉: 3형식에서 타동사의 목적어가 없는 경우 / 선행사를 포함하고 있는 관계대명사 what 사용 불가

선행사	목적격 관계대명사절			
	목적격 관계대명사	주어	타동사	목적어
everything	(that) 생략 가능	they	know	

1 〈간접의문문〉: 〈의문사 to 동사원형〉 = 의문사 + 주어 + should + 동사원형

전치사	목적어		
about	〈간접의문문〉: 명사절		
	의문사	to	동사원형
	how	to	relate

2 〈가주어, 진주어 구문〉

가주어	동사	진주어
It (this, that, there 사용 불가)	–	that + 주어 + 동사 (완전한 절)
		to 동사원형
		동명사
		의문사 + 주어 + 동사 (간접의문문)
		if/whether + 주어 + 동사
It	–	to wait

3 〈~ 수준까지, ~할 정도로〉

용법	전치사	선행사	〈전치사 + 관계대명사〉 (= that/where)
속도	at	the rate	at which
비율/정도	to	the degree	to which
		the extent	
		the point	
의미/경우/방향	in	the sense	in which
		the case	
		the direction	

4 〈직접명령문〉: Don't let

		동사원형	~해라
직접명령문	긍정문	Please + 동사원형	~해 주세요
	부정문	**Don't** + 동사원형	~하지 마라
		Never + 동사원형	

4 6 사역동사 : 목적어와 목적격 보어의 관계가 능동일 경우

주어	사역동사	목적어	목적격 보어
	have		
	let		동사원형
	make		

5 〈mean 동사의 쓰임〉: 수동태 시, be meant to 동사원형

mean	목적어	3형식
	동명사	의미하다
	to 동사원형	~할 작정이다

5 〈목적격 관계대명사 what〉: 타동사 do의 목적어가 없는 경우 / 선행사가 필요한 목적격 관계대명사 that 사용 불가

목적격 관계대명사절 : 타동사 reinforce와 substitute의 공동 목적어			
선행사	목적격 관계대명사	주어	타동사	목적어
없음	what	we	do	

6 〈동격의 종속접속사 that〉: 'the + 추상명사(fact) + that' (~라는 사실)

어법 & 연결어

One of the funniest things about becoming a boss is [**what** / **that**] it causes an awful lot of people [**to forget** / **forgetting**] everything [**that** / **what**] they know about how to relate to other people. If you have a complaint about somebody in your personal life, it would never occur to you to wait for a [**formal** / **formally**] [**scheduled** / **scheduling**] meeting to tell them. (   ), management [**has bureaucratized** / **has been bureaucratized**] to the point [**what** / **that**] we throw away effective strategies of everyday communication. Don't let the formal processes [**like** / **alike**] annual performance reviews [**take** / **to take**] over. They [**mean** / **are meant**] to reinforce, not substitute, [**that** / **what**] we do every day. You'd never let the fact [**which** / **that**] you go to the dentist for a cleaning a couple times a year [**prevent** / **prevents**] you from brushing your teeth every day.

	지문	해석	단어 & 숙어
1 문제점	Under-slept employees / are not going to drive your business (forward) / (with productive innovation). 수면이 부족한 직원들은 여러분의 사업체를 나아가게 해 주지 않을 것이다 생산적 혁신으로	수면이 부족한 직원들은 생산적 혁신으로 여러분의 사업체를 나아가게 해 주지 않을 것이다.	under- (접두사) (정도·범위·수량) 보다 작은[적은], 불충분한 be going to R ~할 예정이다 drive A forward A를 앞으로 나아가게 하다 productive 생산적인 innovation 혁신
2 비유1	{Like a group of people (riding stationary exercise bikes)}, / everyone looks like (they are pedaling), / but the scenery never changes. 한 무리의 사람들이 고정된 운동용 자전거를 타고 있는 것처럼 모두가 페달을 밟고 있는 것으로 보이지만 풍경은 결코 바뀌지 않는다	한 무리의 사람들이 고정된 운동용 자전거를 타고 있는 것처럼, 모두가 페달을 밟고 있는 것으로 보이지만, 풍경은 결코 바뀌지 않는다.	like ~처럼, ~같이 a group of 한 무리의 ~ ride 타다 stationary 정지된, 움직이지 않는 exercise bike 실내 운동용 자전거 look like (that) + S + V ~인 것처럼 보이다 pedal 페달을 밟다 scenery 경치, 풍경, 배경
3 TS	The irony (that employees miss) / is / {that (when you are not getting enough sleep), / you work less productively / and thus need to work longer / (to accomplish a goal)}. 직원들이 놓치는 아이러니는 이다 충분한 수면을 취하지 않으면 덜 생산적으로 일하게 되고 그래서 더 오랫동안 일해야 한다는 점 목표를 달성하기 위해	직원들이 놓치는 아이러니는 충분한 수면을 취하지 않으면, 덜 생산적으로 일하게 되고 그래서 목표를 달성하기 위해 더 오랫동안 일해야 한다는 점이다.	irony 아이러니, 역설적인 점[상황] miss 놓치다 get enough sleep 충분히 자다 less 덜 productively 생산적으로 thus 그래서, 그러므로 need O(to R) ~을 할 필요가 있다 accomplish 달성하다, 성취하다 goal 목표
4	This means / (you often must work longer and later into the evening, / arrive home later, / go to bed later, / and need to wake up earlier), / (creating a negative feedback loop). 이는 의미한다 자주 더 오랫동안 밤이 되도록 더 늦게까지 일하고 더 늦게 집에 도착해 더 늦게 잠자리에 들어야 하며 더 일찍 일어나야 해서 부정적 피드백의 고리를 만들게 된다는 것을	이는 자주 더 오랫동안, 밤이 되도록 더 늦게까지 일하고, 더 늦게 집에 도착해 더 늦게 잠자리에 들어야 하며, 더 일찍 일어나야 해서, 부정적 피드백의 고리를 만들게 된다는 것을 의미한다.	mean 의미하다 often 자주 arrive 도착하다 go to bed 취침하다 wake up 일어나다 early 일찍 create 만들다 negative 부정적인 feedback 피드백 loop 고리
5 비유2	Why try {to boil a pot of water / (on medium heat)} / {when you could do so / (in half the time) (on high)}? 물 한 주전자를 왜 끓이려 하는가 중불에서 할 수 있을 텐데 센 불에서 절반의 시간에	센 불에서 절반의 시간에 할 수 있을 텐데, 왜 물 한 주전자를 중불에서 끓이려 하는가?	try O(to R) ~하려고 시도하다, 애쓰다 boil 끓이다 pot 냄비, 주전자 medium heat 중불 half 절반(의) high heat 센 불
6	People often tell me / [{(that they do not have enough time (to sleep)} / {because they have so much work (to do)}]. 사람들은 자주 나에게 말한다 잘 시간이 충분하지 않다고 할 일이 너무 많아서	사람들은 할 일이 너무 많아서 잘 시간이 충분하지 않다고 자주 나에게 말한다.	tell I·O D·O(that S V) (4) ~에게 …라고 말하다 so much 너무나 (많은, 심한)
7	{Without wanting to be combative (in any way) (whatsoever)}, / I respond ⟨by informing them / [that perhaps the reason / {they still have so much to do (at the end of the day)} / is precisely / {because they do not get enough sleep (at night)}]⟩. 조금도 공격적으로 보이기를 바라는 않으면서 전혀 나는 사람들에게 알려주는 것으로 대응한다 아마도 이유는 하루가 끝나갈 때 그들이 여전히 할 일이 너무 많은 바로 ~이다 밤에 충분한 수면을 취하지 않기 때문이라고	전혀 조금도 공격적으로 보이기를 바라지는 않으면서, 나는 사람들에게 아마도 하루가 끝나갈 때 그들이 여전히 할 일이 너무 많은 이유는 바로 밤에 충분한 수면을 취하지 않기 때문이라고 알려주는 것으로 대응한다.	want O(to R) ~하기를 원하다 combative 전투적인, 싸우려는 in any way (whatever) 아무렇게도 whatsoever 전혀 (whatever의 강조형) respond 대응하다 by + -ing ~함으로써 inform I·O D·O(that S V) (4) ~에게 …을 알리다 perhaps 아마도 the reason (why) 이유, 원인 have much to do 해야 할 일이 많다 at the end of the day 하루가 끝날 즈음에 precisely 정확히, 바로 at night 야간에, 밤에

21 밑줄 친 boil a pot of water on medium heat가 다음 글에서 의미하는 바로 가장 적절한 것은? [43%]

① multitask beyond your limits

② work inefficiently for longer hours

③ give up your passion in your career

④ keep a healthy work-and-life balance

⑤ compare your accomplishments with others

정답 | ②

해설 | ① 너의 한계를 넘어서 다중작업하다: 다중작업에 관한 내용은 없다.

② 오랜 시간 동안 비효율적으로 일하다: **3**에서 수면이 부족한 직원들은 덜 생산적으로, 더 오랫동안 일하게 된다고 했고, **5**에서 중불로 물을 끓이는 것으로 이를 비유하고 있으므로 정답으로 적절하다.

③ 너의 직업에서 너의 열정을 포기하다: 직업에서의 열정에 관한 내용은 없다.

④ 일과 삶의 밸런스로 건강을 유지하다: 건강 유지에 관한 내용은 없다.

⑤ 너의 성취를 다른 사람과 비교하다: 타인과의 비교에 관한 내용은 없다.

문법

1 〈be going to vs. will〉

	해석	쓰임	
will + 동사원형	~할 예정이다	먼 미래	추상적인 미래
be going to + 동사원형		가까운 미래	구체적인 미래

2 〈동명사의 의미상 주어〉: 동명사 riding의 주체(어)가 주절의 주어와 다를 경우에 동명사 앞에 소유격/목적격을 사용함.

			주절	
Like	a group of people	riding ~,	everyone	looks
전치사	의미상의 주어	동명사	주어	동사

2 〈감각동사〉

감각동사	주격 보어	
feel, **look**, seem, sound, taste, appear, smell	형용사 (현재분사/과거분사)	
	명사	
	like (전치사)	**(that) + 주어 + 동사**
		(동)명사
	~~alike~~	
	~~likely~~	

3 〈목적격 관계대명사 that〉: 타동사의 목적어가 없는 경우 / 선행사를 포함하고 있는 관계대명사 what 사용 불가

목적격 관계대명사절				
선행사	목적격 관계대명사	주어	타동사	~~목적어~~
The irony	(that) 생략 가능	employees	miss	

3 6 7 〈what vs. that〉

	관계대명사 (불완전한 문장)	접속사 (완전한 문장)
what	○ 선행사를 포함하고 있기 때문에 what 앞에 선행사 불필요	×
that	○ that 앞에 선행사 필요	○

3 4 7 〈need/want 동사의 용법〉

need/want	목적어 (to 동사원형)		3형식
	목적어	목적격 보어 (to 동사원형)	5형식

4 〈목적격 종속접속사 that 생략〉: 완전 타동사의 목적어로 사용된 경우 / 관계대명사 what 사용 불가

	종속절 (명사절: 목적어) (완전한 절)		
완전 타동사	목적격 종속접속사	주어	동사
means	(that) 생략 가능 (~하는 것을)	you	must work

4 〈불규칙적으로 변화하는 중요 형용사와 부사〉

원급	비교급	뜻	최상급	뜻	의미
late	**later**	나중의, 나중에	latest	최근의	시간
	latter	후자의	last	최후의	순서

4 , creating ~ : 〈분사구문〉이 문미에 있는 경우 (능동)

5 〈try 동사의 쓰임〉

try	목적어	3형식
	to R	노력하다, 애쓰다 (S의 의지 ○)
	-ing	시험 삼아 한번 해보다 (S의 의지 ×)

6 7 〈직접목적어 자리에 목적격 종속접속사 that절을 가지는 4형식 수여동사〉

목적격 종속접속사 that절 가지는 4형식 수여동사 (that 생략 가능)
advise / assure / convince / **inform** / instruct / notify / persuade / promise / remind / request / show / teach / **tell** / warn

7 〈관계부사〉: 관계부사절은 완전한 문장이 나오고, 선행사와 관계부사는 서로 같이 사용할 수도 있고 둘 중 하나는 생략할 수도 있다.

용도	선행사	관계부사	전치사 + 관계대명사
시간	the time	when	in/at/on + which
장소	the place	where	in/at/on + which
이유	**the reason**	why	for which
방법	(the way)	how	in which
	the way how는 같이 사용 못함 the way, the way in which, the way that은 사용 가능 (how 대신에 사용되는 that은 관계부사 대용어라고 함)		

어법 & 연결어

Under-slept employees are not going to drive your business forward with productive innovation. [Like / Alike] a group of people [ridden / riding] stationary exercise bikes, everyone looks [likely / like] they are pedaling, but the scenery never changes. The irony [what / that] employees miss is [that / what] when you are not getting enough sleep, you work less productively and ( ) need [to work / working] longer to accomplish a goal. This means [that / what] you often must work longer and [later / latter] into the evening, arrive home later, go to bed later, and need to wake up earlier, [created/ creating] a negative feedback loop. Why try [to boil / boiling] a pot of water on medium heat when you could do so in half the time on high? People often tell me [what / that] they do not have enough time to sleep [because / because of] they have so much work to do. Without wanting to be [combative / combatively] in any way whatsoever, I respond by informing them [what / that] perhaps the reason they still have so much to do at the end of the day is precisely [because / because of] they do not get enough sleep at night.

	지문	해석	단어 & 숙어
1	The tendency / (for the market) / (to reward caring for others) / may just be an incentive / (to act, or pretend), / (as if one cares for others).	시장이 다른 사람에게 신경 쓰는 것에 보상을 주는 경향은 그저 다른 사람에게 신경 쓰는 것처럼 행동하거나, (그런) 척하도록 하는 유인책일 수 있다.	tendency 경향, 추세 market 시장 reward 보상을 주다 care for ~을 돌보다 others 다른 사람들 an incentive to R ~에 대한 혜택 pretend ~인 척하다 as if 마치 ~인 것처럼
2 예시	Say, for instance, / [a shopkeeper {who realizes / (he is losing exchange opportunities) / (because of his dishonest behavior)} / may begin to act / {as if he were a kind and honest man / (in order to garner more business)}].	가령 예를 들어 자신의 부정직한 행동 때문에 거래의 기회를 잃고 있다는 것을 깨달은 가게 주인이 더 많은 사업 실적을 얻기 위해 친절하고 정직한 사람인 것처럼 행동하기 시작할 수 있다.	say [명령법] 가정해라 for instance 예를 들어 shopkeeper 가게 주인[운영자] (= storekeeper) exchange 교환, 거래 dishonest 부정직한 begin O(to R/-ing) ~하기를 시작하다 in order to R ~하기 위해, ~하려고 garner 얻다, 모으다 business 사업[영업] 실적
3	He is persuaded to behave / (in an appropriate way), / yet his actions may be insincere.	그는 적절한 방식으로 행동하도록 설득되지만, 그의 행동은 진실하지 않을 수 있다.	persuade O O·C(to R) (5) ~가 …하도록 설득하다 (수동태 시, be persuaded S·C(to R)) behave 처신하다, 행동하다 appropriate 적절한, 적합한, 타당한 insincere 진심이 아닌, 위선적인
4	[While it is socially beneficial / {that he (at least) pretends to behave / (in this way)}], / he may not actually become more virtuous.	그가 적어도 이런 식으로 행동하는 척하는 것이 사회적으로는 도움이 되지만, 실제로 그가 더 도덕적이 되지 않을 수도 있다.	while ~라고는 해도, ~하긴 하지만 beneficial 유익한, 이로운, 도움이 되는 at least 적어도 pretend O(to R) ~인 체하다 in this way 이런 식으로 actually 실제로 virtuous 도덕적인
5	However, / {in order to maintain this status / (in his community) / and succeed in his business long term}, / he must continue to behave / (in this manner).	그러나 그가 지역 사회에서 이러한 지위를 유지하고 사업에서 장기적으로 성공하기 위해서는 계속해서 이러한 방식으로 행동해야만 한다.	in order to R ~하기 위해서 maintain 유지하다 status 상태, 지위, 신분 community 지역 사회 succeed in ~에 성공하다 term 기간 continue O(to R/-ing) 계속 ~하다 in this manner 이런 식으로
6 TS	(Over time), / it is likely / {that his once intentional actions will become instinctive and more genuine, / and eventually result (in actual moral development)}.	시간이 지남에 따라, 그의 한때 의도적이었던 행동은 본능적이고 더 진실한 것이 되어 결국에는 실질적인 도덕적 발달로 이어질 가능성이 있다.	over time 시간이 지나면서, 오랜 시간에 걸쳐 it is likely that ~할 확률이 크다 intentional 의도적인, 고의적인 instinctive 직감적인, 본능적인 genuine 진실한, 진정한, 진짜의 eventually 결국에 moral development 도덕성 발달 (사회적 행동규범에 대한 개인의식의 내면화 과정)
7	Stated another way, / a truly dishonest and conniving person / is unlikely {to (convincingly) pretend to be reputable / (for an extended period of time)} / {without being impacted (by some sort of moral development)}.	다른 말로 하자면, 정말로 정직하지 못하고 (남을) 음해하는 사람이 일종의 도덕적 발달에 의한 영향을 받지 않은 채 긴 시간 동안 훌륭한 척 그럴듯하게 꾸미지는 못할 것이다.	stated another way 다른 말로 하면 (= to put it another way) truly 정말로, 진심으로 dishonest 정직하지 못한 (↔ honest) conniving (남을) 음해하는 be unlikely to R ~일 것 같지 않다 convincingly 설득력 있게 reputable 평판 좋은, 훌륭한 extended 장기간의, 늘어난 period 기간 impact 영향[충격]을 주다 some sort of 일종의 ~

22 다음 글의 요지로 가장 적절한 것은? [62%]

① 장기간의 의도적 행동을 통해 도덕적 발달이 가능하다.
② 개인의 양심적 행동이 사회 전체의 도덕성을 결정한다.
③ 부정직해 보이는 행동에도 선한 의도가 있을 수 있다.
④ 시대에 따라 사업가에게 중시되는 덕목이 달라진다.
⑤ 사업 운영에 가장 중요한 가치는 정직과 친절이다.

정답 | ①

해설 | ① **6**에서 장기간의 의도적 행동이 도덕적 발달로 이어질 수 있다고 했으므로 정답으로 적절하다.
② 개인의 양심적 행동에 관한 내용은 없다.
③ 선한 의도에 관한 내용은 없다.
④ 시대에 따라 중시되는 덕목에 관한 내용은 없다.
⑤ 사업 운영에서 정직과 친절이 가장 중요하다는 내용은 없다.

문법

1 2 ⟨as if / as though 가정법 과거⟩ : 마치 ~ 인 것처럼

주절	조건절 (마치 ~ 인 것처럼)	용법
직설법	as if + 주어 + 현재형 동사	추측 (사실일 수 있음)
직설법	as if + 주어 + 가정법 과거 동사	사실과 반대

2 ⟨직접명령문⟩ : Say(동사원형)

2 ⟨주격 관계대명사절의 수의 일치⟩ : 선행사를 포함하고 있는 관계대명사 what 사용 불가

선행사	주격 관계대명사절		
	주격 관계대명사	주어	동사
a shopkeeper	who	~~주어~~	~~realize~~
			realizes

2 ⟨목적격 종속접속사 that⟩

	종속절 (명사절: 목적어)(완전한 절)		
완전 타동사	목적격 종속접속사	주어	동사
Say	(that)	a shopkeeper	may begin
realizes		he	is losing

2 5 ⟨3형식에서 목적어 자리에 to R / -ing 둘 다 사용 가능⟩

주어	완전 타동사	목적어
–	**begin**(~을 시작하다) / cease(~을 중단하다) / **continue**(~을 계속하다) / dislike(~을 싫어하다) / hate(~을 싫어하다) / like(~을 좋아하다) / love(~을 사랑하다) / neglect(~하는 것을 소홀히 하다) / prefer(~쪽을 좋아하다) / start(~을 시작하다)	**to R / -ing** (의미 차이 없음)

3 ⟨5형식 불완전 타동사의 목적격 보어⟩ : 수동태 전환 시, 2형식 문장(be p.p. + to R)

주어	불완전 타동사	목적어	목적격 보어
–	advise / allow / ask / assume / beg / bring / cause / command / compel / condition / decide / design / drive / enable / encourage / expect / forbid / force / inspire / instruct / intend / invite / lead / like / motivate / order / permit / **persuade** / predispose / pressure / proclaim / prod / program / provoke / push / require / teach / tell / train / trust / urge / want / warn / wish 등	–	to 동사원형

4 ⟨while 용법⟩

	부사절을 이끄는 종속접속사	
while	시간	~ 동안에
	양보/대조	비록 ~일지라도, 반면에

4 6 ⟨가주어, 진주어 구문⟩

가주어	동사	진주어
It (this, that, there 사용 불가)	–	**that + 주어 + 동사 (완전한 절)**
		to 동사원형
		동명사
		의문사 + 주어 + 동사 (간접의문문)
		if/whether + 주어 + 동사
It	is	that절
it	is	that절

4 7 ⟨목적어 자리에 to부정사를 취하는 완전 타동사⟩

주어	완전 타동사	목적어
–	afford / agree / ask / attempt / care / choose / claim / dare / decide / demand / desire / determine / elect / expect / fail / guarantee / hope / intend / learn / manage / need / offer / plan / **pretend** / profess / promise / refuse / resolve / seek / threaten / volunteer / want / wish 등	to 동사원형

6 ⟨result from/in 차이점⟩

원인	**result**	**in**	결과	(어떠한) 원인으로 (어떠한) 결과가 생기다
결과	result	from	원인	(어떠한) 결과는 (어떠한) 원인으로부터 발생하다

7 ⟨분리부정사⟩ : to convincingly pretend

	원형부정사	동사원형	
부정사	to부정사	to	동사원형
	분리부정사	to	부사	동사원형
			~~형용사~~

7 ⟨동명사의 수동태⟩ : being impacted

어법 & 연결어

The tendency for the market to reward [**cared / caring**] for others may just be an incentive to act, or pretend, as if one cares for others. [**Say / To say**], (   ), a shopkeeper who [**realize / realizes**] [**that / what**] he is losing exchange opportunities [**because / because of**] his dishonest behavior may begin to act as if he [**is / were**] a kind and honest man in order to garner more business. He [**persuades / is persuaded**] to behave in an appropriate way, yet his actions may be insincere. While it is socially beneficial [**what / that**] he at least pretends to behave in this way, he may not actually become more [**virtuous / virtuously**]. (   ), in order to maintain this [**statue / status**] in his community and succeed in his business long term, he must continue to behave in this manner. Over time, it is [**like / likely**] [**what / that**] his once intentional actions will become instinctive and more [**genuine / genuinely**], and eventually result [**from / in**] actual moral development. (   ), a [**true / truly**] dishonest and [**connived / conniving**] person is unlikely to [**convincing / convincingly**] pretend to be reputable for an [**extending / extended**] period of time without [**impacting / being impacted**] by some sort of moral development.

제목	피의자와 피고인에 대한 인도주의적 대우	
주제	소송 절차 규정과 증거 규정은 피의자와 피고인에게 소송 절차에서 적극적인 역할을 할 기회를 제공한다.	
글의 주제 논리	문제점·해결책	

	지문	해석	단어 & 숙어
1	The principle (of humane treatment) / exerts an important constraint / (on the administration) (of criminal justice), / a state-run process / {which has the potential (to do very great harm) / (to anybody) (who becomes caught up in its snares)}.	인도적 대우의 원칙은 형사법 집행에 중요한 제약을 가하는데, 이는 그 덫에 걸리는 누구에게나 매우 큰 피해를 줄 가능성을 가진 국가 운영 과정이다.	principle 원칙, 원리 humane 인도적인 treatment 대우 exert 행사[발휘]하다, 쓰다 constraint 제약, 억제, 강제 administration 관리, 행정, 경영 criminal 형사상의 justice 법 state-run 국가 운영의 process 과정 have the potential to R ~할 가능성을 가지다 do harm to ~에게 해를 끼치다 be caught up in ~에 휘말려 들다 snare 덫
2	Suspects and the accused are / the ones / (most obviously in jeopardy).	가장 명백히 위험에 처해 있는 자들은 피의자와 피고인이다.	suspect 용의자 the accused 피고인(들) obviously 명백하게, 분명히 be in jeopardy 위험에 빠지다
3	Procedural rules contribute (to suspects' humane treatment) / {by providing them (with legal advice and assistance)} / {to prepare and present their cases (in court)}.	소송 절차 규정은 논거를 준비해서 법정에서 개진하기 위한 법적 조언과 지원을 제공함으로써 피의자에 대한 인도적 대우에 공헌한다.	procedural 절차상의 rule 규정, 규칙 contribute to ~에 기여하다 provide A with B A에게 B를 제공하다 legal 법적인 advice 조언 assistance 지원, 도움 court 법정 prepare 준비하다[시키다] present a case 논거의 정당함을 입증하다 in court 법정에서
4	Rules (of evidence) / perform a similar function / (by affording accused persons fair opportunity) / {to answer the charges (against them)}, / {whilst (at the same time) respecting their right (to remain silent)} / {if they choose to keep their counsel and put the prosecution (to proof)}.	증거 규정은 피고인이 잠자코 있기로 선택하고 검찰 측이 입증하도록 한다면 묵비권을 행사할 권리를 존중해 주면서 동시에 피고인에게 자신에 대한 혐의에 대응할 공정한 기회를 제공함으로써 유사한 기능을 수행한다.	evidence 증거 perform a function 기능을 다하다 similar 비슷한, 유사한 by + -ing ~함으로써 afford I·O D·O (4) ~에게 …을 제공하다 accused person 형사피의자 fair 공정한 charge 고발 whilst ~하면서 (= while) at the same time 동시에 respect 존중하다 right to remain silent 묵비권 choose O(to R) ~을 결정하다 keep one's counsel 자신의 의견을 숨기다 put A to proof A를 시험하다 prosecution 검찰 측
5 TS	These and other rules / (of criminal evidence and procedure) / treat the accused / {as thinking, feeling, human subjects / (of official concern and respect)}, / [who are entitled (to be given the opportunity) / (to play an active part) / (in procedures) / {with a direct and possibly catastrophic impact (on their welfare)}].	이런 것들과 형사상의 증거와 소송 절차에 관한 다른 규정들은 피고인을 공적인 배려와 존중의 대상이 되는, 생각하고, 느끼고, 인간적인 대상으로 대우하는데, 그들은 자신의 안녕에 직접적이고도 어쩌면 파멸적일 수 있는 영향력을 지닌 소송 절차에서 적극적인 역할을 할 수 있는 기회를 제공받을 권리를 부여받게 된다.	procedure 절차 treat A as B A를 B로 대하다 subject 대상 official 공식적인 concern 배려 respect 존중 entitle O O·C(to R) (5) ~을 …로 자격을 주다 (수동태 시, be entitled to R ~할 권리가[자격이] 있다) play[act] a part in ~에서 역할을 하다[맡다] procedure 절차 direct 직접의 (= immediate) possibly 아마 (= perhaps) catastrophic 파멸적인 impact on ~에 대한 영향 welfare 복지, 복리, 행복

23 다음 글의 주제로 가장 적절한 것은? [3점] [63%]

① correlations between crime rates and social welfare
② efforts to revise outdated criminal justice procedures
③ expanding government roles in controlling the crime rate
④ changing the definition of humane treatment in modern criminal justice
⑤ humane treatment of suspects and the accused in the criminal justice system

정답 | ⑤

해설 | ① 범죄율과 사회 복지 사이에 상관관계: 범죄율과 사회 복지에 관한 내용은 없다.
② 시대에 뒤떨어진 형사법의 절차들을 다시 개정하려는 노력: 형사법 절차를 개정한다는 내용은 없다.
③ 범죄율을 통제하는 데 확장하는 정부의 역할: 정부의 역할에 관한 내용은 없다.
④ 현대의 형사법의 인도주의적 처우의 정의의 변화: 인도주의적 처우에 관한 내용은 제시되었으나, 그것의 정의의 변화에 관한 내용은 없다.
⑤ 형사법 체계에 있어서 피의자와 피고인에 대한 인도주의적 처우: **5**와 같이 글 전체에서 형사법 체계에 있어 피의자와 피고인에 대한 인도주의적 처우에 관해 설명하고 있으므로 정답으로 적절하다.

문법

1 〈동격〉: A(명사), B(명사)

동격(B라는 A)		
명사(A)	,(콤마)	명사(구/절) (B)
the administration	,	a state-run process

1 〈주격 관계대명사절의 수의 일치〉: 선행사를 포함하고 있는 관계대명사 what 사용 불가

	주격 관계대명사절		
선행사	주격 관계대명사	~~주어~~	동사
a state-run process	which		has
anybody	who		becomes

2 〈the + 형용사 = 단수보통명사〉: 구체적인 개인의 상태를 나타내는 형용사가 the와 함께 쓰일 경우

the	형용사	=	단수보통명사	
			형용사	person
the	**accused**	=	**accused**	**person**
	deceased		deceased	
	departed		departed	
	beloved		beloved	

2 〈주격 관계대명사 + be동사 생략〉: the ones (who/that are) [most obviously in jeopardy(전치사구)]: 전치사구가 앞에 있는 명사를 후치 수식하는 경우

3 〈공급/제공〉: 목적어 사람과 사물의 순서가 바뀌면 전치사 with 대신에 to/for로 변경

주어	완전 타동사	목적어	전치사	목적어
	supply	사람 ↕ 사물	**with** ↕ to/for	사물 ↕ 사람
	fill			
	furnish			
	present			
	provide			

4 〈for vs. against〉

전치사	for	찬성	~을 지지하여, ~에 편들어
	against	반대	~에 반대하여[맞서]

4 〈remain 동사의 쓰임〉

remain	주격 보어	2형식
	형용사	(~의 상태로) 여전히 있다; 변함없이 (~의 상태)이다
	현재분사	
	과거분사	

4 〈목적어 자리에 to부정사를 취하는 완전 타동사〉

주어	완전 타동사	목적어
—	afford / agree / ask / attempt / care / **choose** / claim / dare / decide / demand / desire / determine / elect / expect / fail / guarantee / hope / intend / learn / manage / need / offer / plan / pretend / promise / refuse / resolve / seek / threaten / volunteer / want / wish 등	to 동사원형

4 〈생략〉: 종속절의 '주어 + be동사'는 생략 가능(주절 주어 = 종속절 주어)

주절		종속절 → 분사구문		
주어	동사	종속접속사 〈그대로 사용하면 의미 강조〉	(주어 + be동사) 〈주절의 주어와 같을 경우 생략 가능〉	-ing(현재분사)
				p.p.(과거분사)
				형용사
				명사
Rules	perform	whilst	(they are)	respecting

5 〈주격 관계대명사절〉: 계속적 용법으로는 that 사용 불가함

		주격 관계대명사절		
선행사	콤마(,)	주관	~~주어~~	동사
human subjects	계속적 용법	who		are entitled

5 〈to R의 태와 시제〉: to be given

태	능동태	to R
	수동태	**to be p.p.**
시제	단순시제 : 본동사 시제와 동일	to R
	완료시제 : 본동사 시제보다 한 시제 앞선 시제	to have p.p.
	완료수동	to have been p.p.

어법 & 연결어

The principle of humane treatment exerts an important constraint on the administration of criminal justice, a state-run process [**what** / **which**] has the potential to do very great harm to anybody who [**become** / **becomes**] caught up in [**its** / **their**] snares. Suspects and the accused [**is** / **are**] the ones [**most** / **almost**] obviously in jeopardy. Procedural rules contribute to suspects' humane treatment by providing them [**with** / **to**] legal advice and assistance to prepare and present their cases in court. Rules of evidence perform a similar function by affording accused persons fair opportunity to answer the charges [**for** / **against**] them, whilst at the same time [**respected** / **respecting**] their right to remain [**silent** / **silently**] if they choose [**keeping** / **to keep**] their counsel and put the prosecution to proof. These and other rules of criminal evidence and procedure treat the accused as thinking, feeling, human subjects of official concern and respect, who [**is** / **are**] entitled [**to give** / **to be given**] the opportunity to play an active part in procedures with a direct and possibly catastrophic impact on their welfare.

	제목	AI의 성공은 즉각적인 성공일까?
	주제	좋은 아이디어는 당시에는 눈에 띄지 않다가 나중에서야 알맞은 때에 인공 지능 발전의 기초를 제공했다.
글의 제목	논리	예시

	지문	해석	단어 & 숙어
1 예시	The view (of AI breakthroughs) / {that the public gets (from the media)} / — stunning victories (over humans), / robots (becoming citizens of Saudi Arabia), / and so on / — bears very little relation / [to {what (really) happens (in the world's research labs)}]. { }:O 인공 지능(AI)의 획기적 발전의 광경은 / 대중이 미디어를 통해 보게 되는 / 예를 들어 인간을 상대로 거둔 멋진 승리나 / 로봇이 사우디아라비아의 시민이 된 것 / 등의 / 별로 관련이 없다 / 세계의 연구실에서 실제로 일어나는 일들과는	대중이 미디어를 통해 보게 되는 인공 지능(AI)의 획기적 발전, 예를 들어 인간을 상대로 거둔 멋진 승리나 로봇이 사우디아라비아의 시민이 된 것 등의 광경은 세계의 연구실에서, 실제로 일어나는 일들과는 별로 관련이 없다.	view 광경, 관점, 견해 breakthrough 획기적인 발전 public 대중 stunning 깜짝 놀랄, 멋진, 굉장한 victory 승리 citizen 시민 and so on 기타 등등 bear A relation to B B에 A한 관련이 있다 research lab 연구실
2	(Inside the lab), / research involves a lot of thinking and talking / and {writing mathematical formulas (on whiteboards)}. { }:O₂ 연구실 안에서 / 연구는 수많은 생각하기와 대화하기를 포함한다 / 그리고 화이트보드에 수학 공식 쓰기를	연구실 안에서, 연구는 수많은 생각하기와 대화하기, 화이트보드에 수학 공식 쓰기를 포함한다.	inside ~ 안에서 (↔ outside) research 연구 involve 포함[수반]하다 mathematical 수학적인 formula 공식 whiteboard 화이트보드(특수 펜으로 글을 쓰는 흰색 칠판)
3	Ideas / are constantly being generated, abandoned, and rediscovered. (are being) 아이디어들이 / 끊임없이 생성되고, 버려지며, 재발견되고 있다	아이디어들이 끊임없이 생성되고, 버려지며, 재발견되고 있다.	constantly 지속적으로, 끊임없이 generate 발생시키다 abandon 버리다, 포기하다 rediscover 재발견하다
4 TS	A good idea — a real breakthrough — will often go unnoticed / (at the time) / and may only later be understood / {(as having provided the basis) / (for a substantial advance) (in AI)}, / perhaps {when someone reinvents it / (at a more convenient time)}. 좋은 아이디어, 즉 진짜 획기적 발전은 흔히 눈에 띄지 않다가 / 그 당시에는 / 나중에서야, 이해될 수 있다 / 기초를 제공한 것으로 / 인공 지능에 있어 실질적인 발전의 / 아마도 누군가가 그것을 재발명하면 / 더 알맞은 때에	좋은 아이디어, 즉 진짜 획기적 발전은 흔히 그 당시에는 눈에 띄지 않다가, 나중에서야, 아마도 누군가가 더 알맞은 때에 그것을 재발명하면, 인공 지능에 있어 실질적인 발전의 기초를 제공한 것으로 이해될 수 있다.	go unnoticed 눈에 띄지 않고 넘어가다, 간과되다 at the time 그때(에)는 basis 토대, 기초, 근거 substantial 상당한, 본질적인 advance 진보 perhaps 아마도 reinvent 재발명하다 convenient 편리한, 좋은, 알맞은
5	Ideas are tried out, / (initially) / (on simple problems) / {to show (that the basic intuitions are correct)} / and then (on harder problems) / {to see (how well they scale up)}. 아이디어를 시험해 보는데 / 처음에는 / 간단한 문제에 / 기본적인 직관이 옳음을 보여 주기 위해 / 그런 다음에는 더 어려운 문제에 시험해 본다 / 그것이 얼마나 잘 확장되는지를 확인하기 위해	아이디어를 시험해 보는데, 처음에는 기본적인 직관이 옳음을 보여 주기 위해 간단한 문제에, 그런 다음에는 그것이 얼마나 잘 확장되는지를 확인하기 위해 더 어려운 문제에 시험해 본다.	try A out A를 시험해 보다 (수동태 시, A be tried out) initially 처음에, 초기에 basic 기초[기본]적인 intuition 직관(력), 직감 correct 옳은 scale up (규모 등을) 확대하다
6	Often, / an idea will fail (by itself) / {to provide a substantial improvement (in capabilities)}, / and it has to wait / (for another idea) (to come along) / {so that the combination (of the two) can demonstrate value}. 흔히 / 하나의 아이디어는 그것만으로는 할 것이다 / 성능에 있어 실질적인 향상을 제공하기를 / 그리고 기다려야 한다 / 또 다른 아이디어가 나타나길 / 그 둘의 조합이 가치를 입증할 수 있도록	흔히 하나의 아이디어는 그것만으로는 성능에 있어 실질적인 향상을 제공하지 못하고, 또 다른 아이디어가 나타나 그 둘의 조합이 가치를 입증할 수 있도록 기다려야 한다.	fail O(to R) ~에 실패하다, ~하지 못하다 by itself 그것 혼자서, 단독으로 improvement 개선, 향상 capability 능력, 수완 have to R ~해야만 한다 wait for A to R A가 ~하기를 기다리다 come along 함께 나타나다, 동행하다 so that ~하도록 combination 조합 demonstrate 입증[설명]하다 value 가치

24 다음 글의 제목으로 가장 적절한 것은? [47%]

① AI Breakthroughs: Not an Instant Success

② Rediscovering the Human-Machine Relationship

③ AI Breakthroughs Born Outside Research Labs

④ The Self-Evolving Nature of Smart Technology

⑤ AI: A Pioneer of Breakthroughs in Human History

정답 | ①

해설 | ① AI의 성공 : 즉각적인 성공이 아니다: ❹에서 당시에는 눈에 띄지 않던 아이디어가 나중에서야 인공 지능의 발전의 기초가 되므로 AI의 성공이 즉각적이지 않다는 것은 정답으로 적절하다.

② 인간과 기계의 관계를 재발견: 인간과 기계의 관계에 관한 내용은 없다.

③ 연구실 밖에서 만들어진 AI 성공: 연구실 밖에 관한 내용은 없다.

④ 스마트 기술의 자기 스스로 발전하는 특성: 자기 스스로 발전한다는 내용은 없다.

⑤ AI: 인간 역사에서 선구자의 성공: 선구자의 성공에 관한 내용은 없다.

문법

1 〈목적격 관계대명사 that〉: 타동사의 목적어가 없는 경우 / 선행사를 포함하고 있는 관계대명사 what 사용 불가

선행사	목적격 관계대명사	주어	타동사	목적어
	목적격 관계대명사절			
The view	(that) 생략 가능	the public	gets	

1 〈관계대명사 what〉: 관계대명사 what절[(= the thing(s) which/that~) : ~하는 것은/이]이 주어로 사용되면 동사는 주로 단수동사 사용함, 선행사가 필요한 관계대명사 that/which 사용 불가

선행사	what	주어	동사
	주격 관계대명사절 : 명사절 (전치사 to의 목적어)		
	주격 관계대명사		happens

2 〈목적어 자리에 동명사를 취하는 완전 타동사〉

주어	완전 타동사	목적어
—	admit / avoid / consider / delay / deny / enjoy / escape / experience / finish / give up / imagine / include / **involve** / mind / mute / practice / put off / quit / recommend / replace / report / risk 등	-ing (동명사)

2 〈외래어 복수(a → ae)〉

단수명사	복수명사	뜻
alga	algae	조류
antenna	antennae	촉수, 더듬이
formula	**formulae (= formulas)**	공식
larva	larvae	유충
nebula	nebulae	성운
vertebra	vertebrae	척추뼈

3 〈공통 관계〉: A가 공통

A	(X + Y)	=	AX + AY
A	(X + Y + Z + α)	=	AX + AY + AZ + Aα
(X + Y)	A	=	XA + YA
A	(X + Y + Z)	=	**AX + AY + AZ**
are being	(generated + abandoned + rediscovered)	=	are being generated, (are being) abandoned, and (are being) rediscovered

4 〈go 동사의 용법〉: 자동사일 경우

	to 동사원형	~하러 가다
	-ing	~하러 가다
go	주격 보어	~이 되다 (= become), 어떤 상태에 이르다
	to 동사원형	~하는 데 도움이 되다
	(to) 동사원형	재빨리[필사적으로, 마음먹고] ~하다

4 〈불규칙적으로 변화하는 중요 형용사와 부사〉

원급	비교급	뜻	최상급	뜻	의미
late	**later**	나중의, 나중에	latest	최근의	시간
	latter	후자의	last	최후의	순서

4 〈동명사의 태/시제/부정〉

태	능동	-ing
	수동	being p.p.
시제	단순시제 : 본동사 시제와 동일	-ing
	완료시제 : 본동사 시제보다 한 시제 앞선 시제	**having p.p.**
	완료 수동	having been p.p.

4 〈시간/조건의 부사절〉: 현재(완료)가 미래(완료)를 대신함 / 종속절과 주절의 위치는 서로 바뀔 수 있음

주어	동사	when	주어	동사		
주절			〈종속절〉: 부사절 (~할 때)			
A good idea	will go		someone	will reinvent	→	reinvents

5 〈간접의문문〉: 의문사가 있는 경우

완전 타동사	의문사	주어	동사
	〈간접의문문〉: 완전 타동사의 목적어 (완전한 문장)		
see	how	they	scale up

6 **another** 또 다른 하나 (나머지 있음) / the other 그 나머지 (나머지 없음)

어법 & 연결어

The view of AI breakthroughs [what / **that**] the public gets from the media — stunning victories over humans, robots becoming citizens of Saudi Arabia, and so on — [bear / **bears**] very [**little** / few] relation to [that / **what**] really happens in the world's research labs. Inside the lab, research involves a lot of thinking and talking and writing mathematical formulas on whiteboards. Ideas are constantly [generating / **being generated**], abandoned, and rediscovered. A good idea — a real breakthrough — will often go unnoticed at the time and may only [**later** / latter] [understand / **be understood**] as [**providing** / having provided] the basis for a substantial advance in AI, perhaps when someone reinvents [**it** / them] at a more convenient time. Ideas [tried / **are tried**] out, [initial / **initially**] on simple problems to show [**what** / that] the basic intuitions are [**correct** / collect] and then on harder problems to see how well they scale up. Often, an idea will fail by [it / **itself**] [providing / **to provide**] a substantial improvement in capabilities, and it has to wait for [the other / **another**] idea to come along so that the combination of the two can demonstrate value.

	지문	해석	단어 & 숙어
1 TS 해결책	Mathematical practices and discourses / should be situated / (within cultural contexts, student interests, and real-life situations) / ① {where all students develop positive identities (as mathematics learners)}.	수학 연습과 담화는 모든 학생이 수학 학습자로서 긍정적인 정체성을 발달시키는 문화적 맥락, 학생 관심사, 그리고 실생활 상황 안에 위치해야 한다.	mathematical 수학적인 / practice 연습 / discourse 담론, 담화, 강연 / situate 두다, 위치시키다 / within ~ 안에, ~ 이내에 / cultural 문화적인 / context 상황, 배경, 맥락, 문맥 / interest 관심, 관심사 / real-life 실제[현실/실생활]의 (↔ fictional) / situation 상황 / develop 발달하다[시키다] / positive 긍정적인 (↔ negative) / identity 정체(성), 신원 / mathematics 수학 (= maths, math) / learner 학습자
2 문제점	Instruction / (in mathematics skills) (in isolation) / and (devoid of student understandings and identities) / renders them ② helpless / (to benefit from explicit instruction).	수학기술을 고립적으로 그리고 학생들의 이해와 정체성이 결여된 채 지도하는 것은 그들이 명시적 교수로 이익을 얻는 데 무력하게 만든다.	instruction 수업, 교육, 교수 / skill 기술 / in isolation 고립된 상태로, 별개로 / devoid of ~이 전혀 없는 / render O O·C(형용사) (5) (어떤 상태가 되게) 만들다 / helpless 무력한, 속수무책인 / benefit from ~로부터 이익을 얻다 / explicit 명시적인, 분명한
3	Thus, / we agree / (that explicit instruction benefits students) / but propose / [that {incorporating (culturally) relevant pedagogy / and consideration (of nonacademic factors) / (that ③ promoting learning and mastery)} / must enhance explicit instruction / (in mathematics instruction)].	따라서 우리는 명시적 교수가 학생들에게 유익하다는 데에는 동의하지만, 문화적으로 적합한 교수법과 학습 및 숙달을 촉진하는 비학습 영역에 대한 고려를 포함하는 것이 수학 교수에서 명시적 교수를 필연적으로 강화한다고 제안한다.	thus 따라서 / agree 동의하다 / explicit 명시적인, 분명한, 명백한 / benefit ~에게 이롭다 / purpose 제안[제의]하다 / incorporate 통합[포함]하다 / culturally 문화적으로 / relevant 관련된, 적절한, 유의미한 / pedagogy 교수법, 교육(학) / consideration 고려 / nonacademic 비학습적인 / factor 요소, 요인, 원인 / promote 촉진[장려]하다 / mastery 숙달 / enhance 향상시키다, 강화하다
4	Furthermore, / teachers play a critical role / (in developing environments) / ④ {that encourage student identities, agency, and independence / (through discourses and practices) / (in the classroom)}.	나아가 교사는 교실에서의 담화와 연습을 통해 학생의 정체성, 주체성, 그리고 독립심을 장려하는 환경을 개발하는 데 중요한 역할을 한다.	furthermore 더 나아가서 / play a role in ~에서 역할을 하다 / critical 중요한 / environment 환경 / encourage 장려[격려]하다 / agency (행위)주체성 / independence 독립성, 자립성 / through ~을 통해
5	Students / {who are (actively) engaged (in a contextualized learning process)} / are (in control of the learning process) / and are able to make connections / (with past learning experiences) / ⑤ (to foster deeper and more meaningful learning).	맥락화된 학습 과정에 적극적으로 참여하는 학생들은 학습 과정을 통제하고 있고 과거 학습 경험과 연계를 맺어 더 깊고 더 의미 있는 학습을 촉진할 수 있다.	engage A in B A를 B에 참여시키다 (수동태 시, be engaged in ~에 참여하다) / actively 적극적으로 / contextualize 상황화하다, 상황에 맞추다 / process 과정 / be in control of ~을 통제하고 있다 / be able to R ~할 수 있다 / make connections with ~와 연결, 연락하다 / foster 키우다, 촉진하다 / meaningful 의미 있는, 중요한

29 다음 글의 밑줄 친 부분 중, 어법상 틀린 것은? [3점] [46%]

정답 | ③

해설 | ① 관계부사 where vs. 관계대명사 which: which는 뒤 문장이 불완전 문장이 나오지만 where는 완전한 문장이 나온다. 밑줄 친 where 뒤 문장이 완전하기에 올바르다.

② 형용사 vs. 부사: 불완전 타동사 render는 목적격 보어 자리에 형용사를 사용하여 '~을 …한 상태로 만들다'라는 뜻으로 형용사 helpless가 어법상 올바르다.

③ 동사 vs. 준동사: 밑줄 친 promoting 바로 앞에 있는 that은 주격 관계대명사로 그 안에 동사가 필요하고 선행사가 복수명사 factors이기에 복수동사형 promote를 사용해야 어법상 올바르다.

④ 주격 관계대명사 that vs. 주격 관계대명사 what: 이 문장에서는 밑줄 친 that 바로 앞에 복수명사 environments를 선행사로 가지고 있기에 어법상 올바르고 복수동사 encourage도 어법상 적절하게 사용되었다.

⑤ 동사 vs. 준동사: to foster는 to부정사의 부사적 용법으로 사용되었는데, 이 문장의 주어는 Students이고 동사는 대등접속사 and 앞에 are와 그 뒤에 있는 are이다. 한 문장에서 동사를 2개 이상 사용할 수 없기에 to foster는 어법상 올바르다.

문법

1 〈관계부사〉: 관계부사절은 완전한 문장이 나오고, 선행사와 관계부사는 서로 같이 사용할 수도 있고 둘 중 하나는 생략할 수도 있다.

용도	선행사	관계부사	전치사＋관계대명사
시간	the time	when	in/at/on + which
장소	the place (＝ situations)	**where**	in/at/on + which
이유	the reason	why	for which
방법	(the way)	how	in which
방법	the way how는 같이 사용 못함 the way, the way in which, the way that은 사용 가능 (how 대신에 사용되는 that은 관계부사 대용어라고 함)		

2 〈주격 관계대명사 + be동사 생략〉

－	생략 가능	
명사 (선행사)	(주격 관계대명사 + be동사)	현재분사(-ing) – 능동 (~하고 있는, ~하는)
		과거분사(p.p.) – 수동 (~되어진, ~당한)
		명사
		형용사(구) (~하는, ~할)
		부사
		전치사구
Instruction	(which/that is)	devoid

2 〈5형식에서 형용사가 목적격 보어 자리에 나오는 경우〉

주어 + 불완전 타동사 + 목적어 + 목적격 보어(형용사)
make, leave, consider, find, believe, feel, keep, **render**, prop 등 *형용사 대신에 부사 사용 불가

3 4 〈what vs. that〉

	관계대명사 (불완전한 문장)	접속사 (완전한 문장)
what	○ 선행사를 포함하고 있기 때문에 what 앞에 선행사 불필요	×
that	○ that 앞에 선행사 필요	○

3 〈조동사 should의 용법〉: **propose** that **incorporating ~ must enhance** (종속절이 '당위성'이 아닌 '사실' 또는 '추측'으로 쓰인 경우임, 여기서 must는 '~해야 한다'라는 당위성이 아니라 '~임이 틀림없다'라는 '강한 추측'으로 쓰임)

주절		종속절: 명사절 (타동사의 목적어)		
주어	타동사	종속접속사 (that)	주어	동사
주장	insist, argue			
요구/ 요청/부탁	require, demand, ask, desire, request, stipulate, move, beg, mandate	당위성일 경우		(should) 동사원형
명령	command, order			
충고	advise, urge			
결정	**agree**, decide, decree, determine			
소망	wish, pray, prefer	일반적 사실인 경우		시제 일치 또는 예외
제안 /권장	suggest, **propose**, recommend			

3 4 5 〈주격 관계대명사 that절〉: 선행사를 포함하고 있는 관계대명사 what 사용 불가

주격 관계대명사절			
선행사	주격 관계대명사		동사
factors	that	주어	promote
environments	that	주어	encourage
Students	who	주어	are engaged

어법 & 연결어

Mathematical practices and discourses [should situate / **should be situated**] within cultural contexts, student interests, and real-life situations [which / **where**] all students develop positive identities as mathematics learners. Instruction in mathematics skills in isolation and devoid of student understandings and identities renders them helpless to benefit from explicit instruction. (   ), we agree [what / **that**] explicit instruction benefits students but propose that incorporating [cultural / **culturally**] relevant pedagogy and consideration of nonacademic factors [what / **that**] [promote / **promotes**] learning and mastery must enhance explicit instruction in mathematics instruction. (   ), teachers play a critical role in developing environments [**that** / what] encourage student identities, agency, and independence [thorough / **through**] discourses and practices in the classroom. Students who are actively [engaging / **engaged**] in a contextualized learning process [is / **are**] in control of the learning process and are able to make connections with past learning experiences to foster deeper and more meaningful learning.

	지문	해석	단어 & 숙어
1	(In collectivist groups), / there is considerable emphasis / {on relationships, the maintenance (of harmony), and "sticking with" the group}. 집단주의 집단에서는 상당히 강조한다 관계, 화합의 유지, 그리고 그 집단 '안에 머무는 것'을	집단주의 집단에서는, 관계, 화합의 유지, 그리고 그 집단 '안에 머무는 것'을 상당히 강조한다.	collectivist 집단주의 considerable 상당한 emphasis 강조 (복수형: emphases) relationship 관계 maintenance 유지, 보수 harmony 화합 stick with ~와 함께 있다, ~의 곁에 머물다
2	Members (of collectivist groups) / are socialized / (to avoid ① conflict), / (to ①empathize with others), / and {to avoid ③ drawing attention (to themselves)}. 집단주의 집단의 구성원은 사회화되어 있다 갈등을 피하고 다른 사람들과 공감하며 자신들로 관심을 끄는 것을 피하도록	집단주의 집단의 구성원은 갈등을 피하고, 다른 사람들과 공감하며, 자신들로 관심을 끄는 것을 피하도록 사회화되어 있다.	socialize 사회화하다 avoid 피하다 conflict 갈등 empathize with ~와 공감하다 draw attention to ~로 관심을 끌다
3 **TS**	In contrast, / members (of individualist cultures) / tend [to define themselves / {in terms of their independence / (from groups) / and autonomy}] / and are socialized / (to ②value individual freedoms and individual expressions). 그에 반해서 개인주의 문화의 구성원은 자신들을 규정짓는 경향이 있으며 독립의 관점에서 집단으로부터의 그리고 자율의 그리고 사회화되어 있다 개인의 자유와 개인의 표현을 중시하도록	그에 반해서, 개인주의 문화의 구성원은 집단으로부터의 독립과 자율의 관점에서 자신들을 규정짓는 경향이 있으며 개인의 자유와 개인의 표현을 중시하도록 사회화되어 있다.	in contrast 그에 반해 individualist 개인[이기]주의의 tend to R ~하는 경향이 있다 define 규정하다 in terms of ~면에서, ~에 관하여 independence 독립 autonomy 자율(성) value 소중히 하다, 중요시하다 individual 개인의 freedom 자유 expression 표현
4	(In individualist cultures), / standing out and being different / is often seen as a sign of ③weakness. 개인주의 문화에서는 튀는 것과 남다른 것이 혼히 약함의 표시로 여겨진다	개인주의 문화에서는, 튀는 것과 남다른 것이 혼히 약함(→ 용기)의 표시로 여겨진다.	stand out 두드러지다, 눈에 띄다 seen as ~로 간주되는 weakness 약함
5	Implicit (in the characterization) / (of collectivist and individualist groups) / is the assumption / {that deviance will be ④downgraded / more (in groups) (that prescribe collectivism) / than (in groups) (that prescribe individualism)}. 특성 묘사에 내재한다 집단주의 집단과 개인주의 집단의 가정은 일탈이 평가 절하될 것이라는 집단주의를 규정하는 집단에서 더 개인주의를 규정하는 집단에서보다	개인주의를 규정하는 집단에서보다 집단주의를 규정하는 집단에서 일탈이 더 평가 절하될 것이라는 가정은 집단주의 집단과 개인주의 집단의 특성 묘사에 내재한다.	implicit 내포된 characterization 성격, 특성 묘사 assumption 가정 deviance 일탈, 표준에서 벗어남 downgrade (중요성·가치를) 떨어뜨리다[훼손시키다](↔ upgrade) prescribe 규정하다, 처방하다 individualism 개인주의
6	Indeed, / empirical research shows / {that individualist group norms broaden the latitude / (of ⑤acceptable group member behavior and nonnormative characteristics)}. 실로 경험적 연구는 보여 준다 개인주의 집단 규범이 허용 범위를 넓힌다는 것을 용인할 수 있는 집단 구성원의 행동과 비규범적인 특징의	실로, 개인주의 집단 규범이 용인할 수 있는 집단 구성원의 행동과 비규범적인 특징의 허용 범위를 넓힌다는 것을 경험적 연구는 보여 준다.	indeed 실제로, 사실 empirical 경험적인, 실증적인 research 연구 norms 규범 broaden 넓히다, 넓어지다 latitude (사상 등의) 허용 범위 acceptable 받아들일 만한, 용인되는 behavior 행동 nonnormative 비표준의, 비규범적인 characteristics 특징들, 특성들

30 다음 글의 밑줄 친 부분 중, 문맥상 낱말의 쓰임이 적절하지 <u>않은</u> 것은? [50%]

정답 | ③

해설 | ① **1**에서 집단주의는 집단 안에 머무는 것을 강조한다고 했으므로, 집단 내의 다른 사람들과 공감한다는 empathize는 적절하다.

② **2**에서 집단주의는 관심을 끄는 것을 피한다고 했고, **3**에서 개인주의는 집단주의와 반대된다고 했으므로, 개인의 자유와 표현을 가치 있게 여긴다는 value는 적절하다.

③ **3**에서 개인주의는 개인의 자유와 표현을 중시한다고 했으므로, 이를 부정적으로 묘사하는 weakness는 적절하지 않다. weakness → courage

④ **1**, **3**에서 집단주의는 집단 안에 머무는 것을, 개인주의는 개인의 자유와 표현을 중시한다고 했으므로 집단주의에서 일탈을 더 평가 절하할 것이라는 downgraded는 적절하다.

⑤ **3**에서 개인주의는 개인의 자유와 표현을 중시한다고 했으므로, 개인주의가 '허용 가능한' 집단 구성원의 행동의 허용 범위를 넓힌다는 acceptable은 적절하다.

문법

1 〈consider 어휘 변화〉

	동사	명사	형용사
consider	사려[고려/숙고]하다	–	–
consideration	–	사려, 숙고	–
considerable	–	–	상당한
considerate	–	–	사려 깊은

2 〈목적어 자리에 동명사를 취하는 완전 타동사〉

주어	완전 타동사	목적어
–	admit / **avoid** / consider / delay / deny / enjoy / escape / experience / finish / give up / imagine / include / involve / mind / mute / practice / put off / quit / recommend / replace / report / risk 등	-ing (동명사)

2 3 〈대명사 vs. 재귀대명사〉

		주어와 다름	주어와 동일
주어	~	대명사	재귀대명사
members		them	**themselves**

3 〈to부정사를 취하는 불완전 자동사〉

주어	불완전 자동사	
–	aim / appear / arrange / bother / consent / delight / fight / hesitate / hurry / long / prepare / seem / serve / strive / struggle / **tend** / yearn / wait 등	to 동사원형

4 〈주어와 동사의 수의 일치〉 : **standing** out and **being** different is

주어가 될 수 있는 것들		주어와 동사의 수의 일치
단어	명사	명사와 대명사에 따라 동사의 단/복수 결정
	대명사	
구	to부정사구	단수동사 *모든 구와 절은 단수 취급
	동명사구	
절	that절	
	what절	
	whether절	
	의문사절	
	복합 관계대명사절	

4 〈5형식 불완전 타동사의 목적격 보어〉 : 수동태 전환 시, 2형식 문장(be p.p. + as 보어)

주어	불완전 타동사	목적어	목적격 보어
–	accept / achieve / announce / characterize / cite / consider / count / deem / define / describe / disguise / identify / interpret / look at / look upon / perceive / praise / present / read / reckon / refer to / recognize / regard / remember / respect / **see** / speak of / think of / train / treat / use / view / visualize 등	–	as 보어

5 〈보어 문두 도치〉 : 보어(형용사)가 문장 맨 앞으로 가면 주어와 동사의 위치는 바뀐다.

주격 보어	동사	주어
Implicit	is	the assumption

5 〈동격의 종속접속사 that〉 : 'the + 추상명사(assumption) + **that**' (~이라는 가정)

5 6 〈what vs. that〉

	관계대명사 (불완전한 문장)	접속사 (완전한 문장)
what	O 선행사를 포함하고 있기 때문에 what 앞에 선행사 불필요	×
that	O that 앞에 선행사 필요	O

5 〈주격 관계대명사절의 수의 일치〉 : 선행사를 포함하고 있는 관계대명사 what 사용 불가

	주격 관계대명사절		
선행사	주격 관계대명사	~~주어~~	동사
groups	that		prescribe

6 〈접미사 -tude〉 : 주로 라틴계의 형용사 · 동사의 과거분사와 결합하여 성질 · 상태 따위를 나타내는 추상명사를 만듦

단어	뜻	단어	뜻
attitude	태도, 몸가짐, 자세	longitude	경도
altitude	고도, 높이 (= height)	gratitude	감사, 고마움
aptitude	재능, 소질, 성향, 적성	magnitude	중요성, 크기
latitude	위도, **허용 범위(폭)**	solitude	고독

어법 & 연결어

In collectivist groups, there [is / are] [considerate / considerable] emphasis on relationships, the maintenance of harmony, and "sticking with" the group. Members of collectivist groups [socialize / are socialized] to avoid conflict, to empathize with others, and to avoid [to draw / drawing] attention to [them / themselves]. (   ), members of individualist cultures tend [to define / defining] [them / themselves] in terms of their independence from groups and autonomy and [socialize / are socialized] to value individual freedoms and individual expressions. In individualist cultures, [to stand / standing] out and being different is often [seeing / seen] as a sign of courage. [Implicit / Implicitly] in the characterization of collectivist and individualist groups [are / is] the assumption [that / which] deviance [will downgrade / will be downgraded] more in groups [that / what] prescribe collectivism than in groups that [prescribe / prescribes] individualism. (   ), empirical research shows [what / that] individualist group norms broaden the [latitude / longitude] of acceptable group member behavior and nonnormative characteristics.

	전국 2020학년도 10월 고3 31번	제목	세계의 역사는 위인들의 전기일 뿐일까?
		주제	우리의 매일 매일의 삶은 역사의 소재일 수 있고, 위인들은 단독으로는 그들이 한 일을 할 수 없었을 것이다.
	빈칸 추론	논리	통념·진실, 인용

	지문	해석	단어 & 숙어
1 통념1	Some people may find / it hard [to believe / {they are making a difference (all the time)}]. 어떤 사람들은 생각할지도 모른다 / 믿기 어렵다고 / 언제나 자신들이 영향을 미치고 있는 것을	어떤 사람들은 자신들이 언제나 영향을 미치고 있다는 것을 믿기 어렵다고 생각할지도 모른다.	make a difference 변화를 가져오다 all the time 항상, 언제나
2 진실1	In which case, / it may help / {to abandon the global perspective (for a moment)} / and {zoom in (to our daily human interactions)} / — [in which we spend every moment / {either deciding (what must happen next) / or going along with somebody else's ideas}]. 그런 경우에 / 도움을 줄 수 있다 / 잠시 거시적 관점을 버리는 것이 / 그리고 인간적 상호작용을 확대하여 보는 것이 / 그 안에서 우리는 모든 순간을 보내고 있다 / 다음에 어떤 일이 일어나야 하는지 결정하거나 / 다른 누군가의 생각에 동조하면서	그런 경우에 잠시 거시적 관점을 버리고 우리 일상의 인간적 상호작용을 확대하여 보는 것이 도움이 될 수 있는데, 그 안에서 우리는 다음에 어떤 일이 일어나야 하는지 결정하거나 다른 누군가의 생각에 동조하면서 모든 순간을 보내고 있다.	in which case 그런 경우에는 abandon 버리다 global 전반[전체/포괄]적인, 거시적인 (= macroscopic) perspective 관점, 시각 for a moment 잠시 동안, 당장 그때만 zoom in 확대하다 daily 일상의 human interaction 인간 상호작용 spend O (in) -ing ~하는 데 …을 소비하다 either A or B A이거나 B인 go along with ~에 찬성하다, ~에 동조하다
3	Either way, / our actions are all purposeful, / and all produce effects. 어느 쪽이든 / 우리의 행동은 모두 목적이 있으며 / 모든 것은 결과를 만들어 낸다	어느 쪽이든, 우리의 행동은 모두 목적이 있으며 모든 것은 결과를 만들어 낸다.	either way (둘 중) 어느 쪽이든 action 행동, 조치 purposeful 목적의식이 있는 produce 만들어내다 effect 결과, 영향
4 통념2	Our day-to-day lives are (hardly) the stuff of history, / you might argue. 우리의 매일 매일의 삶은 역사의 소재일 수가 없다고 / 주장할지도 모르겠다	우리의 매일 매일의 삶은 역사의 소재일 수가 없다고 주장할지도 모르겠다.	day-to-day 매일 행해지는 hardly 거의 ~ 아니다[없다] stuff 재료, 소재 argue 주장하다
5 진실2	{Certainly not compared with / Julius Caesar (invading Britain)}, / Genghis Khan (sacking Baghdad) / and Christopher Columbus (discovering America). 분명 비교하면 그렇지 않다 / 대영 제국을 침공한 Julius Caesar에 / 바그다드를 약탈한 Genghis Khan와 / 아메리카를 발견한 Christopher Columbus	대영 제국을 침공한 Julius Caesar, 바그다드를 약탈한 Genghis Khan, 아메리카를 발견한 Christopher Columbus에 비교하면 분명 그렇지 않다.	certainly not 확실히 아닌 (not을 강조) compared with ~와 비교되어 invade 침략하다, 침공하다 sack 약탈하다 discover 발견하다
6	That's / (how many people understand history). 그것이 ~이다 / 많은 사람들이 역사를 이해하는 방식	그것이 많은 사람들이 역사를 이해하는 방식이다.	understand 이해하다
7 인용	'The history (of the world) / is (but) the biography (of great men),' / wrote Thomas Carlyle. '세계의 역사는 / 위인들의 전기일 뿐이다.'라고 / Thomas Carlyle은 썼다	'세계의 역사는 위인들의 전기일 뿐이다.'라고 Thomas Carlyle은 썼다.	but 단지, 다만, 그저 ~뿐 (= only, merely) biography 전기, 전기 문학
8	But / the 'great man' theory (of history) / has been (on its way out) / (for years). 그러나 / 역사에 대한 '위인' 이론은 / 사라져 가고 있다 / 수년간	그러나 역사에 대한 '위인' 이론은 수년간 사라져 가고 있다.	theory 이론 be on one's way out 나가는 중이다, 떠나는 중이다
9 TS	Nowadays, / we recognize / [that those men couldn't have done / {what they did (on their own)}]. 오늘날 / 우리는 인정한다 / 그 사람들이 할 수 없었을 것이라는 점을 / 그들이 한 일을 단독으로는	오늘날 우리는 그 사람들이 단독으로는 그들이 한 일을 할 수 없었을 것이라는 점을 인정한다.	nowadays 오늘날, 요즘 recognize 인정하다, 인식하다 couldn't have p.p. ~할 수 없었다 on one's own 혼자, 혼자 힘으로
10	And / we identify historical significance / (in hitherto_____). 그리고 / 우리는 역사적 의의를 확인한다 / 지금까지 간과되었던 사건들에서	그리고 지금까지 간과되었던 사건들에서 역사적 의의를 확인한다.	significance 중요성, 의의 hitherto 지금까지, 그때까지 overlook 간과하다 episode 사건

31 다음 빈칸에 들어갈 말로 가장 적절한 것을 고르시오. [47%]

① overlooked episodes
② unchallenged power
③ suppressed desire
④ voluntary surrender
⑤ unexpected disasters

정답 | ①

해설 | ① 간과되었던 사건들 : 4, 5에서 우리(위인이 아닌 사람)의 삶은 역사의 소재일 수 있다고 했고, 9에서 오늘날 위인이 단독으로는 그들이 한 일을 할 수 없었을 것이라고 했으므로, 이제 지금까지 간과되었던 사건들의 역사적 의의를 확인한다는 것은 정답으로 적절하다.
② 도전되지 않는 권력: 권력에 관한 내용은 없다.
③ 억압된 욕망: 욕망이 억압되었다는 내용은 없다.
④ 자발적인 항복: 항복에 관한 내용은 없다.
⑤ 예기치 않은 재난: 재난에 관한 내용은 없다.

문법

1 〈가목적어 it, 진목적어(to R)〉

동사	가목적어	목적격 보어	의미상 주어	진목적어
consider feel **find** make think	it (this, that, there 사용 불가)	형용사/ 명사	for + 목적격 (주어와 진목적어의 주체가 다를 경우 사용)	to 동사원형
find	it	~~hardly~~ hard	–	to believe

1 4 〈hard / hardly〉

	형용사	부사
hard	어려운, 단단한	열심히
hardly	–	거의 ~않는

1 9 〈목적격 종속접속사 that 생략〉 : 타동사의 목적어로 사용된 경우 / 관계대명사 what 사용 불가

	종속절 (명사절: 목적어) (완전한 절)		
타동사	목적격 종속접속사	주어	동사
believe	(that)	they	are making
recognize		those men	couldn't have done

2 〈가주어, 진주어 구문〉 : it(가주어) ~ [to abandon ~ and (to) zoom (진주어)]

2 〈전치사 + 관계대명사 vs. 관계대명사〉 : in which

'전치사 + 관계대명사'는 관계부사와 같기 때문에 뒤 문장이 완전한 문장이 나온다. 전치사는 맨 뒤로 보낼 수 있는데 이때 전치사의 목적어가 없기 때문에 관계대명사절은 불완전하다.

2 〈전치사 in이 생략된 경우〉

	목적어		
spend	시간/노력/돈/ 에너지 등	(in) 생략 가능 동명사	~하는 데 …을 소비하다
waste	돈/시간/재능 등		~하는 데 …을 낭비하다
have	a hard time		~하는 데 어려움을 가지다
	trouble		
	difficulty		
be	busy		~하는 데 바쁘다
There	is no use		~해봐도 소용없다

2 〈상관접속사〉 : 병렬구조

종류			뜻
not		but	A가 아니라 B (= B, not A)
not only		but also	A뿐만 아니라 B도 (= B as well as A)
either	A	**or**	B · A와 B 둘 중 하나
neither		nor	A와 B 둘 다 아닌
both		and	A와 B 둘 다

2 9 〈what의 용법〉 : 2는 의문대명사로 사용되어 동명사 deciding의 목적어로 사용된 간접의문문 / 9는 관계대명사로 have done의 목적어

용법	품사적 기능	명사 수식	해석
관계형용사	명사절(S/O/C)	what + 명사	~한 모든
의문형용사			무슨, 어떤
의문대명사		×	무엇
관계대명사		×	~하는 것

5 〈무[비]인칭 독립분사구문〉 : Certainly not compared with = Certainly not **if[when] they(= our day-to-day lives) are** compared with

5 〈동명사의 의미상 주어〉 : **Julius Caesar** invading Britain, **Genghis Khan** sacking Baghdad and **Christopher Columbus** discovering America

주어	~	전치사	소유격/목적격	동명사 (목적어)
동명사의 주어가 아님			동명사의 주체임 : 동명사의 의미상 주어	

6 〈간접의문문〉 : 의문부사 how가 있는 경우

〈간접의문문〉: 불완전 자동사의 주격 보어			
불완전 자동사	의문사	주어	동사
is	how	many people	understand

9 〈could have p.p. vs. couldn't have p.p.〉

	해석	의미 및 용법
could have p.p.	~할 수 있었다	그런데 하지 않았다
	~했을 수도 있겠다	과거 사실에 대한 추측
	~하지 그랬어	과거의 행동에 대한 제안
couldn't have p.p.	**~할 수 없었다**	그런데 했다
	~그럴 리가 없어	과거 사실에 대한 추측

어법 & 연결어

Some people may find [it / them] [hard / hardly] to believe [that / what] they are making a difference all the time. (   ), it may help [abandoning / to abandon] the global perspective for a moment and zoom in to our daily human interactions — [which / in which] we spend every moment [either / both] deciding [that / what] must happen next or [go / going] along with somebody else's ideas. [Either / Both] way, our actions are all purposeful, and all produce effects. Our day-to-day lives are [hard / hardly] the stuff of history, you might argue. [Certain / Certainly] not [comparing / compared] with Julius Caesar invading Britain, Genghis Khan sacking Baghdad and Christopher Columbus [discovered / discovering] America. That's [what / how] many people understand history. 'The history of the world is but the biography of great men,' wrote Thomas Carlyle. (   ) the 'great man' theory of history has been on its way out for years. Nowadays, we recognize [that / what] those men couldn't have done [that / what] they did on their own. (   ) we identify historical significance in hitherto [overlooking / overlooked] episodes.

제목	미디어 산물의 보급이 우리에게 미치는 영향	
주제	미디어 산물의 보급은 우리가 일상적 만남의 영역 너머로 확장된 세계에 대해 배울 수 있게 해준다.	
논리	강조	

	지문	해석	단어 & 숙어
1 TS	The diffusion (of media products) / enables us / (in a certain sense) / to experience events, observe others / and, (in general), / learn about a world / {that extends (beyond the sphere of our day-to-day encounters)}. 미디어 산물의 보급은 / 우리로 하여금 가능하게 해준다 / 어떤 의미에서 / 사건을 경험하고 다른 사람들을 관찰하며 / 전반적으로 / 세계에 대해 배울 수 있게 해준다 / 일상적 만남의 영역 너머로 확장된	미디어 산물의 보급은 우리로 하여금 어떤 의미에서 사건을 경험하고, 다른 사람들을 관찰하며, 전반적으로 일상적 만남의 영역 너머로 확장된 세계에 대해 배울 수 있게 해 준다.	diffusion 발산, 확산, 보급 product 산물, 결과물 enable O O·C(to R) (5) ~가 …하도록 가능하게 하다 in a[one, some, a certain] sense 어떤 의미에서는, 어느 정도(까지는) experience 경험하다 observe 관찰하다 in general 보통, 대개, 전반적으로 learn about ~에 대해 배우다 extend beyond ~너머까지 미치다 sphere 구체(球體), 구, 영역, 범위 day-to-day 나날의 (= daily) encounter 만남[접촉/조우]
2	The spatial horizons (of our understanding) / are (thereby) (greatly) expanded, / [for they are (no longer) restricted / (by the need) (to be physically present) / (at the places) / {where the observed events, (etc.), occur}]. 우리가 이해하는 것의 공간적 범위는 / 그로 인해 엄청나게 확장되는데 / 그 범위가 더는 제한되지 않기 때문이다 / 물리적으로 존재해야 할 필요에 의해 / 장소에 / 관찰되는 사건 등이 발생하는	우리가 이해하는 것의 공간적 범위는 그로 인해 엄청나게 확장되는데, (이는) 관찰되는 사건 등이 발생하는 장소에 (우리가) 물리적으로 존재해야 할 필요에 의해 그 범위가 더는 제한되지 않기 때문이다.	spatial 공간의, 공간적인 horizon (인식·사고·지식 등의) 범위, 한계, 시야; 전망 thereby 그렇게 함으로써 greatly 대단히, 크게 expand 확장[확대]하다 for 왜냐하면 ~이니까 no longer 더 이상 ~아닌[하지 않는] restrict 제한하다, 한정하다 the need to R ~할 필요 physically 물리적으로, 실체적으로 present 존재하는 etc. ~ 등등 (= et cetera) occur 발생하다
3	So profound / is the extent / {to which our sense (of the world) is shaped (by media products) (today)} / [that, {when we travel (to distant parts of the world) / (as a visitor or tourist)}, / our lived experience is often preceded (by a set of images and expectations) / {acquired (through extended exposure to media products)}]. 너무나 심해져서 / 정도가 / 오늘날 미디어 산물에 의해 세상에 대한 우리의 인식이 형성되는 / 우리가 세계의 먼 지역으로 여행할 때 / 방문자나 여행객으로 / 흔히 우리의 직접적인 경험보다 일련의 이미지와 기대감이 앞선다 / 미디어 산물에 장기간 노출됨으로써 습득된	세상에 대한 우리의 인식이 오늘날 미디어 산물에 의해 형성되는 정도가 너무나 심해져서 우리가 방문자나 여행객으로 세계의 먼 지역으로 여행할 때 흔히 우리의 직접적인 경험보다 미디어 산물에 장기간 노출됨으로써 습득된 일련의 이미지와 기대감이 앞선다.	profound 심오한, 엄청난 the extent to which S + V ~가 …하는 정도 shape 형성하다 travel to ~로 여행하다[이동하다] distant 먼, (멀리) 떨어져 있는 visitor 방문자 tourist 관광객, 여행객 lived experience 개인이 생활 속에서 직접 부대끼면서 쌓은 경험 precede 앞서다, 우선하다 a set of 일련의, 일습의 expectation 기대, 기대감 acquire 얻다, 습득하다 through ~을 통해 extended (기간 등을) 연장한, 장기간에 걸친 exposure 노출
4	(Even) (in those cases) / {where our experience (of distant places) does not concur (with our expectations)}, / the feeling (of novelty or surprise) often attests (to the fact) / {that our lived experience is preceded / (by a set of preconceptions) (derived), / (at least) (to some extent), / (from _____)}. 그런 경우일지라도 / 먼 곳에 대한 우리의 경험이 기대감과 일치하지 않는 / 신기함이나 놀라움의 느낌은 흔히 사실을 입증한다 / 우리의 직접적인 경험보다 앞선다는 / 생겨난 일련의 선입견이 / 적어도 어느 정도까지는 / 미디어에 의해 전달된 말과 이미지들로부터	먼 곳에 대한 우리의 경험이 기대감과 일치하지 않는 그런 경우일지라도, 신기함이나 놀라움의 느낌은 우리의 직접적인 경험보다 적어도 어느 정도까지는 미디어에 의해 전달된 말과 이미지들로부터 생겨난 일련의 선입견이 앞선다는 사실을 흔히 입증한다.	even ~일지라도 concur with ~와 일치하다 novelty 참신함, 새로움 surprise 놀람 attest to ~을 입증하다 preconception 선입견 derive A from B A를 B로부터 끌어내다 (수동태 시, A be derived from B) at least 적어도 to some[a certain] extent 얼마간, 어느 정도까지, 다소 convey 전달하다

32 다음 빈칸에 들어갈 말로 가장 적절한 것을 고르시오. [3점] [51%]

① our collective world views inherited from ancestors
② the words and images conveyed by the media
③ a critical attitude toward media products
④ a belief on the media's roles in politics
⑤ emotional responses to unusual events

정답 | ②

해설 | ① 조상들로부터 물려받은 우리의 집합적인 세계관: 조상으로부터 물려받았다는 내용은 없다.
② 미디어에 의해 전달된 말과 이미지들: **3** 에서 우리의 직접적인 경험보다 미디어 산물에 노출됨으로써 습득된 일련의 이미지와 기대감이 앞선다고 했으므로 정답으로 적절하다.
③ 미디어 산물에 대해서 비판적인 태도: 비판적 태도에 관한 내용은 없다.
④ 정치에 있어서 미디어의 역할: 정치에 관한 내용은 없다.
⑤ 특이한 사건들에 대한 정서적인 반응: 정서적 반응에 관한 내용은 없다.

문법

1 〈5형식 불완전 타동사의 목적격 보어〉: 수동태 전환 시, 2형식 문장(be p.p. + to R)

주어	불완전 타동사	목적어	목적격 보어
-	advise / allow / ask / assign / assume / beg / bring / cause / command / compel / condition / decide / design / drive / **enable** / encourage / expect / forbid / force / inspire / instruct / intend / invite / lead / like / motivate / order / permit / persuade / predispose / prepare / pressure / proclaim / prod / program / provoke / push / require / teach / tell / train / trust / urge / want / warn / wish 등	-	to 동사원형

1 〈주격 관계대명사절의 수의 일치〉: 선행사를 포함하고 있는 관계대명사 what 사용 불가

선행사	주격 관계대명사절		
	주격 관계대명사	주어	동사
a world	that	~~주어~~	~~extend~~ extends

1 2 3 〈extend / expend / expand〉

동사	뜻
extend	(손·발 등을) 뻗다, 뻗치다, (기간을) 늘이다, (범위·영토 등을) 넓히다, 확장하다
expend	(시간·노력 등을) 들이다, 소비하다, 쓰다
expand	(정도·크기·용적 등을) 넓히다, 펼치다, (토론 등을) 전개시키다

2 4 〈관계부사〉: 관계부사절은 완전한 문장이 나오고, 선행사와 관계부사는 서로 같이 사용할 수도 있고 둘 중 하나는 생략할 수도 있다.

용도	선행사	관계부사	전치사 + 관계대명사
시간	the time	when	in/at/on + which
장소	**the place (= cases)**	**where**	in/at/on + which
이유	the reason	why	for which
방법	(the way)	how	in which
방법	the way how는 같이 사용 못함 the way, the way in which, the way that은 사용 가능 (how 대신에 사용되는 that은 관계부사 대용어라고 함)		

2 etc. (= et cetera) 기타 등등 (= and so forth, and the like, and so on, and the others, and the rest, and others, and what not)

3 〈형용사(보어) so 문두 도치〉: 너무 ~해서 그 결과 …하다

정치		〈주격 보어〉: 원인		〈부사적 용법〉: 결과	
주어	be 동사	so	주격 보어	that	주어	동사
the extent ~	is	so	profound	that	our ~	is preceded

주격 보어		도치		〈부사적 용법〉: 결과	
so	주격 보어	동사	주어	that	주어	동사
so	profound	**is**	**the extent ~**	that	our ~	is preceded

3 〈~ 수준까지, ~할 정도로〉

용법	전치사	선행사	〈전치사 + 관계대명사〉 (= that/where)
속도	at	the rate	at which
비율/정도	to	the degree	to which
		the extent	
		the point	
의미/경우/방향	in	the sense	in which
		the case	
		the direction	

1 3 4 〈what vs. that〉

	관계대명사 (불완전한 문장)	접속사 (완전한 문장)
what	○ 선행사를 포함하고 있기 때문에 what 앞에 선행사 불필요	×
that	○ that 앞에 선행사 필요	○

4 〈동격의 종속접속사 that〉: 'the + 추상명사(fact) + that' (~라는 사실)

어법 & 연결어

The diffusion of media products enables us in a certain sense [experiencing / **to experience**] events, observe others and, in general, learn about a world [what / **that**] extends beyond the sphere of our day-to-day encounters. The spatial horizons of our understanding [is / **are**] thereby greatly expanded, for they are no longer [restricting / **restricted**] by the need to be [physical / **physically**] present at the places [which / **where**] the observed events, etc., occur. ( ) profound is the extent [which / **to which**] our sense of the world [**is shaped** / shapes] by media products today [what / **that**], [when / **which**] we travel to distant parts of the world as a visitor or tourist, our lived experience is often [preceding / **preceded**] by a set of images and expectations [acquiring / **acquired**] [**through** / thorough] [extending / **extended**] exposure to media products. Even in those cases [which / **where**] our experience of distant places [do / **does**] not concur with our expectations, the feeling of novelty or surprise often attests to the fact [which / **that**] our lived experience [**is preceded** / preceding] by a set of preconceptions derived, at least to some extent, from the words and images [conveying / **conveyed**] by the media.

제목	지각의 시간적 해상도의 한계	
주제	정지 사진을 빠르게 넘길 때 그것들을 별개의 이미지로 보기 위해서는 40 밀리초 당 1회의 속도보다 더 느리게 제공되어야 한다.	
논리	예시	

	지문	해석	단어 & 숙어
1	(At the level of hours and minutes), / the most relevant 시와 분의 수준에서 constants are human heart rates, / {which (normally) vary S V S·C₁ 〈선행사〉 〈주·관〉 〈부사〉 V 가장 의미 있는 상수는 인간의 심장 박동수이다 보통 달라지는 / (from 60 to 100 beats) (per minute)}, / and the need (to S·C₂ 분당 60회에서 100회 박동으로 spend roughly one-third of our time sleeping) / (in order to O 〈in〉 〈동명사〉 우리 시간의 대략 3분의 1을 자는 데 써야 할 필요와 function properly). 〈부사〉 제대로 기능하기 위해	시와 분의 수준에서, 가장 의미 있는 상수는 보통 분당 60회에서 100회 박동으로 달라지는 인간의 심장 박동 수와 (우리가) 제대로 기능하기 위해 우리 시간의 대략 3분의 1을 자는 데 써야 할 필요와 그것이다.	at the level of ~의 수준에서 minute (시간의) 분, 순간 relevant 유의미한 constant 상수 (일정불변의 것) heart rate 심박수 normally 대략, 보통 vary from A to B A에서 B까지 다양하다 the need to R ~의 필요 spend O (in) -ing ~하는 데 …을 소비하다 roughly 대략 in order to R ~하기 위해서 function 기능하다 properly 제대로, 적절히
2	Biologists and physiologists (still) don't know / (why this is S₁ S₂ V 〈의문사〉 S V 생물학자들과 생리학자들은 여전히 알지 못한다 이것이 왜 그런지 so). ( ): O〈간·의〉	생물학자들과 생리학자들은 이것이 왜 그런지 여전히 알지 못한다.	biologist 생물학자 physiologist 생리학자 still 여전히
3	(Moving down to the level of time) / {that occurs (at 〈현재분사〉 〈선행사〉 〈주·관〉 V 시간 수준까지 내려간다 1/1000) (of a second)} / are biological constants / {with V S 1초의 1/1000에서 발생하는 생물학적 상수는 respect to the temporal resolution (of our senses)}. 〈전치사〉 우리 지각의 시간적 해상도와 관련한 ( ): S·C	우리 지각의 시간적 해상도와 관련한 생물학적 상수는 1초의 1/1000에서 발생하는 시간 수준까지 내려간다.	down to ~에 이르기까지 occur 발생하다 second 초 (1초) biological 생물학의 with respect to ~에 대한, ~에 관한 temporal 시간의, 시간적인 resolution 해상도 sense 지각, 감각
4	{If a sound has a gap (in it) / (shorter than 10 milliseconds)}, 〈종·접〉 S V O 어떤 소리가 그 안에 간극을 가진 경우 10 밀리초보다 짧은 / we will tend (not to hear it), / {because of resolution limits S V 〈전치사〉 그것을 듣지 못하기 쉬울 것이다 우리는 청각계의 해상도 한계 때문에 (of the auditory system)}.	어떤 소리가 그 안에 10 밀리초보다 짧은 간극을 가진 경우, 우리는 청각계의 해상도 한계 때문에 그것을 듣지 못하기 쉬울 것이다.	sound 소리 gap 간극 millisecond 1000분의 1초 tend to R ~하는 경향이 있다 limit 한계 auditory system 청각 체계 (소리 자극이 처리되는 감각 기관 신경계의 여러 단계를 묶어서 부르는 이름)
5 예시	For a similar reason, / a series of clicks / ceases (to sound S V₁ 유사한 이유로 일련의 딸깍거림은 딸깍거림처럼 더는 들리지 않고 like clicks) / and becomes a musical note / {when the 〈전치사〉 V₂ S·C 〈종·접〉 하나의 음악적 음이 된다 clicks are presented / (at a rate of about once) / (every 25 S V〈수동태〉 그 소리가 제공될 때 1회의 속도로 대략 25 밀리초당 milliseconds)}.	유사한 이유로, 일련의 딸깍거림은 그 소리가 대략 25 밀리초당 1회의 속도로 제공될 때 더는 딸깍거림처럼 들리지 않고 하나의 음악적 음이 된다.	similar 유사한, 비슷한 reason 이유 a series of 일련의 click '딸깍'하는 소리 cease O(to R/-ing) ~을 중지하다, 그만두다 sound like ~처럼 들리다 become ~이[가] 되다 note (악기의) 음, 음조, 음색 present 제공하다 at a rate of ~의 속도로
6 TS	{If you're flipping (through static (still) pictures)}, / they 〈종·접〉 S V 〈전치사〉 S 여러분이 정지 (스틸) 사진들을 빠르게 넘기고 있는 경우 must be presented / {slower than (about once) (every 40 V〈수동태〉 그것들이 제공되어야 한다 약 40 밀리초당 1회보다 더 느리게 milliseconds)} / {in order (for you) (to see them as separate 〈의S〉 O O·C 별개의 이미지들로 그것들을 보기 위해서는 images)}.	정지 (스틸) 사진들을 빠르게 넘기고 있는 경우, 여러분이 그것들을 별개의 이미지들로 보기 위해서는 그것들이 약 40 밀리초당 1회보다 더 느리게 제공되어야 한다.	flip through ~을 훑어보다, 휙휙 넘기다 (= go through quickly) static 정적인, 고정된, 정지의 still 정지한, 움직이지 않은, (영화에 대하여) 스틸 사진(용)의 (영화필름 중 한 컷만 현상한 사진 또는 영화 속 장면을 촬영한 사진) see A as B A를 B로 여기다 (수동태 시, A be seen as B) separate 갈라진, 별개의
7	(They are) Any faster (than that) / and _____ S·C 그것보다 조금이라도 더 빠르면 그 사진들은 우리 시각계의 시간적 해상도를 넘어서고 / and we perceive motion (where there is none). S V O〈선행사〉 〈관·부〉 V S 우리는 움직임이 없는 곳에서 움직임을 지각한다	그것보다 조금이라도 더 빠르면, 그 사진들은 우리 시각계의 시간적 해상도를 넘어서고, 우리는 움직임이 없는 곳에서 움직임을 지각한다.	exceed 넘다, 초과하다, 초월하다 visual 시각의, 눈에 보이는 perceive 인식하다, 지각하다 motion 움직임 none 아무도 ~않다

(Content)

33 다음 빈칸에 들어갈 말로 가장 적절한 것을 고르시오. [3점] [26%]

① details become clearer than when seen one by one
② our biological rhythms change along with their speed
③ the biological constants of our auditory system disappear
④ our visual system and auditory system function together
⑤ they exceed the temporal resolution of our visual system

정답 | ⑤

해설 | ① 하나씩 볼 때 보다 세부사항들이 명확해진다: 하나씩 봤을 때의 경우는 제시되지 않았으므로 적절하지 않다.
② 그들의 속도를 통해 우리의 생체 리듬이 바뀐다: 생체 리듬에 관한 내용은 없다.
③ 우리의 청각계의 생물학적인 상수가 사라진다: 상수가 사라진다는 내용은 없다.
④ 우리의 시각계와 청각계가 같이 기능을 한다: 시,청각계가 같이 기능한다는 내용은 없다.
⑤ 그 사진들은 우리 시각계의 시간적 해상도를 넘어선다 : ⑤에서 청각의 경우 소리가 대략 25 밀리초당 1회의 속도로 제공될 때(시간적 해상도를 넘어설 때) 하나의 음처럼 들린다고 했으므로 정답으로 적절하다.

문법

1 〈혼동 어휘〉

	대명사	형용사	부사
most	대부분의 것들[사람들]	대부분의	**가장**
almost	–	–	거의
mostly	–	–	주로, 일반적으로

1 3 〈주격 관계대명사절의 수의 일치〉: 선행사를 포함하고 있는 관계대명사 what 사용 불가

선행사	〈주격 관계대명사절〉 주격 관계대명사	~~주어~~	동사
human heart rates	which		vary
the level of time	that		occurs

1 〈전치사 in이 생략된 경우〉

	목적어			
spend	시간/노력/돈/에너지 등			~하는 데 …을 소비하다
waste	돈/시간/재능 등	**(in)** 생략 가능	동명사	~하는 데 …을 낭비하다
have	a hard time			~하는 데 어려움을 가지다
	trouble			
	difficulty			
be	busy			~하는 데 바쁘다
There	is no use			~해봐도 소용없다

2 〈간접의문문〉: 의문사가 있는 경우

〈간접의문문〉: 완전 타동사의 목적어 (완전한 문장)			
완전 타동사	의문사	주어	동사
don't know	why	this	is

3 〈보어 문두 도치〉: 보어(현재분사)가 문장 맨 앞으로 나가면 주어와 동사의 위치는 서로 바뀐다.

주격 보어	동사	주어
Moving ~	are	biological constants

4 〈시간/조건의 부사절〉: 현재(완료)가 미래(완료)를 대신함 / 종속절과 주절의 위치는 서로 바뀔 수 있음

〈종속절〉: 부사절(~한다면)				주절	
If	주어	동사		주어	동사
	a sound	~~will have~~ →	has	we	will tend

4 〈to부정사를 취하는 불완전 자동사〉

주어	불완전 자동사	
–	aim / appear / arrange / bother / consent / fight / hesitate / hurry / long / prepare / seem / serve / strive / struggle / **tend** / yearn / wait 등	to 동사원형

5 〈3형식에서 목적어 자리에 to R / -ing 둘 다 사용 가능〉

begin / **cease** / continue / dislike / hate / like / love / neglect / prefer / start 등

5 〈감각동사〉

감각동사	주격 보어	
feel, look, seem, **sound**, taste, appear, smell	형용사 (현재분사/과거분사)	
	명사	
	like (전치사)	(that) + 주어 + 동사
		(동)명사
	~~alike~~	
	~~likely~~	

1 6 〈~하기 위해서〉: (긍정문)

		목적		
주어	동사	so that	주어	may[can/will] 동사원형
		in order that	주어	may[can/will] 동사원형
		in order to 동사원형		
		so as to 동사원형		
		to 동사원형		

6 〈to부정사의 의미상 주어〉: 주어와 to부정사의 주체가 다를 경우 to부정사 앞에 'for + 목적격'을 사용 : they(주어) ~ **for you**(의미상 주어) to see

7 〈관계부사 where〉: 선행사를 포함한 관계부사 where = at the place (where, that, in which)

어법 & 연결어

At the level of hours and minutes, the [**most** / almost] relevant constants are human heart rates, [**which** / what] normally [**vary** / varies] from 60 to 100 beats per minute, and the need to spend [rough / **roughly**] one-third of our time [sleep / **sleeping**] in order to function [proper / **properly**]. Biologists and physiologists still don't know [what / **why**] this is so. [Move / **Moving**] down to the level of time [what / **that**] occurs at 1/1000 of a second [**is** / are] biological constants with respect to the temporal resolution of our senses. If a sound [will have / **has**] a gap in [it / **them**] shorter than 10 milliseconds, we will tend [to not hear / **not to hear**] [**it** / them], [because / **because of**] resolution limits of the auditory system. (   ), a series of clicks ceases [sounding / **to sound**] [**like** / alike] clicks and becomes a musical note [which / **when**] the clicks [present / **are presented**] at a rate of about once every 25 milliseconds. If you're flipping [thorough / **through**] static (still) pictures, they [must present / **must be presented**] slower than about once every 40 milliseconds in order for you to see [**it** / them] as separate images. Any faster than that and they exceed the temporal resolution of our visual system and we perceive motion [which / **where**] there [**is** / are] none.

193

	제목	새는 즉시 저속으로 비행할 수 있을까?
	주제	새는 인지적 도전에 정보의 획득 속도를 맞추기 위하여 즉시 속도를 줄일 수 없다.
	논리	강조

	지문	해석	단어 & 숙어
1	It is well established / {that the aerobic range of flight speeds (for any bird) / is restricted}. (가S) V〈수동태〉 / 잘 정립되어 있다 / 어떤 새에게나 대기 중에서 낼 수 있는 비행 속도의 범위가 / 제한된다는 점은	어떤 새에게나 대기 중에서 낼 수 있는 비행 속도의 범위가 제한된다는 점은 잘 정립되어 있다.	establish 정립하다 aerobic 대기 중의 range 범위 flight speed 비행 속도 restrict 제한하다
2	The well-established U-shaped function / (of aerodynamic power requirement) / (as a function of flight speed) / has wide applicability. p.p. p.p. S〈수동태〉 / 잘 정립된 U자형의 함수는 / 공기 역학적 필요 동력에 대한 / 비행 속도의 함수로서 / V / O / 광범위하게 적용 가능하다	비행 속도의 함수로서 공기 역학적 필요 동력에 대한 잘 정립된 U자형의 함수는 광범위하게 적용 가능하다.	function 함수 aerodynamic 공기 역학의 power 동력 requirement 요건, 필요조건 wide 넓은, 광범위한 applicability 적용 가능성
3	It shows / [that (for most birds), / slow flight, (even for short periods), is not possible / and this becomes more acute (for birds) / {with high wing loading and (consequently) higher average flight speeds}]. [ ]:O S V 〈종·접〉 / 그것은 보여준다 / 대부분의 새에게 / 짧은 시간일지라도 저속 비행이 가능하지 않다는 것을 / 그리고 이것이 새에게 더욱 심해진다는 것을 / ① / 날개 하중이 크고, 따라서 평균 비행 속도가 더 빠른 / ②	그것은 대부분의 새에게 짧은 시간일지라도 저속 비행이 가능하지 않다는 것을, 그리고 날개 하중이 크고, 따라서 평균 비행 속도가 더 빠른 새에게 이것이 더욱 심해진다는 것을 보여 준다.	even ~조차(도), ~이라도, ~까지도 period 시간, 기간 acute 예리한 wing 날개 loading 하중 consequently 결과적으로 average 평균의
4	In essence, / birds cannot (readily) slow down. S 〈부사〉 V / 본질적으로 / 새는 즉시 속도를 줄일 수 없다	본질적으로, 새는 즉시 속도를 줄일 수 없다.	in essence 본질적으로 readily 쉽게, 선뜻, 기꺼이 slow down (속도를) 줄이다
5 TS	Sustained slow flight / (for a bird) (which has a high average flight speed) / is costly / or (aerodynamically) impossible / and, hence, / (being able to reduce speed) / (in order to _____) / is unlikely (to occur). [ ]:S₂ p.p. S₁ 〈선행사〉 〈주·관〉 O / 지속되는 저속 비행은 / 새에게 / 평균 비행 속도가 빠른 / V₁ S·C₁ / 대가가 크거나 / 〈부사〉 S·C₂ / 공기 역학적으로 불가능하며 / 이리하여 / 〈동명사〉 속도를 줄일 수 있는 것은 / 늘어나는 인지적 도전에 정보의 획득 속도를 맞추기 위하여 / V₂ S·C / 있을 수 없을 것 같다	평균 비행 속도가 빠른 새에게 지속되는 저속 비행은 대가가 크거나 공기 역학적으로 불가능하며, 이리하여 늘어나는 인지적 도전에 정보의 획득 속도를 맞추기 위하여 속도를 줄일 수 있는 것은 있을 수 없을 것 같다.	sustain 지속하다 costly 많은 비용이 드는, 대가가 큰 aerodynamically 공기 역학적으로 hence 이런 이유로, 이리하여 in order to R ~하기 위해서 match 맞추다 rate 속도 gain 얻다, 획득하다 perceptual 지각의, 인지의 be unlikely to R ~일 것 같지 않다 occur 일어나다, 발생하다
6	In other words, / {when the environment restricts the information (available) / (e.g. rain, mist, low light levels)}, / birds cannot (easily) fly (more slowly) / {in order to compensate (for lowered visibility)}. 〈종·접〉 S V / 달리 말하면 / 환경이 얻을 수 있는 정보를 제한할 때 / O 〈형용사〉 / (가령, 비, 엷은 안개, 낮은 광량과 같이) / S V / 새는 쉽사리 더 저속으로 비행할 수는 없다 / 낮아진 가시성을 보완하기 위해 / p.p.	달리 말하면, (가령, 비, 엷은 안개, 낮은 광량과 같이) 얻을 수 있는 정보를 환경이 제한할 때, 새는 낮아진 가시성을 보완하기 위해 쉽사리 더 저속으로 비행할 수는 없다.	in other words 달리 말하면, 다시 말해서 available 이용 가능한 e.g. 예를 들어 (라틴어 exempli gratia를 줄인 것. for example로 읽음) mist 엷은 안개, 박무 compensate for ~에 대해 보완하다 lowered 낮아진 visibility 가시성
7	Thus / [if birds are {to fly / (under nonideal perceptual conditions)}, / or visibility conditions change / (during a flight)], / they cannot act / (in the way) (that a careful car driver can) / and reduce their speed / (in order to gain information) / (at a rate) / {sufficient (to match the new perceptual challenge)}. 〈종·접〉 S₁ V₁ { }:S·C / 이와 같이 / 새가 비행해야 하거나 / 이상적이지 않은 지각 조건에서 / S₂ V₂ 〈전치사〉 / 가시성 조건이 변하는 경우 / a flight)], S V₁ 〈선행사〉 〈관계부사〉 S / 비행 동안에 / 새는 행동할 수 없다 / 방식으로 / 대용어〉 / car driver can) V (act) (cannot) V₂ / 용의주도한 차량 운전이 할 수 있는 / 그리고 자기 속도를 줄일 수 없다 / 정보를 얻을 수 있도록 / information) / (at a rate) / 〈형용사〉 / 속도로 / 새로운 인지적 도전에 맞추기에 충분한 / perceptual challenge)}.	이와 같이 새가 이상적이지 않은 지각 조건에서 비행해야 하거나 비행 동안에 가시성 조건이 변하는 경우, 새는 용의주도한 차량 운전자가 할 수 있는 방식으로 행동하여 새로운 인지적 도전에 맞추기에 충분한 속도로 정보를 얻을 수 있도록 자기 속도를 줄일 수 없다.	thus 이리하여, 그러므로 under conditions ~한 환경[상황]에서 nonideal 비이상적인 in the way that S V ~가 …하는 방식으로 careful 용의주도한, 조심스러운 sufficient 충분한

34 다음 빈칸에 들어갈 말로 가장 적절한 것을 고르시오. [3점] [33%]

① create a flight formation to use less energy in the air
② take advantage of the rising and descending air currents
③ modify the path to take a shorter route to their destination
④ inform its flightmates of the need to complement the extended flying time
⑤ match the rate of gain of information to increasing perceptual challenges

정답 | ⑤

해설 | ① 공기에서 적은 에너지를 사용하기 위해 비행 대형을 창조하다: 비행 대형에 관한 내용은 없다.
② 공기의 흐름을 줄이고 증가시키는 데에 이점을 주다: 공기의 흐름을 조절한다는 내용은 없다.
③ 그들의 목적지에 짧은 거리로 길을 수정하다: 경로를 수정한다는 내용은 없다.
④ 확장된 비행시간을 보충하기 위해 필요에 의해 같이 비행하는 친구들에게 알리다: 같이 비행하는 친구들에 관한 내용은 없다.
⑤ 늘어나는 인지적 도전에 정보의 획득 속도를 맞추기 위하여: 7 에서 새는 새로운 인지적 도전에 맞추기에 충분한 속도로 정보를 얻을 수 있도록 자기 속도를 줄일 수 없다고 했으므로 정답으로 적절하다.

문법

1 〈가주어, 진주어 구문〉

가주어	동사	진주어
It (this, that, there 사용 불가)	–	**that + 주어 + 동사 (완전한 절)**
		to 동사원형
		동명사
		의문사 + 주어 + 동사 (간접의문문)
		if/whether + 주어 + 동사
It	is established	that절

1 3 〈what vs. that〉

	관계대명사 (불완전한 문장)	접속사 (완전한 문장)
what	○ 선행사를 포함하고 있기 때문에 what 앞에 선행사 불필요	×
that	○ that 앞에 선행사 필요	○

3 〈short / shortly〉

	형용사	부사
short	**짧은, 부족한**	짧게
shortly	–	곧, 즉시

3 5 〈high / highly〉

high	**형용사**	높은
	부사	높게
	명사	높은 곳
highly	부사	매우 (= very)

5 〈주격 관계대명사절의 수의 일치〉: 선행사를 포함하고 있는 관계대명사 what 사용 불가

	주격 관계대명사절		
선행사	주격 관계대명사	주어	동사
a bird	which	~~주어~~	~~have~~ has

5 〈명사 + ly = 형용사〉

명사	ly	형용사	뜻
love		lovely	사랑스러운
friend		friendly	친절한
cost	→	**costly**	**값비싼**
man		manly	남자다운
time		timely	때맞춘
leisure		leisurely	한가한, 느긋한

5 〈동명사 주어〉: being ~ is

주어가 될 수 있는 것들		주어와 동사의 수의 일치
단어	명사	명사와 대명사에 따라 동사의 단/복수 결정
	대명사	
구	to부정사구	단수동사 *모든 구와 절은 단수 취급
	동명사구	
절	that절	
	what절	
	whether절	
	의문사절	
	복합 관계대명사절	

6 7 〈주격 관계대명사 + be동사 생략〉: the information [(which/that is) available(형용사)] / a rate [(which/that is) sufficient(형용사)] : 형용사가 명사를 후치 수식하는 경우

7 〈관계부사〉: 관계부사절은 완전한 문장이 나오고, 선행사와 관계부사는 서로 같이 사용할 수도 있고 둘 중 하나는 생략할 수도 있다.

용도	선행사	관계부사	전치사+관계대명사
시간	the time	when	in/at/on + which
장소	the place	where	in/at/on + which
이유	the reason	why	for which
방법	**(the way)**	how	in which
	the way how는 같이 사용 못함 the way, the way in which, the way that은 사용 가능 **(how 대신에 사용되는 that은 관계부사 대용어라고 함)**		

어법 & 연결어

It is well established [**what / that**] the aerobic range of flight speeds for any bird [**restricts / is restricted**]. The well-established U-shaped function of aerodynamic power requirement as a function of flight speed has wide applicability. It shows [**what / that**] for [**most / almost**] birds, slow flight, even for [**short / shortly**] periods, is not possible and this becomes more acute for birds with [**high / highly**] wing loading and [**consequent / consequently**] higher average flight speeds. (   ), birds cannot readily slow down. Sustained slow flight for a bird which [**have / has**] a [**high / highly**] average flight speed is costly or aerodynamically impossible and, (   ), being able to reduce speed in order to match the rate of gain of information to [**increase / increasing**] perceptual challenges is unlikely to occur. (   ), when the environment restricts the information [**available / availably**] (e.g. rain, mist, low light levels), birds cannot easily fly more slowly in order to compensate for [**lowering / lowered**] visibility. (   ) if birds are to fly under nonideal perceptual conditions, or visibility conditions change [**while / during**] a flight, they cannot act in the way [**how / that**] a careful car driver can and reduce their speed in order to gain information at a rate sufficient to match the new perceptual challenge.

제목	신체적으로 탁월함을 추구하는 음악가	
주제	음악가는 운동선수와 같이 신체적으로 탁월함을 추구한다.	
무관한 문장 **논리**	비교·대조	

지문	해석	단어 & 숙어
1 TS (In the case of classical music performance), / {notwithstanding 〈전치사〉 클래식 음악 연주의 경우 the perhaps increased psychological pressure (to achieve 〈부사〉 p.p. 〈형용사〉 O '완벽'에 이르려는 가중된 심리적 압박감도 아마 있겠지만 "perfection,")} / (to a large extent) / [it is the participation S V S·C〈선행사〉 상당한 정도까지 △:〈It be ~ that 강조구문〉 (in a physical pursuit of excellence) / {that links art (to 〈주·관〉 V O 바로 탁월함을 신체적으로 추구하는 것에 관여한다는 점이다 예술을 스포츠와 연결시켜 주는 것은 sports)}].	클래식 음악 연주의 경우, '완벽'에 이르려는 가중된 심리적 압박감도 아마 있겠지만, 상당한 정도까지, 예술을 스포츠와 연결시켜 주는 것은 바로 탁월함을 신체적으로 추구하는 것에 관여한다는 점이다.	in the case of ~에 관하여(는), ~의 경우 classical music 클래식 음악 performance 연주 notwithstanding ~에도 불구하고 increased 증가한 psychological pressure 심리적 압박감 achieve 성취하다 perfection 완벽 to a large extent 대부분, 크게 participation 참여, 관여 physical 신체적인 pursuit 추구 excellence 우수성, 탁월함 link A to B A를 B와 연결하다
2 ① Musicians and athletes (both) must attempt / (to create S₁ S₂ V ( ):O 음악가와 운동선수는 둘 다 시도해야 한다 mistake-free performances) / [that require (finely) tuned O〈선행사〉 〈주·관〉 V 〈부사〉 p.p. (control) 실수 없는 수행을 해내려고 정교하게 조절된 신경을 필요로 하는 근육의 제어와 (neural and muscle control) / {enabled (by countless hours O₁ O₂ p.p. 셀 수 없는 오랜 시간 동안의 연습을 통해 가능해지는 of practice)}].	음악가와 운동선수는 둘 다, 셀 수 없는 오랜 시간 동안의 연습을 통해 가능해지는, 정교하게 조절된 신경과 근육의 제어를 필요로 하는 실수 없는 수행을 해내려고 시도해야 한다.	musician 음악가 athlete 운동선수 attempt O(to R) ~하려고 시도하다 mistake-free 실수 없는 performance 수행 require 요구하다, 필요로 하다 finely 정교하게 tune 조절하다, 조정하다 neural 신경(계)의 muscle 근육 enable 가능하게 하다 countless 셀 수 없는, 무수한
3 ② (For both activities), / (disciplining the body and mind) 〈동명사〉 O₁ O₂ 두 가지 활동 모두에서 신체와 정신을 훈련시키는 것이 / is central [to achieving / {what is (typically) considered a V S·C 〈전치사〉 〈동명사〉 〈주·관〉 V〈수동태〉 달성하는 데에 있어 핵심적이다 일반적으로 성공적인 수행이라고 여겨지는 것을 successful performance}]. { }:O S·C	두 가지 활동 모두에서, 신체와 정신을 훈련시키는 것이 일반적으로 성공적인 수행이라고 여겨지는 것을 달성하는 데에 있어 핵심적이다.	activity 활동 (복수형: activities) discipline 훈련시키다 central to ~에 중심이 되는 typically 일반적으로 consider O O·C(to be) (5) ~을 …로 여기다 (수동태 시, be considered S·C(to be)) successful 성공적인
4 ③ Standard descriptions (of the actions of the muscles) / S 근육의 움직임에 대한 일반적 기술은 (controlling the hand) / can give a misleading impression 〈현재분사〉 O V 〈현재분사〉 O 손을 제어하는 잘못된 인상을 줄 수 있다 / (of the degree) {to which the fingers can be controlled 〈전치사 + 관·대〉 S V〈수동태〉 손가락이 개별적으로 제어될 수 있는 정도에 대해 (independently)}.	(손을 제어하는 근육의 움직임에 대한 일반적 기술은 손가락이 개별적으로 제어될 수 있는 정도에 대해 잘못된 인상을 줄 수 있다.)	standard 일반적인 description 서술, 기술 controlling 제어하는 give an impression of ~한 인상을 주다 misleading 오해하게 하는, 오도하는 the degree to which ~하는 정도 independently 독립하여, 자주적으로
5 ④ Indeed / one might assume / [that one (of the prime S V 〈종·접〉 S 사실 사람들은 여길 수 있다 예술의 주된 목표 중 하나가 objectives) (of art), / (as in sports), / is {to win recognition / V 스포츠에서처럼 인정받는 것이라고 (for the artist/performer's technical physical ability)}]. { }:S·C 예술가/연주자가 가진 신체의 기술적 능력에 대해 { }:O	사실 사람들은 예술의 주된 목표 중 하나가 스포츠에서처럼 예술가/연주자가 가진 신체의 기술적 능력에 대해 인정받는 것이라고 여길 수 있다.	indeed 실제로 assume 추정하다 prime 최고의, 주된 objective 목표, 목적 as in ~의 경우(에서)와 같이 win recognition for ~에 대해 인정받다 performer 연기자[연주자] technical 기술적인 physical ability 신체적 기능
6 ⑤ Thus, / in essence, / even music becomes a competition S V S·C 그러므로 본질적으로 연주자에게는 음악조차도 경쟁이 되어서 (for performers), / {who compete (against their own 〈선행사〉 〈주·관〉 V 〈전치사〉 그들은 자기 자신의 신체와 겨룬다 bodies)}, / (if not those of others), / {in attaining 〈종·접〉 〈동명사〉 다른 사람의 신체는 아닐지라도 recognition (for their performances)}. O 자기 자신의 연주에 대한 인정을 얻는 과정에서	그러므로 본질적으로 연주자에게는 음악조차도 경쟁이 되어서, 그들은 자기 자신의 연주에 대한 인정을 얻는 과정에서 다른 사람의 신체는 아닐지라도 자기 자신의 신체와 겨룬다.	thus 따라서, 그러므로 in essence 본질적으로 even ~도[조차] competition for 경쟁, 경기, 시합 compete against ~와 경쟁하다, ~에 맞서 싸우다 attain 이루다, 획득하다

35 다음 글에서 전체 흐름과 관계 없는 문장은? [55%]

정답 | ③

해설 | 글에서는 음악가가 신체적으로 탁월함을 추구한다는 점이 운동선수와 비슷하다는 내용이지만, (③)은 손을 제어하는 근육에 관한 내용이므로 전체 흐름과 관계없는 문장이다.

문법

1 〈notwithstanding 용법〉

전치사	~에도 불구하고	in spite of, despite, for all
부사	그럼에도 불구하고	nevertheless, however
종속접속사	비록 ~ 할지라도	although, though, even though, even if, as, while, whereas

1 〈extent 용법〉

to	an	extent		어느 정도 / 어느 정도까지
to	some	extent		
to	a	certain	extent	
to	**a**	**large**	**extent**	**상당히**
to	an	important	extent	
to	such	an	extent	as to	~할 정도로
to	the	same	extent	as	~만큼

1 〈It be A that B 강조구문〉 : B한 것은 바로 A이다

It	be 동사	강조하고 싶은 말	that (경우에 따라 아래처럼 바꿔 사용 가능)	
This That There	시제에 따라 달라짐	주어 목적어 보어 부사(구, 절)	관계대명사	who
				whom
				which
		〈동사는 사용 불가〉	관계부사	when
				where
It	is	the participation ~	that ~	

1 2 6 〈주격 관계대명사절〉 : 선행사를 포함하고 있는 관계대명사 what 사용 불가

	주격 관계대명사절		
선행사	주격 관계대명사		동사
the participation	that	주어	links
performances	that		require
performers	who		compete

2 〈목적어 자리에 to부정사를 취하는 완전 타동사〉

주어	완전 타동사	목적어
—	afford / agree / ask / **attempt** / care / choose / claim / dare / decide / demand / desire / determine / elect / expect / fail / guarantee / hope / intend / learn / manage / need / offer / plan / pretend / profess / promise / refuse / resolve / seek / threaten / volunteer / want / wish 등	to 동사원형

2 〈주격 관계대명사 + be동사 생략〉 : control [(which/that is) enabled(과거분사)] : 과거분사가 앞에 있는 명사를 후치 수식하는 경우

2 〈접미사 -less〉 : '~이 없는 (결핍, 결여)' 부정이 아닌 긍정의 의미를 가지는 단어

단어	뜻
countless	셀 수 없이 많은
priceless	값을 매길 수 없는, 매우 귀중한
numberless	셀 수 없이 많은, 무수한
innumerable	셀 수 없이 많은, 무수한
invaluable	값을 헤아릴 수 없는, 매우 귀중한

3 〈동명사 주어〉 : disciplining ~ (동명사구 주어) + is central : 동명사구가 주어로 사용될 경우에 단수 취급하여 동사는 단수형을 사용한다.

3 〈to가 전치사인 경우〉 : central to + (동)명사 (~에 중심이 되는)

3 〈관계대명사 what〉 : 선행사가 필요한 주격 관계대명사 that과 which 사용 불가

주격 관계대명사절 : 명사절 (타동사의 목적어 역할)		
~~선행사~~	what	~~주어~~	is considered
주격 관계대명사		동사

3 〈불완전 타동사 + 목적어 + 목적격 보어[to be 보어(명사/형용사)]〉 : 수동태 시, be considered + 주격 보어(to be)

주어	불완전 타동사	목적어	목적격 보어
—	assume / announce / believe / claim / conceive / **consider** / declare / deem / feel / find / guess / hold / imagine / intend / presume / proclaim / prove / show / suppose / take / think / wish / discover / imagine / know	—	(to be) 보어

4 〈주격 관계대명사 + be동사 생략〉 : the muscles [(which/that are) controlling(현재분사)] : 현재분사가 앞에 있는 명사를 후치 수식하는 경우

4 〈degree 용법〉

		전치사	관계대명사			
the	extent	to	which	주어	동사	~하는 정도, 어느 정도로 ~하는지
	degree	**to**	**which**	주어	동사	
the	point	beyond	which	주어	동사	~하는 점을 넘어서
		완전한 절				

5 〈one of + 복수명사 + 단수동사 : ~ 중의 하나〉

one (주어 : 단수)	of	복수명사	단수동사
one		objectives	is

어법 & 연결어

In the case of classical music performance, notwithstanding the perhaps [**increasing** / increased] psychological pressure to achieve "perfection," to a large extent it is the participation in a physical pursuit of excellence [**that** / what] links art to sports. Musicians and athletes both must attempt [creating / **to create**] mistake-free performances [what / **that**] require finely tuned neural and muscle control [enabling / **enabled**] by countless hours of practice. For [either / **both**] activities, [disciplined / **disciplining**] the body and mind is central to [achieve / **achieving**] [that / **what**] is typically [**considered** / considering] a [successive / **successful**] performance. (   ) one might assume [what / **that**] one of the prime objectives of art, as in sports, [is / **are**] to win recognition for the artist/performer's technical physical ability. (   ) (   ), even music becomes a [**competition** / completion] for performers, who [compete / **competes**] [**for** / against] their own bodies, if not those of others, in attaining recognition for their performances.

	지문	해석	단어 & 숙어
1	Film speaks / (in a language of the senses). 영화는 말한다　　　감각의 언어로	영화는 감각의 언어로 말한다.	film 영화 speak in ~으로 말하다 language 언어 sense 감각
2 원인	Its flowing and sparkling stream (of images), / its compelling 영화에서의 거침없이 흥미롭게 연속되는 이미지들 pace and natural rhythms, and its pictorial style / are all part (of 그것의 강렬한 속도와 자연스러운 리듬, 그리고 그것의 회화적인 스타일　　모두 이러한 비언어적 언어의 일부분이다 this nonverbal language).	영화에서의 거침없이 흥미롭게 연속되는 이미지들, 그것의 강렬한 속도와 자연스러운 리듬, 그리고 그것의 회화적인 스타일은 모두 이러한 비언어적 언어의 일부분이다.	flowing 이어지는, 연속적인 sparkling 빛나는 stream 흐름 compelling 강력한, 강제적인 pace 속도 natural 자연스러운 pictorial 그림[회화]의 nonverbal 비언어적인, 말이 서투른
3	(A) {As important as the quality (of the image) may be}, / 이미지의 질이 중요할지라도 however, / it must not be considered so important / {that the 그러나　　　그것이 중요하게 여겨져서는 안 된다　　너무 ~해서 그 purpose (of the film) / (as an artistic, unified whole) / is ignored}. 영화의 취지가　　　예술적이고 통일된 전체로서　　　무시될 정도로	(A) 그러나 이미지의 질이 중요할지라도 그것이 예술적이고 통일된 전체로서 영화의 취지가 무시될 정도로 중요하게 여겨져서는 안 된다.	as 형/부 원급 as ~만큼 …한 quality 질, 품질, 우수함 consider O O·C(to be) (5) ~을 …로 여기다 (수동태 시, be considered S·C(to be)) so 형/부 (that) S V 너무 ~해서 그 결과 …하다 purpose 목적, 취지, 의도 unified 통일된 ignore 무시하다
4	A film's photographic effects should not be created / (for their 영화의 촬영 효과는 만들어져서는 안 된다 own sake) / (as independent, beautiful, or powerful images). 그것 자체를 위해　　　독립적이거나, 아름답거나, 강렬한 이미지로서	영화의 촬영 효과는 독립적이거나, 아름답거나, 강력한 이미지로서 그것 자체를 위해 만들어져서는 안 된다.	photographic 사진(술)의 effect 효과 create 만들어내다 for one's own sake ~ 자신을 위해 independent 독립적인
5 TS	(B) (In the final analysis), / they must be justified (psychologically) 결국　　　그것은 심리적으로 그리고 극적으로 정당되어야 한다 and (dramatically), / as well as (aesthetically), / {as important 미적으로 뿐만 아니라 means (to an end)}, / {not (as ends) (in themselves)}. 목적을 위한 중요한 수단으로서　　　그 자체로 목적으로서가 아니라	(B) 결국, 그것은 미적으로 뿐만 아니라 심리적으로 그리고 극적으로, 그 자체로 목적으로서가 아니라 목적을 위한 중요한 수단으로서 정당화되어야 한다.	in the final[last, ultimate] analysis 결국(은), 요는 justify 정당화하다, 옳음을 증명하다 psychologically 심리적으로 dramatically 극적으로 aesthetically 심미적으로, 미적으로 means to an end 목적 달성을 위한 수단 in oneself 본질적으로, 그 자체로는
6	{Creating beautiful images / (for the sake of creating beautiful 아름다운 이미지를 창출하는 것은　　　아름다운 이미지 창출을 위해 images)} / violates a film's aesthetic unity / and may (actually) 영화의 미적 조화를 침해하는 것이며　　　실제로 작용할 수 있다 work (against the film). 영화에 반하여	아름다운 이미지 창출을 위해 아름다운 이미지를 창출하는 것은 영화의 미적 조화를 침해하는 것이며 실제로 영화에 반하여 작용할 수 있다.	create an image 이미지를 만들어 내다 for the sake of ~을 위해 violate 위반하다, 어기다 aesthetic 미학의, 심미적인 unity 통합, 통일(성), 단결, 단일체 actually 실제로 work against ~에 반해 작동하다
7 결과	(C) So / it follows (naturally) / {that the aesthetic quality and 따라서　결론에 자연스럽게 이르게 된다　　　미적 질과 극적 힘이 dramatic power / (of the image) / are (extremely) important / (to 이미지의　　　　　매우 중요하다는 the overall quality of a film)}. 영화 전체의 질에	(C) 따라서 자연스럽게 이미지의 미적 질과 극적 힘이 영화 전체의 질에 매우 중요하다는 결론에 이르게 된다.	it follows that S V (따라서) ~라는 결론에 이르게 된다 naturally 자연스럽게 quality 질(質), 품질 dramatic 극적인 extremely 매우, 상당히 overall 전체적인
8	{Although the nature and quality / (of the story, editing, musical 비록 특성과 질이　　　이야기, 편집, 배경 음악, 음향 효과, 대화 그리고 연기의 score, sound effects, dialogue, and acting) / can do much (to 영화의 힘을 향상하는 데 많은 것을 할 수 있지만 enhance a film's power)}, / even these important elements cannot 이러한 중요한 요소들조차도 영화를 살릴 수 없다 save a film / {(whose images are mediocre or (poorly) edited}. 이미지가 썩 좋지 않거나 서투르게 편집된	이야기, 편집, 배경 음악, 음향 효과, 대화 그리고 연기의 바탕과 질이 영화의 힘을 향상하는 데 많은 것을 할 수 있지만, 이러한 중요한 요소들조차도 이미지가 썩 좋지 않거나 서투르게 편집된 영화를 살릴 수 없다.	although (비록) ~일지라도 nature 특성, 본성, 종류 editing 편집 musical score 악보, 배경 음악 sound effect 음향 효과 dialogue 대화 acting 연기 enhance 향상시키다 element 요소 mediocre 썩 좋지 않은 poorly 저조하게, 형편없이 (= badly) edit 편집하다

36 주어진 글 다음에 이어질 글의 순서로 가장 적절한 것을 고르시오.

[59%]

① (A)-(C)-(B)　　　　② (B)-(A)-(C)

③ (B)-(C)-(A)　　　　④ (C)-(A)-(B)

⑤ (C)-(B)-(A)

정답 | ④

해설 | **2**에서 영화의 연속되는 이미지, 속도, 리듬 등 비언어적 언어의 일부에 관해 설명하고, **7**에서 So와 함께 그러한 요소가 영화에 중요하다는 내용을 덧붙이므로 주어진 글 다음에 (C)가 이어진다.

8에서 영화에서 이미지의 중요성에 관해 설명하지만, **3**에서는 however와 함께 영화의 취지가 무시될 정도로 중요하게 여겨지는 말아야 한다고 했으므로 (C) 다음에 (A)가 이어진다.

5에서 they는 **4**의 A film's photographic effects를 가리키고, In the final analysis와 함께 **4**의 내용을 보충 설명하고 있으므로 (A) 다음에 (B)가 이어진다.

문법

3 8 〈양보/대조〉 : 형용사/부사 as 주어 + 동사 = Though 주어 + 동사 + 형용사/부사

종속접속사	뜻	구조
though	비록 ~일지라도	+ 주어 + 동사
although		
even though		
even if		
as		
while	반면에	
whereas		

3 〈동등[원급]비교〉 : B만큼 A한 (부사 just를 as 앞에 쓰면 강조)

지시부사			접속사/유사관계대명사
as	형용사	원급	as
	부사		
	~~importantly~~		
	important		

3 〈불완전 타동사 + 목적어 + 목적격 보어[to be 보어(명사/형용사)]〉 : 수동태 시, be considered + 주격 보어(to be)

주어	불완전 타동사	목적어	목적격 보어
–	assume / announce / believe / claim / conceive / **consider** / declare / deem / feel / find / guess / hold / imagine / intend / presume / proclaim / prove / show / suppose / take / think / wish / discover / imagine / know	–	(to be) 보어

3 〈원인과 결과를 동시에 나타내는 표현〉 : '너무 ~해서 그 결과 …하다' (종속접속사 that 생략 가능)

〈원인〉 : 너무 ~해서			〈결과〉 : 그 결과 …하다		
so	형용사	(a(n) + 명사)	(that)	주어	동사
such	(a(n))	형용사　명사	that	주어	동사

3 7 〈what vs. that〉

	관계대명사 (불완전한 문장)	접속사 (완전한 문장)
what	○ 선행사를 포함하고 있기 때문에 what 앞에 선행사 불필요	×
that	○ that 앞에 선행사 필요	○

5 〈상관접속사〉 : 병렬구조

종류			뜻
not		but	A가 아니라 B (= B, not A)
not only		but also	A뿐만 아니라 B도 (= B as well as A)
either	A	or	B　A와 B 둘 중 하나
neither		nor	A와 B 둘 다 아닌
both		and	A와 B 둘 다

6 〈동명사 주어〉 : Creating ~ (동명사구 주어) + violates : 동명사구가 주어로 사용될 경우에 단수 취급하여 동사는 단수형을 사용한다.

7 〈가주어, 진주어 구문〉

가주어	동사	진주어
It (this, that, there 사용 불가)	–	**that + 주어 + 동사 (완전한 절)**
		to 동사원형
		동명사
		의문사 + 주어 + 동사 (간접의문문)
		if/whether + 주어 + 동사
it	follows	that ~

8 〈소유격 관계대명사〉 : 소유격이 없는 that은 사용 불가

선행사 + 접속사 + 소유격 + 명사 + 동사 ~
= 선행사 + 접속사 + the + 명사 + of + 대명사 + 동사 ~
= **선행사 + whose + 명사 + 동사 ~**
= 선행사 + of which + the + 명사 + 동사 ~
= 선행사 + the + 명사 + of which + 동사 ~

어법 & 연결어

Film speaks in a language of the senses. Its flowing and sparkling stream of images, its compelling pace and natural rhythms, and its pictorial style [is / are] all part of this nonverbal language. (　　　) it follows naturally [what / that] the aesthetic quality and dramatic power of the image [is / are] [extreme / extremely] important to the overall quality of a film. [Although / Despite] the nature and quality of the story, editing, musical score, sound effects, dialogue, and acting can do much to enhance a film's power, even these important elements cannot save a film [that / whose] images are mediocre or poorly [editing / edited]. As [important / importantly] as the quality of the image may be, (　　　　　), it must not [consider / be considered] so [important / importantly] [what / that] the purpose of the film as an artistic, [unified / unifying] whole [ignores / is ignored]. A film's photographic effects should not [create / be created] for their own sake as independent, beautiful, or powerful images. In the final analysis, they [must justify / must be justified] psychologically and dramatically, as well as aesthetically, as important means to an end, not as ends in [them / themselves]. [To create / Creating] beautiful images for the sake of [creating / creation] beautiful images [violate / violates] a film's aesthetic unity and may actually work [for / against] the film.

	지문	해석	단어 & 숙어
1	(When dealing with investments), / different people have different risk profiles.	투자를 다룰 때, 다양한 사람들은 다양한 리스크 프로파일(투자자가 감당할 수 있는 위험의 정도)을 가진다.	deal with ~을 처리하다, 다루다 investment 투자 different 여러 가지의, 갖가지의 (= various) risk profile 위험의 수준[정도]
2	{If risk is a continuum / (from high risk to low risk)}, / a retired investor / will (generally) take less risk / (than a young investor) / (just entering the market).	만일 위험이 고위험으로부터 저위험까지의 연속체라면 은퇴한 투자자는 시장에 갓 진입한 젊은 투자자보다 일반적으로 위험을 덜 무릅쓴다.	continuum 연속(체) from A to B A에서 B까지 retired 은퇴한, 퇴직한 investor 투자자 generally 일반적으로 take a risk (위험할 수 있는 줄 알면서) 모험을 하다[받아들이다] young 어린, 젊은 enter 진입하다, 들어오다
3 TS 답변 (진실)	(A) No, / younger investors tend (to take more risk) / (with their investments) / [because they have a longer time horizon / {on (when they expect to actually need their money)}].	(A) 그렇지 않고, 더 젊은 투자자는 자신의 돈이 실제로 필요할 것으로 예상하는 때에 대한 더 긴 시계(時界)가 있기 때문에 투자에서 더 많은 위험을 무릅쓰는 경향이 있다.	tend to R ~하는 경향이 있다 time horizon 시계, 투자 기간 expect O(to R) ~하기를 기대하다 actually 실제로
4	(For the vast majority of people), / the reason (they invest) / is (so they can enjoy retirement).	압도적인 다수의 사람에 있어, 그들이 투자하는 이유는 은퇴를 즐길 수 있기 위해서이다.	the vast majority of 대부분의, 대다수의 invest 투자하다 enjoy 즐기다 retirement 퇴직, 은퇴
5 질문	(B) Why is this?	(B) 이것은 왜 일까?	
6 질문	Why are younger investors (generally) willing / (to take more risks) / (than older investors)?	왜 더 젊은 투자자는 더 나이 많은 투자자보다 일반적으로 더 많은 위험을 기꺼이 무릅쓰려 하는가?	be willing to R 기꺼이 ~하다
7 답변 (통념)	It is not {because younger people don't care / or tend (to make hazardous decisions)}, / {although that may be true / (to some extent)}.	그것은 비록 더 젊은 사람들이 어느 정도는 정말로 그렇긴 하지만, 걱정하지 않거나 모험적인 결정을 내리는 경향이 있어서가 아니다.	care O(to R) ~하기를 좋아하다 make a decision 결정을 하다 hazardous 위험한, 모험적인 although (비록) ~일지라도 to some[a certain] extent 얼마간, 어느 정도까지, 다소
8	(C) This means / {that younger people are not expecting / to sell their investments / (for twenty or thirty years)}.	(C) 이것은 더 젊은 사람들이 20년이나 30년 동안은 투자한 것의 매도를 예상하지 않는다는 것을 의미한다.	mean 의미하다 expect O(to R) ~하기를 기대하다 sell 팔다, 매도하다
9	(With this kind of time horizon), / they can afford {to shoot / (for the higher risk, higher return investments)}.	이러한 종류의 시계를 가지고 그들은 위험이 더 높고 수익이 더 높은 투자를 노릴 여유가 있다.	afford O(to R) ~할 여유가 있다 shoot for ~을 노리다, ~을 얻으려고 하다 return 수익
10	(For them), / the prospect (of losing money) / is not that bad.	그들에게, 돈을 잃을 수 있다는 전망은 그리 나쁜 것은 아니다.	prospect 전망 lose 잃다
11	(If they lose), / they (still) have time / (to make it up).	돈을 잃더라도, 그들에게는 아직도 그것을 벌충할 시간이 있다.	still 아직 make up ~을 보충[보상]하다

37 주어진 글 다음에 이어질 글의 순서로 가장 적절한 것을 고르시오.

[3점] [48%]

① (A)-(C)-(B)　　　　② (B)-(A)-(C)

③ (B)-(C)-(A)　　　　④ (C)-(A)-(B)

⑤ (C)-(B)-(A)

정답 | ②

해설 | **5**의 this는 **2**의 내용을 가리키며 이에 대해 질문을 던져 그에 대한 답변으로 글을 이어나가므로 주어진 글 다음에 (B)가 이어진다.

7에서 **5**, **6**의 질문에 대한 답변으로 통념을 제시하고, **3**에서 No와 함께 질문에 대한 진짜 이유를 설명하므로 (B) 다음에 (A)가 이어진다.

8에서 This는 **4**의 내용을 가리키며, 젊은 사람들이 위험을 감수하며 투자하는 이유를 설명하므로 (A) 다음에 (C)가 이어진다.

문법

1 〈분사구문〉 : 문두에 있는 경우

종속절→분사구문			주절	
종속접속사 〈그대로 사용 하면 의미 강조〉	(주어 + be동사) 〈주절의 주어와 같을 경우 생략 가능〉	현재분사: 능동	주어	동사
		과거분사: 수동		
		형용사		
		명사		
When	(they are)	dealing	different people	have

2 〈시간/조건의 부사절〉 : 현재(완료)가 미래(완료)를 대신함 / 종속절과 주절의 위치는 서로 바뀔 수 있음

〈종속절〉: 부사절(~한다면)			주절	
If	주어	동사	주어	동사
	risk	~~will be~~ → is	~ investor	will take

2 〈주격 관계대명사 + be동사 생략〉 : a young investor (who/that is) [entering(현재분사)] : 현재분사가 앞에 있는 명사를 후치 수식하는 경우

3 〈to부정사를 취하는 불완전 자동사〉

주어	불완전 자동사	
–	aim / appear / arrange / bother / consent / delight / fight / hesitate / hurry / long / prepare / seem / serve / strive / struggle / **tend** / yearn / wait 등	to 동사원형

3 〈간접의문문〉 : 의문사 when이 있는 경우

〈간접의문문〉: 전치사의 목적어 (완전한 문장)			
전치사	의문사	주어	동사
on	when	they	expect

3 7 8 9 〈목적어 자리에 to부정사를 취하는 완전 타동사〉

주어	완전 타동사	목적어
–	**afford** / agree / ask / attempt / **care** / choose / claim / dare / decide / demand / desire / determine / elect / **expect** / fail / guarantee / hope / intend / learn / manage / need / offer / plan / pretend / profess / promise / refuse / resolve / seek / threaten / volunteer / want / wish 등	to 동사원형

3 〈분리부정사〉 : to actually need

부정사	원형부정사	동사원형	
	to부정사	to	동사원형
	분리부정사	to	부사　동사원형
		~~형용사~~	

4 〈관계부사〉 : 관계부사절은 완전한 문장이 나오고, 선행사와 관계부사는 서로 같이 사용할 수도 있고 둘 중 하나는 생략할 수도 있다.

용도	선행사	관계부사	전치사+관계대명사
시간	the time	when	in/at/on + which
장소	the place	where	in/at/on + which
이유	**the reason**	**why**	for which
방법	(the way)	how	in which
	the way how는 같이 사용 못함 the way, the way in which, the way that은 사용 가능 (how 대신에 사용되는 that은 관계부사 대용어라고 함)		

4 〈so that과 comma(,) so that 그리고 so 형용사/부사 that의 차이점〉

인과 관계	해석
결과 **so (that)** 원인	~이니까, ~해서
원인, so that 결과	그 결과
so 형용사/부사 that 주어 + 동사 원인　　　　　　결과	너무 ~해서 그 결과 …하다

8 〈what vs. that〉

	관계대명사 (불완전한 문장)	접속사 (완전한 문장)
what	○ 선행사를 포함하고 있기 때문에 what 앞에 선행사 불필요	×
that	○ that 앞에 선행사 필요	○

11 〈이어동사〉

타동사	명사	부사	○
타동사	부사	명사	○
타동사	대명사	부사	●
타동사	부사	대명사	×
make	up	it	×

어법 & 연결어

When [**dealt / dealing**] with investments, different people have different risk profiles. If risk is a continuum from [**high / highly**] risk to low risk, a [**retiring / retired**] investor will generally take less risk than a young investor just [**entered / entering**] the market. Why is this? Why are younger investors generally willing [**to taking / to take**] more risks than older investors? It is not [**because / because of**] younger people don't care or tend [**making / to make**] hazardous decisions, [**despite / although**] that may be true to some extent. No, younger investors tend to take more risk with their investments [**because / because of**] they have a longer time horizon on [**what / when**] they expect to [**actual / actually**] need their money. For the vast majority of people, the reason [**which / why**] they invest is so they can enjoy retirement. This means [**what / that**] younger people are not expecting [**to sell / to selling**] their investments for twenty or thirty years. With this kind of time horizon, they can afford [**to shoot / to shooting**] for the higher risk, higher return investments. For them, the prospect of losing money is not that bad. If they lose, they still have time to [**make up it / make it up**].

전국 2020학년도 10월 고3 38번	제목	왜 네안데르탈인은 멸종되어 현생 인류로 대체되었는가?
	주제	호모 사피엔스의 의복 생산 능력과 같은 기술적 우위가 네안데르탈인이 대체되는 데 역할을 했을 것이다.
문장 삽입	논리	비교·대조, 인용

	지문	해석	단어 & 숙어
1 인용	(At least) / one researcher has speculated / {that the ability (of the new arrivals) / (to produce more advanced clothing) / (involving closely fitting skins) / was significant}.	적어도 한 연구자는 피부에 밀착되는 것을 수반하는 보다 발전된 의복을 생산하는 새로 도착한 사람들의 능력이 특별한 의미가 있었다고 추측했다.	researcher 연구자 speculate 추측하다 ability 능력 arrival 도착한 사람[것] advanced 진보된, 고급의 involve 수반하다 closely 딱, 꼭, 밀접하게 fit (옷 등이) 딱 맞다 significant 특별한 의미가 있는
2	{Why Neanderthals became extinct / (about 40,000 years ago) / (to be replaced by modern humans)} / is debated, / but the two most favored theories / are deteriorating climate conditions / (together) / (with competition) / (from the new arrivals).	왜 네안데르탈인이 약 4만 년 전에 멸종되게 되어 현생 인류로 대체되었는가가 논의되는데, 가장 선호되는 두 이론은 악화되는 기후 환경과 더불어 새로 도착한 사람들로부터 비롯된 경쟁이다.	Neanderthal 네안데르탈인 extinct 멸종된 replace 대체하다 modern humans 현대(현생) 인류 debate 토론하다 favored 선호되는 theory 이론 deteriorate 악화되다 climate condition 기후[기상] 조건 together with ~에 덧붙여, ~와 함께 competition 경쟁
3	(①) {Since the Neanderthals had (already) become acclimatized / (to cold conditions) / (for at least 200,000 years) / (in Europe)}, / it may seem counterintuitive / [that they lost out (to the new arrivals), / {who were not only unaccustomed (to cold climate)} / but {who came from a subtropical African climate, / (via the Near East)}].	네안데르탈인이 이미 유럽에서 적어도 20만 년 동안 추운 기후 환경에 적응해 왔기 때문에 추운 기후에 익숙하지 않았을 뿐만 아니라 아열대의 아프리카 기후 지역에서 근동(近東)을 거쳐 온 새로 도착한 사람들에게 그들이 밀려났다는 것은 직관에 반하는 것처럼 보일 수도 있다.	acclimatize (장소·기후 등에) 익숙해지다[적응하다] (= acclimatise, acclimate) seem S·C(to be) ~처럼 보이다, ~인 듯하다[것 같다] counterintuitive 직관에 반대되는, 반(反)직관적인 lose out to ~에게 밀려나다 not only A but also B A뿐만 아니라 B또한 be unaccustomed to ~에 익숙하지 않다 come from ~에서 나오다[비롯되다/생산되다] subtropical 아열대의 via ~을 경유해
4 TS	(②) It appears / {that the technological superiority (of *Homo sapiens*) / played a role}.	호모 사피엔스의 기술적 우위가 역할을 했던 것으로 보인다.	It appears (to me) that S V 분명히 ~인 것 같다, ~이 명백해지다 technological 기술적인 superiority 우월성 Homo sapiens 호모 사피엔스 play a role 역할을 하다
5	(③) The population (of the new arrivals) / increased (tenfold) / {as the population (of the existing Neanderthals) decreased}.	기존 네안데르탈인의 인구가 줄면서 새로 도착한 사람들의 인구는 10배 증가했다.	population 인구수 tenfold 10배 exist 존재하다
6	(④) This / presumably required (sewing hides) (together), / (possibly) (in double layers), / and (fastening them) / (with buttons or pegs), / {allowing the wearer to hunt (in colder conditions)}.	이것은 가죽을 함께, 아마도 두 겹으로 바느질하고, 그것을 단추나 고정 장치로 고정하는 것을 필요로 했는데, 그것을 착용한 사람이 더 추운 환경에서 사냥할 수 있는 것을 가능하게 했다.	presumably 짐작건대, 아마 sew A together A를 꿰매 붙이다 hides 가죽 possibly 아마 (= perhaps) layer 층, 겹 fasten 고정하다 peg 고정 장치, 핀, 못 wearer 착용하는[사용하는] 사람
7	(⑤) In contrast, / the Neanderthals may have had / only a single layer or wrap-around clothing, / (which did not involve sophisticated tailoring or sewing).	이와는 대조적으로 네안데르탈인은 한 겹으로만 된 옷이나 몸에 둘러서 입는 옷만 가지고 있었을지도 모르는데, 그것은 정교한 맞춤이나 바느질을 수반하지 않았다.	in contrast 대조적으로 may have p.p. ~이었을지도 모른다 wrap-around 몸에 두르게 되어 있는[몸에 휘감아서 입는] involve 수반[포함]하다 (= entail) sophisticated 정교한 tailoring 재단 sewing 바느질

202

38 글의 흐름으로 보아, 주어진 문장이 들어가기에 가장 적절한 곳을 고르시오. [47%]

정답 | ④

해설 | 6에서 This가 가리키는 내용을 (④) 앞에서는 찾을 수 없고, 주어진 문장의 발전된 의복을 생산하는 새로 도착한 사람들의 능력을 가리키므로 주어진 문장은 (④)에 들어가는 것이 가장 적절하다.

문법

1 3 4 〈what vs. that〉

	관계대명사 (불완전한 문장)	접속사 (완전한 문장)
what	○ 선행사를 포함하고 있기 때문에 what 앞에 선행사 불필요	×
that	○ that 앞에 선행사 필요	○

1 〈주격 관계대명사 + be동사 생략〉 : clothing [(which/that is) involving(현재분사)] : 현재분사가 앞에 있는 명사를 후치 수식하는 경우

1 7 〈목적어 자리에 동명사를 취하는 완전 타동사〉

주어	완전 타동사	목적어
_	admit / avoid / consider / delay / deny / enjoy / escape / experience / finish / give up / imagine / include / **involve** / mind / mute / practice / put off / postpone / quit / recommend / replace / report / risk / suggest 등	-ing (동명사)

2 〈의문사절(간접의문문) 주어〉 : Why ~ is debated : 의문사절(간접의문문 : 의문사 + 주어 + 동사)이 주어가 되면 동사는 단수를 씀

2 〈to부정사의 결과적 용법〉 : became extinct ~ **to be replaced** (멸종되어 결국 대체되었다)

2 〈to R의 태와 시제〉 : to be replaced

태	능동태	to R
	수동태	**to be p.p.**
시제	단순시제 : 본동사 시제와 동일	to R
	완료시제 : 본동사 시제보다 한 시제 앞선 시제	to have p.p.
	완료수동	to have been p.p.

2 〈혼동 어휘〉

단어	뜻	단어	뜻
completion	완성, 완수	incompetence	무능력
competition	경쟁, 대회	complement	보완, 보충
competence	능력, 자격	compliment	칭찬

3 〈since 용법〉

종속접속사	시간	~이래 (죽), ~한 때부터 내내
	이유	**~이므로, ~이니까**
전치사	시간	~이래 (죽), ~부터 (내내)
부사	시간	(그때)이래 (죽), 그 뒤[후] 줄 곧

3 4 〈가주어, 진주어 구문〉 : It(가주어) ~ that절(진주어)

3 〈become 동사의 쓰임〉 : 주격 보어 자리에 [명사/형용사/ 과거분사]가 나올 수 있는데, 여기에서는 과거분사 acclimatized가 주격 보어로 사용됨

3 〈seem 동사의 쓰임〉

주어	seem	주격 보어	2형식
		(to be) 보어	~처럼 보이다, 보기에 ~하다; ~인 듯하다
		to R	[것 같다], ~인 것처럼 생각되다

3 7 〈주격 관계대명사 that절〉 : 선행사를 포함하고 있는 관계대명사 what 사용 불가 / 주격 관계대명사 who절이 동일한 선행사 the new arrivals를 가지고 있는 경우를 '관계대명사의 이중한정'이라고 한다. / 상관접속사 not only A but (also) B는 병렬구조로 사용될 수 있는데 여기에서는 관계대명사 who절이 병렬구조로 사용되었다.

	주격 관계대명사절		
선행사	주격 관계대명사		동사
the new arrivals	who	주어	were unaccustomed
	who		came
앞 문장	which		did not involve

6 〈동명사의 능동수동태〉 : require **sewing** ~ and **fastening**

want/need/**require** (~을 필요로 하다, ~이 필요하다)	동명사 (= to be p.p.)
deserve (~을 받을 만하다)	
worth (~할 가치가 있다)	
be past (~할 정도[범위]를 넘어서 있다)	

6 7 〈혼동 어휘〉 : 여기에서 sewing은 동명사형

원형	과거	과거분사	현재분사/동명사	뜻
sew	sewed	sewed/sewn	**sewing**	바느질하다, 꿰매다
sow	sowed	sowed/sown	sowing	(씨를) 뿌리다
saw	sawed	sawed/sawn	sawing	톱, 톱질하다

6 〈~ allowing〉 : 〈분사구문〉이 문미에 있는 경우 (능동)

6 〈목적격 보어 자리에 to R을 취하는 불완전 타동사〉 : 수동태 전환 시, 2형식 문장(be p.p. + to R)

주어	불완전 타동사	목적어	목적격 보어
_	advise / **allow** / ask / assign / assume / beg / bring / cause / command / compel / condition / decide / design / drive / enable / encourage / expect / forbid / force / inspire / instruct / intend / invite / lead / like / motivate / order / permit / persuade / predispose / prepare / pressure / proclaim / prod / program / provoke / push / require / teach / tell / train / trust / urge / want / warn / wish 등	_	to R

어법 & 연결어

Why Neanderthals became extinct about 40,000 years ago [**to replace** / **to be replaced**] by modern humans [**is debated** / **debates**], but the two [**most** / **almost**] [**favored** / **favoring**] theories are deteriorating climate conditions together with [**completion** / **competition**] from the new arrivals. Since the Neanderthals had already become [**acclimatized** / **acclimatizing**] to cold conditions for at least 200,000 years in Europe, it may seem counterintuitive [**what** / **that**] they lost out to the new arrivals, who [**was** / **were**] not only unaccustomed to cold climate but who came from a subtropical African climate, via the Near East. It appears [**what** / **that**] the technological superiority of *Homo sapiens* played a role. The population of the new arrivals increased tenfold as the population of the [**existing** / **existed**] Neanderthals decreased. At least one researcher has speculated [**what** / **that**] the ability of the new arrivals to produce more advanced clothing [**involving** / **involved**] [**close** / **closely**] fitting skins was significant. This [**presumable** / **presumably**] required sewing hides together, possibly in double layers, and fastening [**it** / **them**] with buttons or pegs, allowing the wearer [**hunting** / **to hunt**] in colder conditions. (   ), the Neanderthals may have had only a single layer or wrap-around clothing, [**what** / **which**] did not involve [**sophisticated** / **sophisticating**] tailoring or [**sawing** / **sewing**].

	제목	헌법 협상에서 시간 제약의 장·단점
	주제	헌법 협상에서 시간 제약은 합의를 촉진한다는 장점이 있지만 완전한 합의를 상세히 기술하지 못하게 하는 등의 문제점도 있다.
	논리	비교·대조

	지문	해석	단어 & 숙어
1	These constraints may be helpful / (to facilitate agreement), / {as they put pressure (on parties) / (to come to agreement)}.	이런 제약은 당사자들에게 합의에 이르도록 압력을 가하기 때문에 합의를 촉진하는 데 도움이 될 수도 있다.	constraint 제한, 제약 be helpful to R ~의 힘[도움]이 되다 facilitate 촉진하다, 용이하게 하다 agreement 협정, 합의 put pressure on A to R ~하도록 A에게 압박을 가하다 party 당사자 arrive at[come to, reach] an agreement 협정이 성립하다, 합의를 보다
2 TS	Any negotiation is bounded / (in terms of time) / (allocated to it), / and time constraints are (especially) important / (when it comes to constitutional negotiations).	어떤 협상이든 거기에 할당된 시간이라는 측면에서 제한되어 있는데, 헌법 협상에 있어서는 시간 제약이 특히 중요하다.	negotiation 협상 bound 제한하다, 경계가 되다 in terms of ~면에서 allocate A to B A를 B에 할당[배분]하다 (수동태 시, be allocated to B) time constraint 시간 제약, 시간 압박 especially 특히 when it comes to ~에 관한 한 constitutional 헌법의
3	(①) Constitutions / are (typically), though (not always), adopted / (in moments) / {of high political drama, (perhaps) even violent crisis}.	헌법은 비록 항상 그렇지는 않지만, 일반적으로 고도의 정치적 드라마, 어쩌면 심지어 격렬한 위기의 순간에 채택된다.	constitution 헌법 typically 일반적으로, 보통 though (비록) ~일지라도 not always 언제나[반드시] ~인[하는] 것은 아니다 adopt 채택하다 in a moment of 일순간에 political 정치적인 even 심지어 violent 격렬한, 폭력적인 crisis 위기
4	(②) (Often) / there are upstream constraints / {that limit the amount of time / (available to drafters)} / — deadlines {that are (exogenously) fixed and cannot be evaded}.	흔히 입안자에게 이용 가능한 시간의 양을 제한하는 외적인 제약, 즉 외적인 요인으로 정해져 있으며 피할 수 없는 최종 기한이 있다.	upstream 초기 단계의, 상류의 limit 제한하다 amount 양 (= quantity) available to ~가 이용 가능한 drafter 입안자, 초안을 만든 사람 deadline 최종 기한 exogenously 외적인 요인으로 fix 정하다 (= set) evade 피하다, 모면하다
5	(③) But / they (also) bound the negotiation / and prevent the parties / (from spelling out a complete set of arrangements), / and so the constitutional bargain will (of necessity) be incomplete.	하지만 그 제약은 또한 협상을 제한하고 당사자들이 일련의 완전한 합의를 상세히 기술하지 못하게 하여, 헌법 교섭은 필연적으로 미완성이 될 것이다.	prevent A from -ing A가 ~하는 것을 막다 spell out 상세히[명백히] 설명하다 a set of 일습[일련]의 complete 완전한 arrangement 합의, 조정 bargain 협상, 거래 of necessity 필연적으로, 반드시 (= necessarily) incomplete 불완전한, 미완성의
6	(④) Negotiators may focus / (only) {on the largest, most salient issues}, / (leaving more minor ones unresolved).	협상자들은 가장 크고 가장 두드러진 문제에만 집중하고 더 사소한 것들은 미제로 내버려 둔다.	negotiator 협상자, 협의자 focus on ~에 집중하다 salient 두드러진 leave O O·C(분사) (5) ~을 …한 상태가 되게 하다 minor 사소한 unresolved 미해결의
7	(⑤) Time pressures contribute (to the introduction) / (of structural mistakes) / (in the constitutional text), / {seeding pitfalls / (for the immediate post-constitution-making period)}.	시간 압박은 헌법 전문에 구조적 오류가 들어오는 원인이 되며 헌법 제정 직후 시기 위험의 씨가 된다.	time pressure 시간 압박 contribute to ~의 원인이 되다 introduction 도입, 도래 structural 구조적 seed 씨를 뿌리다 pitfall 함정, 위험 immediate 바로 이어지는 post- 「뒤의; 다음의」의 뜻 (↔ ante-) period 시기

---

39 글의 흐름으로 보아, 주어진 문장이 들어가기에 가장 적절한 곳을 고르시오. [3점] [47%]

정답 | ③

해설 | 주어진 문장에서 These constraints는 ④의 upstream constraints를 가리키고, 그것의 장점에 관해 설명하고 있고, ⑤에서 they 또한 그것을 가리키며, But과 함께 그것의 단점에 관해 설명하고 있으므로 주어진 문장은 (③)에 들어가는 것이 가장 적절하다.

문법

2 4 〈주격 관계대명사 + be동사 생략〉

–	생략 가능	
명사 (선행사)	(주격 관계대명사 + be동사)	현재분사(-ing) – 능동 (~하고 있는, ~하는)
		과거분사(p.p.) – 수동 (~되어진, ~당한)
		명사
		형용사(구) (~하는, ~할)
		부사
		전치사구
time	(which/that is)	allocated
time	(which/that is)	available

2 7 〈to가 전치사인 경우〉: when it comes to + (동)명사 (~에 관한 한) / contribute to + (동)명사 (~에 기여하다)

3 〈대등[등위]접속사〉: and(그리고), but(그러나), or(또는), so(그래서), for(왜냐하면), **though(그럼에도 불구하고)**

3 〈부분부정/전체부정/이중부정〉

부분부정	not/ never	+	all(모두), **always(항상)**, necessarily(필연적으로), entirely(전적으로), altogether(완전히), exactly(정확히), totally(전체적으로), absolutely(절대적으로), completely(완전히), wholly(완전히)
전체부정			not any one (= none) (모두 ~이 아니다)
			no + 명사 (어느 누구도 ~않다)
			not ~ either (= neither) (둘 다 ~이 아니다)
			not + anything (= nothing) (아무것도[단 하나도] (~ 아니다/없다))
			not + ever (= never) (결코 ~이 아니다)
			not anywhere (= nowhere)
	no = not any		no more = not ~ anymore
			nobody = not ~ anybody
			nothing = not ~ anything
			no longer = not ~ any longer
이중부정	부정 어	+	nothing
			refuse, lack, against, un-(부정접두사) 으로 시작하는 단어
			without, but (= that ~ not), but (= except), (= if ~ not)

3 〈adapt / adopt / adept〉

	adapt	adopt	adept
동사	적응시키다, 개조하다, 개작하다	양자로 삼다, **채택하다**	–
형용사	adaptive 적응할 수 있는	adoptive 양자 결연 (관계)의	숙련된
명사	adaptation 적응, 순응	adoption 양자, 채용	adeptness 숙련

3 〈high / highly〉

		형용사	높은
high		부사	높게
		명사	높은 곳
highly		부사	매우 (= very)

4 〈There/Here is 도치구문〉

긍정문	**There** (Here)	is	단수 주어	~이 있다 (여기에 ~이 있다)
		are	복수 주어	
부정문	There (Here)	is no	단수 주어	~이 없다 (여기에 ~이 없다)
		are no	복수 주어	

4 〈주격 관계대명사 that절〉: 선행사를 포함하고 있는 관계대명사 what 사용 불가

	주격 관계대명사절		
선행사	주격 관계대명사	주어	동사
constraints	that	~~주어~~	limit
deadlines	that	~~주어~~	are

5 〈혼동 어휘〉

	동사	형용사
complete	완수하다	**완전한, 완벽한**
compete	경쟁하다	
complement	보완하다	–
compliment	칭찬하다	–
complimentary	–	칭찬하는, 무료의
complementary	–	보완적인
competitive	–	경쟁적인

6 〈leaving ~〉: 〈분사구문〉이 문미에 있는 경우 (능동) [= as they leave (동시 동작)]

6 〈leave 동사의 쓰임〉: 수동태 시, be left + 주격 보어(형용사/현재분사/과거분사/to 동사원형)

leave	목적어	목적격 보어	5형식
		형용사	~을 (어떤 상태) 그대로 두다
		현재분사 – 능동	
		과거분사 – 수동	
		to 동사원형	…하게 내버려 두다, …시키다

7 〈seeding ~〉: 〈분사구문〉이 문미에 있는 경우 (능동) (= which seeds / = and it[this/that] seeds)

어법 & 연결어

Any negotiation [bounds / **is bounded**] in terms of time [**allocated** / allocating] to [**it** / them], and time constraints are [especial / **especially**] important when it comes to constitutional negotiations. Constitutions are typically, [**despite** / though] not always, [adapted / **adopted**] in moments of [**high** / highly] political drama, perhaps even violent crisis. Often there [**are** / is] upstream constraints [what / **that**] limit the amount of time available to drafters — deadlines [**that** / what] are exogenously [fixing / **fixed**] and [cannot evade / **cannot be evaded**]. These constraints may be helpful to facilitate agreement, as they put pressure on parties to come to agreement. (　　　) they also bound the negotiation and prevent the parties from spelling out a [compete / **complete**] set of arrangements, and so the constitutional bargain will of necessity be incomplete. Negotiators may focus only on the largest, [**most** / almost] salient issues, [left / **leaving**] more minor ones [unresolving / **unresolved**]. Time pressures contribute to the introduction of structural mistakes in the constitutional text, [seeded / **seeding**] pitfalls for the immediate post-constitution-making period.

	지문	해석	단어 & 숙어
1 통념	People (typically) consider / the virtual, or imaginative, nature / (of cyberspace) / to be its unique characteristic.	사람들은 보통 사이버 스페이스의 가상적 또는 상상적 특성을 그것만의 독특한 특징으로 여긴다.	typically 일반적으로, 보통 / virtual 가상의 / imaginative 상상력이 풍부한 / nature of ~의 특성 / unique 독특한 / characteristic 특징, 특성, 특색
2	{Although cyberspace involves / imaginary characters and events / (of a kind and magnitude) / (not seen before)}, / less developed virtual realities / have (always) been integral parts (of human life).	사이버 스페이스는 가공의 인물들과 이전에 볼 수 없었던 종류와 규모의 일들을 포함하지만, 덜 발달된 가상 현실은 항상 인류의 삶에 필수적인 부분이었다.	although (비록) ~일지라도 / involve 포함하다 / imaginary 상상의 / character (등장)인물 / magnitude 엄청난 규모, 크기 / develop 발달하다 / virtual reality 가상 현실 / integral 필수적인
3	All forms of art, / {including cave drawings / (made by our Stone Age ancestors)}, / involve some kind of virtual reality.	우리의 석기 시대 조상이 그린 동굴 벽화를 포함한 모든 형태의 예술은 일종의 가상 현실을 포함한다.	include 포함하다 / cave drawing 동굴 벽화 / Stone Age 석기 시대 / ancestor 조상, 선조
4	In this sense, / cyberspace does not offer / a (totally) new dimension / (to human life).	이런 의미에서 사이버 스페이스는 인간의 삶에 완전히 새로운 차원을 제공하지 않는다.	in this sense 이런 의미에서 / offer 제공하다 / totally 완전히 / dimension 차원, 규모, 치수, 크기
5 진실	{What is new (about cyberspace)} / is its interactive nature / and this interactivity has made / it a psychological reality / as well as a social reality.	사이버 스페이스의 새로운 점은 그것의 상호 작용적인 성격이며 이러한 상호 작용성은 그것을 사회적 현실뿐만 아니라 심리적인 현실로 만들었다.	interactive 상호 작용의, 쌍방향의 / nature 성격, 특징 / interactivity 쌍방향성, 상호 작용성 / make O O·C(형/명) (5) ~을 …한 상태로 만들다 / psychological 심리적인 / B as well as A A뿐만 아니라 B도
6	It is a space / {where real people have actual interactions / (with other real people)}, / (while being able to shape, or even create, their own and other people's personalities).	그곳은 진짜 사람들이 다른 진짜 사람들과 실제로 상호 작용하면서 그들 자신과 다른 사람들의 성격을 형성하거나 심지어 창조할 수 있는 공간이다.	space 공간[장소] / actual 실제의, 사실상의 / interaction 상호 작용 / while ~하면서[동시에] / be able to R ~할 수 있다 / shape 형성하다 / even 심지어 / create 창조하다 / personality 성격, 개성
7	The move / (from passive imaginary reality) (to the interactive virtual reality of cyberspace) / is (much) more radical / (than the move) / (from photographs to movies).	수동적인 가공의 현실에서 상호 작용적인 사이버 스페이스의 가상 현실로의 이동은 사진에서 영화로의 이동보다 훨씬 더 근본적이다.	from A to B A에서 B까지 / reality 현실 / passive 수동적인 / radical 근본적인 / photograph 사진
8 TS	(What makes cyberspace unique) / is not the ____(A)____ (of its virtual reality) / but the interaction (among people) / (that gives cyberspace the feeling of ____(B)____).	⇒ 사이버 스페이스를 독특하게 만드는 것은 그것의 가상 현실의 (A) 참신함이 아니라 사이버 스페이스에 (B) 진짜라는 느낌을 부여하는 사람 간의 상호 작용이다.	unique 독특한 / not A but B A가 아니라 B / novelty 새로움, 참신함 / among ~ 사이의 / give I·O D·O (4) ~에게 …을 주다 / authenticity 진짜(임)

40 다음 글의 내용을 한 문장으로 요약하고자 한다. 빈칸 (A), (B)에 들어갈 말로 가장 적절한 것은? [52%]

	(A)		(B)
①	novelty	......	authenticity
②	novelty	......	security
③	variety	......	completeness
④	accessibility	......	authority
⑤	accessibility	......	hospitality

정답 | ①

해설 | ① 참신함 – 진짜 : **1**, **4**에서 사이버 스페이스의 가상적 또는 상상적 특성('참신함')은 인간의 삶에 새로운 차원을 제공하지 않는다고 했으므로 (A)에는 novelty가 적절하다.
5, **6**에서 사이버 스페이스에서 다른 '진짜' 사람들과의 상호작용이 새로운 점이라고 (B)에는 authenticity가 적절하다.
② 참신함 – 안정성
③ 다양성 – 완전함
④ 접근 가능성 – 권위
⑤ 접근 가능성 – 환대

문법

1 〈불완전 타동사 + 목적어 + 목적격 보어[to be 보어(명사/형용사)]〉 : 수동태 문장 전환 시, 'be p.p. + 주격 보어[(to be) 보어(명사/형용사)]' 구조로 2형식이 된다.

주어	불완전 타동사	목적어	목적격 보어
–	assume / announce / believe / claim / conceive / **consider** / declare / deem / feel / find / guess / hold / imagine / intend / presume / proclaim / prove / show / suppose / take / think / wish / discover / imagine / know	–	(to be) 보어

1 **2** **7** 〈혼동 어휘〉

	명사	형용사	동사
imagine	–	–	상상하다
imagination	상상력	–	–
imaginary	–	가상의	–
imaginable	–	상상할 수 있는	–
imaginative	–	상상력이 있는	–

2 **3** 〈주격 관계대명사 + be동사 생략〉

–	생략 가능	
명사 (선행사)	(주격 관계대명사 + be동사)	현재분사(-ing) – 능동 (~하고 있는, ~하는)
		과거분사(p.p.) – 수동 (~되어진, ~당한)
		명사
		형용사(구) (~하는, ~할)
		부사
		전치사구
characters and events	(which/that have been)	seen
cave drawings	(which/that were)	made

3 〈including 용법〉

현재분사(형용사)	~을 포함하는	명사를 뒤에서 후치 수식함
분사구문(부사)	~을 포함하여	부대상황
전치사	~을 포함하여	형용사구, 부사구
		유사 표현 : regarding, concerning, considering

5 **8** 〈주어와 동사의 수의 일치〉 : 관계대명사 what절[(= the thing(s) which/that~) : ~하는 것은/이]이 주어로 사용되면 동사는 주로 단수동사 사용함, 선행사가 필요한 관계대명사 that/which 사용 불가 (모든 구/절은 단수 취급)

주격 관계대명사절				동사
선행사	What	주어	is ~	is
			makes ~	
	주격 관계대명사			

5 **8** 〈make 상태동사〉 : 수동태 시, be made + 주격 보어(형용사/명사)

make	목적어	목적격 보어	해석
상태동사	명사 / 명사 상당어구	**형용사** **명사**	~가 …한 상태로 만들다

6 〈관계부사 where〉 : 선행사(a space) + 관계부사(where ~ : 완전한 문장) / 관계대명사 which/what 사용 불가

6 〈생략〉 : 종속절의 '주어 + be동사'는 생략 가능(주절 주어 = 종속절 주어)

주절			종속절 → 분사구문	
주어	동사	종속접속사 〈그대로 사용하면 의미 강조〉	(주어 + be동사) 〈주절의 주어와 같을 경우 생략 가능〉	현재분사
				과거분사
				형용사
				명사
real people	have	while	(they are)	being

7 〈비교급 vs. 원급 강조〉

	비교급 강조 표현	원급 강조 표현
훨씬 ~한	**much,** even, still, by far, far, a lot, lots, a great deal	very, so, quite, really, extremely, too
조금 더 ~한	a little, slightly, a bit	

8 〈주격 관계대명사절의 수의 일치〉 : 선행사를 포함하고 있는 관계대명사 what 사용 불가

	주격 관계대명사절		
선행사	주격 관계대명사	주어	동사
the interaction	that		give
			gives

어법 & 연결어

People typically consider the virtual, or [**imaginative** / imaginable], nature of cyberspace to be [**its** / their] unique characteristic. [Despite / **Although**] cyberspace involves imaginary characters and events of a kind and magnitude not seen before, less developed virtual realities have always been integral parts of human life. All forms of art, including cave drawings [making / **made**] by our Stone Age ancestors, involve some kind of virtual reality. (   ), cyberspace does not offer a [total / **totally**] new dimension to human life. [That / **What**] is new about cyberspace is its interactive nature and this interactivity has made [**it** / them] a psychological reality as well as a social reality. It is a space [which / **where**] real people have actual interactions with other real people, while being able to shape, or even create, their own and other people's personalities. The move from passive imaginary reality to the interactive virtual reality of cyberspace is [very / **much**] more radical than the move from photographs to movies.

→ [That / **What**] makes cyberspace unique is not the novelty of its virtual reality but the interaction among people that [give / **gives**] cyberspace the feeling of authenticity.

제목	사람들은 왜 진짜 자신의 성격을 보지 못하는가?
주제	사람들은 유년 시절부터 자신의 천성을 가리는 맞지 않는 정체성에 시간을 보냈기 때문에 자신의 성격을 모른다.
논리	원인·결과

	지문	해석	단어 & 숙어
1	{Because personality is the innermost layer (of your 〈종·접〉 S V S·C 성격은 여러분의 '개인적 특질'의 가장 깊은 층이기 때문에 "personhood,")} / it's easy (and very common) / (to lose 〈가S〉 V S·C ( ):〈진S〉 쉽다(그리고 매우 흔하다) sight of your personality). 자신의 성격을 보지 못하기가	성격은 여러분의 '개인적 특질'의 가장 깊은 층이기 때문에, 자신의 성격을 보지 못하기가 쉽다(그리고 매우 흔하다).	personality 성격 innermost 가장 깊숙한 layer 층 personhood 개인적 특질 common 흔한, 평범한 lose sight of ~을 못 보다
2 TS 원인 결과	In fact, / most people are (a) unaware (of their S V S·C 사실 대부분의 사람들은 자신의 성격을 모른다 personalities) / [because (from early childhood), they have 〈종·접〉 S V〈현재완료〉 이른 유년 시절부터 대부분의 시간을 보냈기 때문에 spent most of their time / (adopting out-of-sync identities) / O (in) 〈동명사〉 〈선행사〉 '맞지 않는 정체성을 채택하느라' {that (completely) mask their natural personalities}]. 〈주·관〉 〈부사〉 V O 자신의 천성을 완전히 가리는	사실, 대부분의 사람들은 이른 유년 시절부터 자신의 천성을 완전히 가리는 '맞지 않는 정체성을 채택하느라' 대부분의 시간을 보냈기 때문에 자신의 성격을 모른다.	in fact 사실, 실제로 unaware of ~을 모르는 early childhood 유아기 spend O (in) -ing ~하는 데 …을 소비하다 adopt 채택하다 out-of-sync 맞지 않는 identity 동일함, 주체성, 정체성 completely 완전히 mask 가리다 natural 타고난, 선천적인
3	More often than not, / the environments (of our youth) / (for S 자주 어린 시절의 환경은 example, / the way (our parents raise us), / the way (society 〈선행사〉 관계부사 S V O 〈선행사〉 관계부사 대용어 that) 대용어 that) 부모님이 우리를 양육하는 방식 사회가 우리와 소통하는 방식 interacts with us), / and the way (our culture shapes us)) / (b) V 〈선행사〉 관계부사 S V O 대용어 that) 문화가 우리를 만들어 가는 방식 mislead us (as adults) / {into thinking (we are one kind of V O 〈동명사〉 〈종·접 that〉 S V S·C 성인인 우리를 오도한다 우리가 특정한 유형의 사람이라고 생각하도록 person)} / — (when we are really another)! ( ):O 〈종·접〉 S V S·C 사실은 다른 유형의 사람인데도	자주, 어린 시절의 환경(예를 들어, 부모님이 우리를 양육하는 방식, 사회가 우리와 소통하는 방식, 문화가 우리를 만들어 가는 방식)은 우리가 사실은 다른 유형의 사람인데도 특정한 유형의 사람이라고 생각하도록 성인인 우리를 오도한다!	more often than not 자주, 대개 environment 환경 youth 어린 시절 raise 양육하다, 기르다 society 사회 interact with ~와 상호 작용을 하다 culture 문화 shape 형성하다 mislead A into -ing A가 …하도록 잘못 이끌다 adult 성인, 어른 another 다른, 딴
4	(As children), / we are surrounded / (by families and S V〈수동태〉 〈선행사〉 어린 시절에 우리는 둘러싸여 있다 societies and cultures) / [that are (constantly) making 〈주·관〉 V₁〈현재진행〉 가족과 사회와 문화로 우리에게 끊임없이 인상을 심어 주고 impressions (on us), / giving us (c) feedback / about {how O (are) V₂ I·O 〈전치사〉 〈의문사〉 우리에게 피드백을 주고 we should be (in the world)}, / and teaching us "the right" S V ( ):O〈간·의〉 (are) V₃ I·O D·O 우리가 세상에서 어떠해야 하는지에 관해 우리에게 가르치고 있는 행동할 '옳은' 방식 ways (to behave), / the "right" thoughts and feelings (to D·O₂ D·O₃ 지녀야 할 '옳은' 사고와 감정 have), / and the "right" groups (to join)]. D·O₄ 참여해야 할 '옳은' 집단을	어린 시절에, 우리는 우리에게 끊임없이 인상을 심어 주고, 우리가 세상에서 어떠해야 하는지에 관해 우리에게 피드백을 주고, 행동할 '옳은' 방식, 지녀야 할 '옳은' 사고와 감정, 참여해야 할 '옳은' 집단을 우리에게 가르치고 있는 가족과 사회와 문화로 둘러싸여 있다.	be surrounded with[by] ~에 둘러싸이다 constantly 끊임없이 make an impression on ~에 인상을 심다 give I·O D·O (4) ~에게 …을 주다 teach I·O D·O (4) ~에게 …을 가르치다 right 옳은, 올바른 behave 행동하다 thought 생각, 사고 join 참여하다

문법

1 2 〈원인/이유: ~ 때문에〉

전치사	because of	+ (동)명사/명사 상당어구
	due to	
	for	
	on account of	
	owing to	
	thanks to	
종속접속사	as	+ 주어 + 동사 ~
	because	
	now (that)	
	since	

1 〈가주어, 진주어 구문〉

가주어	동사	진주어
It (this, that, there 사용 불가)	–	that + 주어 + 동사 (완전한 절)
		to 동사원형
		동명사
		의문사 + 주어 + 동사 (간접의문문)
		if/whether + 주어 + 동사
it	is	to lose

2 〈혼동 어휘〉

	대명사	형용사	부사
most	대부분의 것들[사람들]	대부분의	가장
almost	–	–	거의
mostly	–	–	주로, 일반적으로

2 〈인지/확신 형용사〉 : 이러한 형용사는 뒤에 명사절로 that절이나 간접의문문 등을 취할 수 있다.

주어(사람)	be동사	형용사(인지/확신)	that (생략 가능)	주어	동사 ~
			of + (동)명사		
		(un)aware, certain, conscious, proud, sure, confident, convinced, fearful, ignorant			

2 〈전치사 in이 생략된 경우〉

	목적어			
spend	시간/노력/돈/ 에너지 등			~하는 데 …을 소비하다
waste	돈/시간/재능 등			~하는 데 …을 낭비하다
have	a hard time	**(in)** 생략 가능	동명사	~하는 데 어려움을 가지다
	trouble			
	difficulty			
be	busy			~하는 데 바쁘다
There	is no use			~해봐도 소용없다

2 5 〈adapt / adopt / adept〉

	adapt	adopt	adept
동사	적응시키다, 개조하다, 개작하다	양자로 삼다, **채택하다**	–
형용사	adaptive 적응할 수 있는	adoptive 양자 결연(관계)의	숙련된
명사	adaptation 적응, 순응	adoption 양자, 채용	adeptness 숙련

2 4 5 6 〈주격 관계대명사절의 수의 일치〉 : 선행사와 수의 일치함

선행사	주격 관계대명사절		동사
	주격 관계대명사		
identities	that	주어	mask
families ~ cultures	that		are
identities	that		are
behaviors ~ relationships	that		support
ones	that		will disappoint

3 〈관계부사〉 : 관계부사절은 완전한 문장이 나오고, 선행사와 관계부사는 서로 같이 사용할 수도 있고 둘 중 하나는 생략할 수도 있다.

용도	선행사	관계부사	전치사 + 관계대명사
시간	the time	when	in/at/on + which
장소	the place	where	in/at/on + which
이유	the reason	why	for which
방법	**(the way)**	how	in which
	the way how는 같이 사용 못함 the way, the way in which, **the way that**은 사용 가능 (how 대신에 사용되는 **that**은 관계부사 대용어라고 함)		

3 〈rise / raise / arise〉

원형	과거	과거분사	현재분사	뜻
rise	rose	risen	rising	vi. 오르다, 일어나다
raise	raised	raised	raising	vt. 올리다, **기르다**
arise	arose	arisen	arising	vi. 발생하다, 기인하다

3 〈목적격 종속접속사 that 생략〉 : 동명사의 목적어로 사용된 경우 / 관계대명사 what 사용 불가

동명사	종속절(명사절: 목적어)(완전한 절)		
	목적격 종속접속사	주어	동사
thinking	(that) 생략 가능 (~하는 것을)	we	are

3 another 또 다른 하나 (나머지 있음) / **the other** 그 나머지 (나머지 없음)

4 〈4형식 수여동사〉

주어 + 동사 + 간접목적어(사람/동물) + 직접목적어(사물)(4)		
give / bring / pass / send / show / sell / hand / lend / offer / **teach** / tell / feed / write / buy / build / choose / find / leave / make / order / prepare / ask / deal / ask		

4 〈간접의문문〉 : 의문부사 how가 있는 경우

〈간접의문문〉 : 전치사의 목적어			
전치사	의문사	주어	동사
about	how	we	should be

	지문	해석	단어 & 숙어
5	{Although we come (into the world) / (being one way) (our personalities)}, / we (often) receive messages (over time), / (from these (d) outside influences), / [that there are drawbacks (to being our true selves) / and rewards (for adopting identities) / {that are out-of-sync (with our true selves)}]. 〈종·접〉 S V 〈현재분사〉 S·C 비록 우리가 세상에 나오지만 특정한 모습(우리의 성격)으로 S V =〈동격〉 O 메시지를 오랫동안 자주 받는다 〈종·접〉 V S₁ 이러한 외부의 영향으로부터 〈전치사〉〈동명사〉 O S₂ 〈동명사〉 우리의 진짜 자아대로 사는 것에는 불리한 점이 있고 정체성을 채택하는 것에는 보상이 있다는 O〈선행사〉 〈주·관〉 V S·C 우리의 진짜 자아와 맞지 않는	비록 우리가 특정한 모습(우리의 성격)으로 세상에 나오지만, 우리의 진짜 자아 대로 사는 것에는 불리한 점이 있고 우리의 진짜 자아와 맞지 않는 정체성을 채택 하는 것에는 보상이 있다는 메시지를 이러한 외부의 영향으로부터 오랫동안 자주 받는다.	**although** (비록)~일지라도 **come into the world** 세상에 나오다 **receive** 받다 **over time** 시간이 지남에 따라, 오랫동안 **outside** 외부의 **influence** 영향 **a drawback to** ~이 가진 단점[문제점] **self** 자아 (복수형: selves) **reward** 보상
6	So / {instead of developing behaviors, thoughts, and relationships / (that support our true selves)}, / we develop ones / {that will (e) disappoint the people (in our lives)}. 〈전치사〉 〈동명사〉 O₁ O₂ 그러므로 O₁~O₃: 〈선행사〉 태도, 사고, 관계를 발달시키기보다는 O₃ 〈주·관〉 S V 우리의 진짜 자아를 뒷받침하는 우리는 발달시킨다 O〈선행사〉 〈주·관〉 V O 우리 삶 속의 사람들을 실망시키게 될 것들을	그러므로 우리는 우리의 진짜 자아를 뒷 받침하는 태도, 사고, 관계를 발달시키기 보다는 우리 삶 속의 사람들을 실망시키 게(→ 만족시키게) 될 것들을 발달시킨다.	**instead of** ~ 대신 **develop** 발달하다[시키다] **behavior** 행동, 태도 (= behaviour) **relationship** 관계 **support** 지지하다, 뒷받침하다 **disappoint** 실망시키다 **satisfy** 만족시키다 **in one's life** ~의 삶에서

5 〈동격의 종속접속사 that〉: 'the + 추상명사(messages) + that' (~라는 메시지)

5 〈There/Here is 도치구문〉

긍정문	**There** (Here)	is	단수 주어	~이 있다 (여기에 ~이 있다)
		are	**복수 주어**	
부정문	There (Here)	is no	단수 주어	~이 없다 (여기에 ~이 없다)
		are no	복수 주어	

5 〈to가 전치사인 경우〉: a drawback to + (동)명사 : ~이 가진 단점[문제점]

[41~42] 다음 글을 읽고, 물음에 답하시오.

41 윗글의 제목으로 가장 적절한 것은? [44%]

① Let Your Social Skills Speak for You
② The Key to Building Character and Personality
③ Silence Your Impulses and Achieve Inner Peace
④ Why Do We Move Away from Our True Selves?
⑤ Can We Base Self-Worth on Social Achievements?

42 밑줄 친 (a)~(e) 중에서 문맥상 낱말의 쓰임이 적절하지 <u>않은</u> 것은?
[3점] [58%]

① (a) ② (b) ③ (c) ④ (d) ⑤ (e)

정답 | ④, ⑤

41 해설 | ① 너의 사회적인 기술들이 너를 대변하게 하라: 사회적 기술에 관한 내용은 없다.
② 캐릭터와 성격을 만드는 것에서 핵심: 캐릭터와 성격을 만드는 것에 관한 내용은 없다.
③ 너의 충동을 조용히 시키고 내면의 평화를 얻어라: 내면의 평화에 관한 내용은 없다.
④ 우리는 왜 우리의 진짜 자신으로부터 멀어지는가?: 1 에서 사람들은 자신의 성격을 보기 어렵다고 했고, 2 이후로 그 이유에 관해 설명하고 있으므로 정답으로 적절하다.
⑤ 우리는 사회적 성취들에서 자아 존중감에 기반을 둘 수 있는가?: 사회적 성취에 관한 내용은 없다.

42 해설 | ① 1 에서 자신의 성격을 보기 어렵다고 했으므로 자신의 성격을 모른다는 unaware는 적절하다.
② 2 에서 유년 시절부터 배워온 정체성은 자신의 성격을 가리는 맞지 않는 정체성이라고 했으므로 우리를 오도한다는 mislead는 적절하다.
③ 4 에서 우리는 어린 시절에 끊임없이 우리가 어떻게 해야 하는지를 가르침 받았다고 했으므로 feedback은 적절하다.
④ 3 에서 어린 시절의 환경이 우리를 오도한다고 했으므로, '외부'로부터 영향 받았다는 outside는 적절하다.
⑤ 4 에서 우리는 어린 시절 '옳은' 행동에 관해 가르침 받았으므로 세상 사람들을 실망하게 했다는 disappoint는 적절하지 않다. disappoint → satisfy

어법 & 연결어

[Because / Because of] personality is the innermost layer of your "personhood," it's easy (and very common) to lose sight of your personality. ( ), [most / almost] people are unaware of their personalities [because / because of] from early childhood, they have spent [most / almost] of their time *adopting out-of-sync identities* [what / that] completely [mask / masks] their natural personalities. ( ), the environments of our youth (( ), the way our parents [rise / raise] us, the way society interacts with us, and the way our culture shapes us) [mislead / misleads] us as adults into thinking we are one kind of person — when we are really [the other / another]!

As children, we [surround / are surrounded] by families and societies and cultures [what / that] are constantly [made / making] impressions on us, giving us feedback about [how we should / how should we] be in the world, and teaching us "the right" ways to behave, the "right" thoughts and feelings to have, and the "right" groups to join. [Despite / Although] we come into the world being one way (our personalities), we often receive messages over time, from these outside influences, [what / that] there [is / are] drawbacks to [be / being] our true selves and rewards for [adoption / adopting] identities [that / what] [is / are] out-of-sync with our true selves. ( ) instead of developing behaviors, thoughts, and relationships that [support / supports] our true selves, we develop ones [what / that] will satisfy the people in our lives.

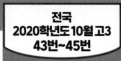

전국 2020학년도 10월 고3 43번~45번	제목	Louise가 Hazel에게 사다 준 곰 인형
	주제	Louise는 가장 좋아하는 환자 Hazel에게 곰 인형을 사다 주었다.
장문 독해 (2)	논리	이야기

	지문	해석	단어 & 숙어
1	(A) Louise checked her watch / and began a last sweep / (of the paediatric ward) / (she worked on). Louise는 시계를 확인했다 / 그리고 마지막으로 훑어보기 시작했다 / 소아병동을 / 그녀가 일하는	(A) Louise는 시계를 확인하고 그녀가 일하는 소아병동을 마지막으로 훑어보기 시작했다.	check (확인하기 위해) 조사하다, 점검하다 begin (무엇을) 시작하다 (begin – began – begun – beginning) sweep 순회 paediatric 소아과의 (= pediatric) ward 병동 work on ~에서 일하다
2	The hospital was (always) busy; / there was very little time / (to think about anything) / [other than {what was right there (in front of you)}]. { }: O 병원은 항상 분주해서 / 시간이 거의 없었다 / 어떤 일도 생각할 / 바로 앞에 있는 것 말고는	병원은 항상 분주해서 바로 앞에 있는 것 말고는 어떤 일도 생각할 시간이 거의 없었다.	busy 분주한, 바쁜 little 거의 없는 think about ~에 관해 생각하다 other than ~ 외에 in front of ~의 앞쪽에[앞에]
3	Louise paused / (in front of her favourite cubicle) / and looked in. Louise는 잠시 멈췄다 / 가장 좋아하는 (칸막이) 병실 앞에서 / 그리고 안을 들여다보았다	Louise는 가장 좋아하는 (칸막이) 병실 앞에서 잠시 멈추고 안을 들여다보았다.	pause 잠시 멈추다 favourite 가장 좋아하는 (= favorite) cubicle 좁은 칸막이 공간 look in ~을 들여다보다, 조사하다, 검토하다
4	(Are you) "All set for the afternoon?" / (a) she asked Hazel, / {who was six and had just come back (to the ward)}. "오후를 위한 준비는 다 되었니?" / 그녀는 Hazel에게 물었다 / 여섯 살이었고 이제 막 다시 병동에 돌아온	"오후를 위한 준비는 다 되었니?" 그녀는 여섯 살의, 이제 막 다시 병동에 돌아온 Hazel에게 물었다.	set 미리 준비된, 준비하다 (= ready) afternoon 오후 come back to ~로 돌아가다[돌아오다]
5	(B) Hazel nodded / and Louise left her alone. Hazel은 고개를 끄덕였고 / Louise는 그녀를 혼자 두고 자리를 떴다	(B) Hazel은 고개를 끄덕였고 Louise는 그녀를 혼자 두고 자리를 떴다.	nod (고개를) 끄덕이다 leave O O·C(형용사) (5) ~을 …한 상태로 남겨두다 alone 혼자
6	Louise grabbed her things / (from the staffroom) / and walked out, / {passing by the charity shop / (at the end of the ward)}. { }: 〈분사구문〉 Louise는 자신의 물건을 챙겼다 / 직원 사무실에서 / 그리고 걸어 나갔다 / 자선 상점을 지나면서 / 병동 끝에 있는	Louise는 직원 사무실에서 자신의 물건을 챙겨서 걸어 나가다가 병동 끝에 있는 자선 상점을 지나갔다.	grab 집다 thing 소지품, 물건 staffroom 직원 사무실 walk out 나가 버리다 pass by ~ ~의 옆을 지나다 charity shop (기증 받은 물품들을 팔아 자선기금을 모으는) 중고품 가게 at the end of ~의 끝에
7	The teddy (in the window) / (immediately) caught (b) her eye. 창에 진열된 곰 인형이 / 즉시 그녀의 눈길을 끌었다	창에 진열된 곰 인형이 즉시 그녀의 눈길을 끌었다.	teddy (bear) 곰 인형 immediately 즉시 catch one's eye ~의 눈길을 끌다
8	It looked very similar / (to the one) / (that Hazel was missing) / and it was a bargain / (at five pounds). 그것은 매우 비슷해 보였다 / 것과 / Hazel이 잃어버린 / 그리고 그것은 할인 품목이었다 / 5파운드의	그것은 Hazel이 잃어버린 것과 매우 비슷해 보였고 5파운드의 할인 품목이었다.	similar to ~와 비슷한 miss 잃어버리다 bargain 할인 품목, 값싼 거래 pound 파운드 (영국의 화폐 단위)
9	She went straight in / and bought it. 그녀는 곧장 들어가 / 그것을 샀다	그녀는 곧장 들어가 그것을 샀다.	go straight 곧장 가다

문법

1 ⟨**목적격 관계대명사 that**⟩ : 타동사의 목적어가 없는 경우 / 선행사를 포함하고 있는 관계대명사 what 사용 불가

	목적격 관계대명사절				
선행사	목적격 관계대명사	주어	동사	전치사	~~목적어~~
the ~ ward	(that) 생략 가능	she	worked	on	

2 ⟨**There/Here is 도치구문**⟩

긍정문	**There** (Here)	**is**	단수 주어	~이 있다 (여기에 ~이 있다)
		are	복수 주어	
부정문	There (Here)	is no	단수 주어	~이 없다 (여기에 ~이 없다)
		are no	복수 주어	

2 ⟨**few / a few / a little / little**⟩

수	few	거의 없는 (부정)	+ 복수명사 + 복수동사
	a few	약간 (긍정)	
양	a little	약간 (긍정)	+ 단수명사 + 단수동사
	little	거의 없는 (부정)	

2 ⟨**주격 관계대명사 what절**⟩ : 선행사가 필요한 주격 관계대명사 that 사용 불가

	주격 관계대명사절		
선행사	주격 관계대명사	~~주어~~	동사
없음	what		was

3 ⟨**미국식 영어 vs. 영국식 영어**⟩ : 철자 차이

미국식 영어	영국식 영어
color	colour
behavior	behaviour
favor	favour
favorite	**favourite**
labor	labour
neighbor	neighbour
harbor	harbour
honor	honour
humor	humour

3 ⟨**look at/after/over/through/in/out/for**⟩

look	at	~을 처다보다
	after	~을 돌보다
	over	~을 대충 훑어보다[살펴보다] (= watch)
	through	~을 (빠르게) 살펴[훑어]보다
	in	**~을 들여다보다**, 조사[검토]하다
	out	~을 내다보다, 조심하다
	for	~을 찾다, 구하다, 바라다

4 ⟨**생략**⟩ : "(**Are you**) all set(과거분사) for the afternoon?"

4 ⟨**주격 관계대명사 who의 계속적 용법**⟩ : 관계대명사 that 사용 불가

	주격 관계대명사절			
선행사	콤마(,)	who	~~주어~~	동사
Hazel	계속적 용법	주격 관계대명사		was

5 ⟨**leave 동사의 쓰임**⟩

leave	목적어	목적격 보어	5형식
		형용사	~을 (어떤 상태) 그대로 두다
		현재분사(-ing) – 능동	
		과거분사(p.p.) – 수동	
		to R	…하게 내버려 두다, …시키다

5 ⟨**alone vs. lonely**⟩

	형용사	서술적 형용사	부사
alone	(명사/대명사 바로 뒤에서 수식하여) ~ 혼자, ~만으로도	**혼자의**, 고독한	혼자, 홀로
lonely	고독한, 고립된, 외로운	–	–

5 ⟨**서술적 형용사**⟩ : 명사 수식 불가, 보어로만 사용

상태 형용사	afraid, alike, alive, **alone**, amiss, ashamed, asleep, astray, awake, aware 등
감정 형용사	content, fond, glad, ignorant, pleasant, proud, unable, upset, well, worth 등

6 ⟨**passing ~**⟩ : ⟨분사구문⟩이 문미에 있는 경우 (능동) (= and she passed by)

8 ⟨**감각동사**⟩

감각동사	주격 보어	
feel, **look**, seem, sound, taste, appear, smell	**형용사** (현재분사/과거분사)	
	명사	
	like (전치사)	(that) + 주어 + 동사
		(동)명사
	~~alike~~	
	~~likely~~	

8 ⟨**목적격 관계대명사 that**⟩ : 3형식에서 타동사의 목적어가 없는 경우 / 선행사를 포함하고 있는 관계대명사 what 사용 불가

	목적격 관계대명사절			
선행사	목적격 관계대명사	주어	타동사	~~목적어~~
the one	(that) 생략 가능	Hazel	was missing	

	지문	해석	단어 & 숙어
10	( ): 〈분사구문〉 (Checking her watch), / she walked (briskly) / (back) (to the 〈현재분사〉 O S V 〈부사〉 〈부사〉 시계를 확인하면서 그녀는 기분 좋게 걸어갔다 다시 병동으로 ward).	시계를 확인하면서, 그녀는 기분 좋게 다시 병동으로 걸어갔다.	check (확인하기 위해) 조사하다, 점검하다 watch 시계 briskly 기분 좋게, 활발하게 walk to ~까지 걷다
11	= 〈동격〉 (C) (When Louise returned), / Hazel's mum, Sarah, / was 〈종·접〉 S V V Louise가 돌아왔을 때 Hazel의 엄마 Sarah가 (outside the cubicle) / (talking on her phone). ( ): 〈분사구문〉 〈전치사〉 〈현재분사〉 병실 밖에 있었다 전화 통화를 하며	(C) Louise가 돌아왔을 때, Hazel의 엄마 Sarah가 병실 밖에서 전화 통화를 하고 있었다.	return 돌아오다 mum 엄마 (= mother, mom, mommy, mama) cubicle 작은 병실 talk on the phone 전화 통화하다
12	Louise nodded / and smiled (at Sarah) / (as she passed and S V₁ V₂ 〈종·접〉 S V₁ Louise는 고개를 끄덕였다 그리고 Sarah에게 미소 지었다 ducked back into Hazel's cubicle). V₂ 그녀가 지나쳐서 Hazel의 병실로 다시 몸을 굽혀 들어가면서	Louise가 지나쳐서 Hazel의 병실로 다시 몸을 굽혀 들어가면서 그녀는 고개를 끄덕이고 Sarah에게 미소 지었다.	nod at ~을 향해 끄덕이다 smile at ~을 보고 미소짓다 pass 지나가다 duck into (몸을) 숙여 들어가다
13	( ): O "Now / (c) I know / (this isn't your bear), / but I think / S V〈종·접 that〉 S V S·C S V "자 나는 알아 이것이 네 곰 인형이 아니라는 것을 하지만 나는 생각해 {this one will do (just) (as) good a job looking after you}," 〈종·접 that〉 S V 〈부사〉 〈부사〉 O (of/in/at)〈동명사〉 이 녀석이 널 돌보는 일은 그만큼 잘할 거라고 생각해."라고 / Louise said, {handing it to Hazel (who gasped)}. ( ): 〈분사구문〉 S V 〈현재분사〉 O 〈주·관〉 V Louise는 말했다 숨 막힐 정도로 놀라워 하는 Hazel에게 그것을 건네주며	"자. 나는 이것이 네 곰 인형이 아니라는 것을 알지만, 이 녀석이 널 돌보는 일은 그만큼 잘할 거라고 생각해."라고 Louise는 숨 막힐 정도로 놀라워 하는 Hazel에게 그것을 건네주며 말했다.	just as 꼭 ~만큼/처럼 do a good job (of/in/at) + -ing ~을 잘 해내다 look after ~을 돌보다 hand A to B A를 B에게 건네주다 gasp 숨이 턱 막히다
14	"Really?" / Hazel's face lit up / (as she looked at it). 〈종·접〉 S V O "정말요?" Hazel의 얼굴이 환하게 밝아졌다 그것을 바라보던	"정말요?" 그것을 바라보던 Hazel의 얼굴이 환하게 밝아졌다.	light up 밝아지다, 환해지다 (light – lit – lit – lighting) look at ~을 (자세히) 살피다[검토/진찰하다]
15	That smile made / all the long hours and the hard tasks / (d) S V O₁ O₂ 〈목·관 that〉 그 미소는 해 주었다 그 오랜 시간과 힘든 업무들을 모두 {she (often) had to deal with} / worth it. S V O·C 그녀가 자주 감당해야 했던 가치 있게	그 미소는 그녀가 자주 감당해야 했던 그 오랜 시간과 힘든 업무들을 모두 가치 있게 해 주었다.	make O O·C (형용사) (5) ~을 …한 상태로 만들다 task 임무, 업무 have to R ~해야만 한다 deal with ~을 처리하다, ~을 감당하다 worth it (시간·수고의) 가치가 있는
16	(D) Hazel was battling cancer / and was (in and out of the S₁ V₁① O V₁②〈전치사〉 〈전치사〉 Hazel은 암 투병 중으로 병원을 드나들고 있었는데 hospital), / (which broke Louise's heart), / but (somehow) / O 〈주·관〉 V 여하튼 그것이 Louise의 마음을 아프게 했지만 she stayed positive / (throughout). S₂ V₂ S·C 그녀는 긍정적인 태도를 유지했다 내내	(D) Hazel은 암 투병 중으로 병원을 드나들고 있었는데, 그것이 Louise의 마음을 아프게 했지만, 여하튼 그녀는 내내 긍정적인 태도를 유지했다.	battle (against) cancer 암 투병하다 cancer 암 in and out of (어떤 곳을) 들락거리는 break one's heart 마음을 아프게 하다 somehow 여하튼, 어쩌면 stay 유지하다 positive 긍정적인 throughout 내내, ~ 동안 쭉
17	〈종·접 that〉 { }: O Louise supposed / {she shouldn't (really) have favourite S₁ V₁ S V Louise는 생각했다 정말로 가장 좋아하는 환자가 생기면 안 된다고 patients}, / but Hazel was (definitely) hers. O S₂ V₂ 〈부사〉 S·C 하지만 Hazel은 분명히 그녀가 가장 좋아하는 환자였다	Louise는 정말로 가장 좋아하는 환자가 생기면 안 된다고 생각했지만, Hazel은 분명히 그녀가 가장 좋아하는 환자였다.	suppose 생각하다 patient 환자 definitely 분명히, 명확히

문법

10 〈Checking ~,〉: 〈분사구문〉이 문두에 있는 경우 (능동) (= As she checked[was checking])

11 〈동격〉: A(명사), B(명사) (A가 주어)

동격(B라는A)			
명사(A)	,(콤마)	명사(구/절)(B)	동사
Hazel's mum	,	Sarah	was

11 〈talking ~〉: 〈분사구문〉이 문미에 있는 경우 (능동) (= as she talked[was talking])

13 17 〈목적격 종속접속사 that 생략〉: 완전 타동사의 목적어로 사용된 경우

	종속절 (명사절: 목적어) (완전한 절)		
완전 타동사	목적격 종속접속사	주어	동사
know	(that) 생략 가능 (~하는 것을)	this	isn't
think		this one	will do
supposed		she	shouldn't have

13 〈관사의 위치〉: as good a job

so / how / too / **as**	형용사	a/an	명사
such / what / many / quite / rather / half	a/an	형용사	명사

13 〈생략〉: do a good job (**of/in/at**) + 동명사 : ~을 잘 해내다

13 〈handing ~〉: 〈분사구문〉이 문미에 있는 경우 (능동) (= as she handed)

13 〈4형식을 3형식으로 바꿀 때 사용하는 전치사 : to〉

주어 + 동사 + 간접목적어 + 직접목적어 (4)
(give, bring, pass, deal, send, show, sell, **hand**, lend, offer, teach 등)
→ 주어 + 직접목적어 + **to** + 간접목적어 (3)

13 〈주격 관계대명사 who절〉: 선행사를 포함하고 있는 관계대명사 what 사용 불가

	주격 관계대명사절		
선행사	주격 관계대명사	주어	동사
Hazel	who		gasped

13 14 〈look at/after/over/through/in/out/for〉

	at	~을 쳐다보다
look	after	~을 돌보다
	over	~을 대충 훑어보다[살펴보다] (= watch)
	through	~을 (빠르게) 살펴[훑어]보다
	in	~을 들여다보다, 조사[검토]하다
	out	~을 내다보다, 조심하다
	for	~을 찾다, 구하다, 바라다

15 〈make 상태동사〉: 수동태 시, be made + 주격 보어(형용사/명사)

make	목적어	목적격 보어	해석
상태동사	명사 / 명사 상당어구	형용사 / 명사	~가 …한 상태로 만들다

15 〈목적격 관계대명사 that〉: 전치사의 목적어가 없는 경우 / 선행사를 포함하고 있는 관계대명사 what 사용 불가

	목적격 관계대명사절			
선행사	목적격 관계대명사	주어	타동사	목적어
all the ~ tasks	(that) 생략 가능	she	had to deal with	

15 〈hard / hardly〉

	형용사	부사
hard	어려운, 단단한	열심히
hardly	–	거의 ~하지 않는

15 〈서술적 형용사〉: 명사 수식 불가, 보어로만 사용

상태 형용사	afraid, alike, alive, alone, amiss, ashamed, asleep, astray, awake, aware, unaware 등
감정 형용사	content, fond, glad, ignorant, pleasant, proud, unable, upset, well, **worth** 등

16 〈주격 관계대명사절〉: 계속적 용법으로는 that 사용 불가 (, which = and it[this, that])

		주격 관계대명사절		
선행사	콤마(,)	주격 관계대명사	주어	동사
앞 문장	계속적 용법	which		broke

16 〈관계대명사의 해석용법〉

제한적 용법	선행사	(콤마 없음)	관계대명사 ~
			형용사절로 관계대명사절이 선행사를 수식함 (~하는)

계속적 용법	선행사	,(콤마 있음)	관계대명사 ~
			: 대등접속사 + 대명사(선행사)로 바꿔서 해석함 (and, but, because, if 등) 〈주의 사항〉 관계대명사 that은 계속적 용법으로 사용할 수 없음

*관계대명사 that은 바로 앞에 선행사가 있을 경우 계속 용법으로 사용할 수 없다. 하지만 선행사와 관계대명사 that 사이에 삽입절이 낀 상태에서 콤마(,)가 있다면 사용할 수 있다. 또한 관계대명사 which는 선행사를 단어, 구, 절, 문장 전체를 가질 수 있는데 이때 구, 절, 문장 전체는 단수 취급을 하기 때문에 동사는 단수형으로 사용해야 한다.

16 〈혼동 어휘〉

through	전치사	~을 통하여
throughout	전치사	(장소) ~의 도처에, (시간) ~ 동안, ~ 내내
	부사	도처에, 완전히, 철저하게, **시종, 내내**
though	접속사	~에도 불구하고
thorough	형용사	철저한, 완전한

16 〈stay 동사의 쓰임〉: 2형식일 경우

stay	보어(형용사)	(어떤 상태에) 머무르다 (~인) 채로다[있다]
	현재분사	
	과거분사	

17 〈소유대명사〉: hers (그녀의 것)

소유대명사	=	소유격	+	명사
hers	=	her favourite patient		

	지문	해석	단어 & 숙어
18	"Mum got me a new colouring book. / She's gone (home) / (to try and find my teddy). / We think / (we might have lost it) / {when I went (for tests) / (the other day)}."	"엄마가 새 칠하기 그림책을 사주셨어요. 그리고 제 곰 인형을 찾아보려고 집에 가셨어요. 우리는 지난번에 제가 검사 받으러 갔을 때 그걸 잃어버렸을지도 모른다고 생각해요."	get I·O D·O (4) ~에게 …을 사주다 a colouring book 색칠용 그림책 go home 집에 돌아가다 try and find 찾으려 힘쓰다 might have p.p. ~했을지도 모른다 the other day 일전에, 며칠 전에
19	Louise remembered / the cute bear / {that Hazel (usually) had}.	Louise는 Hazel이 평소에 지니고 있던 귀여운 곰 인형을 떠올렸다.	cute 귀여운 usually 평소에
20	"Oh, / I'm sorry. / I'm sure / (he'll turn up). / Enjoy your colouring / and I'll see (e) you / (when I'm next in)?"	"저런, 안됐구나. 내 생각에 곰 인형은 꼭 나타날 거야. 칠하기 재미있게 하고 내가 다음에 올 때 널 볼까?"	I am sure (that) S V ~을 확신하다 turn up 나타나다 colouring 색칠하기 (= coloring)

문법

18 20 〈미국식 영어 vs. 영국식 영어〉 : 철자 차이

미국식 영어	영국식 영어
color	**colour**
behavior	behaviour
favor	favour
favorite	favourite
labor	labour
neighbor	neighbour
harbor	harbour
honor	honour
humor	humour

18 〈find / found〉

원형	과거	과거분사	현재분사	뜻
find	found	found	finding	v. 발견하다, 알다
found	founded	founded	founding	v. 설립하다

18 〈목적격 종속접속사 that 생략〉 : 동명사의 목적어로 사용된 경우

	종속절 (명사절: 목적어) (완전한 절)		
완전 타동사	목적격 종속접속사	주어	동사
think	(that) 생략 가능 (~하는 것을)	we	might have lost

19 〈목적격 관계대명사 that〉 : 타동사의 목적어가 없는 경우 / 선행사를 포함하고 있는 관계대명사 what 사용 불가

	목적격 관계대명사절			
선행사	목적격 관계대명사	주어	타동사	목적어
the cute bear	(that) 생략 가능	Hazel	had	~~~~

20 〈sure 용법〉 : 꼭 ~하다[이 되다], ~하는 것은 확실하다

			sure 뒤에 나오는 것들
주어	be동사	sure	of
			about
			(that) + S + V
			의문사 + S + V
			의문사 to R
			whether + S + V

20 〈직접명령문〉 : Enjoy

		동사원형	~해라
직접명령문	긍정문	동사원형	~해라
		Please + 동사원형	~해 주세요
	부정문	Don't + 동사원형	~하지 마라
		Never + 동사원형	

20 〈명령문 + 대등접속사〉

명령문	대등접속사				뜻
동사원형 ~	**and**	주어	will	동사원형 ~	~해라 그러면 …할 것이다
동사원형 ~	or	주어	will	동사원형 ~	~해라, 그렇지 않으면 …할 것이다

[43~45] 다음 글을 읽고, 물음에 답하시오.

43 주어진 글 (A)에 이어질 내용을 순서에 맞게 배열한 것으로 가장 적절한 것은? [79%]

① (B)-(D)-(C)　　　② (C)-(B)-(D)
③ (C)-(D)-(B)　　　④ (D)-(B)-(C)
⑤ (D)-(C)-(B)

44 밑줄 친 (a)~(e) 중에서 가리키는 대상이 나머지 넷과 다른 것은? [69%]

① (a)　② (b)　③ (c)　④ (d)　⑤ (e)

45 윗글에 관한 내용으로 적절하지 않은 것은? [73%]

① Louise는 Hazel의 병상을 들여다보았다.
② 자선 상점의 곰 인형은 Hazel이 잃어버린 것과 비슷했다.
③ Hazel은 Louise가 건넨 곰 인형을 보고 얼굴이 환해졌다.
④ Hazel은 엄마가 칠하기 그림책을 사러 나갔다고 말했다.
⑤ Louise는 Hazel이 지니고 있던 곰 인형을 기억했다.

정답 | ④, ⑤, ④

43 해설 | 4에서 막 병동에 돌아온 Hazel에 대해 (D)에서 설명하고 있으므로 (A) 다음에 (D)가 이어진다.

20에 Louise가 Hazel에게 한 질문에 대해 5에서 고개를 끄덕거리며 답하고 있으므로 (D) 다음에 (B)가 이어진다.

10에서 Louise는 병동으로 다시 돌아갔고, 11에서는 Louise가 다시 병동으로 돌아온 후 상황을 설명하고 있으므로 (B) 다음에 (C)가 이어진다.

44 해설 | ① Louise를 지칭한다.
② Louise를 지칭한다.
③ Louise를 지칭한다.
④ Louise를 지칭한다.
⑤ Hazel을 지칭한다.

45 해설 | ① 3에 제시되어 있다.
② 8에 제시되어 있다.
③ 14에 제시되어 있다.
④ 18에서 Hazel은 엄마가 곰 인형을 찾아보려고 집에 갔다고 했으므로 적절하지 않다.
⑤ 19에 제시되어 있다.

어법 & 연결어

Louise checked her watch and began a last sweep of the paediatric ward she worked on. The hospital was always busy; there [was / were] very [few / little] time to think about anything other than [what / that] was right there in front of you. Louise paused in front of her favourite cubicle and looked in. "All set for the afternoon?" she asked Hazel, who [was / were] six and had just come back to the ward. Hazel was battling cancer and was in and out of the hospital, [what / which] broke Louise's heart, but somehow she stayed positive throughout. Louise supposed she shouldn't really have favourite patients, but Hazel was [definite / definitely] [her / hers]. "Mum got me a new colouring book. She's gone home to try and [find / founded] my teddy. We think we might have lost [it / them] when I went for tests [the other / another] day." Louise remembered the cute bear [that / what] Hazel usually had. "Oh, I'm sorry. I'm sure he'll turn up. [Enjoy / To enjoy] your colouring [and / or] I'll see you when I'm next in?" Hazel nodded and Louise left her [alone / lonely]. Louise grabbed her things from the staffroom and walked out, [passing / passed] by the charity shop at the end of the ward. The teddy in the window immediately caught her eye. It looked very similar to the one [that / what] Hazel was missing and it was a bargain at five pounds. She went straight in and bought [it / them]. [Checked / Checking] her watch, she walked briskly back to the ward. When Louise returned, Hazel's mum, Sarah, was outside the cubicle [talking / talked] on her phone. Louise nodded and smiled at Sarah as she passed and ducked back into Hazel's cubicle. "Now I know this isn't your bear, but I think this one will do just as [a good job / good a job] [looking / looked] after you," Louise said, [handing / handed] [it / them] to Hazel who gasped. "Really?" Hazel's face lit up as she looked at [it / them]. That smile made all the long hours and the [hard / hardly] tasks she often had to deal with [worth / worthy] [it / them].